西政文库·教授篇

设官为民和君臣道合：
唐代官论研究

商爱玲 著

商务印书馆
The Commercial Press
2019年·北京

图书在版编目(CIP)数据

设官为民和君臣道合：唐代官论研究 / 商爱玲著. —北京：商务印书馆，2019
（西政文库）
ISBN 978-7-100-17462-6

Ⅰ.①设… Ⅱ.①商… Ⅲ.①政治思想史－研究－中国－唐代 Ⅳ.①D092.42

中国版本图书馆CIP数据核字（2019）第086746号

权利保留，侵权必究。

西政文库
设官为民和君臣道合：唐代官论研究
商爱玲 著

商 务 印 书 馆 出 版
（北京王府井大街36号　邮政编码 100710）
商 务 印 书 馆 发 行
三河市尚艺印装有限公司印刷
ISBN 978－7－100－17462－6

2019年7月第1版	开本 680×960　1/16
2019年7月第1次印刷	印张 25 1/2

定价：78.00元

西政文库编委会

主　　任：付子堂

副主任：唐　力　周尚君

委　　员：（按姓氏笔画排序）

龙大轩　卢代富　付子堂　孙长永　李　珮

李雨峰　余劲松　邹东升　张永和　张晓君

陈　亮　岳彩申　周尚君　周祖成　周振超

胡尔贵　唐　力　梅传强　黄胜忠　盛学军

谭宗泽

总　序

"群山逶迤，两江回环；巍巍学府，屹立西南……"

2020年9月，西南政法大学将迎来建校七十周年华诞。孕育于烟雨山城的西政一路爬坡过坎，拾阶而上，演绎出而今的枝繁叶茂、欣欣向荣。

西政文库以集中出版的方式体现了我校学术的传承与创新。它既展示了西政从原来的法学单科性院校转型为"以法学为主，多学科协调发展"的大学后所积累的多元化学科成果，又反映了学有所成的西政校友心系天下、回馈母校的拳拳之心，还表达了承前启后、学以成人的年轻西政人对国家发展、社会进步、人民福祉的关切与探寻。

我们衷心地希望，西政文库的出版能够获得学术界对于西政学术研究的检视与指引，能够获得教育界对于西政人才培养的考评与建言，能够获得社会各界对于西政长期发展的关注与支持。

六十九年前，在重庆红岩村的一个大操场，西南人民革命大学的开学典礼隆重举行。西南人民革命大学是西政的前身，1950年在重庆红岩村八路军办事处旧址挂牌并开始招生，出生于重庆开州的西南军政委员会主席刘伯承兼任校长。1953年，以西南人民革命大学政法系为基础，在合并当时的四川大学法学院、贵州大学法律系、云南大学法律系、重庆大学法学院和重庆财经学院法律系的基础上，西南政法学院正式成立。中央任命抗日民族英雄，东北抗日联军第二路军总指挥、西南军政委员会政法委员会主任周保中将军为西南政法学院首任院长。1958年，中央公安学院重庆分院并入西南政法学院，使西政既会聚了法学名流，又吸纳了实务精英；既秉承了法学传统，又融入了公安特色。由此，学校获誉为新中国法学教育的"西南联大"。

20世纪60年代后期至70年代，西南政法学院于"文革"期间一度停办，老一辈西政人奔走呼号，反对撤校，为保留西政家园不屈斗争并终获胜利，为后来的"西政现象"奠定了基础。

20世纪70年代末，面对"文革"等带来的种种冲击与波折，西南政法学院全体师生和衷共济，逆境奋发。1977年，经中央批准，西南政法学院率先恢复招生。1978年，经国务院批准，西南政法学院成为全国重点大学，是司法部部属政法院校中唯一的重点大学。也是在70年代末，刚从"牛棚"返归讲坛不久的老师们，怀着对国家命运的忧患意识和对学术事业的执着虔诚，将只争朝夕的激情转化为传道授业的热心，学生们则为了弥补失去的青春，与时间赛跑，共同创造了"西政现象"。

20世纪80年代，中国的法制建设速度明显加快。在此背景下，满怀着憧憬和理想的西政师生励精图治，奋力推进第二次创业。学成于80年代的西政毕业生们，成为今日我国法治建设的重要力量。

20世纪90年代，西南政法学院于1995年更名为西南政法大学，这标志着西政开始由单科性的政法院校逐步转型为"以法学为主，多学科协调发展"的大学。

21世纪的第一个十年，西政师生以渝北校区建设的第三次创业为契机，克服各种困难和不利因素，凝心聚力，与时俱进。2003年，西政获得全国首批法学一级学科博士学位授予权；同年，我校法学以外的所有学科全部获得硕士学位授予权。2004年，我校在西部地区首先设立法学博士后科研流动站。2005年，我校获得国家社科基金重大项目（A级）"改革发展成果分享法律机制研究"，成为重庆市第一所承担此类项目的高校。2007年，我校在教育部本科教学工作水平评估中获得"优秀"的成绩，办学成就和办学特色受到教育部专家的高度评价。2008年，学校成为教育部和重庆市重点建设高校。2010年，学校在"转型升格"中喜迎六十周年校庆，全面开启创建研究型高水平大学的新征程。

21世纪的第二个十年，西政人恪守"博学、笃行、厚德、重法"的西政校训，弘扬"心系天下，自强不息，和衷共济，严谨求实"的西政精神，坚持"教学立校，人才兴校，科研强校，依法治校"的办学理念，推进学校发展取得新成绩：学校成为重庆市第一所教育部和重庆市共建高校，入选首批卓越法律人才教育培养基地（2012年）；获批与英国考文垂大学合作举办法学专业本科教育项目，6门课程获评"国家级精品资源共享课"，两门课程获评"国家级精品视频公开课"（2014年）；入选国家"中西部高校基础能力建设工程"院校，与美国凯斯西储大学合作举办法律硕士研究生教育项目（2016年）；法学学科在全国第四轮学科评估中获评A级，新闻传播学一级学科喜获博士学位授权点，法律专业硕士学位授权点在全国首次专业学位水平评估中获评A级，经济法教师团队入选教育部"全国高校黄大年式教师团队"（2018年）；喜获第九届世界华语辩论锦标赛总冠军（2019年）……

不断变迁的西政发展历程，既是一部披荆斩棘、攻坚克难的拓荒史，也是一部百折不回、逆境崛起的励志片。历代西政人薪火相传，以昂扬的浩然正气和强烈的家国情怀，共同书写着中国高等教育史上的传奇篇章。

如果对西政发展至今的历史加以挖掘和梳理，不难发现，学校在教学、科研上的成绩源自西政精神。"心系天下，自强不息，和衷共济，严谨求实"的西政精神，是西政的文化内核，是西政的镇校之宝，是西政的核心竞争力；是西政人特有的文化品格，是西政人共同的价值选择，也是西政人分享的心灵密码！

西政精神，首重"心系天下"。所谓"天下"者，不仅是八荒六合、四海九州，更是一种情怀、一种气质、一种境界、一种使命、一种梦想。"心系天下"的西政人始终以有大担当、大眼界、大格局作为自己的人生坐标。在西南人民革命大学的开学典礼上，刘伯承校长曾对学子们寄予厚望，他说："我们打破旧世界之目的，就是要建设一个人民的新世界……"而后，从化龙桥披荆斩棘，到歌乐山破土开荒，再到渝北校区新建校园，几代西政人为推进国家的民主法治进程矢志前行。正是在不断的成长和发展过程中，西政见证了新中国法学教育的涅槃，有人因此称西政为"法学黄埔军校"。其实，这并非仅仅是一个称号，西政人之于共和国的法治建设，好比黄埔军人之于那场轰轰烈烈的北伐革命，这个美称更在于它恰如其分地描绘了西政为共和国的法治建设贡献了自己应尽的力量。岁月经年，西政人无论是位居"庙堂"，还是远遁"江湖"，无论是身在海外华都，还是立足塞外边关，都在用自己的豪气、勇气、锐气，立心修德，奋进争先。及至当下，正有愈来愈多的西政人，凭借家国情怀和全球视野，在国外高校的讲堂上，在外交事务的斡旋中，在国际经贸的商场上，在海外维和的军营里，实现着西政人胸怀世界的美好愿景，在各自的人生舞台上诠释着"心系天下"的西政精神。

西政精神，秉持"自强不息"。"自强不息"乃是西政精神的核心。西政师生从来不缺乏自强传统。在 20 世纪七八十年代，面对"文革"等带来的发展阻碍，西政人同心协力，战胜各种艰难困苦，玉汝于成，打造了响当当的"西政品牌"，这正是自强精神的展现。随着时代的变迁，西政精神中"自强不息"的内涵不断丰富：修身乃自强之本——

尽管地处西南，偏于一隅，西政人仍然脚踏实地，以埋头苦读、静心治学来消解地域因素对学校人才培养和科学研究带来的限制。西政人相信，"自强不息"会涵养我们的品性，锻造我们的风骨，是西政人安身立命、修身养德之本。坚持乃自强之基——在西政，常常可以遇见在校园里晨读的同学，也常常可以在学术报告厅里看到因没有座位而坐在地上或站在过道中专心听讲的学子，他们的身影折射出西政学子内心的坚守。西政人相信，"自强不息"是坚持的力量，任凭时光的冲刷，依然能聚合成巨大动能，所向披靡。担当乃自强之道——当今中国正处于一个深刻变革和快速转型的大时代，无论是在校期间的志愿扶贫，还是步入社会的承担重任，西政人都以强烈的责任感和实际的行动力一次次证明自身无愧于时代的期盼。西政人相信，"自强不息"是坚韧的种子，即使在坚硬贫瘠的岩石上，依然能生根发芽，绽放出倔强的花朵。

西政精神，倡导"和衷共济"。中国司法史上第一人，"上古四圣"之一的皋陶，最早提倡"和衷"，即有才者团结如钢；春秋时期以正直和才识见称于世的晋国大夫叔向，倾心砥砺"共济"，即有德者不离不弃。"和衷共济"的西政精神，指引我们与家人美美与共：西政人深知，大事业从小家起步，修身齐家，方可治国平天下。"和衷共济"的西政精神指引我们与团队甘苦与共：在身处困境时，西政举师生、校友之力，攻坚克难。"和衷共济"的西政精神指引我们与母校荣辱与共：沙坪坝校区历史厚重的壮志路、继业岛、东山大楼、七十二家，渝北校区郁郁葱葱的"七九香樟""八零花园""八一桂苑"，竞相争艳的"岭红樱"、"齐鲁丹若"、"豫园"月季，无不见证着西政的人和、心齐。"和衷共济"的西政精神指引我们与天下忧乐与共：西政人为实现中华民族伟大复兴的"中国梦"而万众一心；西政人身在大国，胸有大爱，遵循大道；西政人心系天下，志存高远，对国家、对社会、对民族始终怀着强烈的责任感和使命感。西政人将始终牢记：以"和衷共济"的人生态度，以人类命运共同体的思维高度，为民族复兴，为人类进步贡献西政人的智慧和力量。这是西政人应有的大格局。

西政精神，着力"严谨求实"。一切伟大的理想和高远的志向，都需要务实严谨、艰苦奋斗才能最终实现。东汉王符在《潜夫论》中写道："大人不华，君子务实。"就是说，卓越的人不追求虚有其表，有修养、有名望的人致力于实际。所谓"务实"，简而言之就是讲究实际，实事求是。它排斥虚妄，鄙视浮华。西政人历来保持着精思睿智、严谨求实的优良学风、教风。"严谨求实"的西政精神激励着西政人穷学术之浩瀚，致力于对知识掌握的弄通弄懂，致力于诚实、扎实的学术训练，致力于对学习、对生活的精益求精。"严谨求实"的西政精神提醒西政人在任何岗位上都秉持认真负责的耐劳态度，一丝不苟的耐烦性格，把每一件事都做精做细，在处理各种小事中练就干大事的本领，于精细之处见高水平，见大境界。"严谨求实"的西政精神，要求西政人厚爱、厚道、厚德、厚善，以严谨求实的生活态度助推严谨求实的生活实践。"严谨求实"的西政人以学业上的刻苦勤奋、学问中的厚积薄发、工作中的恪尽职守赢得了教育界、学术界和实务界的广泛好评。正是"严谨求实"的西政精神，感召着一代又一代西政人举大体不忘积微，务实效不图虚名，博学笃行，厚德重法，历经创业之艰辛，终成西政之美誉！

"心系天下，自强不息，和衷共济，严谨求实"的西政精神，乃是西政人文历史的积淀和凝练，见证着西政的春华秋实。西政精神，在西政人的血液里流淌，在西政人的骨子里生长，激励着一代代西政学子无问西东，勇敢前行。

西政文库的推出，寓意着对既往办学印记的总结，寓意着对可贵西政精神的阐释，而即将到来的下一个十年更蕴含着新的机遇、挑战和希望。当前，学校正处在改革发展的关键时期，学校将坚定不移地以教学为中心，以学科建设为龙头，以师资队伍建设为抓手，以"双一流"建设为契机，全面深化改革，促进学校内涵式发展。

世纪之交，中国法律法学界产生了一个特别的溢美之词——"西政现象"。应当讲，随着"西政精神"不断深入人心，这一现象的内涵正在不断得到丰富和完善；一代代西政校友，不断弘扬西政精神，传承西政文化，为经济社会发展，为法治中国建设，贡献出西政智慧。

是为序。

西南政法大学校长，教授、博士生导师
教育部高等学校法学类专业教学指导委员会副主任委员
2019年7月1日

目　录

引　言 1

第一章　从"立君为民"到"设官为民"：官论的终极解释 15
　第一节　"立君为民"和君主设官分职 15
　　一、"立君为民"的国家政治本体论 16
　　二、"官僚"释义 20
　　三、"代天牧民"是君主和官僚共同扮演的终极角色 22
　　四、君不独治，设官分职佐君治民 25
　　五、唐代君臣的君主设官分职思想 30

　第二节　"设官为民"论 32
　　一、"设官为民"思想的基本内涵 33
　　二、"设官为民"是唐代君臣共识 37
　　三、柳宗元"官为民役"论 39
　　四、杜佑论"教化之本在乎足衣食" 42

　第三节　政治批判中的"设官为民"思想：以皮日休为例 45
　　一、对暴君暴政的批判 47
　　二、"君主臣辅"以行仁政 50
　　三、集批判和建设于一体 52

第二章 "君臣道合"：官论的主要理论基础 55

第一节 "君臣道合"思想源远流长 56
一、"天地成位，君臣道生"：共同的政治责任 56
二、"天尊地卑，君臣道别"：不同的政治等级 59

第二节 "君臣道合"的理论阐释：以武则天为中心的考察 62
一、编撰《臣轨》等书，阐释君臣之道 63
二、君臣同体合道论 66
三、与君道相匹配的臣道 73

第三节 "君臣道合"在唐代的广泛影响 76
一、"君臣道合"在朝堂议政中的现实应用 77
二、"君臣道乖"与王朝衰亡的前车之鉴 83

第四节 "君臣道合"的典型例证：基于裴寂和刘文静的分析 88
一、唐高祖"义举之始"，裴寂有"翼佐之勋" 88
二、"先定非常之策"：刘文静助唐太宗成就大业 90
三、刘文静嫉裴寂权盛，裴寂谮杀刘文静 91
四、一朝天子一朝臣：裴寂也在劫难逃 93

第三章 "经国庇民""尊主安上"："封建"与"郡县"之争 95

第一节 "封建"与"郡县"之争由来 96
一、为什么要对封建与郡县之争进行解释 96
二、西周王制与秦朝帝制：封建与郡县的两种典型 97
三、"封建"与"郡县"之争的理论脉络 100

第二节 唐初"封建"问题大讨论 106
一、贞观群臣围绕"封建"与"郡县"的论点聚焦 106
二、贞观君臣在实践中的博弈 109
三、"建亲"最终成为一份无法兑现的政治遗嘱 111

第三节　两部政典类著作作者的不同见解..................114
一、刘秩强调"从化之行，因于封建"..................114
二、杜佑论"建国利一宗，列郡利百姓"..................116

第四节　郡县说的最高成就：柳宗元的国家政体论..................121
一、从社会矛盾角度论证君主制度的必然性..................121
二、从历史演化角度论证分封制是君主制度的特定阶段..................124
三、从"私"与"公"结合的大"势"角度论证
　　郡县制的合理性..................125

第五节　本章小结..................128

第四章　设官"分事"：官僚制度运作原理..................131
第一节　设官的基本原则..................131
一、"君无为而臣有事"原则..................132
二、"省官"原则..................135
三、"官分文武、德力并举"原则..................143
四、官分治国之官、治官之官和亲民之官..................145

第二节　"因才""因位""因德"：选官用人的理据..................150
一、"致化之道，在于求贤审官"：意义分析..................151
二、"为官择人者治，为人择官者乱"：客观的职位需要..................154
三、"擢温厚之人，升清洁之吏"：官德的重要性..................156
四、"任大臣以事，不可以小臣言间之"：信任原则..................158
五、对选拔方式及相关问题的认识..................160

第三节　"以孝驭官"：以唐玄宗为中心的考察..................166
一、选择的逻辑：唐玄宗亲注《孝经》阐释"孝治"思想..................166
二、唐玄宗以孝驭官的政治实践..................170
三、御臣之道与御臣之制..................175

第四节　依法治官的思想特征.................................181
一、坚持赏罚乃国家纲纪的基本原则.........................182
二、贯彻"依法理天下"和"德本刑用"的法制理念.........185
三、维护政治等级结构彰显身份特权.........................187
四、监督官吏提高行政效率.....................................192
五、监督官吏恪尽职守，廉洁奉公.............................195
六、监督官吏端正品德行为.....................................197

第五章　忠君爱民、以道事君：官僚规范与进谏理论.........201
第一节　官僚规范与政治担当.................................202
一、忠正事君、信法爱民...202
二、公正清廉...204
三、勤政务实...208
四、竞争合作、各当其任...210
五、历代官箴与官僚规范...212
六、官僚规范对社会的示范效应.................................214
第二节　"依贞观故事"：君臣合道的理想诉求.............216
一、缘起：唐中宗朝的权力之争和《贞观政要》的编纂.....216
二、"依贞观故事"的主要释义.................................219
三、徒有其名难有其实：唐文宗"复贞观故事"修起居注...227
第三节　进谏的理论和艺术.....................................230
一、谏议理论源远流长...231
二、唐代建立了相当完备的谏议制度.........................232
三、"以道事君"：进谏的理论基点.............................236
四、进谏的艺术：基于三份谏疏的考察.........................240
五、小结：进谏的理论、技巧和戒律.............................246

第六章 "上弼圣政，下理群司"：玄宗朝宰相行政实践与思想认知……249

第一节 "随材授任""佐佑王化"：有位有为之相执政分析……251
一、"救时之相"姚崇："罢冗职，修制度、择百官"……251

二、"有脚阳春"宋璟："守法持正""随材授任"……255

三、"断决敏速，善于敷奏"张嘉贞：引荐后进，不立家产……258

四、"大手笔"张说："延纳后进，善用己长，引文儒之士，佐佑王化"……260

五、"文中之帅"张九龄："极言得失""所推引皆正人"……263

第二节 "耽宠固权"、以权谋私：背负罪名之相执政分析……267
一、李林甫："性沉密，城府深阻""条理众务，增修纲纪"…267

二、杨国忠："以便佞得宰相，剖决机务，居之不疑"……273

三、陈希烈："佐佑唱和"李林甫……276

四、韦见素："无所是非"难匡王室……277

第三节 尽心事君、各有千秋：玄宗朝其他宰相执政分析……278
一、戡平立功型：开元初年四相陆象先、魏知古、郭元振、刘幽求……278

二、清慎无为型：卢怀慎、源乾曜、苏颋、王晙、杜暹、牛仙客、李适之……281

三、治一事之弊型：李元纮、萧嵩、宇文融、裴光庭、裴耀卿……286

第四节 宰相行为取向与制度运作关系分析……291
一、宰相升迁的内在逻辑……292

二、"佐天子总百官、治万事"：宰相的职能理念……294

三、冲突性合作：宰相之间的关系分析……296

四、君、相权力关系的基本法则……297

第七章 "与天子共治天下"：刺史县令行政实践与思想认知……303

第一节 唐代有关刺史县令的基本议题……303

一、刺史县令的设置渊源与基本职掌……304

二、"郡县治，天下安"：刺史、县令的政治地位认同……308

三、影响刺史县令施政理民的"深层次结构"……310

四、使"父母官"真正成为"父母官"：若干典型思路……317

第二节 良吏施政的理念解读：以《旧唐书·良吏传》为例……324

一、"以民为本"：良吏施政的核心理念……328

二、治吏的典型特点："政尚严肃""令行禁止"……335

三、"清"是良吏的典型政治品格……337

四、朝野褒颂：对良吏施政的评价……343

第八章 有关中国古代官论的若干思考……346

第一节 中国古代官论的特点……346

一、"设官为民"与"设官为君"的统一是中国古代政治思想的核心要素……346

二 "为臣极难"：君主专制下官僚的现实境遇……348

三、"臣宜安静"和"过则归己"：君主专制下为官的实践心得……352

第二节 中国古代官论的历史价值……354

一、国家能力强弱和王朝盛衰的关键：官僚的历史作用解读……354

二、思想的引领和政治的调节：官论的价值分析……357

三、政治文明成长与转型的核心要素：政治思想的历史定位……359

第三节 中国古代官论的现代意义……361

一、"设官为民"具有普遍意义 361
二、官僚设置的主要原理具有借鉴价值 362
三、政治道德建设的现代启示 362

参考文献 364
后 记 383

引　言

"科学研究的区分，就是根据科学对象所具有的特殊的矛盾性。因此，对于某一现象的领域所特有的某一种矛盾的研究，就构成某一学科研究的对象。"[①] 本书旨在通过收集、整理、归纳、分析有关的文献资料和研究素材，对唐代官论进行政治思想史意义上的系统化解读。从中提炼有价值的概念和分析框架，进而判定中国古代官论的主要特点、基本属性和历史价值等。

一、研究对象及选题意义

通观整个中国古代，官僚在君、臣、民三大政治等级中居于枢纽地位，其价值理念和行为取向关乎国家的治乱兴衰。政治稳定、社会和谐以及基本价值观的维护不仅需要君主的"导航"和"掌舵"，还需要有能力、负责任的官僚阶层的配合和支持。官僚阶层具有必备的行政技能、娴熟的行政技巧、高尚的道德品质和全面的知识基础是贯彻落实君主意图、驾驭公共政策、驱动国家经济和社会发展的必要条件。

官僚群体不仅是政治权力的具体执行者，而且被赋予了很多道德

[①] 毛泽东：《矛盾论》，《毛泽东选集》第一卷，人民出版社1991年版，第309页。

上和文化上的特定内涵。概念的多重性来自于角色的多样性。在中国古代的语境下,"官僚"既是政治概念,也是伦理和文化概念。在君主制度下,官僚阶层兼具三重政治角色于一身。其一,官僚阶层是皇帝的代理人,是"王权支配社会"的具体践行者,是替君亲民、牧民和治民者。其二,官僚阶层是民众的代言人,在"君为民主"的政治现实和思维方式下,中国古代社会缺乏"民"进行自我利益表达的基本机制、制度空间、有效渠道和文化传统,为民进行利益诉求的主要是各级官僚。其三,官僚阶层是其自身利益的代表人。"官吏既然掌握着公共权力和征税权,他们就作为社会机关而凌驾于社会之上。"① 官僚阶层的利益主要分为其代表的君主制度的利益、统治阶级的利益、具体统治集团的利益、所在政府层级或政府部门的利益、个人具体利益等诸多层面。为维护其阶层的整体利益,平时各自为政甚至相互倾轧的他们,在面临威胁时往往会联合起来,共同抵制来自于社会任何一方对其整个阶层的可能威胁。角色影响行动。多重角色带来的是多重外部期望和多元的行动选择:官僚阶层需要对上忠于君主和国家,对下情系百姓和社会,为己还要争取更大的利益和发展空间。

任何稳定的时代都有占统治地位的政治思想、价值观念、政治理论和一套通用的语言符号系统。"统治阶级的思想在每一时代都是占统治地位的思想。这就是说,一个阶级是社会上占统治地位的物质力量,同时也是社会上占统治地位的精神力量。支配着物质生产资料的阶级,同时也支配着精神生产资料。"② 作为统治阶级的代表,官僚阶层既是统治思想的具体实践者,又是统治思想创新和发展的推动者。官僚制度设置背后的政治理念、官僚行政实践的思想指导、官僚群体的自我意

---

① 恩格斯:《家庭、私有制和国家的起源》,《马克思恩格斯选集》第四卷,人民出版社2012年版,第188页。
② 马克思、恩格斯:《德意志意识形态》,《马克思恩格斯选集》第一卷,人民出版社2012年版,第178页。

识以及社会各阶层对官僚的理论定位和价值尺度等都是统治思想的重要内核。

中华文明几千年兴盛不衰有诸多原因。其中，成熟的统治思想是非常关键的因素。统治思想的重要内容之一是拥有一套丰富、完备、精彩、逻辑自洽和具有生命力的官僚政治理论体系。因此，较为准确地解读和把握官僚政治理论体系是理解传统政治文明的重要视角。

所谓官论，即有关官僚的政治理论体系。它包括设官的终极依据、君臣关系的基本理论、官僚制度的一般原理、设官选官制官的基本原则、官僚的政治道德规范，等等。

中国古代官论思想及其相关的制度安排是原则性与灵活性、刚性与弹性、一元化和层次化的有机结合。在宏观架构上，从秦至清基本政治制度没有实质性的变动。从统治思想看，基本政治理论没有发生根本性变革。即理论的内核一直没有变化，变化的只是理论的保护带。"立君为民""设官为民""君臣道合"等许多基本的政治思想早在先秦就已经形成。在王权支配社会的总体背景下，"当官的任务是征收赋税和治安，对个人则是凭借权力掠夺土地和资财。文化的主流是官僚文化，维护王权"[①]，"亦主亦奴是中国古代最具普遍意义的社会人格，而官僚的政治人格又是主奴综合意识的典型代表"[②]。王朝和统治者会遇到危机直至被推翻，但君主制度的合法性却未遭遇实质性的质疑。因此，基本制度安排和政治理论没有受到根本的挑战和竞争。只不过，不同的历史阶段、不同的朝代和不同的执政者对具体制度规则和运作过程不断地进行丰富和调整。可以说，中国古代每一次王朝危机并不是制度理念和统治原则的危机，其实只是统治者管理能力的危机。由于统治者能力弱化，不能有效行使对自身以及社会的管理，导致统治绩效

---

① 刘泽华：《中国的王权主义——传统社会与思想特点考察》，上海人民出版社2000年版，第68页。

② 张分田：《亦主亦奴——中国古代官僚的社会人格》，浙江人民出版社2000年版，第1页。

和合法性下降，进而导致统治集团的转换。

  有关中国古代官论的研究是一个非常宏大的课题，全面铺开未免过于宽泛，导致不能深入的缺憾。但是，如果只截取一个相对较小的侧面，又很难透视官僚政治理论体系的整体框架和全貌。为避免宏观论述不到位、微观论述不深刻的弊端，本书采用横剖面研究和纵贯研究相结合的方法，选取唐代为研究对象展开分析。

  中国古代政治文明是在隋唐时期步入巅峰的。无论从政治思想发展的角度，还是从政治制度发展的角度来看，唐代都在继承前代基本政治理念和政治制度的基础上，规划了中国传统政治基本的制度框架和运行模式，塑造了丰富多彩、充满活力、富于理性的政治精神，成就了"盛唐"之治。之后历代王朝将之奉为圭臬。以唐代官论为研究对象，对认识整个中国古代的官论思想具有典型意义。

二、研究现状及进一步拓展的空间

  学术研究的一个重要功能是生产新知识、深化人们对客观世界的认识。产生新知识的基本前提是认真研读学界已有的研究成果，在此基础上形成新知识、新观点的"参照系"。接下来，笔者在回顾和检视学界所做工作基础上，把本书定位在已有的研究序列中。

  大多数思想史，特别是政治思想史论著，一般都会涉及官论问题的研究，比较著名的有萧公权、侯外庐、刘泽华、朱日耀[①]等人的著作。就本书所要回答的基本问题而言，所见研究成果主要集中在以下几个方面。

[①] 萧公权：《中国政治思想史》，商务印书馆 1945 年版；侯外庐：《中国思想通史》，人民出版社 1957 年版；刘泽华：《中国政治思想史》（三卷本），浙江人民出版社 1996 年版；朱日耀：《中国古代政治思想史》，吉林大学出版社 1988 年版。

（一）对"设官为民"等思想的研究

"设官为民"在中国古代是一个很重要的命题。与"设官为民"含义相近、说法不同的有"为民设官""官为民役""官以养民""政在养民""忠君爱民""象贤重民""佐君治民"等。学界对这一命题给予了关注，但大多把"设官为民"思想视为儒家的专利，甚至认为只有部分批判色彩较强的思想家才弘扬这一思想。[①]

张分田教授《民本思想与中国古代统治思想》（南开大学出版社，2009年），专列一节讨论古代思想家对"设官为民"这一官民关系命题的阐释思路。他认为在古代政论中，主张立君为民、设官为民、施政为民的事例不胜枚举。在中国古代，"设官为民"思想获得了广泛的认同，属于统治思想范畴。

在接受张分田教授基本观点的基础上，本书将通过大量历史事实证明，"设官为民"思想不仅在理论层面是中国古代统治思想的重要组成部分，而且还贯穿在整个政治实践中。

（二）对"君臣道合"等君臣关系理论的研究

"君臣道合"是君臣关系的基本理论。不过，相关研究很少，明确提出并展开具体研究的有张分田和胡宝华两位教授。

张分田《中国帝王观念》讨论了君臣一体论的"君主—臣辅"结

[①] 例如罗絮《官为民役》（《领导科学》1990年第10期）指出：柳宗元提出了"官为民役"的观点，"这就把古代的民本思想发展到新的高度"。刘忠强《官为民役》（《学习月刊》2004年第11期）称：柳宗元鲜明地提出"官为民役"，这就把历来被颠倒了的主仆关系再颠倒过来，换言之，也就是要求重新安排官和民的位置。应该说，柳宗元的"官为民役"与封建时代统治者"养民""牧民"的观念正相反，这在封建专制、等级森严的时代，堪称石破天惊之论。李才远《唐甄的"知人善任"说》（《西南师范大学学报》1989年第1期）言：唐甄指出"选贤"必须以"养民""富民"为宗旨。许殿才《〈白虎通义〉中的国家学说》（《中国史研究》1997年第2期）称：《白虎通义》有"象贤重民"的思想。刘佩芝、冯会明《朱熹德治思想的借鉴与反思》（《江西社会科学》2003年第10期）分析了朱熹提出的"德惟善政，政在养民"思想。尹益洙《黄宗羲政治伦理思想研究》（《江苏社会科学》2004年第2期）认为：黄宗羲提出的政治伦理主张包括"臣'为天下，非为君'的君臣观"，君臣是共事关系，"以天下万民为事"是结成君臣关系的纽带和关键。

构。其论述的基本思路是，从君臣关系的角度来阐述为君之道，分析了君臣一体论发展的历史过程及具有最优代表性的论点，即"君不可独治说""君臣合道说""君臣师友说""君臣利害攸关说""君主臣辅说"等。① 上述论述关注的落脚点是君主"无为"的驭臣之术。

胡宝华在《从"君臣之义"到"君臣道合"——论唐宋时期君臣观念的发展》（《南开学报》2008 年第 3 期）一文中指出："君臣道合""君臣同志"等语汇在隋唐之际开始陆续见于史籍，是一个具有时代特色，能够直接表现君臣共识的新观念。从唐人频繁使用"君臣道合""君臣同志"的事实来看，唐代社会更看重君臣共治的合作与相互支持的关系。它显示出一种君主政治日趋成熟的发展态势。

张分田教授和胡宝华教授的相关论述为本书提供了"基准点"。他们从政治思想史的角度分别关注了中国古代的为君之道和唐宋时期君臣观念的发展。受其启发，本书将政治思想与政治制度、官僚实践相结合，综合考察"君臣道合"的理论价值、制度特征和实践之道等相关内容。

（三）对官僚政治制度原理的研究

与政治思想史研究相比，当代政治制度史的研究一直备受关注，成果丰硕。其中，对隋唐政治制度研究做出开创之功的当属陈寅恪先生。② 随后的研究很多涉及对唐代设官思想、君臣关系等的探讨。③ 此外，学

---

① 张分田：《中国帝王观念》，中国人民大学出版社 2004 年版，第 462—463 页。
② 陈寅恪在《隋唐制度渊源略论稿》（1940 年）一书中，考察了隋唐时期的主要制度；在《唐代政治史述论稿》（1941 年）一书中，从统治阶级之氏族及其升降、政治革命及党派分野、外族盛衰之连环性及外患与内政之关系等三条内在脉络及其互动入手，揭示了唐代政治史发展的本质和规律。
③ 例如：张国刚《唐代官制》（三秦出版社，1987 年）系统论述了唐代整个政府架构；王吉林《君相之间——唐代宰相与政治》（中国人民大学出版社，2007 年）从君相关系着手研究唐代的政治变动；黄永年《六至九世纪中国政治史》（上海书店出版社，2004 年）以宰相与宦官之争、中央与地方藩镇之争为两大线索研究唐代政治史；吴宗国《盛唐政治制度研究》（上海辞书出版社，2003 年）从政治体制变化探讨唐代政治权力的分化和重组；胡宝华《唐代监察制度研究》（商务印书馆，2005 年）立足于考察制度的实际运作情况以及发生的变化，从制度的变化中揭示出它所包含的政治意义；等等。

者在研究选官制度的过程中，对选官原则等也给予了较多关注。①

王亚南《中国官僚政治研究》（时代文化出版社，1948年）是我国第一部用马克思主义科学方法系统地剖析传统官僚政治的著作。作者从分析中国社会经济形态入手，结合秦汉至民国的历史找出官僚政治的产生、形态和特征及其与封建社会长期停滞的关联，并从与西方官僚制度的对比中，揭示出官僚政治发展和转化的一般规律，颇多卓越创见。例如，王先生认为，"官僚政治基本上没有多少法治可言，主要依靠人治和形形色色的宗法和思想统治来维持。人治是官僚政治固有的基本特征或规律"②。

现有制度史的研究，为我们认识唐代的制度架构提供了很好的知识背景，但是，也有诸多方面需要继续推进。已有研究大都局限于官制史范畴，对制度的研究多，对制度原理的研究少；大多数学者关注设置了什么的问题，很少有学者追问为什么要设置的问题，即尚未有意识地探讨思想与制度的匹配问题。

（四）对官僚政治道德的研究

一直以来，学界对"官箴""官德"等官僚政治道德的研究非常多。③ 其中，葛荃《政德志》（上海人民出版社，1998年）从分析政治

---

① 例如：吴宗国《唐代科举制研究》（辽宁大学出版社，1992年）专列一章考察唐代进士科举考试科目和录取标准的变化；宁欣《唐代门荫制与选官》（《中国史研究》1993年第4期）认为"唐代门荫制处在隋唐五代这一带有转折性及变革性特点的隋唐五代时期，具有明显的双重性"；刘后滨《从三省体制到中书门下体制——隋唐五代》（载吴宗国主编：《中国古代官僚政治制度研究》，北京大学出版社，2004年）指出，正是在"君主不能自专""君主不能一人独断"等思想的指导下，三省制得以确立和完善；等等。

② 王亚南：《中国官僚政治研究》，中国社会科学出版社1981年版，再版序言，第2—3页。

③ 例如：郭培贵主编《官德》（民主与建设出版社，2003年），张梦义、喻承久《官德论》（武汉理工大学出版社，2006年），李建华《中国官德》（四川人民出版社，2000年）等也对中国古代官德展开过论述；郭成伟主编《官箴书点评与官箴文化研究》（中国法制出版社，2000年），刘俊文主编《官箴书集成》（黄山书社，1997年），杨志勇、孙昆鹏编撰《官箴的智慧 为官的哲学》和《官箴的智慧 做官先做人》（中国长安出版社，2005年），裴传永《"箴"的流变与历代官箴书创作——兼及官箴书中的从政道德思想》（《理论学刊》1999年第2期）等都对中国古代官箴的相关内容进行了辑录汇编。

道德的基本概念入手，梳理了传统政德形成的文化轨迹，分析说明了传统政德的基本价值构成。张锋博士学位论文《中国古代官德论》（北京大学博士学位论文，2003年）把中国古代官德规范的主要内容概括为孝亲、忠君、为民、廉政和勤政五大部分。杨建祥《中国古代官德研究》（上海古籍出版社，2004年）阐释了德治传统对中国古代官德所起的决定性作用，为运用中国古代哲学思想研究传统政治文明的发展提供了一些思路和方法。

围绕官德、官箴等官僚规范的研究固然重要。但是，规范毕竟还是属于行为层面。在此基础上，还需要继续探究官僚规范背后更深层次的理论支撑点。总体而言，现有研究缺乏对官僚起源等基本理论更深入的阐释。

（五）对官僚政治理论与政治实践互动的研究

作为政治思想，官论不是仅仅存在于理论层面，还体现在政治实践过程中。有学者注意到这一点。例如，赖瑞和《唐代基层文官》（中华书局，2008年）"在传记中考掘制度史"，尽量摆脱以往研究者对制度空文的描写，尽量从唐人的生平经历，从众多唐人的官历着手，去窥探唐代的官场运作，揭示唐代官员们的日常生活和心灵状态等。[①] 胡宝华一方面围绕唐代科举制中的"直言极谏科"考试内容以及唐人的进谏活动进行考察，通过历史事实审视唐代士大夫为臣治国的理念[②]；另一方面围绕唐初以来的政治生态环境及其完善的制度结构与功能展开研究[③]。然而，目前将政治理论和政治实践结合起来，自觉进行系统研究的成果还不多。

---

① 参见赖瑞和：《唐代基层文官》，中华书局2008年版，导言，第5—10页。
② 胡宝华：《论中晚唐时期"直言极谏科"制举考试的政治意义——兼论中古社会士大夫的为臣理念》，《中国思想与社会研究》（第一辑），中国社会科学出版社2007年版，第436页。
③ 胡宝华：《浅析唐代政治生态环境与制度文明》，《史学集刊》2015年第2期。

（六）有待进一步开拓的学术"生长点"

目前学术界对唐代官论做了许多有价值的探讨，并取得了一定的理论成果，在研究方法上也各有特点。笔者发现，在相关讨论中，存在着以下几个需要特别注意的问题，有待进一步开拓。

第一，缺乏对官僚的基础理论研究。学术界对唐代选官之道的基本准则以及官箴、官德等研究较多。官箴、官德属于官僚道德规范和政治规范范畴，理应纳入学术研究视野。不过，要想认识其本质，还需要对官僚的起源、官僚的基本政治定位等基础理论展开研究。然而，现有对"设官为民"等官僚起源的研究，除少数学者外，多数坚持"设官为民"等思想仅是中国古代部分批判色彩较强的思想家弘扬的思想，甚至有学者将之定位为中国古代的民主思想，是专制思想的对立物。或者走向另一个极端，把中国古代官文化简单地定格在"维系着反动腐朽的制度，桎梏人的自由发展"[①]等层面上。

第二，对政治实践过程中蕴含的政治思想关注不够。已有研究成果对古代思想家的官论思想研究较多，对古代统治者的官论思想研究较少；对政治制度的设置研究较多，对政治制度背后的理论基础研究较少；对政治关系和政治变动的研究较多，对政治运作中的思想因素、政治思想和政治实践的关系研究较少。"政治思想、政治实践是两个不同的学科，后者的历史研究属于政治史，但两者又有极为密切的关系。政治实践是政治思想认识的对象，又是它产生的主要土壤之一；反过来，政治思想对政治实践又有直接或间接的影响，乃至指导作用。"[②]因此，在研究官论的过程中，加强对政治实践的研究非常必要。

第三，以唐代官论为中心，进行系统研究的论著在所见成果中尚未出现。唐代官论是自成体系的一套思想学说，有自己的逻辑结构和

[①] 刘永佶：《中国官文化批判》，中国经济出版社2000年版，第328页。
[②] 刘泽华：《中国政治思想史研究对象与方法》，载刘泽华、张分田等：《思想的门径——中国政治思想史研究方法论》，天津古籍出版社2006年版，第21—22页。

思维方式，兼有理想性和现实性的双重特点，富有典型性和代表性。

笔者曾参与《中国政治思想通史》（隋唐卷）（中国人民大学出版社，2014年）的撰写工作。在写作过程中，形成了有关唐代官论的一系列相关思路，但仍然不系统。在原有研究的基础上，本书对唐代官论进一步展开分析，尝试构建一个包括中国古代官论的终极依据、基础理论、思维特征、本质属性等重大问题的研究框架。

三、研究视角和研究方法

从历史中汲取智慧，从经典解析中寻求启迪，从政治实践中提升理论，从关系比照中深化认识，是本书选择研究方法的指导思想。

第一，本书是思想与社会互动研究的一个尝试。

本书注重考察政治理论与政治制度、政治理念与政治实践、统治思想与社会意识的关系，多视角、多层次、全方位地研究唐代官论。

政治理论与政治实践从来就是合二为一的，只是研究者把二者人为隔离而已。要想更准确、全面地认识政治理论，就需要对政治制度、政府过程、官僚施政等"实证"层面进行深入研究。各项政治制度和政策的理据往往涉及重大政治理论问题。对这类问题的阐释与研究是政治思想史研究的重要环节。所有政治思想都是对政治现实的反映和思考，而任何对现实的思考都会与现实发生互动，哪怕仅仅是一种心灵的互动，诸如赞赏或非议。因此，政治思想研究必须与政治实践研究紧密地结合起来。官僚群体作为政治的实践者，有更多基于现实的体验和认知。深入探讨官僚群体对政治问题的看法、对政治理论的提升，将更有助于我们认识"真实世界"中的政治思想。

本书对唐代官论的研究既关注政治思想层面的理论界定，又关注制度安排背后的指导思想，还关注官僚实践过程中的价值关怀，以及社会对官僚的评价指标等。

第二，以历史学的研究方法为主，综合运用政治学和社会学等现代科学的方法。

本书首先要在广泛占有史料的基础上，详尽地分析史料，从而有力地证明"立君为民""设官为民"和"君臣合道"等思想存在的普遍性和广泛性。除了基本的归纳和演绎方法之外，笔者还在实证的基础上，引入现代社会科学的方法，对历史材料进行解读，产生新的认识。例如，用比较的方法分析赞成分封派和反对分封派在"封建"与"郡县"之争中的不同政治主张；用统计的方法阐述唐代良吏的基本施政理念；引入政府过程的方法解读进谏理论；以国家起源理论对照认识中国古代官僚起源的解释；从利益政治观立论解读官僚群体行为选择的多重性和紧张感等。

第三，拓展史料取材范围，研究统治集团的政治思想。

事实依据越充分，研究成果的可靠性就越大。只有对政治实践提供的丰富的历史素材广泛采择、系统梳理、深入分析，才能使结论建立在更扎实的事实基础之上。我们把研究视野从唐代的经典著作、精英思想拓展到审视唐代统治集团的政治意识，以揭示社会主流阶层的价值共识。除了著名思想家的著作之外，唐代的钦定经典、皇帝著述、诏旨敕令、朝堂议政、宰辅奏疏、策问政论、群臣文集等反映政治思想的文献都将纳入我们的研究视野。

四、研究思路和全书结构

"思想创新是一个民族的生命力所在，就具体的生活实践而言，思想是行动的先导。许多事情不是做不到，而首先是想不到。"[①] 中国传统的帝制的统治思想相当精致，包含着丰富的政治智慧和政治理性。唐

[①] 塞缪尔·亨廷顿：《失衡的承诺》，周瑞译，东方出版社2005年版，第1页。

代的现实政治实践不断进行整合调适、革故鼎新，唐代的理想政治理论也不断演进发展，二者之间是一个环环相扣的整体互动过程，互相论证，相得益彰。依据理论地位和抽象程度，全书对唐代官论的探讨，主要分为如下七个部分的内容。

第一章探讨"设官为民"思想。"设官为民"思想是对官僚起源的终极解释。它由"立君为民"思想衍生出来，具有政治本体论的意义。这个思路有以下特点：一是从官僚产生的形而上来源和哲学依据的角度，强调上天爱民，为民设置君主和官僚，"代天牧民"是君主和官僚的共同职责；二是从官僚产生的权力来源和政治依据的角度，强调君不独治，设官分职，官僚作为君主的辅助者应该"佐君治民"；三是从官僚产生的社会根源和现实依据的角度，强调民不能自治，基于协调人类社会内部矛盾和维护社会秩序的需要，设官以治之。总之，官僚事君治民，既要对君负责，又要对民负责，治民的成败不仅关系国家兴衰，而且关系到官僚个人的荣辱。其中，官僚体系为人民大众而设，具有普适性的政治价值。

第二章探讨"君臣道合"理论。这是中国古代官论的主要基础，由"设官为民"派生出来，是对君臣关系的基本定位，具有君主专制制度的典型属性。"君臣道合"理论与君主制度的一般规定性、君臣互动的基本规则、君臣各自的规范息息相关。

古代关于"君臣道合"的论述有很多，具体说法有"君臣合道""君臣合体""君臣合德""君臣同志"等。其基本思路是从大道为本的角度，论证君道与臣道的差异与共性。君与臣依据道义结为统一体，君有君道，臣有臣道，二者又统一于道。在要求君臣各守其道的同时，强调君与臣必须相互配合，共同肩负起道义的责任，实现"天下有道"的理想政治。相反，与"君臣道合"背道而驰的有"君臣道隔""君臣道乖""君臣道息""君臣道亡"等，其结局往往是民怨沸腾、江河破碎、王朝覆灭。

第三章关注的是国家结构形式暨君臣关系模式选择。这是影响国家长治久安的基本制度之一，与"君臣道合"理论直接匹配。围绕这一制度的选择，表现为旷日持久的"封建"和"郡县"之争。争论双方都旨在为皇权的实现寻找最恰当的途径和手段，即"经国庇民""尊主安上"，其实就是"设官为民"和"设官为君"的矛盾统一。需要注意的是，封建与郡县两种国家结构形式和君臣关系模式不是彼此分离的，二者在政治实践中往往是有机融合在一起，借以寻求国家统一与地方活力二者之间的合理平衡。

第四章揭示了设官"分事"的制度运作原理。无论是设官的基本原则还是选官的思想指导，无论是对官僚的管理制度还是对官僚的约束机制等都是服务于"分事"的。"君无为而臣有事"是治国之道的总纲，既内含着君权的尊崇性，又体现了官僚的依附性。君主既要给官僚群体以空间，让他们各显其能，"有为统众"；又要对官僚群体加强管理，让他们不得逾越既定的权限范围，"分事"而不"分权"。这是"设官为民"和"君臣道合"理论在官僚制度中的直接体现。

第五章阐释忠君爱民、以道事君的官僚规范与进谏理论。政治的运行和对权力的约束，仅仅有纸上的理论法则是不行的，还需要诉诸官僚所属内心的政治良知和公共美德，转化为官僚的行为自觉。"设官为民"和"君臣道合"不仅是官僚制度起源的基本理论，也是重要的政治关系命题。历代思想家和政治家从中推论出一系列对为官之道即官僚规范的阐释和论述，这些都与官僚的政治担当密切相关。此外，进谏被视为官僚典型的政治美德和常见的政治行为之一。官僚通过进谏言事影响决策。在进谏过程中，既要直抒胸臆，又要讲究时机和技巧。官僚围绕各种政策的讨论，既有他们对君主及国家利益的维护，又有他们对百姓及社会层面的关怀，还有他们对个人及官僚群体的考虑。

第六、七章归纳和概括了政治理论及其核心价值对官僚阶层乃至对社会的作用。任何国家的官僚制度，不仅是一组规则体系、一种价值观念，而且还是一个运作过程。只有走入官僚的具体实践中，观察官僚群体在具体情境中的所作所为，才可能从中辨别出具有代表性的现象、经常发生的重大问题和基本政治关系，进而分析他们行为取舍的理论依据以及社会评价他们的价值尺度。在政治过程中，无论是"上弼圣政，下理群司"的宰辅群体，还是"与天子共治天下"的刺史县令群体，都践行着"设官为民""君臣道合"等基本理论。这套理论也被社会广泛接受，成为评判官僚行为优劣的基本指标。

第八章是有关中国古代官论的若干思考。**本书的核心论点是："立君为民"及由此衍生的"设官为民"和"君臣道合"是中国古代官论的主要理论基础，不仅直接表现为理论形态，而且贯穿于政治过程中，落实在制度安排、政策制定以及官僚施政的各个层面。**中国古代官论的主要特点是"一体两面"，即在"设官为民"与"设官为君"这个统一体中，"设官为君"是主要方面，因此，其本质属性是君主专制主义。中国古代官论在历史上曾经发挥了思想引领的作用，既给统治集团以追求的目标，又给社会各阶层以理想和希望。它使中国古代的政治更加富于弹性和生命力。中国古代官论除了具有时代性、阶级性以及与帝制的匹配性特征之外，还具有许多延续至今的合理性。我们不能简单否定其历史价值和现实功能。

当然，官论涉及的问题非常广泛，研究难度很大，相关的研究素材也极其丰富，本书只是借助一些重要的研究素材，考察了唐代的主要理论和基础框架，还有很多问题有待进一步展开。例如，与财政、军事、外交等制度和思想相关的若干内容。更为系统深入的研究还需要进一步拓展研究素材的来源。

第一章　从"立君为民"到"设官为民"：官论的终极解释

官僚是统治阶级意志的具体落实者，是实现国家统治职能和社会管理职能的关键群体。那么，官僚由何而来、因何而设、如何而为呢？这些问题的讨论涉及官僚制度的必然性、合理性以及权力的合法性，又是论证为官之道和官僚规范的重要依据。为此，我们需要在理论上求解如下理论命题：作为从社会中产生又自居于社会之上的特殊的公共权力组织，国家独特的政治功能是什么？为发挥其政治功能，官僚制度应该以什么样的方式组织起来？组织起来的官僚制度追求何种价值理性和工具理性？这些命题是讨论官僚制度和原理必须回答的元问题，其实质是对国家起源的解释。

第一节　"立君为民"和君主设官分职

国家是一个历史范畴。它是社会发展到一定历史阶段出现的一种社会现象。一套完整的国家论涉及诸多层面的重大政治理论问题，包括国家起源、国家本质、国家职能、国家管理形式、国家结构形式、国家与社会、国与国之间的关系等。因此，国家论是所有政治学说的主体、核心和纲领。在中国古代，早期的国家组织形式具有"家国同构"的特征，国家起源论通常以君主起源论的形式出现。其中，"立君为民"是对这类问题的经典概括，由"立君为民"命题几乎可以推导出中国古代政治思维的全部内容。

一、"立君为民"的国家政治本体论

无论喜欢与否，任何人都要在一定程度上参与政治生活，这也是人类的伟大创造之一。为什么人要参与政治生活？为什么人类社会需要政治统治？在古代社会，为什么必须实行君主制度？国家的主要职能和君臣的主要职责是什么？这是中国古代思想家普遍关注的问题。

（一）"立君为民"思想源远流长

"所有政府都面临着它们必须解决的基本问题，这些问题构成了政治的本质。它们是永久的和无法规避的，但是它们又允许有不同的解决方案，这些解决方案使人类得以在不同的取向之间进行选择和替换。"[1] 相对于西方的神权论、契约论、暴力论、阶级论等典型的国家起源理论，中国古代政治家和思想家普遍接受的"立君为民"政治观念，是一种更为系统、成型、逻辑自洽的"中国式"的理论。只不过，在近代西方制度霸权和话语权主导的总体背景下，中国的学术界更习惯于接受"舶来品"和"出口转内销"的概念、理论和观念。准确解读和把握政治现象，应当具有大局观和时空观，需要放宽视野。为此，我们应该坚持这样一种思维方式：没有永恒的成功，关键是选取多长的时间段作为分析的标尺。西方制度的兴起也就是二三百年的事情，不能把二三百年的道路当作永久正确的道路。中国传统的治理模式在世界文明史上曾经独领风骚数千年。关于这一点，就连一向傲慢的美

---

[1] 莱斯利·里普森：《政治学的重大问题——政治学导论》（第10版），刘晓等译，华夏出版社2001年版，第12页。

国学者也承认:"中国、印度和北非产生的杰出思想家要比欧洲早很长时间。"①

公共权力为政治共同体的公众利益而设的观念理应萌芽于国家起源之时。这种观念伴随作为文明的基本要素的政治组织的出现而出现,并随着国家政治的发展而发展。它来自对现实生活的认知,集中回答了设置公共权力的目的及其职能等政治基本问题。因此,在中国,这种政治观念理应滥觞于中华文明起源之际。相关史料也为这种推测提供了一些佐证。

国家与君主是一种由来已久的政治现象。从文献记载看,华夏先民很早就关注国家与君主由何而来、因何而设的问题。在关于三皇五帝的传说中不乏与"立君为民"观念相关的思想材料。在《周书》中,"立君为民"观念已经初步理论化,相关的论点影响深远。春秋战国时期,人们对各种政治现象的认识不断深化。国家、君主的起源与职能成为人们普遍关注的重大理论课题。诸子百家从各自的哲学观、政治观出发,试图从天道、人性、历史等不同角度,揭示其奥妙,推演其道理,并为自己的政治主张提供理论依据。《老子》《墨子》《慎子》《商君书》《孟子》《荀子》《吕氏春秋》等一批具有重要影响的著作都明确指出:立君为民、为国、为天下。《慎子·威德》提出:"故立天子以为天下,非立天下以为天子也。立国君以为国,非立国以为君也。立官长以为官,非立官以为官长也。"《荀子·大略》曰:"天之生民,非为君也。天之立君,以为民也。"诸子百家所提出的论点和学说有上帝立君说、天立君说、依据道义立君说、依据自然立君说、圣人立君说、依据宗法立君说、为构建秩序立君说、为教化民众立君说、为维护公利立君说等。这些观点和学说,既有现实性,又有理想性;既

---

① 迈克尔·G.罗斯金:《政治科学》(第九版),林震等译,中国人民大学出版社2009年版,第25页。

有科学性，又有荒诞性。由于先秦诸子在中国思想史上占据特殊地位，他们的学说长期影响、指导乃至支配着人们的政治思维。

秦汉以来，国家及君主制度的本原、本体、本质问题依然是各种学说体系的关注点之一。汉代儒者将儒家经典中的相关思想大体整合在一起，并广泛吸收其他学派的思想，使有关认识更具综合性和哲理性。作为汉代儒学代表人物之一的董仲舒，在《春秋繁露·尧舜不擅移、汤武不专杀》中明确提出："天之生民，非为王也，而天立王以为民也。"在古代文献中，这类说法并非罕见。汉魏以来，《尚书》《周易》《孟子》等儒家经典及其注疏的各种说法常常作为权威性的论据被人们援引。在朝堂议政中，人们依据"立君为民"的主要论点以论说治国之道、为君之道和重民政策。相关理论对各个朝代的官僚、士人、学子的政治观念有着广泛的影响。

除无君论者认为立君设官等政治制度的安排会给人类带来无穷无尽的祸患外，绝大多数人认为人类社会必须实行君主制度，理应由君主治理国家，而设立君主的目的是为了维护国家安定、民众安全、社会公正。

（二）"立君为民"的论证逻辑

关于"立君为民"的基本思路，张分田教授对其进行了详尽的论证。[①] 其思想大略如下。

第一，从哲理性依据出发，中国古代思想家普遍认为君主制度天经地义。他们从宇宙观的角度探讨君主制度的最初根源和本质特征，将君主制度的本原和依据归之于上帝、天、道、自然等超然于人类的力量。在他们看来，这些超然于人类的力量是一切事物的最初根源或

---

① 关于"立君为民"的详细论述，参见张分田：《中国帝王观念——社会普遍意识中的"尊君—罪君"文化范式》，中国人民大学出版社2004年版，第295—331页；张分田：《中国古代君主与"民贵君轻"观念》，《政治学研究》2007年第2期。

构成世界的根本实体,因而君主制度是宇宙普遍法则在人类社会的体现,它的产生和存续是不以人的意志为转移的。这就为君主制度的必然性、合理性提供了哲理性依据。思想家们表达这类设君之道的主要思路有天(上帝)立君说、依据道义立君说和依据自然法则立君说等,共同之处在于论证君主制度是最符合天道、自然、人性的政治制度。其中,天立君说影响最大。其基本思路是:强调天既是人类社会的缔造者,又是政治与道德的立法者。天生化万民,为了教养民众,设立了君主制度,由君主"代天牧民"。

第二,从社会动因出发,中国古代思想家普遍认为,立君的主要目的之一是实施统治、构建秩序、维护正义、安定民生。在他们看来,设立君主制度的目的或君主制度产生的结果是产生了一系列的制礼、定制、立法、设范,从而为人类社会构建了秩序,使天下众生得以安居乐业。儒家经典及其注疏从立君以施政治民、立君以统一天下、立君以定分止争、君主制度为公众利益而设等几个角度阐释了这类思想。

君主为构建秩序而设的思想揭示了"立君为民"思想的第一层意蕴,即必须建立强者在上、治权在君的政治制度,由君主实施政治统治,用自上而下的强制措施,调整人类的利益关系,以维护既定的等级秩序,保持社会的安定和谐。这表明了国家政权是不可调和的社会矛盾的产物,建立国家政权是为了把社会冲突保持在"秩序"的范围内,统治、强制与暴力是政治权力的主要特征。这无疑是对国家本质及其主要政治职能的深刻揭示。

第三,从政治利益出发,中国古代思想家普遍认为,立君的主要目的之一是养育芸芸众生,维护公众利益。从思想观念的发展过程看,这种思想经历了从立君为族众,到立君为国民,再到立君为天下的发展过程。《尚书》中的"畜众""保民""为民父母"等观念,都是华夏先民对公共权力的特征与属性的最初的感知。伴随着国家政治的发展,人们对国家权力和君主政治的认识日益深刻，君主为养育民众而设的观念也就进一步发展成为君主为公众利益而设的观念，具体论点有依据宗法关系立君说、为养育民众立君说、为公众利益立君说等。先秦诸子的立君为民、立君为公、立君为天下都是这种政治思想的不同表达方式。

君主为公众利益而设的思想揭示了"立君为民"思想的第二层意蕴，即必须建立君主在上、治权在君的政治制度，由君主行使公共权力，为天下兴利除害，为民众谋求福祉，以维护社会的安定和谐。这种国家观念看到了国家的表面社会特征及其公共权力属性，认识到国家是政治性的社会管理机构，并强调国家的社会职能，要求国家政权维护社会的共同利益。

第四，从社会教化的角度出发，中国古代思想家大多认为，立君的主要目的之一是教化人性、移风易俗。君主为天下之师长，实施教化以矫正民性。用这个思路讨论国家及君主制度起源的理论可以称为教化人性立君说。

君主制度为教化人性而设的思想揭示了"立君为民"思想的第三层意蕴，即通过建立圣贤在上、治权在君的政治制度，由君主行使教化权力，设定道德规范，引导愚昧的民众，以维护社会的安定和谐。这个思路既论证了圣贤在上、治权在君的必要性，又为圣贤施治、王者为政设定了一系列极其严格的规范。

二、"官僚"释义

"文字不但有历史，而且有着可以大书特书的历史。忽视它们形成的原因、它们的变化和最终脱离原义的过程，等于是在危险的航行中，放弃了罗盘。"[①] "官僚"一词，狭义上，是指由国家正式任命的参与国

---

① 乔·萨托利：《民主新论》，冯克利、阎克文译，东方出版社1998年版，第23页。

家治理人员。广义上，除君主外掌握或参与公共权力的人都属于官僚的范畴，包括官、吏等。在中国古代，大体上相当于君、臣、民三个政治等级概念中的"臣"。不过，需要指出的是，较之"官"，"臣"是一个短暂的历史阶段的概念，与"君"相对应而共存；而"官"则是与政治现象相伴生，它先于"臣"而存在，具有普遍性和客观性，是随人类社会的发展而发展的长期存在。

在古代文献中，"臣"的用法比较复杂，大体有四类情况：一是使用臣的本义，指称家臣、奴仆或部曲等。二是泛指国家的一切臣民，即"普天之下，莫非王臣"。三是用于指称在视同或类同君臣关系中居于臣的地位的角色。如，在观念上，父子、夫妇有"君臣之义"，父与子、夫与妇类同君臣，因而有时在下者自称为臣、臣子或臣妾。四是特指有政治身份的官僚、贵族，即处于皇帝以下、庶民以上的政治群体。在古代文献中，凡是专门讨论君、臣、民三者关系的场合，特别是论及君臣关系和为臣之道的时候，通常都是在这个层面上使用臣字，这也是本书所使用的"官僚"的基本内涵。《管子·任法》曰："有生法，有守法，有法于法。夫生法者，君也；守法者，臣也；法于法者，民也。"君是政治的主宰，臣是执行君命的治民者，民众是有政治义务而无政治权力的被统治者。自先秦以来，这一政治定位就属于全社会普遍政治意识范畴。

官僚（臣）是主与奴、贵与贱的统一体。相对于君，他们是下，是奴，是臣子；相对于民，他们是上，是主，是父母。他们出则舆马，入则高堂，一呼百诺，权势炙手，而在君主和长官面前却必须俯首从命。"官僚"这一称谓本身就生动地刻画出其亦君亦臣、亦上亦下、亦主亦奴、亦贵亦贱的双重地位。"官"，本义为官府、官衙，引申为官吏，是权力者、管理者的称谓。"官，君也。""官"，最初是君主称谓，后来一般泛指天子以外的一切国家公职人员。"僚"之义则是奴仆。《左传》将人分为十等，其中"隶臣僚，僚臣仆"。《诗·大东》"百僚是试"中的"僚"是操劳杂务的奴仆。臣僚的地位极其卑贱。将"官"与"僚"结合在一起，是君主制度发展史的产物。在中央集权政体形成过程中，君主将家相、群僚提升为官，大量使用身份卑贱者为公卿将相，又将诸侯、卿大夫贬抑为僚，使之成为官僚制度中的臣。这就造就了官僚，造就了亦主亦奴、亦贵亦贱的群体。"官"与"僚"也就粘连一体，成为这一群体的文化标识。①

"王者视四海如一家，封域之内，皆朕赤子。"② 官僚作为臣子与子民一样，都是皇帝的统治对象，君臣关系与君民关系具有内在的一致性。但是，臣与民毕竟有明显的差异。臣是君的辅助者，和君一起构成统治阶级，民是被统治者。臣既是君之臣僚，又是民之父母，其政治身份具有双重属性。作为政权体系内的一员，臣拥有政治的、社会的、经济的、文化的和法律的特权，是从属于君、听命于君、辅佐于君的各级国家公职人员。君与臣相互配合、协调则推动政治发展，反之，君与臣相互矛盾、冲突则导致政治衰落。维系和调整君臣关系是治国理政的基本要务之一。因此，君臣关系论及为臣之道是政治理论的重要构成和主要内容。

三、"代天牧民"是君主和官僚共同扮演的终极角色

"立君为民"是对政治制度起源的整体回答。上天爱民，"为民立君"，但是君主不能独自承担牧民重任，又为民设官。君主和官僚都是"代天牧民"。"代天牧民"思想的特点是：从国家、君主、官僚产生的终极原因的角度，证明包括官僚在内的各种政治设置都是天（上帝）为广大民众而设的，"代天牧民"是君主和官僚等政治设置共同扮演的

---

① 刘泽华、张分田：《政治学说简明读本》，南开大学出版社 2001 年版，第 232 页。
② 《资治通鉴》卷一九二，中华书局 1956 年版，第 6022 页。

终极角色。

儒家、墨家从设立君主及各级官吏"助治天民"的角度加以论证。在他们看来，上天爱民，为民设官，君主与官吏都是"代天牧民"的角色。道家也从立天子、设公卿以贯彻道义、教化民众的角度，论说设置君主制度及相应的官僚制度的必要性。法家从确立秩序的角度，论说由定制，到设官，再到立君的历史过程。显而易见，各种立君说都包含着官僚制度设置的根由，即官僚制度是君主制度的组成部分，它们都是为了同一个目的而设置的。《吕氏春秋·恃君览·恃君》曰："置君非以阿君也，置天子非以阿天子也，置官长非以阿官长也。"立君为民，为民设官，这是中国古代大多数人的共同看法。

影响最为深远且权威性最强的还是儒家经典及其权威注疏中的说法。《周礼》天、地、春、夏、秋、冬六官开篇皆有"设官分职，以为民极"等语。《天官·冢宰》中郑玄注曰："置冢宰、司徒、宗伯、司马、司寇、司空，各有所职，而百事举"；"极，中也。令天下之人，各得其中，不失其所"。贾公彦疏："百人无主，不散则乱，是以立君治之。君不独治也，又当立臣为辅。极，中也。言设官分职者以治民，令民得其中正，使不失其所故也。"在《周礼》《周易》《尚书》《诗经》《仪礼》等的经典注疏中，在历代政论文章中，相似的说法很常见。"《周礼》虽为战国时代作品，又表现出对周制的企慕，但'设官分职，以为民极'确也成为历代官制的基本格调。其中'设官分职'也是要达到治官善政的基本目标。这也叫'名实相符'。"[①]

在官方学说中，"代天牧民"的思想很常见。例如，《白虎通》大讲社稷为天下而立、设官立制为民的道理，因而设置三公九卿旨在"典民"，封建诸侯旨在"象贤重民""子养百姓"，《白虎通·封公侯》曰："故列土为疆非为诸侯，张官设府非为卿大夫，皆为民也。"《吕

---

① 杨建祥：《中国古代官德研究》，上海古籍出版社 2004 年版，第 15 页。

刑》非常重视司法人员的作用，把"四方司政典狱"看成是代天牧民的执政者。

在历代思想家的著作中，代天牧民的思想也很常见。例如，王符认为，君为民而设，因而官也为民而设，"圣王之建百官也，皆以承天治地物养万民者也"①。君以养民为本，因而官也必须以养民为本。"帝王之所尊敬，天之所甚爱者，民也。今人臣受君之重位，牧天之所甚爱，焉可以不安而利之，养而济之哉！"②官吏是君主的辅佐，官吏身正而百姓自然被教化。因此，"封疆立国，不为诸侯。张官置吏，不为大夫。必有功于民，乃得保位"③。有些人甚至认为，对于君主而言，民比官更重要。如宋人赵鹏飞称："人君所以立于民上者，以民为本，臣辅之而已。用舍黜陟，惟君之欲，而民之心则不可一日而离。无臣不害为国，无民何以为君！"④

宋明理学从"天民相通""民贵君轻"的角度，一再阐释代天牧民思想。陆九渊说："天生民而立之君，使司牧之，张官置吏，所以为民也。'民为大，社稷次之，君为轻'。'民为邦本，得乎丘民为天子'，此大义正理也。"⑤

在中国传统政治哲学中，官僚和君主一样，都是代表上天的意志来管理百姓的，这种至上的权力和职责即"代天牧民"。换句话说，他们的使命，是代表神圣的力量来牧养子民。上天爱民，为民立君，为民设官，国家以民为本，君主以民为本，治天下者以民为本，那么辅君而设的臣也应当以民为本。这个思想是绝大多数人的共识。

---

① 王符撰，汪继培注：《潜夫论笺校正·考绩》，中华书局 1985 年版，第 65 页。
② 王符撰，汪继培注：《潜夫论笺校正·终贵》，中华书局 1985 年版，第 108 页。
③ 王符撰，汪继培注：《潜夫论笺校正·三式》，中华书局 1985 年版，第 200 页。
④ 赵鹏飞：《春秋经筌》卷十四，文渊阁四库全书本。
⑤ 陆九渊：《陆九渊集》卷五《与徐子宜》，中华书局 1980 年版，第 69 页。

四、君不独治，设官分职佐君治民

为了保障安全、维持秩序和提供正义，就需要君主的存在。但治理偌大的一个国家，仅仅依靠君主及其身边少数追随者远远不够。君主的意志、权力要在一定程度上委托给其代理人。为了让庞大的代理人各得其所、各就其位，就需要通过设立官职的形式，明确其角色和功能。

君主设官分职是使"立君为民"最终得以落实的机制和途径。这个思路的特点是：从君主的辅佐者的角度，证明设置各级各类职官以协助君主统治、教化、养育广大民众的必要性。在分别给君主和臣僚以明确政治定位的同时，论证君与臣所共同肩负的政治责任，以及制定相关的政治规范。它特别强调佐君这一设官的政治功能。君主不能独治，设官分职，佐君治民。这是从臣与君的共生关系出发，在肯定君主主体性地位的同时，论证了臣属的依附性地位，从而论证了官僚所持权力的直接来源。

在具体说到君臣关系时，思想家普遍认为，官僚是君主为了治理天下而设官分职的产物，官是从君那里派生出来的，官僚制度是君主制度的附属物。《周易·系辞下》曰："上古结绳而治，后世圣人易之以书契，百官以治，万民以察，盖取诸夬。"王弼注曰："夬，决也。书契所以决断万事也。"《礼记·曲礼下》曰："君天下曰天子，分职授政任功，曰予一人。"另外，墨子的说法很有代表性：

天子以其知力，为未足独治天下，是以选择其次，立为三公。三公又以其知力，为未足独左右天子也，是以分国建诸侯。诸侯又以其知力，为未足独治其四境之内也，是以选择其次，立为卿之宰。卿之宰又以其知力，为未足独左右其君也，是以选择其次，立而为乡长、家君。是故古者天子之立三公、诸侯、卿之宰、乡长、家君，非特富贵游佚而择之也，将使助治乱刑政也。故古者建国设都，乃立后王君公，奉以卿士师长，此非欲用说也，唯辩而使助治天民也。①

天子是上帝为了治民、利民而设立的，三公以下的各级正长是为了扶助天子而设立的。天子与官僚的职责都是安天下、利百姓。

主张君主"独断"，反对君主"独治"是中国古代的典型政治思想。"独断"指国家要务的决策权操于一人之手，即孔子所说的"礼乐征伐自天子出"，即《商君书·修权》中所说的"权制独断于君则威，民信其赏，则事功成"。"独治"指君主一人独揽各种政务，即《尚书·益稷》所谓的"元首丛脞"，孔颖达疏："丛脞，总聚小小之事以乱大政"，也就是说君主独自包揽各种细碎之事将不利大局稳定。这种论点的基本思路是：君不可能独自治理国家，他必须依靠臣的辅佐，臣要替君分忧，为君办事，佐君治民。君与臣的关系犹如元首与股肱、船夫与舟楫、驭手与马匹、飞鸟与羽翼、根本与枝叶、大厦与栋梁，彼此相须一体。儒家、法家对这个思路都有精到的论说，其影响也极其广泛而深远。

早在先秦，君不可以独治就是思想家的共识。《尚书》以元首与股肱喻君臣，头脑是无法离开手脚而存在的。《左传》中晋国的师旷认为：一切人都需要他人的辅佐，大臣是君主的"贰""师保"。《左传》中史墨的观点也很有代表性，他认为天地万物皆有"陪贰"，正如"天有三辰，地有五行，体有左右，各有妃偶"，君也有辅佐者，"王有公，诸侯有卿，皆有贰也"。这就把辅佐者的存在说成是自然与社会的一

---

① 孙诒让撰，孙启治点校：《墨子閒诂》，中华书局2001年版，第90—91页。"天民"在本版本中作"天明"，此从《四库全书》本。《墨子·尚同》的宗旨是：必须立君设官，建立正长体系，"以治其民""发政于天下之百姓""一同天下之义""以为万民兴利除害"。《墨子·非攻下》《墨子·非命下》也有"天民"的用法。即使依"助治天明"，也有"代天治民"的含义。

般规律。《周易·睽》:"君子以同而异。"孔颖达疏:"佐王治民,其意则同;各有司存,职掌则异。"先秦诸子更是众口一词。孔子以辅相为臣定位,《论语·季氏》曰:"危而不持,颠而不扶,则将焉用彼相矣。"《管子·版法解》曰:"无佐则君卑,国危,民乱。"《尹文子·大道上》曰:"圣人之治,不贵其独治,贵其能与众共治。"《荀子·王霸》指出"彼持国者必不可以独也"。《韩非子·功名》认为君臣犹如双手,"一手独拍,虽疾无声",故君独治则事功不成。《吕氏春秋·本味》指出:"人主有奋而好独者,则名号必废熄,社稷必危殆。"

秦汉以后,帝王不可独治天下是朝野上下的共识。例如,《文选·三国名臣序赞·袁彦伯》曰:"夫百姓不能自治,故立君以治之。明君不能独治,则为臣以佐之。"《性理大全书》卷六七《治道二·用人》曰:"海宇之广,亿兆之众,一人不可以独治,必兰赖辅弼之贤,然后能成天下之务。"叶适在《习学记言》中分析了君主不能独治,乃访贤设官佐助自己治理天下的思想。其文曰:

> 天下至广,非一人所能独治,是以博访贤才,助己为治。若知其贤也,则以礼命之。其人闻命之日,则惨然曰:"凡受人之事,任人之劳。"何舍己而从人?又自勉曰:'天生隽士,所以利时,彼人主者,欲以我为治,安可苟辞?'于是降心而受命。及居官也,则昼不甘食,夜不甘寝,思所以上匡人主,下安百姓,不遑恤其私而忧其家。故妻子或有饥寒之弊而不顾也。于是人主赐之以俸禄,尊之以轩冕,而不以为惠也。贤臣受之,亦不以为德也。位不虚加,禄不妄赐,为人君者,诚能以此道授官;为人臣者,诚能以此情受位,则天下之大,可不言而治矣。①

---

① 叶适:《习学记言》卷三五《北史二·后周书》,上海古籍出版社1992年版,第324页。

叶适从君主自己不能独治立论，强调选贤任能以辅助自己治理天下。官僚一旦受任，就应该对上匡扶君主，对下安抚百姓，将自己的利益置于其后，不虚受其禄，不虚就其职。思想家普遍认为，没有官僚的辅佐治理，天下将陷入大乱。此外，在经典注疏、政论文章和朝堂议政中，这样的论点也很常见。例如《元史·百官志》曰："王者南面以听天下之治，建邦启土，设官分职，其制尚矣。汉、唐以来，虽沿革不同，其恒因周、秦之故，以为损益，亦无大相远。大要欲得贤才用之，以佐天子、理万民也。"[1]

在通常情况下，皇帝认同君不可以独治，许多人还把这个思想写入诏旨、论著。隋炀帝宣称："天下之重，非独治所安，帝王之功，岂一士之略。自古明君哲后，立政经邦，何尝不选贤与能，收采幽滞。"[2] 清康熙帝赞成这样的说法："天心仁爱斯民，不能自治，故寄其责于君。君亦不能独治，故分其任于臣。"[3] 嘉庆帝指出，历代帝王都需要贤能之士的辅佐。他说："虽尧舜之君不能独治，必赖股肱，耳目漠明弼谐，天工亮矣。三代迄于汉晋，莫不用贤则治，任邪则乱"；"人君治平之道，其要不出于知人安民"。[4] 他亲政伊始即表达了对贤能之士的渴望，曰："朕所宝者，惟在时和年丰，民物康阜，得贤才以分理庶务，方为国家至宝耳。"[5] 他在嘉庆十一年写的一篇读书心得《清晖阁观书记》中说："上有圣主，必得贤臣辅佐，举朝庸碌无能，尸禄保位，尚何腆颜颂其君为尧舜禹汤，自问己之政绩果如皋夔稷契乎？所谓虚美薰心，恐致灾祸否塞矣。"[6] 可见，君主自知不可独治，通过设官分职来治国安邦。

---

[1] 《元史》卷八十五《百官志一》，中华书局1976年版，第3119页。
[2] 《隋书》卷三《炀帝纪上》，中华书局1973年版，第67页。
[3] 《日讲书经解义》卷五《商书·说命中》，文渊阁四库全书本。
[4] 爱新觉罗·颙琰：《味馀书室随笔》卷上，上海古籍出版社2010年版，第14、31页。
[5] 《清仁宗实录》卷三十七，台湾华文书局1985年版，第427页。
[6] 《清仁宗圣训》卷六，文渊阁四库全书本。

第一章 从"立君为民"到"设官为民":官论的终极解释

在君主制度的框架内,设置百官辅佐君主,不是对君主权力的削弱。相反,百官通过分事佐君治理天下,具体落实各项法令政策,巩固强化了君权独尊的地位。百姓治乱与官僚行为息息相关,《吕氏春秋·务本》曰:"安危荣辱之本在于主,主之本在于宗庙,宗庙之本在于民,民之治乱在于有司。"对此,顾炎武的分析非常深刻,他指出:"所谓天子者,执天下之大权者也。其执大权奈何?以天下之权,寄之天下之人,而权乃归之天子。自公卿大夫,至于百里之宰,一命之官,莫不分天子之权,以各治其事,而天子之权乃益尊。后世有不善治者出焉,尽天下一切之权,而收之在上,而万几之广,固非一人之所能操也。"[①]可见,官僚帮助君主治理天下,而天下一切权力,最终都归于君主。

君主设官分职,君臣共担分任治民之责,成为设定君臣规范的主要理论依据。在《实政录·风宪约》"按察事宜"条,吕坤指出:"朝廷设官,本以我从民,非强民从我。"因而官僚必须"同民心而出治道"。在《官箴集要·正心篇》中,汪天锡也强调官僚要"体民心":"天无心以天子为心,天子无心以百官为心,百官亦无心以万民为心也。得民心者可为官,失民心者何足道哉!"黄宗羲的观点很有代表性。他说:"原夫作君之意,所以治天下也。天下不能一人而治,则设官以治之。是官者,分身之君也。"[②]在他看来,"君臣之名,从天下而有之者也",君臣异名同实,共治天下,官吏应以"天下万民为事"。[③]在朝堂议政中,许多人虽然没有像黄宗羲一样讲得这么到位,但君臣共担分任治民之责的基本思路却是一种共识。作为君主的辅佐者,官

[①] 顾炎武撰,黄汝成集释:《日知录集释》,上海古籍出版社1985年版,第718页。
[②] 黄宗羲:《明夷待访录·置相》,《黄宗羲全集》(第一册),浙江古籍出版社1985年版,第8页。
[③] 黄宗羲:《明夷待访录·原臣》,《黄宗羲全集》(第一册),浙江古籍出版社1985年版,第5页。

僚的职责是协助君主、治理民众、亲近百姓、安抚邦本。

五、唐代君臣的君主设官分职思想

隋朝末年，群雄逐鹿，李密"首为乱阶，心断机谋，身临阵敌，据巩、洛之口，号百万之师"①。尽管最后兵败，但李密等人的伐隋之功值得肯定。当初，李密曾经布告天下，历数隋朝的十大罪状，激起无数仁人志士争相效尤追随。这封著名的讨隋书，从君主应当肩负的政治使命谈起，分析了君主设官分职应该遵循的基本原则：

> 自元气肇辟，厥初生人，树之帝王，以为司牧。是以羲、农、轩、顼之后，尧、舜、禹、汤之君，靡不祗畏上玄，爱育黔首，干干终日，翼翼小心，驭朽索而同危，履春冰而是惧。故一物失所，若纳隍而愧之；一夫有罪，遂下车而泣之。谦德轸于责躬，忧劳切于罪己。普天之下，率土之滨，蟠木距于流沙，瀚海穷于丹穴，莫不鼓腹击壤，凿井耕田，治致升平，驱之仁寿。是以爱之如父母，敬之若神明，用能享国多年，祚延长世。未有暴虐临人，克终天位者也。②

立君为民，君主是为了抚育天下百姓而设立的。因此，君主应该心忧民之疾苦，情系民之安危，爱民如父母，敬民如神明。只有这样，国运才能长久，君主才能善终。君主若要很好地肩负起抚育苍生、治国理政的政治责任，仅凭一己之力是不可能的，还需要设官分职。按理说，"设官分职，贵在铨衡；察狱问刑，无闻贩鬻"。但是，隋朝却

---

① 《旧唐书》卷五十三《李密传》，中华书局1975年版，第2215页。
② 《旧唐书》卷五十三《李密传》，中华书局1975年版，第2212页。

是钱神起论,铜臭为公,"遂使彝伦攸斁,政以贿成,君子在野,小人在位"①。这正是隋朝君主所犯的第九条罪状。

选官用人不当,就会逐渐失去社会支持。以至于当隋朝陷入危机之时,"内无贤臣以匡国,外乏良吏以理民,两京空虚,兆庶疲弊"②。一旦一个王朝失去了危机管理的基本能力,覆灭只是个时间问题。

君主设官分职思想最为集中和典型的体现是武则天的《臣轨》。《臣轨》对设官之理的认识是从君主驾驭天下的角度来讲的,可以概括为"为君不能独化,故为臣以佐之"。在《臣轨·利人》中,武则天指出:"夫黔首苍生,天之所甚爱也。为其不能自理,故立君以理之。"天关爱庶民百姓,而民众不能自治,于是天设立君主以治理庶民,养育苍生。君主是代天治民的政治角色。但是,君主无法单凭一个人的力量完成治理天下的重任,于是设官分职,任用各级官吏作为自己的助手。天设君治民,君又设官治民。"夫臣者,受君之重位,牧天之甚爱。焉可不安而利之,养而济之哉!是以君子任职则思利人,事主则思安俗。故居上而下不重,处前而后不怨。"天为民立君,君为民设官。立君为民的根由也就是设官为民的根由,君臣共担分任治民之责。受命于天的君既要对天负责,又要对臣民负责,而受命于君的臣既要对君主负责,又要对庶民负责。这种思想是设定君臣规范的本体性依据。

武则天在《臣轨》中把《同体》作为首篇。她认为,"臣以君为心,君以臣为体",君主必须以群臣为股肱、耳目、爪牙,使上下同心,各尽其能。君主"非群臣同体,则不能兴其业"。在她看来,臣与君是一个相互依存的政治统一体,彼此结成特殊的利益集团。

武则天一再强调:"万方之事,不可独临。故置群官,以备爪牙

---

① 《旧唐书》卷五十三《李密传》,中华书局1975年版,第2215页。
② 《旧唐书》卷五十三《李密传》,中华书局1975年版,第2225页。

耳目。"① 她指出："天下至广,庶事至繁",不是君主一人所能照顾周全的,必须依靠贤臣的群策群力,"故分官列职,各守其位。处其任者,必荷其忧"②。在求贤诏书中,她也写道："九域之至广,岂一人之独化!"③ 在唐朝皇帝的诏旨和政论中,常常可以见到君臣必须共治的说法。

君不可独治说强调臣僚是君主治理国家不可或缺的助手,肯定了臣在政治生活中的重要地位,论证了君臣结成政治统一体的必然性和必要性。同时,这种思想还从政治结构和政治运作的角度,承认了君主对臣下的依赖和臣下对君主的制约。

第二节 "设官为民"论④

由"立君为民"衍生出来的"设官为民"⑤是中国传统政治思想视域中最为典型的官民关系命题和对官僚起源的理论阐释。其中,上天爱民,设置君主和官僚"代天牧民"是官僚产生的形而上来源和终极依据;君不独治,设官分职佐君治民是官僚产生的权力来源和政治依据;这些都属于设官为民的基本范畴。本节主要从官僚产生的社会根源和现实依据,即"民"的客观需要这个角度来阐述对"设官为民"的理论认识。

---

① 罗元贞点校:《武则天集》,山西人民出版社1987年版,第8页。
② 罗元贞点校:《武则天集》,山西人民出版社1987年版,第10页。
③ 罗元贞点校:《武则天集》,山西人民出版社1987年版,第106页。
④ 本节部分内容以《"设官为民"的官民关系论》(张分田、商爱玲)为题发表于《齐鲁学刊》2011年第6期。
⑤ 《周礼·地官·叙官》:"设官分职,以为民极。"这是"设官为民"的经典依据之一。相关的经典注疏很常见。

一、"设官为民"思想的基本内涵

这个思路的特点是:从"百姓不能自治"的现实出发,基于协调人类社会内部矛盾和维护社会秩序的需要,论证官僚制度产生的原因,旨在强调国家的社会职能。民不能自治、社会矛盾丛生、秩序混乱等,是设官之道的社会根源。具体来看,主要表现在立制止争、政在养民、设官教民和利群为公等四个层面。

(一)立制止争论

立制止争论认为,君主制度和官僚制度是为了制止人类的纷争而设立的,即"设官为治"。其基本思路是:人与人之间的争斗、社会矛盾的激化是导致政治制度产生的根本原因。古代人喜欢用"争"来讨论社会矛盾。人类之初,没有君臣之别、上下之序、揖让之礼,民如麋鹿野兽,愚昧无知、物欲横行,相互之间争执、械斗乃至杀伐争战,天下大乱。为了不至于在无谓的斗争中把自己和社会毁灭,"就需要有一种表面上凌驾于社会之上的力量,这种力量应当缓和冲突,把冲突保持在'秩序'的范围以内;这种从社会中产生但又自居于社会之上并且日益同社会脱离的力量,就是国家"①。在现存文献中,最早提出立制止争的是《墨子》。《墨子》认为:人类社会之初,天下之乱犹如群兽相争相残,亲人离散,水火不容。直到有了以天子为首的政长体系,以赏罚统一天下之义,才实现了天下太平。《商君书·君臣》曰:"古者未有君臣上下之时,民乱而不治,是以圣人列贵贱,制爵秩,立名号,以别君臣上下之义。地广,民众,万物多,故分五官而守之。民众而奸邪生,故立法制、为度量以禁之。"这就是说,没有君臣上下之序,社会混乱,百姓不能自治,圣人为了拯救人民而设立官僚政治制

---

① 恩格斯:《家庭、私有制和国家的起源》,《马克思恩格斯选集》第四卷,人民出版社 2012 年版,第 187 页。

度和礼仪制度。立制止争是一种影响广泛的政治起源理论，秦汉以后，它几乎成为人们的共识。

（二）政在养民论

政在养民论是从满足民众物质生活需要的角度认识设官之道的。其基本思路是：众民不能自治，为了养育天下民众，使之享受各种物质文明，过上和平安定的生活，有必要设立君主制度和官僚制度。国家是民众利益的代表，国家职能和为官之道是为广大民众提供基本生活保障，所以说"官为民父母"。

政在养民观念历史久远。《尚书·大禹谟》曰："禹曰：'德为善政，政在养民。'"这就是说，"俊德"与"善政"是相辅相成的。而"善政"的目标是"养民"。为了更好地"养民"，圣王明君设官以治。《易传·颐》曰："天地养万物，圣人养贤以及万民，颐之时大矣哉！"须先养贤，乃得养民，"圣人但养贤人使治众，众皆获安，有如虞舜五人，周武十人，汉帝张良，齐君管仲，此皆养得贤人以为辅佐，政治世康，兆庶咸说"。可见，任用贤人能士辅佐君主治理天下，使百姓休养生息、安居乐业，是历史上圣王明君的治世经验，足以垂范后世。政在养民论是古代最常见的政治制度起源理论，又是民本论的重要论据。历代著名儒者对此论之尤详，在朝堂谏议和各种政论中，它也经常被引用。

例如，在道光六年的朝考中，徐继畬应试的文章就是《政在养民论》。他说："古圣人陈谟赞化，不曰治民，而曰养民"，又说："富国而不知富民，固不足以曰养"。在他看来，为官者的主要任务是"养民"而非"治民"，任何伤害百姓的行为都是不允许的。宣宗看过后非常赞赏，认为其立论高远，亲自点为第一名，列为朝元，然后又钦点为庶吉士。终其一生，徐继畬体恤民情，为官清廉。

（三）设官教民论

设官教民论是从维护社会道德的角度认识政治起源的。其基本思路是，君主和官僚制度是为了惩恶扬善、化民成俗、教化天下而设。对此，孔子的思想比较典型，他认为，治国者要通过教来开发民智，上下沟通交流，从而构建官民之间的和谐，实现天下大治。首先，官僚要以身示教，正身正人。《论语·颜渊》曰："政者，正也，子率以正，孰敢不正。"《论语·子路》曰："其身正，不令而行。其身不正，虽令不从。"为政治国者就要做民众的表率和典范，其身若正，不在教令，民自观化而行之。其次，官僚要以礼教民。孔子认为教化民众是治国的根本途径和手段。《论语·子路》记载冉有请教孔子曰："既富矣，又何加焉？"子曰："教之。"在满足了百姓的物质需求之后，还要对百姓进行道德教化。

荀子从改造人性的角度进一步论证了设官教民思想。他认为人性本恶，政治制度产生之前，人类"强者害弱""众者凌寡""偏险而不正，悖乱而不治"。为了平治人性，圣人"化性起伪"，定礼仪，制法度，"使天下皆出于治，合于善也"。[①]其后，"设官教民"成为历代大儒的共识。

"存天理，灭人欲"是程朱理学的核心命题之一。理学诸子综合、改造先儒的人性论，通过区分天命之性与气质之性，解析了人性的结构和演变，论证君主制度、官僚制度的必然性、合理性和绝对性。他们一方面鼓吹天命之性相同，人皆可以为尧舜；另一方面又以气质之性的差异论证人有道德等级差别。因而，天命聪明睿智者为君为官，教化群氓，以复其性，"此伏羲、神农、黄帝、尧、舜所以继天立极，而司徒之职、典乐之官所由设也"[②]。

[①] 王先谦：《荀子集解》，中华书局1988年版，第327页。
[②] 朱熹：《四书章句集注·大学章句序》，中华书局1983年版，第1页。

(四) 利群为公论

利群为公论是从全社会的公共利益的角度论证官僚制度的产生根源，突出强调政治权力的公共性特质。其基本思路是：人类不同于动物的地方在于人可以有意识地结成有组织的群体，以共同抵御侵害。群居就需要建立完备的规范和制度，而规范和制度确定就需要有人组织实施。为了替天下百姓兴利除弊，确立社会正义，维护公共利益，君主制度和官僚制度应运而生。

关于利群为公论明确而又系统的论述见于《吕氏春秋》。《吕氏春秋》以儒家思想为主体，吸收道家思想，构造了一套治国治民的方略，提出政治制度为公利而设从而要利群为公的观点。《吕氏春秋·贵公》提出："天下，非一人之天下也，天下之天下也"，"凡主之立也，生于公"，"治天下也必先公"。天下非一人之天下，君主制度是为公利而设，治理天下要将维护公利放在首要位置。《吕氏春秋·君守》言"大圣无事而千官尽能"，为了更好地为天下众生谋福利，君主要选贤任能。最终，君臣上下都要"审民意""顺民心"[①]，"忧民之利、除民之害"[②]。

秦汉以后，为天下公利而设官的思想成为统治思想和主流文化的有机构成之一。历代大儒对此都有论说。官僚的职责是做百姓的公仆，为百姓服务，而不是去欺压百姓。纪晓岚在《阅微草堂笔记》中记有一则趣事：有人梦中到了阴府，看见一个官员在阎王眼前自称为官清廉，所到之处，只饮一杯清水。阎王笑了笑说："设官是为了兴利除弊。如果不贪钱就是好官，那么公堂中设一木偶，连水也不用喝，岂不是更胜于你！"官员答道："我虽无功，但总无过！"阎王又说："你处处只求保全自己，对某案因避嫌疑而不言，对某人某事因怕麻烦

---

① 许维遹：《吕氏春秋集释》，中华书局2009年版，第194页。
② 许维遹：《吕氏春秋集释》，中华书局2009年版，第581页。

而不办，岂不是负国负民了。无功就是过啊。"此官无言可答。可见，代表公共利益为天下兴利除弊是为官之道的内在要求。

二、"设官为民"是唐代君臣共识

唐代君臣对"设官为民"这一基本原理有自己的深刻认识。如唐太宗认为，"官无大小，皆国家公器"①，不可随便私授，民养官，所以设官为民。唐太宗即位后，赏赐群臣，赐长孙无忌等人爵邑，并令群臣如认为赏赐不当可自言其功，于是大家争功不已。唐太宗的叔父淮安王李神通认为自己举兵关西，首应义旗，受赏却不及房玄龄、杜如晦等刀笔之士，对此表示不满。唐太宗回答说，房玄龄等人运筹帷幄，坐而论道就使社稷得以安定，论功行赏，应该位居其上。诸位将领看到唐太宗对自己的叔父都不徇私滥赏，均心悦诚服。唐太宗曰："王者至公无私，故能服天下之心。朕与卿辈日所衣食，皆取诸民者也。故设官分职，以为民也，当择贤才而用之，岂以新旧为先后哉！必也新而贤，旧而不肖，安可舍新而取旧乎！今不论其贤不肖而直言嗟怨，岂为政之体乎！"②

唐玄宗认为安抚教化百姓乃君臣的共同责任。教化是一个历史命题，是移风易俗、引人向善的佳途。"古之王者莫不以教化为大务，立大学以教于国，设庠序以化于邑。教化已明，习俗已成，天下当无一人之狱矣。"③唐玄宗深刻认识到，身为万民的父母，必须让自己的子民安居乐业，必须敦化风俗，使社会稳定团结，才是尽了孝道。"儒有百行，仁为之宗；道有三宝，慈居其首。君人者，本之以成帝德，行之

---

① 《资治通鉴》卷二百，中华书局1956年版，第6327页。
② 《资治通鉴》卷一百九十二，中华书局1956年版，第6022—6023页。
③ 《汉书》卷二十二《礼乐志第二》，中华书局1962年版，第1032页。

以宅天下。天下之民爱而戴之,何莫由斯之道也。"① 君王以仁德来治理天下,天下百姓必将爱戴拥护他,服从其统治。开元初年,天下人口流离失所,逃亡很多,唐玄宗主张应以安抚为上策,令宇文融巡行天下,"融之所至,必招集老幼宣上恩命,百姓感其心,至有流泪称父母者。融使还具奏,乃下制曰:'人惟邦本,本固邦宁,必在安人,方能固本'……夫食为人天,寓而后教,经教彝体,前哲至言"②。

"设官为民"是官僚士人思考各种政治问题的重要理论基础。依据"为民"理念选任官僚的做法最早可以追溯到官僚制度产生之时。张扬"为民"理念的先秦诸子大多曾经担任中高级官僚,并与君主有密切的互动关系。在先秦文献中不难找到依据"为民"理念向君主提出建议、批评,并因此获得重用的事例。秦汉以来,这类做法日益经常化、政策化、制度化。这是贯彻统治理念、实施重民政治的现实需要。实际上,只要朝廷规定以《五经正义》为主要的考试内容,无论每一次科举考试的策问是否问及与"为民"相关的问题,准备应举的士子都必须做好应对这类策问的准备。熟读五经的士人也势必通晓民众为国家政治之本的道理。白居易的《策林》就是典型证据。

白居易是唐代著名诗人。在任谏官时,他敢于犯颜直谏,曾因此遭到贬谪。在任地方官时,他做过许多有益于民众的事情。在诗作中,白居易多有反映社会现实和人民疾苦的名篇。其中,《秦中吟》《杜陵叟》《卖炭翁》《重赋》等揭露了当时财政、赋税制度的弊端。白居易的政论涉及的内容广泛,而"为民"是其重要依据。

白居易的《策林》是研究唐代科举考试内容的典型材料。白居易和元稹为了准备制举,退居在上都华阳观,"闭户累月,揣摩当代之事,构成策目七十五门"。凭借精心的备考,二人相继登科。白居易将

---

① 王钦若等编:《册府元龟》卷四二《帝王部·仁慈》,中华书局1960年版,第472页。
② 《旧唐书》卷一百五十《宇文融传》,中华书局1975年版,第3219—3220页。

这些自拟的试题和答卷整理分类,"分为四卷,命曰《策林》"①。他们所拟试题大多与治民有关,诸如辨析"兴亡之由",探讨如何"塞人望,归众心",解释为何应"顺人心立教"等。所拟答卷涉及一系列属于民本思想的内容。例如,在"辨兴亡之由,由善恶之积"一题中,他们认识到:"前代邦之兴,由得人也;邦之亡,由失人也。"全文立意的经典依据和基本思路都源自儒家思想。其中,"凛乎若驭朽索"来自《五子之歌》,"忧乐同于人"来自《孟子》,"载舟之水"来自《荀子》。文中还写道:"君苟有善,人必知之。知之又知之,其心归之。归之又归之,则载舟之水由是积焉。君苟有恶,人亦知之。知之又知之,其心去之。去之又去之,则覆舟之水由是作焉。故曰:至高而危者,君也;至愚而不可欺者,人也。"②又如,在"不劳而理,在顺人心立教"一题中,他们主张皇帝效法三皇的"以天下心为心"、五帝的"以百姓欲为欲"和唐太宗的"以百姓心为心",做到"顺其心以出令","不严而理",以实现"无为而天下化"。③由此可见,当时的士子若欲应举登科,步入仕途,就必须通晓"设官为民"的基本思想及相关的重民政策。统治思想的一般特征及朝廷培养、选拔政治精英的方法和制度是出现这种政治现象的主要原因。

三、柳宗元"官为民役"论

对"设官为民"思想进行专门论述的典型首推柳宗元。

中唐以来,贫富分化、赋税不均、民生困苦成为日益严重的社会

---

① 白居易撰,朱金城笺校:《白居易集笺校》卷六二《策林一·策林序》,上海古籍出版社 1988 年版,第 3436 页。
② 白居易撰,朱金城笺校:《白居易集笺校》卷六二《策林一·十四辨兴亡之由》,上海古籍出版社 1988 年版,第 3455 页。
③ 白居易撰,朱金城笺校:《白居易集笺校》卷六二《策林一·七不劳而理》,上海古籍出版社 1988 年版,第 3445 页。

问题。柳宗元立志行道,关心民众的疾苦,对社会现实进行了尖锐的揭露和批判。柳宗元认为,导致这类问题的原因有三:一是土地不均,经界不定。由于土地兼并,大多数农民失去土地,为豪民富户所役使。朝廷虽有减免赋役之举,实际上却是"富者以户独免,而贫者以受役卒输其二三与半焉",这就必然导致"富者税益少,贫者不免捃拾,以输县官其为不均大矣"。① 二是吏治腐败,贿赂公行。"夫敝政之大,莫若贿赂行,而征赋乱。"富者有钱行贿,贫者无钱行贿,于是"贫者无赀以求于吏,所谓有贫者之实而不得贫之名。富者操其赢以市于吏,则无富之名而有富之实"。富户豪民通过贿赂官吏,隐瞒资产,规避赋税,将负担转嫁到贫者身上。这就会导致"贫者愈困饿死亡而莫之省,富者愈恣横侈泰而无所忌"②。三是悍吏骚扰,民不聊生。贪官污吏无视法纪,横行乡里、骚扰民生、鱼肉百姓。悍吏入乡,"叫嚣乎东西,隳突乎南北,哗然而骇者,虽鸡狗不得宁焉"。赋税繁重、官吏贪浊、悍吏骚扰交织在一起,苛政犹如毒蛇猛兽,导致广大民众"殚其地之出,竭其庐之入,呼号而转徙,饥渴而顿踣,触风雨,犯寒暑,呼嘘毒疠,往往而死者相藉也"③。

面对这样的社会问题,柳宗元提出的具体解决办法有三:一是行仁政,"时使而不夺其力,节用而不殚其财"④。二是"定经界、核名实",核定民户资产,调整赋税制度,以实现均赋。三是用法律约束官吏,"严责吏以法"⑤。柳宗元认为与其"利民"不如"民利",理想的政治应当步入这样一种境界:百姓"安其常而得所欲,服其教而便于己,百货通行而不知所自来,老幼亲戚相保而无德之者,不苦兵刑,

---

① 柳宗元:《柳河东全集》卷三二《答元饶州论政理书》,中国书店1991年版,第341页。
② 柳宗元:《柳河东全集》卷三二《答元饶州论政理书》,中国书店1991年版,第340—341页。
③ 柳宗元:《柳河东全集》卷一六《捕蛇者说》,中国书店1991年版,第201页。
④ 柳宗元:《柳河东全集》卷四四《非国语上·不藉》,中国书店1991年版,第499页。
⑤ 柳宗元:《柳河东全集》卷三二《答元饶州论政理书》,中国书店1991年版,第341页。

不疾赋力。所谓民利，民自利者是也"①。实现理想政治的关键是帝王实行仁政，"宽徭啬货均赋之政起，其道美矣"②。

柳宗元直面社会现实，积极投身改革弊政的"永贞革新"，被贬之后仍不忘生民的患难，在地方上做过不少兴利除弊的事。柳宗元一生曲折的经历，使他对朝政和下层有着更深刻的认识。

柳宗元提出"吏为民役"的命题。柳宗元贬任永州司马期间，有一次送别他的同乡好友薛存义，为之挥毫赠序。在《送薛存义序》中，柳宗元写道：

凡吏于土者，若知其职乎？盖民之役，非以役民而已也。凡民之食于土者，出其十一佣乎吏，使司平于我也。今我受其直怠其事者，天下皆然。岂惟怠之，又从而盗之。向使佣一夫于家，受若直，怠若事，又盗若货器，则必甚怒而黜罚之矣。以今天下多类此，而民莫敢肆其怒与黜罚者，何哉？势不同也。势不同而理同，如吾民何？有达于理者，得不恐而畏乎？

柳宗元指出，官吏是"民之役"，而非役民者。他们由民众供养，实属民众的雇工、仆役。因此，官吏必须为民众服务，"蚤作而夜思，勤力而劳心"，做到"讼者平，赋者均"。③如果官吏不履行民之役的职责而役民，就理应被罢免，受处罚。在当时，柳宗元能够提出这种思想的确是难能可贵的。"吏为民役"命题进一步发展了立君设官为民的思想。

柳宗元的思想既富于理性思辨色彩，又充满现实主义气息，清新、深刻、脱俗。在学术上，他具有建立统一的百家之学的宏伟目标，在

---

① 柳宗元：《柳河东全集》卷一五《晋问》，中国书店1991年版，第189页。
② 柳宗元：《柳河东全集》卷三一《与吕恭论墓中石书书》，中国书店1991年版，第339页。
③ 柳宗元：《柳河东全集》卷二三《送薛存义序》，中国书店1991年版，第263页。

一系列重大理论问题上有所创见，有所突破，代表着当时理性思维的最高成就。在政治上，他关心民众疾苦和国家前途，提出了一系列切合实际的政治主张。在文学上，他也是时代之骄子。他的思辨能力、理论水平、批判精神和文学才华在当时都首屈一指。这些贡献奠定了柳宗元在中国思想文化史上的崇高地位。

四、杜佑论"教化之本在乎足衣食"

杜佑官至司徒，既是为国理财的行家，又是议论政治的高手。他编纂《通典》的指导思想就是："实采群言，征诸人事，将施有政。"《通典》之作，专门记述政治制度。杜佑的议论涉及制度的原理与法则，亦即关于制度的思想。尤为值得指出的是，他从国家财政问题出发来论述设官之理。

杜佑主张治国以教化为先，又强调治国以衣食为本。基于这一认识，他将《食货》置于《通典》各门之首。对这一排序方法的理据，杜佑有言简意赅的阐释。在《通典》的第一段中，他写道：

> 夫理道之先在乎行教化，教化之本在乎足衣食。《易》称聚人曰财。《洪范》八政，一曰食，二曰货。《管子》曰："仓廪实知礼节，衣食足知荣辱。"夫子曰："既富而教。"斯之谓矣。夫行教化在乎设职官，设职官在乎审官才，审官才在乎精选举，制礼以端其俗，立乐以和其心，此先哲王致治之大方也。故职官设然后兴礼乐焉，教化堕然后用刑罚焉，列州郡俾分领焉，置边防遏戎狄焉。是以食货为之首，选举次之，职官又次之，礼又次之，乐又次之，刑又次之，州郡又次之，边防末之。或览之者庶知篇第之旨也。①

---

① 杜佑：《通典》卷一《食货》，中华书局1988年版，第1页。

在杜佑看来，政治之本在于为广大民众提供最基本的生活保障和为国家政权提供最基本的物质保障。离开了这个基础性的条件，教化就无从谈起，更不可能实现国家大治。他认为，经济生活是一切政治措施的基础。国家必须在食货制度的基础上，制定选举办法，设置职官制度。然后选拔、任命各级官员履行礼、乐、兵、刑等职能。州、郡、边防则是这些职能在地域上的具体实施。因此，一部政典类著作必须"以食货为之首"。换言之，衣食为教化之本，政治必须以经济为基础，政治制度必须以财政制度为基础。

作为一位史学家，杜佑以《食货》为政治制度各门之首，在探究财政经济制度的基础上，分别论述政治制度的重要部门。这种表述历史的方法体现了历史与逻辑的一致，意识到物质经济条件的决定性作用。作为一位政治家，杜佑凸显《管子》"仓廪实知礼节，衣食足知荣辱"的思想命题，强调首先解决衣食、财富的问题，才有可能切实有效地实施教化与行政。这种探究治道的思路，弘扬了孔子之学的优秀传统，体现了一种求实的精神。在这方面，杜佑比那些空谈道德、贬抑利益的俗儒要高明得多。

杜佑进一步指出，在《食货》一门中，以田制最为重要：

> 谷者，人之司命也；地者，谷之所生也；人者，君之所治也。有其谷则国用备，辨其地则人食足，察其人则徭役均。知此三者，谓之治政。夫地载而不弃也，一著而不迁也，国固而不动，则莫不生殖。圣人因之设井邑，列比闾，使察黎民之数，赋役之制，昭然可见也。①

在这里，杜佑指出，粮食是家国命脉，耕耘是财富之源，土地

---

① 杜佑：《通典》卷一《食货一·田制上》，中华书局1988年版，第3页。

是主要生产资料，人口是社会与国家的基础。人民没有土地，就无法谋生和繁衍。君主没有臣民，就失去了统治对象。因此，土地制度及"纪人事之众寡，明地利之多少"的赋役制度是经济制度、财政制度的主要构成。在传统农耕社会，一切经济关系都牵涉土地所有权，就连君、臣、民的政治关系也与土地制度息息相关，并集中表现为以土地制度为基础的赋役制度。杜佑从最基本的土地制度入手，考察政治制度的基础、构成与理念，这一思路与见解无疑包含着真知灼见。但是，与众多儒者一样，杜佑将井田制视为最理想的土地制度。这又暴露了其思维的局限性。

在赋役的问题上，杜佑引据历史的经验教训和"人散则财聚，财散则人聚"的经典思想，主张仿效古代圣王，深知"百姓不足，君孰与足"的道理，故采取"以义为利，不以利为利，宁积于人，无藏府库"①的政策。杜佑反对对人课税而"直取之于人"②，他主张国家仅征收土地税及山泽税等，并对工商业征税，以鼓励农耕，寓禁于征。陆贽反对重敛，他引据《管子》《论语》以富民为本的教化思想，指出："固知国足则政康，家足则教从，反是而理者，未之有也。夫家足不在于逃税，国足不在于重敛。若逃税则不土著而人贫，重敛则多养赢而国贫，不其然矣。"③这就是说，重敛政策不仅违背孔子既富而教的思想，而且会导致农民逃避赋税，乃至成为豪富之家的奴役，国家反而减少收入。如果采取措施使民众不逃亡，国家控制的户籍增加，就会减轻每户的平均负担，则可"赋既均一，人知税轻，免流离之患，益农桑之业，安人济用，莫过于斯矣"④。

杜佑是两税法的拥护者和推行者。在他看来，两税法革除了旧制

---

① 杜佑：《通典》卷四《食货四·赋税上》，中华书局1988年版，第70页。
② 杜佑：《通典》卷四《食货四·赋税上》，中华书局1988年版，第69页。
③ 杜佑：《通典》卷七《食货七·丁中》，中华书局1988年版，第156页。
④ 杜佑：《通典》卷七《食货七·丁中》，中华书局1988年版，第158页。

度的一系列弊端,"自建中初,天下编氓百三十万,赖分命黜陟,重为案比,收入公税,增倍而余。遂令赋有常规,人知定制,贪冒之吏,莫得生奸,狡猾之氓,皆被其籍,诚适时之令典,拯弊之良图"①。

《通典》中的财政思想和财政制度几乎都采自以往的文献。杜佑虽有所评说,却没有形成具有创造性的逻辑体系。但是,杜佑将《食货》列为政治制度首篇的编辑思想,体现了"洪范八政,食货为先"的精神和"以民为本"的价值取向。对于废除租庸调制的财政改革,杜佑也采取了积极支持的态度。在中国古代的儒者群体中,这种务实的政治思维方式是难能可贵的。

第三节 政治批判中的"设官为民"思想:以皮日休为例②

"设官为民"是官论的终极依据,这一思想在中国古代具有广泛性和普遍性。它不仅体现在儒家经典及其注疏中,还体现在宗教的政治观念中。道教经典《太平经》中提出了系统的重民政策,葛洪的《抱朴子》也论述了"立君为民"、为民设官等思想。它不仅体现在皇帝的诏旨中,还体现在官僚的上疏中,君臣上下一致强调"设官为民"的根本宗旨,提出诸如"守正奉公""下忧其民"等官僚规范。它不仅体现在官僚的执政实践中,还体现在百姓的政治认同中。各种稗官野史、笔记小说、诗词歌赋、通俗话本等只要涉及官僚规范、官民关系的,都会以"设官为民"为理据。毋庸置疑,在中国古代,各个阶层、各个思想流派,除了无君论者,"设官为民"都是一个价值

---

① 杜佑:《通典》卷七《食货七·丁中》,中华书局 1988 年版,第 157 页。
② 本节部分内容以《为了仁政理想的批判:皮日休政治思想解析》(商爱玲、张鸿)为题,发表于《前沿》2011 年第 5 期。

共识。这些都应该纳入我们进一步研究的视野。接下来，我们以皮日休为例，来分析政治批判中的"设官为民"思想。

任何一种政治思维都会按照自己的逻辑、价值和理想来分析、解释和评判政治现实，设计实现理想政治的途径和策略。有理想必然有评说，有评说必然有批判。评说、批判是沟通理想与现实的桥梁。理想既美好又虚幻，现实往往充斥着各种问题和矛盾。在盛唐时期，中国古代各种固有的社会矛盾也进一步发展，这势必推动政治批判思想的发展。在特定时期，这类历史现象尤为引人注目。隋末与晚唐，由于社会矛盾的激化，曾引发了社会大动荡，政治大变迁。政治越黑暗，社会弊端就暴露得越充分，政治批判思想也就越深刻。在这个历史背景下，人们纷纷以反思和批判的态度审视社会和政治，汇聚成一股思潮。反思和批判是为了寻求铲除社会弊端的救世之道，所以又体现了人们对理想社会的憧憬和构思。在批判过程中，人们最常用的理论武器之一就是"设官为民"思想。

其中，皮日休的批判思想很具有代表性，他对昏君、奸佞、贪官、酷吏的批判言辞激烈、思想深刻、直指要害。皮日休是晚唐著名文学家、思想家。他是唐代著名文学家中唯一参加过黄巢起义军的诗人。但两唐书未为其立传，相关史料较少，生卒年等都语焉不详。今人对他的研究，也主要是关注其文学成就和生平事迹。[①] 在思想研究方面，他被视为"那一塌糊涂的泥塘里的光彩和锋芒"[②]；一些学者认为，作为

---

① 对皮日休文学作品研究的主要成果有：萧涤非、郑庆笃整理《皮子文薮》（上海古籍出版社，1981 年）；申宝昆《皮日休诗文选注》（上海古籍出版社，1990 年）；王茂福《皮陆诗传》（吉林人民出版社，2000 年）；王锡九《皮陆诗歌研究》（安徽大学出版社，2004 年）等。对皮日休生平事迹的考订有：缪钺《皮日休的事迹思想及其作品》（《四川大学学报》1955 年第 2 期）、李菊田《皮日休生平事迹考（并与缪彦威先生及萧涤非先生商榷）》（《河北天津师范学院学报》1958 年第 3 期）、张志康《皮日休究竟是怎样死的？》（《学术月刊》1979 年第 8 期）等，可资参考。

② 许苏民：《一塌糊涂的泥塘里的光彩和锋芒——论皮日休的思想及其历史地位》，《江汉论坛》1987 年第 6 期。

晚唐时代力图挽救颓败国势的文人的代表，他力图对儒家思想进行突破，通达时变，兼容诸家，体现了乱世之秋儒者的济世情怀。① 但是，批判并不等于否定。同时，他又对儒家的王道仁政心生向往。

一、对暴君暴政的批判

在晚唐，帝王昏庸，吏治败坏，世风沦落，民不聊生。社会现实与儒家仁政理想相去甚远。皮日休"立大功，至大化，振大名"的救世补天志向也难以实现。先王盛世与王朝末日之间强烈的反差，激荡着这位富于个性的士子的思绪。皮日休借古讽今，以物喻人，写了许多具有现实意义的作品。他的诗赋文章，"非有所讽，辄抑而不发"②，"可悲可惧者，时宣于咏歌"③。他的政论直面人生，干预现实，"皆上剥远非，下补近失，非空言也"④，故论点鲜明，入情入理。面对"君为蛇豕，民为淫蜮"⑤的政治和世态，皮日休忧患在胸，心情激愤，对此大力鞭笞批判。

皮日休对广大普通民众的深重苦难，寄予极大的同情。他在组诗《正乐府十篇》及《三羞诗》中，从不同的角度和侧面，对不符合儒家仁政理想的社会弊端进行了猛烈的批判。在《卒妻怨》中，他写道："河湟戍卒去，一半多不回。家有半菽食，身为一囊灰。官吏按其籍，伍中斥其妻。处处鲁人髽，家家杞妇哀。"通过描写"其夫死锋刃，其室委尘埃"的惨景，揭露了战争给民众带来的苦难。在《农父谣》中，他借农父之口说："难将一人农，可备十人征。如何江淮粟，挽漕输咸

---

① 赵荣蔚：《论皮日休尊儒重道思想的时代内涵》，《南京大学学报》2000年第6期。
② 皮日休著，萧涤非、郑庆笃整理：《皮子文薮》，上海古籍出版社1981年版，第9页。
③ 皮日休著，萧涤非、郑庆笃整理：《皮子文薮》，上海古籍出版社1981年版，第107页。
④ 皮日休：《皮子文薮·文薮序》，上海古籍出版社1981年版，第7页。
⑤ 皮日休：《皮子文薮》，上海古籍出版社1981年版，第91页。

京?"从而揭露了晚唐赋税制度的不合理及其对农民的盘剥之重。他的《橡媪叹》运用鲜明的对比手法,揭示出民众终年劳而无获的根源在于"狡吏不畏刑,贪官不避赃"。贪官污吏千方百计鱼肉人民,他们擅自以官仓之粮作为私债,秋收时则"如何一石余,只作五斗量",以致民众被迫将收获的粮食,"持之纳于官,私室无仓箱"。在《三羞诗》中,他真实地描写了淮右蝗旱灾重,人民离乡背井,妻离子散,"儿童啮草根","斑白死路傍",饿殍遍野的凄惨景象。天灾人祸,迫使民众辗转迁徙,"盈途寒陌","至有父舍其子,夫捐其妻,行哭立丐,朝去夕死"。面对如此惨状,皮日休愤怒地呐喊:"呜呼!天地诚不仁耶?"

皮日休对暴君暴政的批判既深刻,又尖锐。他对祸国殃民的昏聩君王、谗佞奸邪、贪官污吏等,痛心疾首,严加斥责。在《鹿门隐书》一文中,皮日休借古讽今,尖锐地指出:"或曰:'我善治苑囿,我善视禽兽,我善用兵,我善聚赋。'古之所谓贼民,今之所谓贼臣。"他对君主和官僚的种种倒行逆施表示强烈的憎恨:"古之官人也,以天下为己累,故己忧之;今之官人也,以己为天下累,故人忧之。"又说:"古之用贤也,为国;今之用贤也,为家。"又说:"古之置吏也,将以逐盗;今之置吏也,将以为盗。"又说:"古之杀人也,怒;今之杀人也,笑。"又说:"古之决狱,得民情也,哀。今之决狱,得民情也,喜。哀之者,哀其化之不行;喜之者,喜其赏之必至。"① 这些批判,如投枪匕首,切中要害,可以说是一鞭一条痕,一抓一掌血,堪为千古绝唱。

皮日休对当时"悬官待贿,命相取资"② 的丑恶现象深恶痛绝。他认为官贪吏污,"行大君之组绶,食生人之膏血",一是出于人的本性,二是任用非人。他指出:君主设官分职的主要目的是控制和支配民众。

---

① 皮日休著,萧涤非、郑庆笃整理:《皮子文薮》,上海古籍出版社1981年版,第98、94、99、97页。

② 皮日休著,萧涤非、郑庆笃整理:《皮子文薮》,上海古籍出版社1981年版,第5页。

在行政权力支配一切的社会中，官吏奸罔势在必然，几成定律。"吏不与奸罔期，而奸罔自至；贾竖不与不仁期，而不仁自至。呜呼！吏非被重刑，不知奸罔之丧己；贾竖非遭极祸，不知不仁之害躬也。夫易化而善者，齐民也。唯吏与贾竖，难哉！"①皮日休的这一见解无疑是十分深刻的。他进一步指出：酷吏本性难移，无可救药，而昏君用非其人，为害更大。皮日休认为，吏治腐败的根本原因在于朝廷，在于帝王。治国救世之难，难就难在帝王昏庸，朝廷腐败，他在《贪官怨》中写道："国家省阘吏，赏之皆与位。素来不知书，岂能精吏理。大者或宰邑，小者皆尉史。愚者若混沌，毒者如雄虺。伤哉尧舜民！肉袒受鞭箠。"面对这种情况，皮日休一方面呼吁官僚要以仁居位，有补于天下，另一方面企盼"朝廷及下邑，治者皆仁义。国家选贤良，定制兼拘忌"②。然而，这两条都可望而不可即。无可奈何的皮日休只能将一腔怨愤托之于诅咒。在《祝疟疠文》中，他祈求神灵，祝祷疟疾"代乎天功"，将那些"专禄恃威，僭物行机，上弄国权，下戏民命，天未降刑，尚或窃生"的奸佞根除。

在君主制度下，暴政的根源是暴君。皮日休从以民为本思想出发，将暴君与酷吏联系在一起，进行猛烈的抨击。在《读司马法》中，他指出："古之取天下也，以民心；今之取天下也，以民命。"君权神授从来就是虚妄之论。自汉魏以来，那些号称创业垂统的圣帝明王其实都是野心家，他们不惜民命，以武力夺取权位。这类统治者"驱赤子于利刃之下，争寸土于百战之内，由士为诸侯，由诸侯为天子，非兵不能威，非战不能服，不曰取天下以民命者乎？"皮日休进一步指出，历代帝王为了实现统治，以赏罚兵刑威服天下，对民众"先给以威，后唉以利"，使"蚩蚩之类，不敢惜死者，上惧乎刑，次贪乎赏"。结

---

① 皮日休著，萧涤非、郑庆笃整理：《皮子文薮》，上海古籍出版社1981年版，第96页。
② 皮日休著，萧涤非、郑庆笃整理：《皮子文薮》，上海古籍出版社1981年版，第108页。

果是"术愈精而杀人愈多，法益切而害物益甚。呜呼！其亦不仁矣"①。这一类帝王的统治术是违背仁政理想的。在君主昏庸、藩镇割据、战乱不息的晚唐时期，这种批判无疑具有现实意义。

二、"君主臣辅"以行仁政

皮日休是典型的儒家传人，对历代儒宗推崇备至，力图维护儒家道统"真纯"。他称颂孔子"迈德于百王，垂化于万世"②。他认为天降圣人以安定天下之民，孔子、颜回和尧、舜在德性上是一致的。他赞扬"《孟子》之文，粲若经传"，对"其道眸眸于前，其书汲汲于后"的境况深表惋惜。他对当时重庄、列之书而轻《孟子》之义进行了批评。他认为："庄、列之文，荒唐之文也，读之可以为方外之士，习之可以为鸿荒之民，有能汲汲以救时补教为志哉？"因此，他主张朝廷应该去庄、列之书，以《孟子》为主，将《孟子》列为明经考试科目。他把王通与孔子相比拟，又把韩愈纳入圣贤之列，对韩愈之功给予极高评价，请求尊韩愈配享太学。他说："文公之文，蹴杨、墨于不毛之地，蹂释、老于无人之境，故得孔道巍然而自正。夫今之文，千百士之作，释其卷，观其词，无不裨造化，补时政，系公之力也。"③在他看来，孔、孟、荀及王通、韩愈代表道之统绪。皮日休竭力为儒学张目，欲图重振道统，树立儒学权威。

首先，皮日休把对仁政的期盼寄托于君主。在《忧赋》中，他罗列十数条君主政治的明忧显患，对"王道不宣，皇纲不维，元恶作矣，大盗乘之"的社会现实极为关切，他用了近二十个"是臣忧也"以谏诫君主。皮日休所列举的君主政治正反两方面的经验教训，涉及帝王

---

① 皮日休著，萧涤非、郑庆笃整理：《皮子文薮》，上海古籍出版社1981年版，第62页。
② 皮日休著，萧涤非、郑庆笃整理：《皮子文薮》，上海古籍出版社1981年版，第44页。
③ 皮日休著，萧涤非、郑庆笃整理：《皮子文薮》，上海古籍出版社1981年版，第88页。

处理与后妃、储君、亲王、外戚、大臣、内宦、战将、谏臣、隐士、四夷、平民等各种政治角色彼此关系的政治准则。

皮日休认为,帝王的治国之道,一言以蔽之,即"仁义"二字。他说:"圣人之化,出于三皇,成于五帝,定于周、孔。其质也,道德仁义;其文也,《诗》、《书》、《礼》、《乐》。此万代王者未有易是,而能理者也。"统治者必须遵循仁义道德,恪守儒家经典,"有违其言,悖其教者,即戾矣"。①他主张君主要"明于古制","通于时变",制礼作乐"宜取周书孔策为标准"。②在皮日休看来,他的全部政论,目的是"穷理尽性,通幽洞微",以"穷大圣之始性,根古人之终义"③。他认为,"圣人务安民,不先置不仁,以见其仁焉;不先用不德,以见其德焉"④。否则,"不行道,足以丧身;不举贤,足以亡国"⑤。皮日休的救世之方,无非是期待统治者"安不忘危,慎不忘节,穷不忘操,贵不忘道"⑥,推行仁政。

其次,皮日休极力维护君臣之义,认为君主臣辅,臣僚通力合作,才能实现仁政理想。他认为:"人之生也,上有天地,次有君父。君父可弑,是无天地。乃生人之大恶,有识之弘耻。"⑦但是,帝王并非神圣不可侵犯。尧、舜皆为大圣之君,亦难免受到毁谤,"后之王天下,有不为尧、舜之行者,则民扼其吭,捽其首,辱而逐之,折而族之,不为甚矣"。在皮日休看来,帝王无道,不行仁政,民众驱逐他,杀掉他,甚至灭其族,都不算过分。据此,他对当世之君提出了告诫:"有

---

① 皮日休著,萧涤非、郑庆笃整理:《皮子文薮》,上海古籍出版社1981年版,第21—22页。
② 皮日休著,萧涤非、郑庆笃整理:《皮子文薮》,上海古籍出版社1981年版,第76页。
③ 皮日休著,萧涤非、郑庆笃整理:《皮子文薮》,上海古籍出版社1981年版,第21页。
④ 皮日休著,萧涤非、郑庆笃整理:《皮子文薮》,上海古籍出版社1981年版,第48页。
⑤ 皮日休著,萧涤非、郑庆笃整理:《皮子文薮》,上海古籍出版社1981年版,第97页。
⑥ 皮日休著,萧涤非、郑庆笃整理:《皮子文薮》,上海古籍出版社1981年版,第55页。
⑦ 皮日休著,萧涤非、郑庆笃整理:《皮子文薮》,上海古籍出版社1981年版,第32页。

帝天下，君一国者，可不慎欤？"①这种批判的激烈程度，已超越当时许多关心民瘼的士人。他身体力行，亲自投身黄巢义军，与这种思想不无联系。

最后，皮日休主张为官应该在危难时刻挺身而出，佐君治民。相对于一般儒者所谓的"达则兼济天下，穷则独善其身"处世态度，皮日休主张更加积极的入仕为官。他说："伯夷弗仕非君，弗治非民，治则进，乱则退。吾得志，弗为也。不仕非君，孰行其道？不治非民，孰急天下？"他的政治抉择是"故伯夷之道过乎高，吾去高而取介者也"。②皮日休愿仕非君以行其道，反映了他强烈的政治参与意识，以及不离不弃辅佐君主治理天下实现仁政的政治理想。他的这种思想代表了当时社会批判思潮中的一种类型。同时，皮日休又曾被卷入农民战争的大潮。在他身上可以看到士大夫思想言行的复杂、矛盾和变化，可以看到"为君"与"为民"两种思想取向的冲突和张力。

三、集批判和建设于一体

皮日休的政治批判思想闪烁着正义的光芒，体现了对君主制度深刻的反思。批判和反思君主制度并不等于否定君主制度。皮日休对现实的激烈批判是以对儒家理想政治模式的执着追求为前提和归宿的。

但是，据此断言皮日休的这类思想是对儒家的"突破"未免简单化了。给予皮日休的政治批判以理论支撑和导航的，恰恰是儒家的王道仁政、设官为民等基本政治理念。看似矛盾的两方，有机结合在一起，这恰恰体现了中国传统政治思维的一个典型特征：对政治的批判和对政治的建设其实是一而二、二而一的关系。

---

① 皮日休著，萧涤非、郑庆笃整理：《皮子文薮》，上海古籍出版社1981年版，第26页。
② 皮日休著，萧涤非、郑庆笃整理：《皮子文薮》，上海古籍出版社1981年版，第95页。

中国古代政治思想是极富批判精神的。自先秦以来，历代儒家都曾把批判的矛头指向君主政治的方方面面。在著名思想家中没有抨击过君主政治的人绝无仅有。但同时，他们也高擎王道仁政大旗致力于君主政治理论和实践的建设与发展。皮日休就属于在批判的同时积极建设君主政治的儒家士大夫类型。

忧国忧民是皮日休这类儒者的批判思想的显著特点。皮日休上忧其君，下忧其民，所谓"苟肉食者谋失，而藿食者殃孽，可不忧欤！可不忧欤！"[①] 由此可见其忧之深，患之切。忧国忧民归根结底是忧君。在皮日休的政治意识中，万民仰仗一人，一人救治天下。政治的根本出路是由帝王施仁政，行教化。在《鹿门隐书》中，他认为民性多是暴、逆、纵、愚、妄的，必须导之以仁、义、礼、智、信。因此，被皮日休置于政治主体地位的不是民众，而是"以心求道""劳一心而安天下"的统治者，即"能以心为天子、为诸侯、为贤圣者"[②]。统治者必须行仁义，施仁政，以取得民众的拥戴而"民用之"，否则将导致"民俱舍之"。这个思路亦可谓儒家士大夫的共识。

皮日休对君主爱恨交织，叛君与忠君思想同在。皮日休的政治思维囿于孔孟之道，因而既无法超脱"圣王"与"仁政"的窠臼，也不能走出"忠君"与"革命"的循环，更不可能提出行之有效的救世之方。他期待君主的眷顾和知遇，"幸一人之再觉"，并极力维护儒家的忠孝节义，切责"出为叛臣，入为逆子"的叛逆行为。然而后来他又在非君可事、非民可治思想的支配下，抛弃李唐王朝，投入农民起义的狂涛。乍然看来，皮日休的思想言行充满矛盾，实际上他的忠君思想与叛君行为都可以在儒家的政治学说体系中找到依据。因此，皮日休对自己的政见充满自信。他感慨万分地说："吾之道也，废与用，幸

[①] 皮日休著，萧涤非、郑庆笃整理：《皮子文薮》，上海古籍出版社1981年版，第4页。
[②] 皮日休著，萧涤非、郑庆笃整理：《皮子文薮》，上海古籍出版社1981年版，第24页。

未可知，但不知百世之后，得其文而存之者，复何人也。"[①] 这种政治心态在历代儒家中也是极为常见的。

历代儒家对理想政治的追求是执着的，他们期待政治清明、社会稳定、民生安康的愿望是真诚的。他们对许多政治现象的认识是深刻的，对从政者提出的许多规范性的要求也是合理的，这在一定程度上可以对现实政治起到规范和调节作用。

集深刻的批判思想与执着的建设思想于一体，是儒家政治思维方式的一个重要特征。批判令君主制度的各种不足和弊端得以显现，使君主制度的运行不得不遵循一定的规则、受到一定的制约。但是，儒家的这种批判是以王道仁政的理想政治模式为依归的。它从来就不讨论如何以一种全新的政治制度取而代之的问题，而是着眼于对君主制度的建设。这种批判不可能实现真正的突破和超越，君主制度的基本内核也不会因此而发生根本性改变。改革更新也好、改朝换代也好，变的是执政策略或具体执政者，不变的是君主制度。君主制度之所以具有这么顽强的生命力，固然有诸多原因。其中，儒家的这种政治思维方式应该是君主制度长寿的秘诀之一。

[①] 皮日休著，萧涤非、郑庆笃整理：《皮子文薮》，上海古籍出版社1981年版，第18页。

第二章 "君臣道合"：官论的主要理论基础

君主制度之下，君臣关系是最基本的政治关系，君尊臣卑是其最基本的角色界定。其中，君主临御天下，设官分职，是最高政治权力的所有者和发号施令者；官僚（臣）接受君主的任命，是政治权力的实际运行者和操作者。如何处理权力所有者（委托人）与代理人的关系，是政治生活中面临的一个普遍难题。一方面，君主（委托人）把具体的治理任务交给各级官僚（代理人），整个国家的治理绩效取决于官僚的努力程度。因此，君主必须想办法通过一定的激励机制充分调动官僚的积极性。另一方面，一旦拥有实际权力，官僚必然会有自己的利益追求。官僚既是君主的得力仆人，也可以成为威胁君主和迫害民众的力量。换言之，君臣之间，既相互依存、利害攸关，又相互博弈甚至冲突对立。因此，君主需要从思想上和制度上构建一套制约机制来指导官僚的具体行为。

中国古代政治文明在解决代理人难题上，从未停止探索，如"君为臣纲""君臣之道""君臣之义"[1]"君臣一体"[2]等都是对这一难题的解答，并表现出相应的时代特征。其中，最为成熟系统的当属"君臣

---

[1] 有关"君臣之义"的内涵和发展，可以参见胡宝华：《从"君臣之义"到"君臣道合"——论唐宋时期君臣观念的发展》，《南开学报》2008年第3期。

[2] 有关"君臣一体论"的发展历程和主要论点，可以参见张分田：《中国帝王观念——社会普遍意识中的"尊君—罪君"文化范式》，中国人民大学出版社2004年版，第459—467页。

道合"理论。在理论渊源上,"君臣道合"理论是从"设官为民"思想派生出来的,是其进一步的推演。在政治属性上,"君臣道合"理论与君主制度的一般规定性、君臣互动的基本规则、君臣各自的规范直接匹配,具有君主制度的典型特征。就具体实践而言,"君臣道合"理论就是"设官为民"思想,是直接讨论官论的理论命题。总之,在中国古代,"设官为民"思想是官论的终极依据,"君臣道合"理论是官论的主要理论基础,是对君臣关系的基本理论指导和价值定位。

在唐代,"君臣道合"成为君臣关系的最理想模式,即规范官僚的基本政治理念,不仅备受思想家青睐,而且获得君臣推崇,如唐太宗、武则天等人不仅对"君臣道合"做出过理论阐释,而且在实践中探索出一系列实践机制,在朝堂议政中广泛征引佐证。

第一节 "君臣道合"思想源远流长

古代关于"君臣道合"的论述有很多,具体说法有"君臣合道""君臣合体""君臣合德""君臣同志",其基本思路是:从大道为本的角度,论证君道与臣道的差异与共性。君与臣是依据道义结为统一体的。君有君道,臣有臣道,二者又统一于大道。在要求君臣各守其道的同时,强调君与臣必须相互配合,共同肩负起道义的责任,实现"天下有道"的政治理想。相反,与"君臣道合"背道而驰的有"君臣道隔""君臣道乖""君臣道息""君臣道亡"等,其结局往往是民怨沸腾、江河破碎、王朝覆灭。

一、"天地成位,君臣道生":共同的政治责任

从宗法伦理角度来讲,思想家往往引用天与地、乾与坤的关系来

论述君与臣的关系。例如汉代郑康成注《易纬通卦验》"天地成位，君臣道生。君五期，辅三名，以建德通万灵"曰："成犹定也，言天地尊卑已定，乃后有君臣也，君之用事，五行代王，亦有期，如太微之君，辅臣三名，公、卿、大夫。主宠者，人君亦以此主其德于天下，通于万物之灵，因之致其符长为瑞应。"①再如，贾公彦在《周礼注疏序》中也引用此句以阐述自己的看法，其文曰："夫天育蒸民，无主则乱，立君治乱，事资贤辅。但天皇地皇之日，无事安民，降自燧皇，方有臣矣。是以《易通卦验》云：'天地成位，君臣道生。君有五期，辅有三名。'注云：三名，公、卿、大夫。"再如张叔良作《五星同色赋》曰："天虽高兮取则不远，象既设兮其应甚明。观五曜之同质，审四序之有成。则知圣能法天，天能瑞圣，君臣合作，远近相庆。德迈乎古今，道洽乎歌咏。信五星之一色，乃昊天之眷命。"北宋程颐撰《伊川易传》曰："君臣道合，盖以气类相求，五有中德，故能倚任刚中之贤，成大君之宜，成知临之功。盖由行其中德也，人君之于贤才，非道同德合，岂能用也？"②

从政治责任的角度而言，思想家们强调君臣共同承担治理天下的重任，以"君臣同志"论证"君臣道合"。《淮南子·诠言训》曰："尽其地力，以多其积；厉其民死，以牢其城；上下一心，君臣同志；与之守社稷，效死而民弗离，则为名者不伐无罪，而为利者不攻难胜，此必全之道也。"

建中四年（783）十一月，唐德宗向陆贽问以"当今切务"。陆贽以"向日致乱，由上下之情不通，劝上接下从谏"，乃上疏，曰："总天下之智以助聪明，顺天下之心以施教令，则君臣同志，何有不从！远迩归心，孰与为乱！"③

---

① 郑玄注：《易纬通卦验》卷上，文渊阁四库全书本。
② 程颐：《伊川易传》卷二《周易上经》，文渊阁四库全书本。
③ 《资治通鉴》卷二百二十九，中华书局1956年版，第7380页。

公孙瓒在列举袁绍罪状时，也以君臣的政治责任作为立论依据，其文曰：

> 臣闻皇、羲以来，始有君臣上下之事，张化以导人，设刑以禁暴。今行车骑将军袁绍，托其先轨，寇窃八爵，既性暴乱，厥行淫秽。昔为司隶校尉，值国丧祸之际，太后承摄，何氏辅政。绍专为邪媚，不能举直，至令丁原焚烧孟津，找啦董卓造为乱根。绍罪一也。①

可见，身为重臣，有负众望，自取欢乐，为乱朝纲，用人不当，导致民不聊生，天下变乱，是袁绍的第一大罪状。究其实质，就是为官没有承担起治理教化天下的重任。

无独有偶，不仅是儒家对"君臣道合"思想情有独钟，佛教也积极认同。例如，对于究竟何为"君臣道合"，宋代释普济《五灯会元》如是讲：

> 问："如何是君？"师曰："宇宙无双日，乾坤只一人。"曰："如何是臣？"师曰："德分明主化，道契物情机。"曰："如何是臣向君？"师曰："赤心归舜日，尽节报尧天。"曰："如何是君视臣？"师曰："玄眸凝不瞬，妙体鉴旁来。"曰："如何是君臣道合？"师曰："帐符尊贱隔，潜信往来通。"……问："如何是君？"师曰："磨砻三尺剑，待斩不平人。"曰："如何是臣？"师曰："白云闲不彻，流水太忙生。"曰："如何是君臣道合？"师曰："云行雨施，月皎星辉。"②

---

① 《全上古三代秦汉三国六朝文·全后汉文》卷八十五《公孙瓒表袁绍罪状》，上海古籍出版社 2009 年版，第 228 页。

② 释普济：《五灯会元》卷十四《青原下十二世·芙蓉楷禅师法嗣》，文渊阁四库全书本。

此处以师徒问答的方式，来解释"君""臣""君臣道合"等相应名词的政治含义。所谓"天垂象，圣人则之"，以日、月、星来比喻君、臣、民，其实是中国古代常用的一种君臣之喻，以自然现象来对应政治秩序，太阳普照大地，自然散发光芒；月亮需要反射太阳的光辉，给人光亮；星星尽管繁多，却也无法与太阳相提并论。从中可以看成，释普济认为，君如同太阳一样，是独一无二的，并掌握着天下的道德和法理尺度，用以约束天下臣民。臣是为辅佐君主、教化天下而存在的，负责具体做事，但是一心为君，忠节可鉴。"君臣道合"一方面是指君尊臣卑，上下沟通，所谓"帐符尊贱隔，潜信往来通"；另一方面是指臣僚积极有为，通过自己的行为举措彰显出君主的尊崇无比，如同"云行雨施，月皎星辉"，终究是助长太阳的光芒。

二、"天尊地卑，君臣道别"：不同的政治等级

"君臣道合"强调君臣对道义、天下、社稷和人民的责任，但是，这种理论认识并没有把君臣置于平等的地位，反而认为"君臣道别"。首先，"君臣道别"的最基本依据就是天尊地卑的差别。在中国古代，这一思想被广泛接受。例如，司马迁认为，"天高地下，万物散殊，而礼制行也；流而不息，合同而化，而乐兴也"。因此，"圣人作乐以应天，作礼以配地，礼乐明备，天地官矣"。效法天地之位的礼乐制度旨在规范君臣关系，"天尊地卑，君臣定矣。高卑以陈，贵贱位矣。动静有常，小大殊矣"[①]。元魏时期清河王元怿擅长从政，"明于决断"，曾向魏世宗进言曰："臣闻唯器与名，不可以假人。是故季氏旅泰，宣尼以为深讥；仲叔轩悬，丘明以为至诫。谅以天尊地卑，君臣道别，宜杜渐防萌，无相僭越。"他认为君臣行为取向有所不同，诸如"减

---

① 《史记》卷二十四《乐书》，中华书局1959年版，第1193—1194页。

膳录囚""修政教解狱讼"等本属于"人君之事",如今却由"司徒行之","讵是人臣之义?"①此外,从王通《中说》的编排结构也可以清晰体现出臣道与君道的关系等。《中说》以《王道篇》为首篇,以标榜王通继承素王之道的志向。《中说》的第二篇是《天地篇》,其立意在于:"天尊地卑,君臣立矣,故次之以事君篇。"再比如,明朝蔡清撰《四书蒙引·武王周公其达孝矣乎》曰:"君尊于上,臣卑于下,天地之大义也。"

其次,政治等级不同,相应的角色定位和行为规范也就各有不同,即君有君道,臣有臣道。在中国古代,"君尊臣卑"是对君臣关系的一个基本定位。《慎子·民杂三》曰:"君臣之道,臣有事而君无事也,君逸乐而臣任劳,臣尽智力以善其事,而君无与焉,仰成而已。事无不治,治之正道然也。"《淮南子·主术训》曰:"君臣异道则治,同道则乱;各得其宜,处其当,则上下有以相使也。"其中,宋人朱震对君臣之道的区别的认识非常有代表性,由他所撰的《汉上易传·系辞上传》曰:

天尊地卑,乾坤定矣。卑高以陈,贵贱位矣。动静有常,刚柔断矣。方以类聚,物以群分,吉凶生矣。在天成象,在地成形,变化见矣。是故刚柔相摩,八卦相荡。鼓之以雷霆,润之以风雨,日月运行,一寒一暑。乾道成男,坤道成女。乾知大始,坤作成物。乾以易知,坤以简能。易则易知,简则易后。易知则有亲,易从则有功。有亲则可久,有功则可大。可久则贤人之德,可大则贤人之业。易简而天下之理得矣。天下之理得而成位乎其中矣。

最后,一方面,臣道是从属于君道的,另一方面,臣道对君道

---

① 《魏书》卷二十二《清河王怿传》,中华书局1974年版,第591页。

的服从也不是无条件的,如《论语·先进》所言"以道事君,不可则止"。自孔子始,"以道事君"就成为历代儒家的普遍认识。荀子还进一步发展为"从道不从君"。《荀子·子道》曰:"入孝出弟,人之小行也。上顺下笃,人之中行也。从道不从君,从义不从父,人之大行也。若夫志以礼安,言以类使,则儒道毕矣。"孔颖达在《尚书正义·洪范》中认为,"君臣之道,当相须而成","臣道虽柔,当执刚以正君;君道虽刚,当执柔以纳臣"。

关于对君、臣、民政治等级和政治责任的合理定位,韩愈的观点堪为典型代表。《原道》曰:"君者,出令者也。臣者,行君之令而致之民者也。民者,出粟米麻丝,作器皿、通财货,以事其上者也。"这就是说,君主是政治的主宰,设官分职,发号施令;官僚受命于上,守官临民,是执行君命的工具;民众从事物质生产以供奉其上,是典型的被统治者。韩愈认为这一切是由"道"规定的,每一等级都应各守其职,各尽其分,不可逾越。"君不出令,则失其所以为君;臣不行君之令而致之民,民不出粟米麻丝,作器皿、通财货,以事其上,则诛。"臣民不尽心听命于君主,供奉其长上,则杀无赦,因为依照伦理道德,"子焉而不父其父,臣焉而不君其君,民焉而不事其事",是"灭其天常"。[①] 不得染指最高权力的官僚和毫无政治权利的庶民只能永远受君主的支配和驱使。

可见,"君臣道别",就是君臣分属于不同的政治等级,君尊臣卑,君无为臣有事,君逸乐而臣任劳,君臣各行其道,各得其所,上下有序。"君臣道别"不仅与"君臣道合"不是矛盾的,还是对"君臣道合"的进一步补充和更严密的论证,突出强调君臣的"和而不同"。

---

① 参见刘泽华主编:《中国政治思想史》(隋唐宋元明清卷),浙江人民出版社1996年版,第186页。

君主与官吏都是为道义而设，君臣如果皆以道自守，以道相和，便能实现君臣和谐，天下大治。这种思想对君臣双方都提出了规范性要求，即君应礼待贤臣；臣应辅弼君主，"论道佐时"。君臣双方齐心协力，实现"君臣上下，各尽至公，共相切磋，以成治道"①的理想之道。

在唐朝，君主政体处于最富有活力的巅峰状态。自春秋战国发轫以来，这种国家政体经历了一千多年的风雨历程和曲折演变，在制度上和理论上日趋成熟和完善。统治思想步入一个新境界，政治文明的发展程度也达到一个空前的水平。君臣双方对彼此之间的关系有了新的认识和感悟。"汉唐以来，君臣合道说的基本思路被纳入统治思想。"②"从先秦时期既已广泛使用的君臣之义，到隋唐之际开始出现的君臣道合"，由强调"臣下对君主的具有效忠义务"发展为强调"君臣二者在道义上所承担的责任"，"这种以责任取代义务的发展，意味着君臣观念被赋予了新的含义"。③系统分析唐代对"君臣道合"的理论阐释和实践体验，将有助于把握中国古代政治思想的发展历程和阶段性特征。

第二节 "君臣道合"的理论阐释：以武则天为中心的考察

唐代许多皇帝的皇位是"争"来的，他们对于君臣之间的利害关系和臣僚对君主的制约作用，有切身的体验和深刻的认识。在驾驭群臣方面，他们堪称帝王的楷模。在调整君臣关系方面，不仅提出了系

---

① 吴兢撰，谢保成集校：《贞观政要集校》，中华书局 2003 年版，第 85—86 页。
② 张分田：《中国帝王观念》，中国人民大学出版社 2004 年版，第 462—463 页。
③ 胡宝华：《从"君臣之义"到"君臣道合"——论唐宋时期君臣观念的发展》，《南开学报》2008 年第 3 期。

统的理论和方略，而且将许多君臣运作规范化、制度化、法律化，这是唐朝政治理论成熟且完备的重要标志。唐太宗的《金镜》、武则天的《臣轨》、唐玄宗的《孝经注》等政治论著阐明了君臣规范和御臣之道，就其基本内核而言，是"君臣道合"理论。其中，武则天的思路与做法很有代表性。接下来，我们以武则天的思路为主，分析唐代"君臣道合"理论的主要内容。

一、编撰《臣轨》等书，阐释君臣之道

武则天是中国古代杰出的女政治家。她参与或亲自执掌最高权力共计约有半个世纪之久。当政期间，武则天雄才大略，审时度势，重民生、薄赋敛、举贤才、纳谏诤、严法度，施政有太宗遗风。她重视农业生产，推动经济发展，促使户口大增，为其孙唐玄宗的"开元之治"奠定了基础。作为最高统治者，武则天上承"贞观之治"，下启"开元之治"，其功业彪炳史册。武则天精通治道，颇富文采。据《旧唐书·武则天本纪》记载，她著有文集一百二十卷。各种史籍还著录了十余部武则天亲撰或主编的著作。其政论性著述之多，为古今妇女之冠，可惜大多散佚。武则天的著述，《唐大诏令集》《全唐文》《唐文拾遗》及《唐文续拾》等存文百余篇，《全唐诗》存诗46首。

武则天是中国历史上唯一一位女皇帝。在儒家礼教占统治地位的时代，武则天以后妃、女主身份操持最高权力，其合法性难免受到臣属的质疑，其统治地位也时常遇到政治对手的挑战。因此，在处理君臣关系的时候，武则天所面临的态势更为复杂，所遇到的问题也更为棘手。她必须调动各种权力手段，运用各种权谋，一方面镇压反抗，剪灭政敌，消除隐患，树立权威，另一方面拔擢人才，培植心腹，赢得拥戴，实现统治。为了以道德的力量约束官僚、贵族，以便有效化解君臣、母子之间的矛盾，她一而再、再而三地告诫儿子与百官必须遵守臣子规范。因此，她的政论尤为关注君臣关系，并侧重于对臣道的阐释。据《旧唐书·武则天本纪》记载，武则天召集一批文学之士编撰《玄览》《古今内范》《青宫纪要》《少阳政范》《维城典训》《凤楼新诫》《孝子传》《列女传》《内轨要略》《乐书要录》《百僚新诫》《兆人本业》《臣轨》《垂拱格》等。关于哪些著作是武则天亲自撰写的，史籍的记载相互矛盾，而她的主编和定稿人身份当无异议。这些著作表达的思想就是武则天的思想。武则天自作或主编的著作大多旨在教育臣子、规范官僚。其中，武则天"自制《臣轨》两卷，令贡举人为业"①。《百僚新诫》旨在整肃行政体系，加强国家法制，规范官僚行为。《少阳政范》《孝子传》则是特意为教训太子李贤而作。由此可见，如何维护君臣关系是武则天最为关注的政治课题。

武则天模仿唐太宗的《帝范》，编撰《臣轨》②，阐释君臣关系及臣道规范。《臣轨》之"臣"主要指朝廷百官，即"群公列辟"。全书分上下两卷，分同体、至忠、守道、公正、匡谏、诚信、慎密、廉洁、良将、利人十章。《臣轨》多引古训，以精选萃集名言的方式，论述君臣之道和官僚应当具备的从政品格。"《臣轨》的问世，标志着官箴书创作的开始，自此以后，历代官箴书创作形成了一浪高过一浪的良性发展态势。"③现存《臣轨》的各章还附有佚名注文。其基本思路多见于唐代的皇帝言论、诏旨文告和朝堂议政，可以大体反映当时统治思想

---

① 《旧唐书》卷二四《礼仪志四》，中华书局1975年版，第918页。
② 《臣轨》又名《臣范》，旧题武则天撰，一说北门学士元万顷、苗神客等奉敕所撰。《臣轨》成书于武则天执政期间，是她规诫群臣的训条。神龙二年（706）以前，《臣轨》是贡举之士的必读书目之一，对当时官僚群体的政治意识有重大影响。即使书稿由臣属编拟，非武则天自作，这部钦定著作也可以体现武则天的政治思想。为了行文的方便，我们径直将其作为武则天的思想引用。该书大约在宋代散佚。日本有《佚存丛书》，国内据此刊刻，有《丛书集成》等。罗元贞点校的《武则天集》（山西人民出版社，1987年）依据商务印书馆丛书集成初编所选《粤雅堂丛书》及《佚存丛书》排印，一些"则天新字"做了改动。笔者采用罗元贞点校本。
③ 裴传永：《"箴"的流变与历代官箴书创作——兼及官箴书中的从政道德思想》，《理论学刊》1999年第2期。

的一般特征。

在《臣轨序》中，武则天阐明了编撰《臣轨》的目的。她宣称："惟天著象，庶品同于照临；惟地含章，群生等于亭育。"作为"忝位坤元"的女皇，自己必须仿效天地，普施德泽，躬行养育与教化臣民的为君之道，做到"乃内乃外，思养之志靡殊；惟子惟臣，慈诱之情无隔"。自己已经为太子及诸王撰写了"修身之训"，尚缺针对公卿百官的"忠告之规"。因此，特意撰写《臣轨》两卷，阐释臣子事君所应遵奉的规范，并赐予百官群僚，"所以发挥德行，镕范身心，为事上之轨模，作臣下之绳准"。武则天指出："夫丽容虽丽，犹待镜以端形；明德虽明，终假言而荣行。"她要求臣属将《臣轨》视为座右铭，"若使佩兹箴戒，同彼韦弦。修己必顾其规，立行每观其则"。这样才能实现"家将国而共安，下与上而俱泰"。①

唐太宗的《帝范》和武则天的《臣轨》是唐代皇帝编著的两部重要的政治著作。《帝范》阐释君道，《臣轨》阐释臣道，而其共同的理论基础是君臣关系论。阐释君道必然涉及臣道，阐释臣道必然涉及君道。因此，《帝范》与《臣轨》虽分别出自唐太宗、武则天之手，却具有密切的相关性，它们的基本思路彼此相通，许多内容彼此相同，构成一个相对完整的阐释君臣关系的思想体系。因此，古代读者往往将二书合刊并立，流布于世。现代学者也不乏将二者相提并论者。

《臣轨》侧重阐释为臣之道，其立论的依据是君臣关系论。武则天指出：从历史的经验看，维护君臣关系是取得政治成功的根本保证。前贤"莫不元首居尊，股肱宣力。资栋梁而成大厦，凭舟楫而济巨川。唱和相依，同功共体"。由此可见，"臣主之义，其至矣乎！休戚是均，可不深鉴！"②无论在理论上，还是在实践中，为君之道与为臣之道都

---

① 罗元贞点校：《武则天集》，山西人民出版社1987年版，第4页。
② 罗元贞点校：《武则天集》，山西人民出版社1987年版，第4页。

是相互匹配的。将君道和臣道紧密结合在一起的是君臣同体合道论。从君道中可以引申出臣道，从臣道中可以引申出君道，分析这种思想现象有助于认识中国传统政治思维的某些特征。

二、君臣同体合道论

在《臣轨》及各种政论性文字中，武则天广泛采择先哲的君臣论，结合历史经验和政治实践，系统阐释君臣关系。她认为，君与臣是一个相互依存的政治统一体，彼此结成特殊的利益集团。其主要论点有君臣有道说、君臣如父子说、臣为股肱舟楫说、君臣利害攸关说等。这些认识共同构成御臣之道和为臣之道的理论基础。

（一）君臣有道即忠惠

在《臣轨·守道》中，武则天引据《老子》《庄子》《文子》等道家文献，阐释道的内涵和体道的意义。在她看来，"无为而无不为"之道"覆天载地"，"苞裹万物"。道能化生万物，能屈伸变化，"小而能大，昧而能明。弱而能强，柔而能刚"。如果懂得了道，就可以无所不通。"夫知道者，必达于理；达于理者，必明于权；明于权者，不以物害己。"因此，"道之所在，圣人尊之"。君主、官僚、庶民等各种社会政治角色皆应依据道"内以修身，外以理人"。如果侯王守道，则以道德治天下，"万物将自化"。如果臣下守道，则"以道佐人主""事君自忠"。道是普遍适用的社会法则，"故君臣有道即忠惠，父子有道即慈孝，士庶有道即相亲。故有道即和同，无道即离贰。由是观之，无道不宜也"。[①] 君臣皆以道自守，以道相合，便能实现君臣和谐，天下大治。

[①] 罗元贞点校：《武则天集》，山西人民出版社1987年版，第18—23页。

此外，武则天借助大道为本的思想，阐释儒家经典和道家经典中的君臣不同道思想。她指出：君与臣各有其道，君无为而臣有为，"故冕旒垂拱，无为于上者，人君之任也。忧国恤人，竭力于下者，人臣之职也"。君与臣"各尽其能，则天下自化"。唯有君与臣两尽其道，各司其职，才能"君臣之道著"，她将"忧国恤人"定为"人臣之职"。① 她还专设《利人》一章，阐释立君为民、佐君治民的道理，要求臣下深知"人者，国之本"，与君主一道"共养黎元"，"牧天之甚爱"。君臣不同道的思想将君主与臣属明确地分为两个在地位和功能上有天壤之别的政治等级。这也是主流思想的君臣论所共有的。

（二）臣之事君，犹子之事父

君臣如父子说从宗法性的父子之义的角度，论证政治性的君臣之义，在以父子关系界定君臣关系的同时，强调君与臣应当相互配合，犹如父慈子孝一样亲如一家，休戚与共。

在中国传统政治文化中，君主犹如父母而臣民犹如子女的思想占据着统治地位，与中国古代王权一样久长。《尚书·洪范》曰："天子作民父母，以为天下王。"后世思想家对其进行系统的阐释。许多帝王也据此论说国家之本、为政之道和治民之策等。

武则天反复以君臣如父子立论，强调"家与国而不异，君与亲而一归"②。她认为，君臣关系比父子关系有更强的一体性，"臣之事君，犹子之事父。父子虽至亲，犹未若君臣之同体也"③。自古有无子之父、无父之家，却没有无臣之君、无君之国。一个家庭可能无父，但一个国家不可能无君。因此，君臣同体胜过父子一家。在她看来，"然则君亲既立，忠孝形焉。奉国奉家，率由之道宁二；事君事父，资敬之途

---

① 罗元贞点校：《武则天集》，山西人民出版社1987年版，第8—10页。
② 罗元贞点校：《武则天集》，山西人民出版社1987年版，第74页。
③ 罗元贞点校：《武则天集》，山西人民出版社1987年版，第6页。

斯一"①。子事父以孝，臣事君以忠，忠孝之道并无二致。在《臣轨·至忠》中武则天写道：

>　　欲尊其亲，必先尊于君；欲安其家，必先安于国。故古之忠臣，先其君而后其亲，先其国而后其家。何则？君者亲之本也，亲非君而不存；国者家之基也，家非国而不立。②

这就是说，君尊而亲卑，国大而家小，因而君臣重于父子，尊君先于尊父。臣下应当将事君置于事父之上。

　　以"父子之道"论述"君臣之义"的另一个典型当属唐玄宗。唐玄宗李隆基笃信好古，面对当时《孝经》各注虽备存秘府而多有残缺的情况，召集群臣中精通儒术者，进行注释阐发，然后，亲自于各注中采取精华，去其繁乱，取义理允当者，作为注解。仅仅有注，尚觉不足，唐玄宗"又特令行冲撰御所注《孝经》疏义，列于学官"③。唐玄宗积极推行以孝治天下，巧妙地用伦理关系来比附政治关系。唐玄宗曰："父子之道，天性之常，加以尊严，又有君臣之义。"又曰："父子恩亲之情，是天生自然之道。父以尊严临子，子以亲爱事父。尊卑既陈，贵贱斯位，则子之事父，如臣之事君。"④

　　注重以父子关系比拟君臣关系并设定君臣规范，这是中国古代政治文化的一大特点。儒家经典为家国一体、君父一体、忠孝一体提供了权威性的依据。相关思想获得社会各阶层的普遍认同。君臣如父子，父子如君臣，既以父子之间的宗法关系规范了君臣之间的政治关系，又将君臣凌驾于父子之上，论证了君臣同体。这就从社会关系模式的

---

① 罗元贞点校：《武则天集》，山西人民出版社1987年版，第4页。
② 罗元贞点校：《武则天集》，山西人民出版社1987年版，第16—17页。
③ 《旧唐书》卷一百二《元行冲传》，中华书局1975年版，第3168页。
④ 《孝经注疏·圣治章》。

角度，为君臣关系找到了伦理的中介和情感的纽带。君臣如父子说还是以忠孝为核心的臣道规范的理论依据之一。

（三）人臣之于君也，犹四支之载元首

臣为股肱舟楫说的基本思路是：借助各种君臣喻体，以元首与股肱、船夫与舟楫等比况君臣关系，在论证君与臣之间等级上的尊卑关系、功能上的主从关系和价值上的贵贱关系的同时，强调君臣同体，相须而成、利害攸关、休戚与共。

在《臣轨·同体》中，武则天指出："夫人臣之于君也，犹四支（肢）之载元首，耳目之为心使也。相须而后成体，相得而后成用。"君与臣的关系犹如头脑与四肢、心脏与耳目。作为人体器官，它们缺一不可；作为生理功能，它们相互匹配。头脑、心脏是操控者，四肢、耳目是辅助者。手拿足行听命于头，耳听目视服从于心。但是，头脑、心脏离开了手拿足行、耳听目视则一事无成。君臣同体，臣就是君主司明的眼睛，司听的耳朵，行动的手脚。君主必须以群臣为股肱、耳目、手脚；臣必须以君主为元首、腹心、躯干，"故知臣以君为心，君以臣为体"。君主的意志由臣下去执行实施，即"余欲左右有人，汝翼；余欲宣力四方，汝为"。武则天又用大厦与建材比喻君臣关系。她指出："夫欲构大厦者，必藉众材。虽楹柱栋梁，栱栌榱桷，长短方圆，所用各异。自非众材同体，则不能成其构。"君主治理国家与此同理，"非群臣同体，则不能兴其业"。君臣之间只有相互配合，才能成就功业。她又借助历史的经验教训，以"殷纣有亿兆夷人，离心离德"为反面典型，以"周武有乱臣十人，同心同德"为正面典型，主张君主必须"分官列职，各守其位"，而官吏必须忧君之忧，恪尽职守。总之，"臣之与主，同体合用。主之任臣，既如身之信手；臣之事主，亦如手之系身。上下协心，以理国事。不俟命而自勤，不求容而自亲。

则君臣之道著也"。①

在《臣轨·利人》中，武则天也使用了一些君臣之喻。"夫君臣之道，上下相资，喻涉水之舟航，比翔空之羽翼。故至神攸契，则星象降于穹苍；妙感潜通，则风云彰于寤寐。其同体也，则股肱耳目不足以匹其同；其益政也，则曲糵盐梅未可方其益。"② 这就是说，君臣际会，"上下相资"，犹如云从龙，风从虎，群星附丽苍穹。君主需要臣下的辅助，就好比渡水需要舟船，凌空需要羽翼，酿酒需要曲糵，调羹需要盐梅。

武则天还以天地喻君臣。她引用孔子之言，论为臣之道："为人下者，其犹土乎？种之，则五谷生焉；掘之，则甘泉出焉。草木殖焉，禽兽育焉。多其功而不言，此忠臣之道也。"③ 君道如天，臣道如地。天尊地卑，乾健坤顺，因而君尊臣卑，君健臣顺。在政治生活中，君主处于纲纪、枢纽、主导的地位，臣下只能事主顺命，上唱下和，不擅其美。因此，为臣者其性如土。臣的功能犹如滋养万物的土地，扮演着与天相匹配的角色。为臣事君，必须竭忠尽节，勤劳不倦，孜孜于事，不居其功。

在武则天亲制的政治文告中，也常常使用各种君臣之喻。例如，《求贤制》中有"璧月珠星，实为丽天之像；苍波翠岳，爰标纪地之形"；"待舟航而涉水，思羽翼而凌虚"；"蕴梁栋之宏才，堪将相之重任"等比喻。

唐朝皇帝普遍认同臣为股肱舟楫说。例如唐太宗说："故舟航之绝海也，必假桡楫之功；鸿鹄之凌云也，必因羽翮之用；帝王之治国也，必藉匡弼之资。"④ 在历朝皇帝的诏旨、政论中，可以找到形形色色的君

---

① 罗元贞点校：《武则天集》，山西人民出版社1987年版，第5—10页。
② 罗元贞点校：《武则天集》，山西人民出版社1987年版，第74页。
③ 罗元贞点校：《武则天集》，山西人民出版社1987年版，第13页。
④ 吴云、冀宇校注：《唐太宗集》，陕西人民出版社1986年版，第215页。

臣之喻。这些君臣之喻从政治等级、政治功能和政治价值等不同角度揭示了君臣关系的基本特征，即君尊臣卑，君主臣从，君贵臣贱。

（四）共其安危，同其休戚

君臣利害攸关说的基本思路是：既然君臣同体合道，那么君臣必然利害攸关。君臣政治统一体的中介不仅有亲情与道义，还有利害与荣辱。

君臣一体、利害攸关观念很早便露端倪。《古文尚书·泰誓》曰："受有亿兆夷人，离心离德。予有乱臣十人，同心同德。"君臣能否同心同德是政治成败的关键。这也是君臣利害攸关的主要论据之一。先秦诸子对君臣之间的利害关系有清醒的认识和深刻的论述。法家的利益纽带说、墨家的交相利说和儒家的义利之辨，都在不同程度上承认了利益的驱动作用。"为人臣者，仰生于上者也。"[①]这句话道出了君臣关系的实质。儒家对于君主应当以爵禄养贤，臣下应当食君之禄、谋君之事，也多有论述。许多思想家还指出：君臣一旦结为一体，任何一方受到损害，对另一方也不利。《管子·君臣上》曰："上下之分不同任，而复合为一体。"把君臣关系看成是相辅相成、唇齿相依的"一体"关系，这就从逻辑上肯定了臣对于君的不可替代的作用，具有重要的理论意义。

汉唐以来，人们普遍认为"阴阳同功，君臣同体，天之经也，人之纪也"[②]。在朝堂议政中，君臣一体、利害攸关的说法很常见。唐太宗认为："君臣本同治乱，共安危"，"君臣合契，古来所重"，"君失其国，臣亦不能独全其家"[③]。

在《臣轨·同体》中，武则天说："臣以君为心，君以臣为体。心

---

① 黎凤翔：《管子校注》，中华书局2004年版，第551页。
② 《温公易说》卷一《上经·坤卦》，文渊阁四库全书本。
③ 吴兢撰，谢保成集校：《贞观政要集校》，中华书局2003年版，第147页。

安则体安，君泰则臣泰。未有心瘁于中而体悦于外，君忧于上而臣乐于下。古人所谓共其安危，同其休戚者，岂不信欤！"君主与臣下同心同德则兴，离心离德则亡。"夫体有痛者，手不能无存；心有惧者，口不能勿言。忠臣之献直于君者，非愿触鳞犯上也。良由与君同体，忧患者深，志欲君之安也。"① 武则天尤为强调以忠君为核心的为臣之道，要求臣下体认君臣同体、利害攸关的道理，以安君为己任。

从历史进程看，皇帝与官僚共同组成一个特殊的利益集团。一方面君主垄断政治权力和经济利益的分配权，官僚的政治前途和经济生活受到君主的支配，君主是官僚的名爵、权位、衣食、财富之源；另一方面，君主失去臣僚的拥戴和协助，也就失去了权位和保障。"一朝天子一朝臣"，君臣间的隶属关系、共同利益及忠孝伦理观念，也使皇帝与其亲信具有结成亲密关系的可能性，即"一荣俱荣，一损俱损"。历史上和现实中一再发生的王朝兴废、国家存亡、君臣离合，使人们刻骨铭心地体会到君臣之间利害攸关，荣辱与共。因此，唐朝皇帝在政论中每每以此为君臣鉴戒。唐太宗说："正主任邪臣，不能致理；正臣事邪主，亦不能致理。惟君臣相遇，有同鱼水，则海内可安。"② 这种认识对君臣双方的思想行为都有着制约性、规范性和指导性。

在处理利益关系的问题上，武则天更为强调君与臣皆以道德自守，一些道德准则分别属于君道、臣道规范，一些道德准则属于普适性的规范，如遵循道义、公正无私和诚信无欺等。武则天指出："夫以天地之大，四时之化，犹不能以不信成物，况于人乎！故君臣不信，则国政不安。"君主与臣下都必须"以诚信为本"。③

武则天还深刻地认识到君臣"有道即和同，无道即离贰"④。如果

---

① 罗元贞点校：《武则天集》，山西人民出版社1987年版，第6—7、9页。
② 吴兢撰，谢保成集校：《贞观政要集校》，中华书局2003年版，第83—84页。
③ 罗元贞点校：《武则天集》，山西人民出版社1987年版，第46—47、49页。
④ 罗元贞点校：《武则天集》，山西人民出版社1987年版，第23页。

君礼臣忠、利害一致则君臣关系可以保持和谐、稳定。如果君暴臣奸、利害背反两者就可能化为仇敌。"智而用私"①的臣下会变成形形色色的危害国家与君主的奸佞之臣。这一认识也是设定为君之道和为臣之道的重要依据。

唐代皇帝一再强调君臣同治乱、共安危，并将这一认识作为阐释君道理论和臣道理论的重要依据。就君道理论而言，君臣同体合道论侧重强调君主必须明了辅臣的重要性，自觉地恪守君道，不仅要善于招纳人才、驾驭群臣、知人善任，而且要信用忠良、包容诤臣、清除奸佞。就臣道理论而言，君臣同体合道论强调臣下必须明确自己的责任，自觉地恪守臣道，不仅要服从君命，为君所用，而且要尽心竭力辅佐君王。

三、与君道相匹配的臣道

武则天的《臣轨》是现存较早的系统的御制官箴。顾名思义，"臣轨"即为臣之规矩。这部书从政治哲学、政治关系、政治伦理、治国理民之道等诸多角度，全面阐释臣道理论，提出系统的为臣之道，为群臣百官设置了事君的规范和为官的准则。

在《臣轨》中，既有抽象的理论，又有具体的规范，还有典型的范例。臣之轨度的总纲是忠君爱民，这一总纲又分解为若干大的德目，每个德目条分缕析，包含一系列应与不应的具体规定。如《同体》要求官僚与君主同体，"以君为心"，做君主的"爪牙、耳目"，"忧国恤人"。《至忠》要求官僚"公家之利，知无不为。上足以尊主安国，下足以丰财阜人"。《守道》要求官僚"名不动心""利不动志""静而无欲"。《公正》要求官僚"理官事则不营私家，在公门则不言货利，

---

① 罗元贞点校：《武则天集》，山西人民出版社1987年版，第27页。

当公法则不阿亲戚"。《匡谏》要求官僚做诤、谏、辅、弼之臣，敢于"纳君于道，矫枉正非"。《诚信》要求官僚以诚信"取亲于百姓"。《慎密》要求官僚做"大慎者"，慎言、慎身、慎独。《廉洁》要求官僚"恭廉守节""奉法以利人"，所谓"理官莫如平，临财莫如廉。廉平之德，吏之宝也"。《利人》则把爱民利民上升为天道与王命，要求官僚劝农桑、富民众、利民生，所谓"为臣之忠者，先利于人"。不难看出，《臣轨》就是一部条目详备的忠臣、清官、廉吏论。这套臣之轨度内涵丰富，涉及官僚政治行为的各个方面。

比较唐太宗的《帝范》和武则天的《臣轨》及其他相关思想材料，全面考察唐朝时期的君道理论和臣道理论及相应的各种具体规范，不难发现臣道与君道是相互匹配的。任何一种社会政治制度的核心价值体系都会形成一些具有普遍意义的道德规范。依据帝制的统治思想，君与臣均应守道、公正、诚信、修身等，因而无论君道还是臣道，都会涉及这类一般性的德目。在《臣轨》中，这一类道德规范占据了较大篇幅。在政治实施方面，二者的匹配性更为明显。诸如《帝范》要求为君应爱民重农，《臣轨》要求为臣应利民劝农；《帝范》要求为君应戒盈崇俭，《臣轨》要求为臣应清正廉洁；《帝范》要求为君应纳谏去谗，《臣轨》要求为臣应直言匡谏。《臣轨·良将》称："夫将者，君之所恃也……故君欲立功者，必推心于将。"[1] 显而易见，有关良将的臣道也是与君道相匹配的。

在施政中，武则天重视并践行兼听纳谏的为君之道，因此她对直言匡谏的为臣之道极为重视。这也为分析君道与臣道的匹配关系提供了典型事例。具体分析将在第五章第三节从属性的谏议理论中展开。

最能体现官吏在政治结构中特殊地位的为臣之道是与勤政爱民相关的政治规范。在《臣轨·利人》中，武则天从立君设官为民的角度，

---

[1] 罗元贞点校：《武则天集》，山西人民出版社1987年版，第59—60页。

论说"臣之与主,共养黎元"的道理,进而阐释臣道规范。她指出:"人者,国之本","国之恃人,如人之倚足"。因此,"为臣之忠者,先利于人","助君而恤人者,至忠之远谋也"。臣下应当做到"奉上崇匡谏之规,恤下思利人之术",对上事君以忠,对下治民以勤,积极贯彻国家的劝农、富民政策,"省徭轻赋,以广人财"。武则天明确指出:忠君与爱民有内在一致性,"故助君而恤人者,至忠之远谋也;损下而益上者,人臣之浅虑也"。治民是佐君,养民是安君,富民是足君,为民与为君是浑然一体的。亲民之官应当"务守公平,贵敦诚信。抱廉洁而为行,怀慎密以修身"。亲民利民是恪守大道、事君至忠的集中体现。臣下能够遵守臣道,忠君爱民,"自然名实兼茂,禄位俱延"[①]。

　　臣道的具体规范涉及多方面的规范,而其核心是一个"忠"字。在《臣轨·至忠》中,武则天指出:"夫事君者,以忠正为基。忠正者以慈惠为本。"忠臣之道的主要体现是"尽心焉,尽力焉",具体表现是:能够任劳任怨,乃至"竭力尽劳,而不望其报,程功积事,而不求其赏";"公家之利,知无不为","务有益于国,务有济于人",能够为国家、君主和民众兴利除害,"上足以尊主安国,下足以丰财阜人";"善则称君,过则称己",能够维护君主的尊严和权威,"见君之一善,则竭力以显誉,唯恐四海之不闻;见君之微过,则尽心而潜谏,唯虑一德之有失"。武则天指出:国有大利、小利,臣有大忠、小忠。"利不可并,忠不可兼。不去小利,则大利不得;不去小忠,则大忠不至。故小利,大利之残也;小忠,大忠之贼也。"安定民生是国之大利,"所以大臣必怀养人之德,而有恤下之心"。忠臣必须先行慈惠于民,为百姓谋福利,然后忠正于君主。"为臣不能慈惠于百姓,而曰忠

[①] 罗元贞点校:《武则天集》,山西人民出版社 1987 年版,第 70—75 页。

正于其君者，斯非至忠也。"① 武则天一再强调忠君以恤民为先，这是很有特点的。

　　武则天编著《臣轨》等的目的之一就是发挥道德教化的作用，使更多的朝臣百官认识到如何才能自觉地遵守为臣之道。她引据古语"欲求忠臣，出于孝子之门"，论说"非夫纯孝者，则不能立大忠"。在她看来，孝子"能以大义修身，知立行之本"，因而不仅可以做到事亲孝和事君忠，而且懂得先君后亲、先国后家的道理。武则天希望朝臣百官深刻理解国家是臣子家庭的根基，君主乃天下父母的根本，自觉地做忠孝两全之人，并将忠君置于孝亲之上。与此同时，她又从忠臣与孝子的内在一致性出发，设定了御臣之道的一项重要原则，即注重培养、选拔、表彰忠孝之人。在武则天亲制的政治文告中，涉及这方面的内容不胜枚举。

第三节　"君臣道合"在唐代的广泛影响

　　政治理论源于政治实践，又指导政治实践。政治实践传播政治理论，反过来也进一步补充和完善政治理论。"君臣道合"思想经由各代思想家和政治家结合时代变化不断进行新的阐发和注解，内涵日臻丰富，逻辑日臻完善。在唐朝，"君臣道合"成为制导和规范君臣关系，影响政权盛衰大局的核心理论。"君臣道合"在唐代的实践体验和广泛影响，展现在朝堂议政、制度选择、政策实施、官僚实践等方面。本节先从朝堂议政角度对其进行分析，后面几章还将围绕着君臣关系模式选择、官僚制度运作、官僚政治规范和官僚行政实践等进一步系统展开分析。

---

①　罗元贞点校：《武则天集》，山西人民出版社1987年版，第11—15页。

一、"君臣道合"在朝堂议政中的现实应用

在唐代朝堂议政中,"君臣合道"被广泛征引,成为论述许多思想主张和政治行为合法性的内在依据。要治理天下,君臣双方应该秉承"君臣道合"的理论指导,必须遵循"君臣道合"的基本规范,成为朝野上下的共识。

（一）以"君臣道合"论证君主与宰辅相合的重要性

就国家大局而言,较之一般的君臣关系,君主与宰辅重臣的关系更为重要。君主与重臣之间,相互信任,同道共治,朝纲才能有序,天下才能安定。君臣对这一关系早有共识。如,开皇九年（589）,晋王杨广大举伐陈,以高颎为元帅长史,"三军谘禀,皆取断于颎"。平陈之后,杨广欲纳陈主宠姬张丽华为妃。高颎以周武王灭殷后杀妲己为例,谏阻并下令斩杀张丽华,杨广甚为不悦。大军凯旋还朝后,高颎被授以上柱国,进爵齐国公,赐物九千段,食封一千五百户。隋文帝慰劳高颎曰:"公伐陈后,人言公反,朕已斩之。君臣道合,非青蝇所间也。"高颎固辞不受。隋文帝下诏曰:"公识鉴通远,器略优深,出参戎律,廓清淮海,入司禁旅,实委心腹。自朕受命,常典机衡,竭诚陈力,心迹俱尽。此则天降良辅,翊赞朕躬,幸无词费也。"[①]在这里,隋文帝明确指出,君臣道合,就是君臣之间相互信任,亲密无间,高颎谋略器量超群,乃自己的心腹,承担大任,尽心竭力,可谓天赐予己的良弼贤辅。

君臣上下一体,是国家兴盛的关键。唐太宗即位之初,"励精政道",屡次向魏徵咨询为政得失。魏徵既有经国之才,又生性刚直,知无不言,唐太宗往往欣然接受。后来有人诬告魏徵"阿党亲戚",唐

[①]《隋书》卷四十一《高颎传》,中华书局1973年版,第1181页。

太宗命御史大夫温彦博调查此事，结果查无实证。不过，温彦博奏曰："徵为人臣，须存形迹，不能远避嫌疑，遂招此谤。虽情在无私，亦有可责。"唐太宗于是令温彦博转告魏徵说："自今后不得不存形迹。"后来，魏徵入奏曰："臣闻君臣协契，义同一体。不存公道，唯事形迹，若君臣上下，同遵此路，则邦之兴丧，或未可知。"魏徵又以良臣、忠臣之别来论述不同的君臣关系对国家治乱的不同影响。其文曰：

> 良臣，稷、契、咎陶是也。忠臣，龙逄、比干是也。良臣使身获美名，君受显号，子孙传世，福禄无疆。忠臣身受诛夷，君陷大恶，家国并丧，空有其名。以此而言，相去远矣。①

可见，如果君臣道合，上下一体，国家治理有序，君主为明君，王权兴盛，臣僚为良臣，福禄永享。相反，如果君臣之间只是注重形式而貌合神离，君主为暗主，国将不国。即便臣僚中出现了忠臣，这些忠臣临危受难，饱尝苦痛，但也难匡王室，于事无补，最后只是徒有忠名而已。唐太宗听后非常赞赏魏徵所论，赐绢五百匹以示褒扬。

　　宰相与君主相合是宰相保持自己政治地位的重要前提。如《旧唐书》中史臣比较了裴度和李师道各自与君主之间的关系，曰："洎宪宗当朝，裴度为相，君臣道合，中外情通；师道外任诸奴，内听群婢，军民携贰，家族灭亡，不亦宜乎！"②裴度与唐宪宗君臣道合，内外相安无事，君主的权威得到维护，裴度的地位也非常稳固；等到李师道当任，膨胀一己之私，大肆任用自己的奴才，逞一时之快，终至家族遭诛。

　　此外，君臣道合也是赞誉官僚、评价升迁的经典用语。《旧唐

---

① 《旧唐书》卷七十一《魏徵传》，中华书局1975年版，第2547—2548页。
② 《旧唐书》卷一百二十四《李正己传李师道附》，中华书局1975年版，第3543页。

书·方技传》载，袁天纲擅长相术，贞观八年（634），唐太宗闻其名，召他至九成宫。侍御史张行成、马周两人请袁天纲给自己看相。袁天纲对马周的面相赞誉有加，曰："马侍御伏犀贯脑，兼有玉枕，又背如负物，当富贵不可言。近古已来，君臣道合，罕有如公者。公面色赤，命门色暗，耳后骨不起，耳无根，只恐非寿者。"[①]袁天纲在预言马周将来富贵不可言时，除了描述其面相特征之外，唯一用到的评价指标就是"近古已来，君臣道合，罕有如公者"。马周后来位至中书令、兼吏部尚书，四十八岁寿终。

唐代君主与宰辅的关系也成为后世君臣关系的典范。如包拯上疏宋仁宗，赞誉唐太宗和魏元成君臣道合，事无不言，言无不纳，赢来贞观之风。其疏曰：

> 臣闻唐太宗英明好谏之主也，魏元成忠直无隐之臣也。故君臣道合，千载一时，事无不言，言无不纳。太宗尝谓左右曰：朕即位之初，或言人主必须威权独运，不得委任群下；或欲耀兵振武，慑服四夷；惟有元成劝朕偃革兴文，布德施惠，中国既安，远人自服。朕从其语，天下大宁，绝域君长皆来朝贡，此皆元成之力也。是致贞观之风，与三代比盛，垂三百年抑有繇矣。所上谏疏，具在史册。[②]

包拯认为，尽管魏元成是"言于当日"，但仍然可以"行于方今"。于是，他择取其中的三疏，都是"词理切直，可为鉴"的，上呈给宋仁宗，希望宋仁宗能够在闲暇之时，观览借鉴。正所谓："知之非艰，行

[①] 《旧唐书》卷一百九十一《方技传》，中华书局1975年版，第5094页。
[②] 黄淮、杨士奇编：《历代名臣奏议》卷二百二《听言》，上海古籍出版社1989年版，第2662—2663页。

之惟艰，惟陛下少留圣意，天下幸甚。"① 包拯言称，唐太宗与魏元成是"君臣道合，千载一时"，因此而成"贞观之风"，垂范后世。

（二）以君臣之喻论证君无为而臣有事

如前所述，各种君臣之喻体现了君尊臣卑、君主臣从、君贵臣贱的基本特征。在朝堂议政中，他们常常以此立论，既强调君臣同道，又突出各司其职。如以元首股肱之喻来阐释为臣之道时，既强调君臣一体的一体性，又强调君主臣辅的主从性。

君臣关系如源和流的关系，君主不能浊源而求流清，不能使用诈伪之术来辨别臣的曲直，而要以诚相见。为了分别佞臣和直臣，有人曾向唐太宗建议，让唐太宗在与群臣议政时，佯装发怒以试探群臣的反应，"彼执理不屈者，直臣也，畏威顺旨者，佞臣也"。唐玄宗认为这种做法不妥当，其理由是"君，源也；臣，流也；浊其源而求其流之清，不可得矣。君自为诈，何以责臣下之直乎！朕方以至诚治天下，见前世帝王好以权谲小数接其臣下者，常窃耻之。卿策虽善，朕不取也"②。可见，唐太宗认为，君臣合道，上行下效，君主施诈伪之术，就没有资格要求官僚正直无邪。因为，官僚会效仿君主的言行举止，只有君主以诚治天下，官僚才可能以诚治天下。

魏徵向太宗谏言，为君只有厚德才能治国，自古帝王，往往是"功成而德衰"，善始者很多，克终者很少，取天下之时都能够"竭诚以待下"，得天下之后往往"纵情以傲物"。为此，魏徵提出著名的"谏太宗十思疏"，阐述了理想的为君之道。他认为君主应该通过"简能而任"，"择善而从"，使"智者尽其谋，勇者竭其力，仁者播其惠，信者效其忠"，最终实现"鸣琴垂拱，不言而化"，绝不可"劳神苦

---

① 黄淮、杨士奇编：《历代名臣奏议》卷二百二《听言》，上海古籍出版社1989年版，第2663页。
② 《资治通鉴》卷一百九十二，中华书局1956年版，第6035页。

思，代下司职，役聪明之耳目，亏无为之大道"。① 这是典型的君无为而臣有事的思想。

君主任命宰相，是为了让其协助处理细务，就应该充分信任宰相。如：

> 杜悰领度支有劳，帝欲拜户部尚书，以问宰相。陈夷行答曰："恩权予夺，愿陛下自断。"珏曰："祖宗倚宰相，天下事皆先平章，故官曰平章事。君臣相须，所以致太平也。苟用一吏、处一事皆决于上，将焉用彼相哉？隋文帝劳于小务，以疑待下，故二世而亡。陛下尝谓臣曰：'窦易直劝我，凡宰相启拟，五取三，二取一。彼宜劝我择宰相，不容劝我疑宰相。'"②

李珏所言，体现了君主任宰相以劳，烦琐细务交由宰相裁决，"君臣相须"，天下太平的思想认识。

（三）"君臣一体"是大臣进谏君主常用的理据之一

在朝堂议政中，大臣往往以"君臣一体"为由谏阻君主的某些想法和行为。例如，武则天时期，武氏家族权倾一时，甚嚣尘上，武承嗣、武三思意图太子之位，屡次唆使他人说服武则天，曰："自古天子未有以异姓为嗣者。"武则天犹豫未决。狄仁杰坚决反对，他指出唐太宗栉风沐雨，冲锋陷阵，以定天下，传之子孙。"陛下今乃欲移之他族，无乃非天意乎！且姑侄之与母子孰亲？陛下立子，则千秋万岁后，配食太庙，承继无穷；立侄，则未闻侄为天子而祔姑于庙者也。"③ 武则天为了不让狄仁杰插手，曰："此朕家事，卿勿预知。"狄仁杰不依不

---

① 《旧唐书》卷七十一《魏徵传》，中华书局1975年版，第2552页。
② 《新唐书》卷一百八十二《李珏传》，中华书局1975年版，第5360—5361页。
③ 《新唐书》卷一百八十二《李珏传》，中华书局1975年版，第5360—5361页。

饶，以"君臣一体"为理据，继续谏言阻止武则天立武姓的想法。其言曰："王者以四海为家，四海之内，孰非臣妾，何者不为陛下家事！君为元首，臣为股肱，义同一体，况臣备位宰相，岂得不预知乎！"①在这里，狄仁杰指出，天下乃君主所有，普天之事都可谓君主家事，君臣如同元首股肱，一体共存，身居宰相者，理应辅助君主管理普天之事。

此外，大臣常常以"君臣一体"为理据，谏议君主兼听博纳。如陆贽建议唐德宗应该兼听，曰："群臣参日，使极言得失。若以军务对者，见不以时，听纳无倦。兼天下之智，以为聪明。"唐德宗表示了为君的无奈，不是不想推诚置腹，而是发现为君一味地考虑"君臣一体"、"推信不疑"，却被一些臣僚所利用。曰：

> 朕岂不推诚！然顾上封者，惟讥斥人短长，类非忠直。往谓君臣一体，故推信不疑，至憸人卖为威福。今兹之祸，推诚之敝也。又谏者不密，要须归曲于朕，以自取名。朕嗣位，见言事多矣，大抵雷同道听，加质则穷。故顷不诏次对，岂曰倦哉！②

陆贽极力谏言，曰："昔人有因噎而废食者，又有惧溺而自沈者，其为防患，不亦过哉！愿陛下鉴之，毋以小虞而妨大道也。"③陆贽认为不能因噎废食，君主应该慎守而力行"君臣一体"思想，以诚信对待臣下。

（四）"君臣道合"往往成为君主赏罚大臣的理据

赏赐和惩罚是君主驾驭臣下常用的两手，幕后是君臣关系的变化和利益的调整等深层次因素，幕前往往会举出"君臣道合"的大旗。

---

① 《资治通鉴》卷二百六，中华书局1956年版，第6526页。
② 《资治通鉴》卷二百六，中华书局1956年版，第6526页。
③ 《新唐书》卷一百五十七《陆贽传》，中华书局1975年版，第4916页。

如《赐功臣陪陵地诏》曰:"乾坤合德,爰著易简之功。君臣一体,克成中和之治。远取诸物,若舟楫之济巨川。近取诸身,若股肱之戴元首。同心叶契,存殁以之。"①相关的赏赐诏书很多,不再赘述。下面仅就惩戒大臣举一例。

贞观二年(628),唐太宗治裴虔通罪,对侍臣说:"君虽不君,臣不可以不臣。裴虔通,炀帝旧左右也,而亲为乱首。朕方崇奖敬义,岂可犹使宰民训俗。"②下诏曰:

> 天地定位,君臣之义以彰;卑高既陈,人伦之道斯著。……谅由君臣义重,名教所先,故能明大节于当时,立清风于身后。……辰州刺史、长蛇县男裴虔通,昔在隋代,委质晋籓,炀帝以旧邸之情,特相爱幸。遂乃志蔑君亲,潜图弑逆,密伺间隙,招结群丑,长戟流矢,一朝窃发。天下之恶,孰云可忍!宜其夷宗焚首,以彰大戮。但年代异时,累逢赦令,可特免极刑,除名削爵,迁配驩州。③

诏书以天地定位来论证君臣之义,指出裴虔通作为隋炀帝的旧臣,备受隋炀帝宠幸,竟然图谋弑君,有悖君臣之道,为了教化风俗,必须予以贬斥。

二、"君臣道乖"与王朝衰亡的前车之鉴

王朝兴衰与君臣关系究竟有何关联?尤其是隋朝速亡,其中有哪

---

① 《唐大诏令集》卷六十三《大臣·陪陵·赐功臣陪陵地诏》,学林出版社1992年版,第316页。
② 《旧唐书》卷二《太宗本纪上》,中华书局1975年版,第34页。
③ 《旧唐书》卷二《太宗本纪上》,中华书局1975年版,第34页。

些教训？唐朝君臣经常讨论这一问题，以之为鉴戒。唐太宗常言："成迟败速者，国之基也；失易得难者，天之位也。可不惜哉！可不惜哉！"[1] 前事不忘，后事之师，这些讨论进一步深化了对君臣关系的认识。他们一致认为，与"君臣道合"背道而驰的"君臣道乖""君臣道隔"等，是导致王朝离乱覆灭的根本原因。

（一）孔颖达阐释"君臣道乖"是自古王朝灭亡的缘由

唐太宗即位之初，"留心庶政"，曾经向孔颖达询问《论语》所说的"以能问于不能，以多问于寡，有若无，实若虚"是何含义。孔颖达答曰："圣人设教，欲人谦光。己虽有能，不自矜大，仍就不能之人求访能事。己之才艺虽多，犹以为少，仍就寡少之人更求所益。己之虽有，其状若无。己之虽实，其容若虚。"他还说，非独匹夫，帝王之德，也理应如此，即"内蕴神明，外须玄默，使深不可测，度不可知"。反之，君主如果以其"位居尊极，炫耀聪明，以才凌人，饰非拒谏"，就会导致"上下情隔，君臣道乖，自古灭亡，莫不由此也"。[2] 唐太宗深善其对。可见，唐太宗与孔颖达都认为，自古王朝灭亡莫不源于"君臣道乖"。

（二）魏徵论隋朝速亡源自"上下相蒙，君臣道隔"

魏徵曾经上四疏，论政治得失。在第一疏中，他指出：隋朝统一天下，武备强盛，四十余年，威震天下；可惜一旦举而弃之，尽为他人所有。其原因何在呢？隋炀帝"岂恶天下之治安，不欲社稷之长久，故行桀虐，以就灭亡哉？"只是他恃富逞强，不思后患，"驱天下以从欲，罄万物以自奉，采域中之子女，求远方之奇异。宫宇是饰，台榭

---

[1] 吴云、冀宇校注：《唐太宗集》，陕西人民出版社1986年版，第236页。
[2] 《旧唐书》卷七十三《孔颖达传》，中华书局1975年版，第2601—2602页。

是崇，徭役无时，干戈不戢"。隋炀帝一味穷奢极欲，大兴土木，横征暴敛。在君臣关系上，隋炀帝"外示威重，内多险忌。谗邪者必受其福，忠正者莫保其生"。以至于，"上下相蒙，君臣道隔，人不堪命，率土分崩。遂以四海之尊，殒于匹夫之手，子孙殄灭，为天下笑，深可痛哉！"① 魏徵认为，隋炀帝作威作福，疑心猜忌，使佞臣得道，忠正之臣自身难保，君臣上下相互蒙蔽，"君臣道隔"，导致王朝覆灭。

（三）张玄素认为"君主自专"导致隋亡

张玄素，蒲州虞乡人，隋朝末年，任景城县户曹。他为官清慎，当初，窦建德攻陷景城，一度要斩杀张玄素，千余名百姓号哭流涕，为其请命。唐太宗久闻其名，即位后，召见他，"访以政道"。张玄素通过分析隋朝灭亡的原因，阐发了自己的见解。他认为，"其君自专，其法日乱"是强隋丧乱的根源所在。君主，身为"万乘之重"，又试图"自专庶务"，倘使每日裁断十事都会有五条不合适的，何况日理万机？到头来只会亏失更多，如此日积月累，乖谬既多，怎能不亡！相反，如果君主"广任贤良，高居深视，百司奉职，谁敢犯之？"另外，隋末天下大乱之际，争夺天下者不过十几人而已，其他官僚都是保全自身，"思归有道"。这说明想背弃君主为乱天下者，毕竟是少数，许多时候他们都是迫不得已。"向使君虚受于上，臣弼违于下，岂至于此？"② 可见，君主治理天下之道不在于自己亲力亲为多少具体事情，相反，如果能够任用贤能，令百官各自奉命而行，尽职尽责，就会赢得天下。君无为而臣有事，君虚受于上，臣矫正过失于下。唐太宗以其言为善，擢升他为侍御史，后来又迁任给事中。

---

① 《旧唐书》卷七十一《魏徵传》，中华书局1975年版，第2550—2551页。
② 《旧唐书》卷七十五《张玄素传》，中华书局1975年版，第2639页。

（四）李绛以"君臣交泰，内外宁谧"论开元天宝之别

李绛，进士出身，先后担任秘书省校书郎、监察御史、翰林学士、尚书主客员外郎、司勋员外郎、本司郎中等职，终其一生，"皆不离内职，孜孜以匡谏为己任"①。唐宪宗时，中官吐突承璀在安国佛寺建立圣政碑，大兴功作。李绛上疏认为，诸如尧、舜、禹、汤、文、武等圣王明君都无建碑之事，秦始皇为君荒逸，为政烦酷，反而立碑"扬诛伐之功，纪巡幸之迹"，为百王所笑，为万代所讥，最终沦为"失道亡国之主"。②此外，立碑既徒增修饰劳民伤财，又不符合治理之道。因此，他谏议废止立碑。唐宪宗深以为是，采纳其言。李绛一生多次谏言，其中，对天下治乱与君臣之道的内在关系，他的论述堪称经典。

有一天，唐宪宗向群臣发问："朕读《玄宗实录》，见开元致理，天宝兆乱，事在一朝，治乱相反，何也？"李绛通过比较开元、天宝前后君臣关系的不同进行作答。他说："理生于危心，乱生于肆志"，唐玄宗在临御天下之初，任用姚崇、宋璟这样的"忠鲠上才"，励精图治，善纳嘉言，当时是名贤在位，左右前后，"皆尚忠正"。"是以君臣交泰，内外宁谧。"开元二十年（732）以后，李林甫、杨国忠相继用事，他们专门任用奸佞之人，把持要职，苟且谄媚于上，不闻直言。物欲横流，国用不足，奸臣、武夫各谋其利。天下骚动，奸邪盗寇乘机而起，天下动乱，以至于政权摇摇欲坠，民怨沸腾而起，盛世不再。"盖小人启导，纵逸生骄之致也。"如今，军事割据，疆土破碎，经济凋敝，国库空虚，都因天宝丧乱所致。最后，李绛认为"安危理乱，实系时主所行"，因此，他建议唐宪宗"思广天聪，亲览国史，垂意精赜，鉴于化源"。不过，圣贤行事尚且难免出现差错，君主要想避免过失，就要有诤臣以匡正其失。这样一来，"主心理于中，臣论正于外，制理于未乱，销患于未萌"。君主若有过错，有大臣谏诤，"上下同体，

---

① 《旧唐书》卷一百六十四《李绛传》，中华书局 1975 年版，第 4285 页。
② 《旧唐书》卷一百六十四《李绛传》，中华书局 1975 年版，第 4286 页。

犹手足之于心膂，交相为用，以致康宁"。①

李绛的分析，鞭辟入里，直指要害。不一样的君臣关系，不一样的治乱兴衰。一方面，君臣合作，精诚一心，能够成就盛世伟业。另一方面，君主的好恶取舍又是更为关键的决定因素。在君主臣辅、君尊臣卑的制度思想框架之下，君主又是君臣关系的主导方，君主只有用诤臣、纳谏言、居安思危、任贤使能，才能构建君臣同体合道的良好关系。

（五）唐宪宗辑十四篇君臣龟鉴，首篇即"君臣道可合"

唐宪宗因天下无事，留意政典，每当阅览到有关前代兴亡得失之事，都再三复述其言。后来，读到贞观、开元《实录》，见太宗撰《金镜》及《帝范》上下篇，玄宗撰《开元训诫》，唐宪宗意图继承其制。于是，他令大臣辑录《尚书》《春秋后传》《史记》《汉书》《后汉书》《三国志》《晋书》《晏子春秋》《吴越春秋》《新序》《说苑》等书中所涉及的"君臣行事可为龟鉴者"，汇集成十四篇。"一曰君臣道可合，二曰辨邪正，三曰戒权幸，四曰戒微行，五曰任贤臣，六曰纳忠谏，七曰慎征伐，八曰戒刑法，九曰去奢泰，十曰崇节俭，十一曰奖忠直，十二曰修德政，十三曰谏畋猎，十四曰录勋贤，分为上下卷。"②宪宗亲自裁定其中的目录，第一篇即名之为"君臣道合"。还把前代君臣的事迹书写在六扇屏风之上，放置在御座之旁，经常观览，以资借鉴。

在政治实践中，唐代前后许多统治者都认识到君主和宰辅上下同心合道对于治理天下有着不可或缺的重要作用。泰和五年（1205），宋人渝盟，以揆为宣抚河南军民使，驻屯南京，整军习武。上谕之曰：

朕即位以来，任宰相未有如卿之久者，若非君臣道合，一体

---

① 《旧唐书》卷一百六十四《李绛传》，中华书局1975年版，第4288—4289页。
② 《太平御览》卷五九二《文部八·御制下》，中华书局1960年版，第2666—2667页。

同心，何以及此。先丞相亦尝总师南边，效力先朝，今复委卿，谅无过举。朕非好大喜功，务要宁静内外。宋人屈服，无复可议，若恬不改，可整兵渡淮，扫荡江左，以继尔先公之功。①

第四节 "君臣道合"的典型例证：
基于裴寂和刘文静的分析

裴寂和刘文静，这两位初唐名臣，都曾经为唐朝奠基立下大功，是当之无愧的开国元勋，因此备受君主礼遇，显赫一时。新旧《唐书》皆以二人合传居于功臣传之首。他们两个人在建功立业阶段，曾经相互欣赏、相互举荐、相互扶持，但功成名就之后，却相互争功以至于渐生间隙，把斗争的锋芒转向对方，相互打压甚至置对方于死地。最后，二人都难免落得个悲剧的结局。一方面，二人关系的交好和交恶，生动地展示了朝臣之间关系的微妙。另一方面，他们的发迹和陨落，更是君臣关系之复杂和多变的贴切写照，是关于"君臣道合"理论的一个典型例证。

一、唐高祖"义举之始"，裴寂有"翼佐之勋"

裴寂，少孤，由哥哥抚养长大。隋大业年间，裴寂先后担任侍御史、驾部承务郎、晋阳宫副监等职，与李渊相交甚深。史称："高祖留守太原，与寂有旧，时加亲礼，每延之宴语，间以博弈，至于通宵连日，情忘厌倦。"②当时，李世民想举兵伐隋而又不知李渊意下如何，见

---

① 脱脱等：《金史》卷九十三《仆散揆传》，中华书局1975年版，第2068页。
② 本节引文除单独标注外，均引自《旧唐书》卷五十七《裴寂刘文静传》，中华书局1975年版，第2285—2303页。

裴寂与父亲关系好，于是自己出钱数百万，私下结交龙山令高斌廉，让其故意输钱给裴寂。裴寂赢钱多了，内心高兴，每天都陪太宗游乐。后来，太宗将自己的打算和盘托出，并请他说服高祖。裴寂寻机告诉高祖曰："二郎密缵兵马，欲举义旗，正为寂以宫人奉公，恐事发及诛，急为此耳。今天下大乱，城门之外，皆是盗贼。若守小节，旦夕死亡；若举义兵，必得天位。众情已协，公意如何？"高祖曰："我儿诚有此计，既已定矣，可从之。"裴寂抓住机会，"及义兵起，寂进宫女五百人，并上米九万斛、杂彩五万段、甲四十万领，以供军用"。高祖"大将军府建，以寂为长史"。高祖入长安为大丞相，裴寂就"转大丞相府长史，进封魏国公，食邑三千户"。

隋恭帝逊位，高祖固辞不受，又是裴寂劝其登基。高祖受禅后，对裴寂说："使我至此，公之力也。"任裴寂为尚书右仆射，赏赐不可胜数，每日赐裴寂御膳。"高祖视朝，必引与同坐，入阁则延之卧内，言无不从，呼为裴监而不名。当朝贵戚，亲礼莫与为比。"裴监是对裴寂当年任晋阳宫副监职位时的尊称，高祖以发迹之前贫贱时的称呼相称，足见其亲密无间。"高祖有所巡幸，必令居守"。

后来，麟州刺史韦云起告裴寂谋反，查无实证。高祖对裴寂曰："朕之有天下者，本公所推，今岂有贰心？皁白须分，所以推究耳。"君臣相合由此可见。高祖改铸钱，"特赐寂令自铸造"。又令赵王元景娶裴寂的女儿为妃，结成儿女亲家。后来，册封裴寂为司空，赐实封五百户，派一名尚书员外郎每日到裴寂府邸值班，由此可见其所受之尊崇。武德六年（623），"迁尚书左仆射"，裴寂乞求引退，"高祖泣下沾襟曰：'今犹未也，要相偕老耳，公为台司，我为太上，逍遥一代，岂不快哉！'俄册司空"。可见裴寂是当之无愧的高祖身边最倚重的大臣。

二、"先定非常之策"：刘文静助唐太宗成就大业

刘文静在政治和军事方面都是天才，史称"伟姿仪，有器干，倜傥多权略"。隋末乱世之际，他在积极寻找机会，"察高祖有四方之志，深自结托，又窃视太宗，谓寂曰：'非常人也，大度类于汉高，神武同于魏祖，其年虽少，乃天纵矣。'寂初未然之。"后来，刘文静因为与李密连婚受牵连被隋炀帝下狱。李世民认为"可与谋议"，亲自前往探监，与之"图举大计"，"请善筹其事"。刘文静为唐太宗分析天下大势，称自己当晋阳令多年，可以召集豪杰十万，加上李世民领兵数万，"乘虚入关，号令天下，不盈半岁，帝业可成"。此番话正中李世民下怀，于是"部署宾客，潜图起义，候机当发"，只是担心李渊不从。刘文静与之从长计议，先把李渊最为倚重的裴寂，引荐给李世民。

表面来看，直接劝高祖起兵的关键人物是裴寂，实际上，刘文静的幕后煽动起了重大作用。在李世民等人准备充分之后，刘文静对裴寂说："公岂不闻'先发制人，后发制于人'乎？唐公名应图谶，闻于天下，何乃推延，自贻祸衅？宜早劝唐公，以时举义。"他甚至威胁裴寂说："且公为宫监，而以宫人侍客，公死可尔，何误唐公也？"裴寂惧怕，"乃屡促高祖起兵"。后来，唐高祖开大将军府，刘文静任军司马，劝唐高祖"改旗帜以彰义举"，又请求联合突厥以增强军事力量。随后，他亲自会见始毕可汗，在他的游说之下，突厥派出骑兵两千，献马一千匹。唐高祖对此给予积极肯定，称赞刘文静善于言辞。

武德元年（618）七月，秦王李世民为西讨元帅讨伐薛登，刘文静为元帅府长史。十二月李世民拜太尉陕东道行台尚书令，镇守长春宫以经略山东，刘文静领陕东道行台左仆射，随从李世民镇守长春宫。可见，刘文静属于典型的秦王府早期的私党，是辅佐李世民的头号功臣。其贡献正如李世民所言，"义旗初起"，刘文静"先定非常之策"，可谓是君臣同心，共谋大业。

三、刘文静嫉裴寂权盛，裴寂谗杀刘文静

刘文静和裴寂属于典型的贫贱之交。隋末，刘文静为晋阳令，裴寂为晋阳宫监，二人结交为朋友。适逢乱世，壮志难酬，二人惺惺相惜。有一天，他们彻夜长谈，裴寂望着城楼上的烽火，仰天长叹，感慨自己出身卑贱，家道中落，又赶上离乱之世，不知如何才能出人头地。刘文静笑曰："世途若此，时事可知。吾二人相得，何患于卑贱？"可见，二人的交情非同一般。

刘文静和裴寂二人合作共事多年。裴寂任李渊大将军府长史时，刘文静任大将军府司马，裴寂转大丞相府长史，刘文静也转大丞相府司马。高祖登基后，裴寂拜尚书右仆射，刘文静拜纳言。刘文静是仅次于裴寂的人物。武德元年五月，称帝不久的高祖就颁布了"太原元谋"功臣名单，一共有十七人，其中，"尚书令、秦王某，尚书左仆射裴寂及文静，特恕二死"，裴寂和刘文静一同与秦王李世民位居功臣榜之首，而且获得除犯谋反罪之外，免死两次的特权。他们共同辅佐李渊父子起兵，同舟共济，共建功业，是当之无愧的左膀右臂。

随着二人功成名就，矛盾也逐渐浮出水面。武德初年，高祖常常邀请裴寂一同用餐，刘文静反对，奏曰："陛下君临亿兆，率土莫非臣，而当朝执抑，言尚称名；又宸极位尊，帝座严重，乃使太阳俯同万物，臣下震恐，无以措身。"君臣有别，君在上臣在下，君为尊臣为卑，君为阳臣为阴，君臣各有其道，各就其位，不能乱了身份。但是唐高祖不予采纳。

对于刘文静攻击裴寂的原因，《旧唐书·刘文静传》解释说："静自以才能干用在裴寂之右，又屡有军功，而位居其下，意甚不平，每廷议多相违戾，寂有所是，文静必非之，由是与寂有隙。"刘文静认为自己的才能和贡献均在裴寂之上，而官职却屈居其下，内心愤愤不平。于是朝堂议政时，他故意与裴寂做对，与之唱反调。面对刘文静的大

肆攻击，裴寂表现出少有的宽容和大度，似乎为了朝政大事而不顾个人恩怨得失。实际上，他却是在等待机会，藏刀于袖，不出招则已，一出招致命。

两人的矛盾冲突日趋白热化。刘文静曾经与他的弟弟刘文起一起宴饮。酒酣之时，刘文静口出怨言，拔刀击柱曰："必当斩裴寂耳！"几句酒后狂言却酿成杀身大祸。后来，此事被告发。唐高祖派遣裴寂、萧瑀审问，刘文静直言不讳地说："起义之初，忝为司马，计与长史位望略同；今寂为仆射，据甲第，臣官赏不异众人，东西征讨，家口无托，实有觖望之心。因醉或有怨言，不能自保。"唐高祖以此认定刘文静有反叛之心。李纲、萧瑀"皆明其非反"。李世民力图为刘文静辩解，历数其功，"极佑助之"。唐高祖犹豫未决之时，裴寂进谗构陷曰："文静才略，实冠时人，性复粗险，忿不思难，丑言悖逆，其状已彰。当今天下未定，外有勍敌，今若赦之，必贻后患。"唐高祖竟听信裴寂谗言，杀刘文静、刘文起。临刑前，刘文静搥胸长叹曰："高鸟逝，良弓藏，故不虚也。"已经52岁的他，似乎直到此时才悟通了君臣关系的一些不可示人的"潜规则"。

裴寂和刘文静之争，是典型的权力之争。没有永恒的朋友，只有永恒的利益。天下未定之时，大家同仇敌忾，大业建成之后，又竞相争功邀宠。时空不断变换，朝代不断更迭，朝臣的这一关系怪圈却不断重复再现。刘文静尽管有将相之才，在平定天下之时得以宏图大展，可惜却缺乏做官的圆滑和老辣，在君臣关系、群僚关系方面处理不当，以至于最终落得一无所有。

同时，刘、裴之争，"实际上反映了李世民和李渊之间的矛盾"。唐高祖杀刘文静，实际上是"李渊、裴寂为防止内部出现派系小集团而蓄意剪除李世民的羽翼"。[①] 父子关系一旦沾染上政治权力，置于君

[①] 参见黄永年：《唐史十二讲》，中华书局2007年版，第5页。

臣关系之下，也失去了原本应有的很多温情，增加了血腥和厮杀。可见，天尊地卑，君臣有别。君臣道合最终要服务于君主利益，否则将是君臣之间的交恶。刘文静尽管功不可没，但由于与李世民关系过密，势必威胁到唐高祖的权势和利益，最终被唐高祖拔掉。

四、一朝天子一朝臣：裴寂也在劫难逃

刘文静是唐太宗的嫡系，裴寂则是唐高祖的亲信。玄武门政变之后，李世民成为太子，随后又迫使李渊禅位。李世民登基为帝，裴寂的好景也为时不长了。

贞观二年（628），"太宗祠南郊，命寂与长孙无忌同升金辂"，当裴寂辞让时，唐太宗说："以公有佐命之勋，无忌亦宣力于朕，同载参乘，非公而谁？"从这段话我们可以读出，唐太宗明确地把裴寂定位于唐高祖的人，长孙无忌是自己的人。贞观三年（629），和尚法雅因为妖言惑众而被捕。兵部尚书杜如晦审讯时，法雅声称裴寂先前知道其妖言。裴寂对曰："法雅惟云时候方行疾疫，初不闻妖言。"尽管法雅证实裴寂所言，但是裴寂还是因故被免官，"削食邑之半，放归本邑"。

裴寂请求留在京师，唐太宗不同意，指斥他说："计公勋庸，不至于此，徒以恩泽，特居第一。武德之时，政刑纰缪，官方弛紊，职公之由。但以旧情，不能极法，归扫坟墓，何得复辞？"这段话有两个要点：第一，裴寂是武德时期国家政治刑罚的全面负责人；第二，当时的政治刑罚纰漏错谬，官场松弛紊乱都是裴寂的责任。第一点是事实，武德年间，裴寂身为宰相，又是宰相中最为唐高祖倚重的人，一切政刑当然由他全面负责，这实际上已否定了裴寂"徒以恩泽"之说。第二点则是"欲加之罪，何患无辞"，而且也是对唐高祖政治功绩的否定。实际上，"贞观之治"是在武德政刑的基础上取得的。所谓武德时"政刑纰缪"之说，无非是杀了刘文静以及后来对秦府势力做过种种抑

制而已。这只是权力之争，并不能因此而说李渊、李世民之间有什么方针政策上的重大差别。[①] 最后，裴寂被免官回到家乡蒲州。

有一位狂人名叫信行，常讲些妖言妄语，曾对裴寂的家僮说"裴公有天分"。后来，信行去世，裴寂的家奴恭命把这个话告诉了裴寂，裴寂惶恐惊惧而不敢上奏，私下里让恭命杀掉传言者。恭命让其逃匿。后来，恭命将此事告发。唐太宗大怒，谓侍臣曰："寂有死罪者四：位为三公而与妖人法雅亲密，罪一也；事发之后，乃负气愤怒，称国家有天下，是我所谋，罪二也；妖人言其有天分，匿而不奏，罪三也；阴行杀戮以灭口，罪四也。我杀之非无辞矣。议者多言流配，朕其从众乎。"

唐太宗所列裴寂四罪，体现了功臣的很多危机和无奈。君主争天下时，也是需要群臣尽情施展才智谋略之时，是他们张扬个性的时候。天下大定之后，君臣关系发生变化，功臣功高震主，需要谨言慎行，在交友、言语和行为等方面都需要格外谨慎。按理说，在佛教逐渐兴盛的唐代，裴寂结交一个法雅和尚本不算什么，但是，法雅获罪，裴寂就要受牵连了。有功于社稷本是事实，但是裴寂自己说出来就是罪过。被传言有天子之相，在古代确实会惹来杀身之祸。裴寂秘而不奏，进而杀人灭口，恐怕也不是因为真有异心，大略只是纯粹为了保全自己。欲加之罪何患无辞，裴寂的遭遇，无非是唐太宗想要清除唐高祖之旧臣而已。结果，裴寂被发配交州，最后竟然被流放到静州。

君主制度之下，君臣毕竟尊卑不同，君要臣死臣不得不死。就连朝廷功勋重臣的命运都十分吊诡。流放期间，赶上山羌族叛乱，裴寂率家僮破贼。当唐太宗念裴寂有"佐命之功"，欲征召其入朝之时，可惜裴寂已经与之阴阳相隔了。

[①] 参见黄永年：《唐史十二讲》，中华书局2007年版，第6页。

第三章 "经国庇民""尊主安上":"封建"与"郡县"之争[①]

政治思想,尤其是占统治地位的政治思想,不仅直接表现为理论形态,还贯彻到国家的政治制度和政策法令中去,以维护现存秩序,并积极干预社会生活的各个领域,为人们的行为提供基本准则和规范,进而支配、影响其他各种社会意识。政治制度一旦形成,便具有稳定性和可操作性,作为载体进一步将政治思想的作用落到实处。具体到中国古代官僚制度而言,在"设官为民"和"君臣道合"思想指导下,相应的各种制度设计应运而生,如宰相制度就是重点围绕君权与相权的关系与配置展开的。

其中,国家结构形式和君臣关系模式如何设置,是影响国家长治久安的基本制度安排,表现为旷日持久的"封建"和"郡县"之争。从某种意义上说,君主制度的历史同时也是一部探索如何选择合适的国家结构形式和君臣关系模式的历史。然而,历史上却没有一个王朝能真正解决这一问题。由于地方势力尾大不掉,所导致的战争和带来的灾难,使中华民族在历史发展进程中付出了沉重代价。

[①] 本章部分内容以《大国治理中的国家结构形式选择:基于封建与郡县之争的考察》(商爱玲、张鸿)为题发表于《广西社会科学》2013年第8期。

第一节 "封建"与"郡县"之争由来

在国家结构形式和君臣关系模式上，中国古代君主制度明显地分为两大历史类型。一是春秋以前的"宗法等级君主政体"，属于中国君主制度的低级形态；二是战国以来的"中央集权君主政体"，属于中国君主制度的高级形态。"宗法等级君主政体"的典型是西周王制，亦可简称为"王制"；"中央集权君主政体"的典型是秦朝帝制，故亦可简称为"帝制"。王制与帝制的最大区别在于君臣关系模式和国家结构形式。王制以"封建"为基本特征，而帝制以"郡县"为基本特征。

一、为什么要对封建与郡县之争进行解释

围绕着"封建"与"郡县"所进行的制度选择、政治争论和观点碰撞是中国历朝历代的一个热点政治课题。近年来，在众多研究者的共同努力之下，关于"封建"与"郡县"之争的研究取得了一些新进展。国内政治学界和历史学界的研究，大多集中探讨封建与郡县的具体制度安排及其运作，一种影响较大的观点认为郡县较之于封建是更先进的国家结构形式。既有的研究大多借助比较立论，鲜有研究基于翔实历史资料的实证分析。实证分析的缺乏，导致现有研究主要拘囿于以下倾向和思路。第一，用源自西方的概念和理论机械地解读中国古代的国家结构形式。比如，简单地将其判定为集权与分权之争。第二，在没有充分占有史料和综合把握中国古代政治制度基本内涵和特征的情况下，武断或盲目地下结论。一个倾向性的思路是将这类争论判定为儒法之争。第三，学科分离。政治学界的研究往往缺乏足够的史料支撑，想当然的成分居多；历史学的研究又常常陷入材料和个案中，缺乏系统化的概念和理论提升。

鉴于此,我们通过分析唐代的封建与郡县之争,力图总结、提炼和挖掘出隐蔽在诸多现象背后、长期为学界所忽视的重要制度及其思想理论基础。力图回答的问题是:影响封建与郡县两种制度安排背后的基本逻辑是什么?实际上是对何种模式更有利于君臣关系稳定、上下各安的考察。要回答这一学术命题有赖于融合原有相互分离的研究领域,在广泛收集史料的基础上,借鉴现代政治学的视野,对历史事实进行解读;在研究方法上从概念、理论导向走向实践导向。

二、西周王制与秦朝帝制:封建与郡县的两种典型

(一)西周王制

西周王制是"封建"的典型。这种制度的基本政治法则是"天子建国",即周王分封诸侯;"诸侯立家",即诸侯分封卿大夫;"卿置侧室,大夫有贰宗",即卿大夫分立小宗为士。具体的做法是:除掌握部分直属领地外,天子将其他疆土统统分封给亲戚、功臣等为诸侯。在各诸侯国内亦依据同样的法则逐级分封。王畿和诸侯国内部均实行世族世官制,卿相百官皆为世卿世禄的世袭封君。世族世官的封邑各自有一套结构、权力与功能大致相当于国家机构的政权组织。中央王朝、诸侯之国和封君之邑等各级政权都实行君位世袭制度。天子、诸侯、卿大夫、士等都是君主、宗主、领主三位一体的角色,他们都被称为"有国有家"者。在当时的国家结构中,存在为数众多、等级分明的具有相对独立性的政治实体。在天子的统治范围内,上至天子之国,下至士大夫之邑,不同等级的政治实体呈梯级排列。天子是诸侯之君,诸侯是卿大夫之君,卿大夫是士之君,士是家臣之君。依据当时通行的规矩,自天子至家君、里君等,各级政长都有君的名分。臣只听命于君而不听命于君之君,因而天子不能有效支配诸侯的臣,诸侯不能有效支配卿大夫的臣。这就在家天下的范围内形成梯级分布的等级君

主制度。这种制度的形成和维系都与宗法制度息息相关，可以称之为宗法等级君主政体。这种君主政体势必导致一种可以称之为"国家之下有国家或准国家"的国家结构形式，即天子之国之下有诸侯之国，诸侯国之下有卿大夫的政治实体。

《左传》僖公二十四年有："封建亲戚，以蕃屏周。"以大规模封建诸侯方式构建的宗法等级君主政体在一定程度上将封国转化为直属中央王朝的地方政区，并将那些战略要地置于周王及其亲信的直接统治和管理之下。周王在很大程度上发挥着天下最高主宰的作用，这就使西周变成一个统一的、初步集权的王朝。在人口稀疏、交通闭塞、技术落后的时代，这是将林立的小邦一统于中央王权的有效措施。西周制度是向中央集权与政治一统发展的重要环节。

随着历史条件的变化，分封制逐渐背离初衷，诸侯国演化为完全独立的政治实体，天子变成名义上的最高统治者，人们称之为"天下"的最高一级的"国家"越来越徒具形式。在各诸侯国内，卿大夫的封邑也有很强的独立性。在一些诸侯国内，国君也变成徒具名义的最高统治者，诸如季氏专权之后的鲁国。在错综复杂、血腥残酷的权力争夺中，中央集权体制初露端倪。各诸侯国纷纷设置由国君实行直接统治的"县""郡"等地方政区，并派遣官僚负责行政事务。封君食邑制度的内容也发生了一些变化。于是郡县制和官僚制逐步取代分封制和世官制。到战国时期，以郡县制和官僚制为基础的中央集权君主政体基本形成。

许多学者把西周分封制视为地方分权制，这种看法不够准确。分封的确有分权之实。权位世袭的诸侯国大体相当于独立的国家，受封者权势之大可想而知。但是，分封是沿袭传统、遵循宗法和迫于现实的结果，分权并不是分封制的初衷。后来受封者的独立性越来越大，这也与分封的本意相背。在政治理念上，中国古代的分封理论主要讲究的是"分事"而不是"分权"，是"亲亲"而不是"制衡"。建立这种制度的目的是使最高统治者更有效地控制广阔的疆域，实现政治一统，即"王天下"。当时的人们把分封视为一种授权，它只是最高权力得以实现的一种方式，并不具有分化最高权力的性质。因此，不仅在制度上有诸侯重要职官由天子任命等一系列加强对地方控制的做法，而且在观念上有"土无二王"和"天下臣民与土地皆为王有"之说。一般说来，分封者的直属领地必须大于受封者的封地，以确保宗主对附庸的支配，即《左传》桓公二年所言"国家之立也，本大而末小，是以能固"。人们还常有"末大必折，尾大不掉"的告诫之语。至少就制度理念而言，分封制不是分权制。弄清这一点有助于正确判定封建与郡县之争的性质。

（二）秦朝帝制

秦朝帝制是"郡县"的典型。其具体做法是：将天下分成数十个郡，郡下设县。郡县主官一律由中央政府任免，其他各种重要官吏的任免权也在中央政府手中。在郡县还设有若干中央政府的派出机构，其职官直属朝廷，负责中央政府委派的某种事务。国家将各项重大权力集中于中央政府，通过掌握大政方针的决策权、国家法规和制度的制定权、各级主要官吏的任免权、所有军队的调动权、最高司法权、最高监察权和财政管理权等，加强对郡县的控制，使地方很难形成对抗中央政府的政治势力。秦朝仍然存在封君食邑制度，而食邑之赐并不附带对该地的统治权，封君的爵位与他的官职也不是一回事。《左传》昭公十一年记载"秦汉之制，列侯封君食租税"，而列侯封君所食的"租税"相当于分割部分国家赋税，实际上是"俸禄"的一种形式。彻侯食邑大体相当于县一级行政机构。因此，保留封君食邑制度与"废封建，置郡县"并不矛盾。

(三)王制与帝制:基本区别

　　王制与帝制的基本性质相同,其组织法则都是国家最高权力归属于最高统治者,君主权位实行世袭制和终身制。因此,依据现代政治学的分类标准,王制与帝制都属于"君主专制"[①]范畴。但是,王制属于非常典型的家国一体,帝制则在一定程度家国相分,两者的国家结构形式、权力集中程度及相关的若干重大制度存在明显差异。王制与帝制的区别集中体现在以下几个方面:王制通常实行普遍分封制,帝制通常实行郡县制;王制实行世官制,帝制实行官僚制;王制实行等级君主制,帝制实行中央集权制;王制实行礼制,帝制实行法制;王制的等级制僵化森严,帝制的等级制灵活多样。由此可见,"封建"与"郡县"是在不同历史条件下形成的两种不同的国家结构形式和君臣关系模式。两种制度设计都旨在维护天子权威和王位世袭。一般说来,"封建"是典型的"家天下"和"私天下",即王族的宗族体系构成各类国家政权的基干,各级地方行政区划大多属于某一家族的世袭领地,而"郡县"则为"家天下"注入了一些"公天下"的成分,各级地方官员通常依据国家制度从大众中选任,不能世袭,甚至不能久任。在新的历史条件下,郡县制及与之相匹配的官僚制基本解决了封君依恃土地、臣民、政权与中央政府相抗衡的问题,更有利于维护国家统一和政治稳定。

三、"封建"与"郡县"之争的理论脉络

(一)历史渊源:儒法之争再认识

　　"封建"与"郡县"之争的历史源头可以追溯到先秦。在从王制向

[①] 如何恰当地使用"专制"这个概念,涉及重大事实的认定和重大理论的设定。笔者认为,凡是主张"治权在君"的政治思想和政治制度都属于"专制"范畴,而立法权的归属又是判定是否属于"专制"的主要事实依据。这一尺度的主要学理依据是:任何国家的政治权力都可以从功能上分为立法权、行政权和司法权。"在三种权力中,行政权高于立法、司法两权,或者把立法权、司法权融于行政权之中,就形成专制、独裁的权力结构,其典型表现就是君主专制。"(王惠岩:《当代政治学基本理论》,高等教育出版社2001年版,第28—29页)

帝制过渡的历史阶段，政治制度大变革的主要内容之一就是铲除裂土分封制度和世卿世禄制度。在特定的历史阶段，由于裂土分封是政治惯例，追逐权力是时代潮流，因此很难找到只讲集权不搞分封，或者只讲分封不搞集权的当权者。在广大从政者中，具有一般性的政治行为模式是：对君上索求分封，对臣下则追求集权。当时的人们大多具有两重性格，即一方面企盼建立功勋，获得封爵、采邑，另一方面又自觉或不自觉地成为改造封君、世官制度的现实力量。因此，先秦诸子的政治思想也有明显的时代特征，即一方面主张中央集权，废止世卿世禄制度，另一方面又主张适度分封，实行有所改革的封君制度。

一般说来，先秦儒家维护"亲亲""尊尊"的政治原则，推崇殷周王制。但是，在孔子之学中包含明显的革新制度的诉求。在一场社会大变革初露端倪的春秋时期，孔子主张中央集权，"礼乐征伐自天子出"。面对贵族权力世袭的旧制度，孔子主张选贤与能，学而优则仕，这完全符合政治制度创新的大方向。面对文化创新的时代需求，孔子主张损益周礼，革新道德，大力张扬仁论，构思和谐的礼乐文化，以弥补传统礼论之不足。面对富国强兵的课题，孔子主张足食足兵，取信于民，为后来的变法运动提供了弥足珍贵的思路。其中，孔子的集权与尚贤主张对当时的世卿世禄制度有重大的冲击。在担任鲁国高官期间，孔子也有压制地方权势的举措。在政治变革不断深入的战国时期，孟子依然主张实行"五等之制"，具有一定程度的保守性。然而孟子尊王贱霸，主张"定于一"[①]。他引据经典，论证孔子的"天无二日，民无二王"，维护"普天之下，莫非王土；率土之滨，莫非王臣"[②]。这类思想一直是"大一统"思想的经典依据。

先秦法家倡导中央集权，又大多是封君制的受益者。商鞅、吴起

[①] 焦循：《孟子正义》，中华书局 1987 年版，第 71 页。

[②] 焦循：《孟子正义》，中华书局 1987 年版，第 637 页。

等人都是封君。商鞅一方面积极设计并推行中央集权体制，另一方面又心安理得地享有封爵、采邑，堪为这一批人的典型。法家反对亲亲分封、世卿世禄，却没有在理论上明确提出废除分封制的问题。他们的主张可以概括为任贤使能、量功分禄、控制分封规模、限制封君权力。如《韩非子·爱臣》明确提出，分封"必适其赐"，封君不得"臣士卒""籍威于城市"等。

在《墨子》《吕氏春秋》中，也不难发现上述特征。这表明，先秦诸子都非常关注中央与地方的关系问题。他们几乎众口一词：地方必须服从中央，应由最高统治者统一政令。他们都不简单地反对分封，并且在政治倾向和一些具体问题上有明显的分歧。

在春秋战国时期，面对新旧制度交替、分封与郡县并存的局面，儒家大多主张重建有所革新的西周王制，而法家则主张构建一种新的制度。儒、法两种政见可以代表对立的两极，常常被后世相关争论的双方引为各自的论据。如果据此认定"封建"与"郡县"之争是儒法之争，又与历史事实不尽相合。准确的说法应当是：笃信儒家经典的人更主张实行全面的分封制，而受法家学说影响较大的人更主张实行单纯的郡县制。实际上，无论其学术背景如何，绝大多数人的政见往往介于二者之间，即在维护郡县制的同时在国内适度分封。正像许多法家代表人物不反对适度分封，而许多儒家著名思想家大力鼓吹中央集权一样，学术背景对有关政见的影响是相对的。这就是说，"封建"与"郡县"之争并无明确的学派分野，不能定性为"儒法之争"。

还有一点要特别指出，在春秋战国时期，各级封君的权力过大是造成政治纷争的主要原因。当时制度变革的核心内容是推出中央集权体制，而消解地方政权的实体性又是制度演化的大趋势。或许正是由于这个原因，先秦诸子都没有从分权制的角度论证分封制，而政治一统则是其共同取向。一般说来，儒家和法家，都没有提出现代政治学意义上的"分权"观念。

（二）政治动因：君主权威性和政治稳定性之诉求

秦汉以来，朝野上下围绕着封建诸侯的争论此起彼伏。自秦始皇时期的争论开始，每当王朝更替或天下动乱之际，这种争论就会从理论层面转化到操作层面。推动朝堂之上体制之争的政治动因是为维护一家一姓的王朝寻找最佳途径。

"封建"问题涉及国家制度、皇位继承、君臣关系和宗法伦理等。皇帝们必须兼顾国与家，处理好中央与地方、集权与分事、君权与臣权、皇帝与皇族的关系。因此，相关的制度与政策选择一直是困扰最高统治者的难题。难就难在皇帝制度的"家天下"兼具"公天下"与"私天下"两种属性。与西周王制比较而言，皇帝制度高度政治化，在社会公职选任和权力分配上基本废止了亲亲原则，一定程度上实现选贤与能，"赏不私其亲"，这就是所谓的"公天下"。然而皇权世袭，天下是皇帝自家的产业，这就是"私天下"。由此也就产生了制度与政策选择上的困难。"封建"与"郡县"之争集中体现了皇帝制度的微妙之处。

在皇帝制度下，"封建"与"郡县"之争主要围绕国家调整整体与部分、中央与地方之间相互关系所采取的形式及中央与地方的权力配置问题展开，涉及政治领域的许多问题。是否应当在国家内部设置一批世袭的权力较大的地方政权是争论的焦点。

秦始皇刚刚统一中国不久，便将一个重大政治课题提交群臣商议：实行什么样的国家结构形式更能巩固秦朝的统治，实现长治久安？《史记·秦始皇本纪》记载了朝廷之上围绕"郡县"而发生的争论和秦始皇的最终裁决。这也是有确切文献记载的第一场有关郡县制的大争论。依据传统和惯例，丞相王绾等主张在刚刚征服的边远地区建立若干封国，以皇子为诸侯王，镇守封疆，藩屏中央。这个建议实际上是主张实行郡县与封国共存的混合体制。这也是当时的人们最容易想到的"王天下"方案。因此，群臣并没有像后世王朝一样，立即形成两派对立、方案众多的局面。史称"群臣皆以为便"。廷尉李斯提出异议，他依据西周衰亡的教训，指出随着世代的推移同姓诸侯也会"更相诛伐"，天子"弗能禁止"，而实行郡县制则"甚足易制"。李斯的见解与秦国的政治传统和现行制度基本相合，也得到历史经验的支撑，所以得到皇帝的认可。秦始皇虽然选择了单纯的郡县制，而在他心中却并非毫无顾虑。后来淳于越以激烈言辞批评秦始皇不封皇子，导致"子弟为匹夫"，甚至发出了王朝不能久远的警告。秦始皇没有怒责淳于越，也没有立即裁断是非，而是"下其议"，把这个问题交给群臣讨论。尽管后来他采纳李斯的意见，没有改变既定制度，而淳于越的一番话对他还是有所触动的。从这场争论看，的确有一些愚儒依据儒家经典，力主仿效殷周之王，"封子弟功臣，自为枝辅"①。

汉朝初年，国家结构形式问题再次摆在汉朝君臣面前。汉高祖鉴于秦亡之训，实行以郡县制为主，在一定范围内封地分民，设置独立性很强的诸侯王国的郡国并行体制。封国大者相当数郡之地，所有封国领地面积的总和约占汉朝疆域的大半。不过没过多久，八个异姓诸侯便被剪除。在制度上，汉高祖明确规定：皇族封国，功臣封侯，非刘氏子孙不得为王。汉初的诸侯王权大势重，基本掌握着王国的政权、财权、军权，因而很快便演化成为割据一方的势力，对中央政府构成很大威胁。这就违背了汉高祖分封诸侯的初衷。于是朝廷之上的政策之争围绕是否削藩展开。汉文帝时，贾谊上《治安策》，主张将王国分成若干小国，使皇帝与诸侯的权力配比犹如人身调动手臂，手臂调动指头。汉景帝时，晁错上《削藩策》，建议立即削减诸侯封地。汉景帝的削藩政策引发"七国之乱"。平定叛乱后，汉景帝、汉武帝相继采取

---

① 《史记》卷六《秦始皇本纪》，中华书局1959年版，第254页。

一系列削藩、收权的措施，规定诸侯王仅享有领地内的租税，不得治民任官，过问政务。国家还制定《左官律》《阿党法》《附益法》等限制诸侯的政治影响力。于是封君"寄地空名，而无其实"，王侯封地的政治地位相当于郡县。这就在实质上恢复了单纯郡县制。

魏晋之时，是否需要封建藩辅的问题再次引起讨论。曹元首著《六代论》。在他看来，不赋予皇族宗亲实权是秦朝、两汉的亡国之因。曹魏没有汲取教训，致使皇子"王空虚之地"，宗室"不闻邦国之政"。这种做法"内无深根不拔之固，外无盘石宗盟之助，非所以安社稷，为万代之业也"①。陆机著《五等论》，他也将两汉亡国之因归于"割削宗子，有名无实，天下旷然，复袭亡秦之轨"②。刘颂上书晋武帝，赞扬"树国全制"的做法，建议大量分封宗室，赋予其诸多实权，"自非内史、国相命于天子，其余众职及死生之断、谷帛资实、庆赏刑威、非封爵者，悉得专之"③。他所援引的理据与曹元首、陆机大体相似。后世主张封建藩辅的人往往引据曹元首、陆机、刘颂的说法。

晋武帝夺得帝位以后，将无宗室藩辅视为曹魏亡国之因，遂一改汉武帝以来虚封王侯的惯例。他分封子弟为王，"以郡为国"④，命宗室诸王镇守要害。诸王位尊权大，或拥有地方军政大权，或把持中央朝廷之政，终于酿成延续十余年的"八王之乱"。这种封国置兵、宗王出镇制度是导致西晋灭亡的直接原因。

对于两汉、魏、晋在分封问题上的经验教训，人们一直存在认识上的差异，相关的学术思想之争经久不息，参与争论的学者大多属于儒家。在朝堂之上，相关的政策之争也此起彼伏。维护皇权尊严和政治稳定是争论各方的共同取向，但彼此提出的操作方案却有明显差异。

---

① 曹元首：《文选》卷五二《六代论》，上海古籍出版社 1986 年版，第 2280 页。
② 《晋书》卷五四《陆机传》，中华书局 1974 年版，第 1478 页。
③ 《晋书》卷四六《刘颂传》，中华书局 1974 年版，第 1300 页。
④ 《晋书》卷一四《地理志上·总叙》，中华书局 1974 年版，第 414 页。

这类政策之争还有一个特点，即没有人主张全面恢复分封制。双方争论的焦点不是要不要全面恢复西周制度，也不是要不要保留一些封君贵族，而是要不要将一些地方的统治权交给宗室、勋臣。在朝堂之上，既没有人从彻底废除郡县的角度立论，也没有人从彻底废除封君的角度立论，更没有人从分权给地方的角度立论。从发展趋势看，反对赋予封君统治权的呼声日益高涨。直到唐代，这个问题才在理论上和实践中大体得到解决。

第二节 唐初"封建"问题大讨论

历史发展到唐朝，有关君臣关系模式和国家主要结构形式的问题再次提上日程。为了巩固新建的政权，唐朝之初，唐高祖"举宗正籍，弟侄、再从、三从孩童已上封王者数十人"。唐太宗即位后，认为从两汉以来，唯封子及兄弟，其疏远者，若不是有大功，皆不受封。而且，唐太宗还指出"若一切封王，多给力役，乃至劳苦百姓"。为了避免增加百姓负担，唐太宗把"宗室先封郡王其间无功者，皆降为郡公"。[①]

一、贞观群臣围绕"封建"与"郡县"的论点聚焦

事情的起因源自唐太宗求解"子孙长久，社稷永安"的命题。贞观二年（628）十二月十六日，唐太宗"以宇内清晏，思以致理"，向公卿大臣提问："朕欲使子孙长久，社稷永安，其理如何？"尚书右仆射萧瑀对曰："臣观前代国祚所以长久者，莫若封诸侯以为磐石之固。秦并六国，罢侯置守，二代而亡；汉有天下，众建藩屏，年踰四百；

---

① 吴兢撰，谢保成集校：《贞观政要集校》，中华书局2003年版，第173页。

魏、晋废之，不能永久。封建之法，实可遵行。"他从分封有利于国运长久的角度立论，主张推行封建诸侯制。唐太宗采纳萧瑀之言，于是下令"议分封裂土之制"。①群臣纷纷上疏，各陈己见。其中，礼部侍郎李百药上《封建论》，强烈反对封建诸侯，其立论有理有据，鞭辟入里，非常有代表性。

首先，李百药从历史事实出发，驳斥了分封有利于皇族子孙永享尊位的观点。他分析了唐之前周、汉、魏、晋等各个朝代的具体情况，认为"祚之长短，必在天时，政或盛衰，有关人事"。国运的长短取决于天时，政治的盛衰，取决于人事。因此，"得失成败，各有由焉"。但是，"著述之家，多守常辙，莫不情忘今古，理蔽浇淳，欲以百王之季，行三代之法。天下五服之内，尽封诸王；王畿千里之间，俱为采地"。这种试图再次恢复三代之制的做法，实际上就是"以结绳之化，行虞夏之朝；用象刑之典，理刘曹之末。锲船求剑，未见其可；胶柱成文，弥所多惑"。②由此可见，分封是逆历史潮流而动，站不住脚。

其次，李百药从君臣关系出发，分析了"封建"与"郡县"哪种模式更能有效地维护君主权力和权威，驳斥了分封论者。分封派往往把君主与诸侯的关系比喻为树干与枝叶的关系，强调他们之间的互助合作性，即所谓的"建藩屏以辅王室"。李百药却进一步指出了封建亲族的隐患。他认为，诸如曹元首所谓"与人共其乐者，人必忧其忧；与人同其安者，人必拯其危"是虚妄之论。实际上，诸侯反而更有损君主权威，"岂容委以侯伯，则同其安危；任之牧宰，则殊其忧乐"。而且，一旦王权衰微，诸侯便会"自藩屏化为仇敌"，致使"家殊俗，国异政，强凌弱，众暴寡"。③最终天下大乱，生灵涂炭，君主的权威和权力荡然无存。

---

① 王溥：《唐会要》卷四六《封建杂录上》，上海古籍出版社1991年版，第963页。
② 王溥：《唐会要》卷四六《封建杂录上》，上海古籍出版社1991年版，第963—964页。
③ 王溥：《唐会要》卷四六《封建杂录上》，上海古籍出版社1991年版，第964—965页。

最后，李百药从设官为民的角度，分析了封建和郡县何种模式更有利于改善地方吏治，造福百姓。自陆机以来，"五等之君，为己思政；郡县之长，为吏图物"之说成为分封派的重要理据之一。他们强调，封建诸侯，推行终身制、世袭制，诸侯"知国为己土，众皆我民，民安己受其利，国伤家婴其病"，因而会像关心家私一样尽职尽责；行郡县制、官僚制，地方官旨在升迁，惟上司是从，无长期经营之心，"是故侵百姓以利己者，在位所不惮；损实事以养名者，官长所夙慕也"。①

李百药指出：陆机所谓"嗣王委其九鼎，凶族据其大邑，天下晏然，以理待乱"之言是非常荒谬的。他强调，"设官分职，任贤使能，以循吏之才，膺共治之寄，刺郡分竹，何代无人。至使地或呈祥，天不爱宝，民称父母，政比神明"。实行郡县制、官僚制，各级地方官均由中央选任、监察、考课、黜陟，既有利于选任贤能，又有利于中央统御地方。相反，分封制却无法保证官僚队伍的素质，"封君列国，藉庆门资，忘其先业之艰难，轻其自然之崇贵，莫不世增淫虐，代益骄侈"，"离宫别馆，切汉凌云"，最终导致"君臣悖礼"。更有甚者，他们问鼎中原，觊觎王权。历史早已证明这一点，"灭国弑君，乱常干纪，春秋二百年间，略无宁岁。"简言之，"爵非世及，用贤之路斯广；民无定主，附下之情不固"。②

从历史事实来看，皇帝以天下为家，而昏君的数量远远多于贤君。在历代诸侯中，励精图治者也为数甚少。这表明，将国家或封地视为自己的私产不仅并不必然导致善治，反而往往导致肆无忌惮地侵害民众利益。选贤任能、注重考课的郡县制较之封建制更有利于养民保民、维护社会利益。

当时朝臣大多反对分疆裂土。例如，魏徵指出："夫圣人举事，贵

---

① 《晋书》卷五四《陆机传》，中华书局1974年版，第1479页。
② 《旧唐书》卷七二《李百药传》，中华书局1975年版，第2574—2575页。

在相时，时或未可，理资通变。"他认为，当时天下人心未定，国家财力不足，改革制度的时机尚不成熟，因而"陛下发明诏，封五等，事虽尽善，时即未遑"。① 在魏徵等人的建议下，唐太宗暂时搁置了分封这件事。但是，这件事始终萦绕在唐太宗心中。

在赞成分封和反对分封之外，中书侍郎颜师古上《论封建表》，提出一个折中方案。他认为，无论是实行全面分封还是绝对反对分封，"皆不臻至理，两失其衷"。他的主张是：

> 当今之要，莫如量其远近，分置王国，均其户邑，强弱相济。画野分疆，不得过大；间以州县，杂错而居；互相维持，永无倾夺。使各守其境，而不能为非；协力同心，则足扶京室。陛下然后分命诸子，各就封之。为置官僚，皆一省选用。法令之外，不得擅作威刑。朝贡礼仪，具为条式。一定此制，万代永久。则狂狡绝暴慢之心，本朝无怵惕之虑。②

颜师古的基本思路是：诸侯王的封地不可太大，并且要与州县交错相杂，互相维持。封国的官僚一律由中央委派，诸侯必须严格遵守国家法令。这个方案与历史上曾实行过的各种体制均有所不同。由于这个思路力求找到一个统筹兼顾的君臣关系模式，因而可以让唐太宗为之动容。唐太宗一度决定采取一种混合体制，他任命一批宗室、功臣为世袭州刺史，却遭到受封群臣的抵制。

二、贞观君臣在实践中的博弈

贞观六年，唐太宗下诏："令宗室勋贤作镇藩部，贻厥子孙，嗣守

---

① 王溥：《唐会要》卷四六《封建杂录上》，上海古籍出版社1991年版，第966—967页。
② 王溥：《唐会要》卷四六《封建杂录上》，上海古籍出版社1991年版，第966页。

其政，非有大故无或黜免。"①贞观十一年（637），唐太宗先后下两道诏书，封建亲贤。第一道诏书是在这一年的六月六日，依据"设官司以制海内，建藩屏以辅王室，莫不明其典章，义存于至理，崇其贤戚，志在于无疆者也"，荆王李元景任荆州都督、汉王李元昌任凉州都督、徐王李元礼任徐州都督、吴王李恪任安州都督、魏王李恭任相州都督等，"所署刺史，咸令子孙世世承袭"。在唐太宗看来，这一举措"采按部之嘉名，参建侯之旧制，共理之职重矣，分土之实存矣"。②第二道诏书是在这一年的六月十五日，任命长孙无忌为赵州刺史改封赵国公、房玄龄为宋州刺史改封梁国公、杜如晦为密州刺史封蔡国公、李靖为濮州刺史改封卫国公、高士廉为申州刺史改封申国公，以及其他数十位开国功臣被任命为各州刺史加封公侯。其基本理据就是："周武定业，胙茅土于子孙；汉高受命，誓带砺于功臣。岂止重亲贤之地，崇其典礼；抑亦固磐石之基，寄以藩翰。但今之刺史，古之诸侯，虽立名不同，而监统一也。故申命有司，斟酌前代，宣条委共理之寄，象贤存世及之典。"并且规定，"既令子孙，世世承袭，非有大故，无或黜免"。唐太宗的这种做法，是试图在郡县制的框架内，设置一些世袭的封疆大吏，以刺史之名，行诸侯之实，"意欲公之枝叶，翼朕子孙，长为藩翰，传之永久"。③但是，这个做法遭到群臣抵制。典型的如于志宁、马周等纷纷上表谏诤，认为这样做不利于君臣相安、施政为民。

功臣们的想法最有代表性。许多受封者的反应并不是喜悦，而是忧虑。房玄龄、长孙无忌一同上表，要求唐太宗收回成命。他们指出：三代实行分封，是由于王权力量尚不够强大，这种"随时作教"实属

---

① 《旧唐书》卷七四《马周传》，中华书局1975年版，第2614页。另外，《唐大诏令集》卷六五《封建功臣诏》，记作贞观五年十一月；王钦若等编《册府元龟》卷六三《帝王部·发号令二》记作贞观五年十二月。

② 王溥：《唐会要》卷四六《封建杂录上》，上海古籍出版社1991年版，第967—968页。

③ 王溥：《唐会要》卷四七《封建杂录下》，上海古籍出版社1991年版，第971—972页。

事出无奈，"盖由力不能制，因而利之，礼乐节文，多非己出"。一旦最高统治者力量足以制驭天下，分封制就失去了存在的依据。两汉以来，矫正了分封的弊端，实行郡县制，"建不易之理，有逾千载"，当今不能为了功臣而改易制度。"又且孩童嗣职，义乖师俭之方，任以褒帷，宁无伤锦之弊。上干天宪，彝典既有常科，下扰生民，必致余殃于后，一挂刑网，自取诛夷。陛下深仁，务延其世，翻令剿绝，诚有可哀。"因此，他们请求皇帝"特停涣汗之旨，赐其性命之恩"。①长孙无忌还表示：接到世袭刺史的任命后，全家人忧心忡忡，如履薄冰，担心这种世袭封疆大吏的赏赐，反而招致杀身灭族之祸。唐太宗无奈，只好收回成命。

三、"建亲"最终成为一份无法兑现的政治遗嘱

唐太宗一心要寻求"邦家俱泰"的政治方案。具体做法是：在一些地方任命宗室、勋臣为世袭行政长官。这种方案的特点是：郡县与分封并举，以郡县为主；改相对独立的封国，为中央法令控制下的州县；封君为世袭，而封君的下属官吏皆为国家职官；所有地方政权一律遵守国家法律，不得另搞一套。可是受封者居然违抗成命。唐太宗虽一再下诏，却未能使这个设想成为现实。

尽管在现实政治运作过程中，郡县制大行其道，但是毕竟在君主制度的框架内，郡县制无法完全满足皇权的所有需要。唐太宗还是对分封制念念不忘，最后在《帝范》专列《建亲》一篇，把分封问题写入政治遗嘱。唐太宗指出：

夫六合旷道，大宝重任。旷道不可以偏治，故与人共治之；重

---

① 《旧唐书》卷六五《长孙无忌传》，中华书局1975年版，第2450—2451页。

任不可以独居，故与人共守之。是以封建亲戚，以为藩卫，安危同力，盛衰一心，远近相持，亲疏两用，则并兼路塞，逆节不生。

这就是说，天下地域广阔，皇位至极至尊，必须设官分职，与群臣共治。能否恰当地设置地方行政区划，处理好皇帝与亲族、帝王与群臣、中央与地方的关系，关系到国家的安危和皇族的存亡。因此，必须考虑如何封建亲戚的问题，在借鉴历史经验教训的基础上，找到合理的制度安排，以实现"邦家俱泰，骨肉为（无）虞"①。

唐太宗制度设计的思路可以归纳为三点：一是"封建亲戚，以为藩卫"。他认为，周朝"割裂山河，分王宗族，内有晋郑之辅，外有鲁卫之虞，故卜祚灵长，历年数百"，而秦朝、曹魏"子弟无一户之民，宗室无立锥之地，外无维城以自固，内无盘石以为基。遂乃神器保于他人，社稷亡于异姓"。不实行分封，会使皇帝孤立无援，皇位容易落到异姓手中。因此，必须在一定程度上实行分封制，以亲戚为诸侯，使之成为国家的藩屏，与皇帝"安危同力，盛衰一心"。二是"众建宗亲而少力"。唐太宗认为，汉高祖"戒亡秦之失策，广封懿亲，过于古制。大则专都偶国，小则跨郡连州，末大则危，尾大难掉"。由于诸侯"地广兵强"，导致"六王怀叛逆之志，七国受铁钺之诛"。由此可见，"夫封之太强，则为噬脐之患；致之太弱，则无固本之基"。分封诸侯的数量必须较多，赋予诸侯的权力必须适度，诸侯之间必须形成相互牵制的态势，这样才可以使"上无猜忌之心，下无侵冤之虑"。三是"远近相持，亲疏两用"。唐太宗显然没有全面推行分封制的意图。他所说的"建亲""封建"是指在郡县制的框架内，设置一些由亲戚掌握的地方政权。这实际上是一种将"郡县"与"封建"、"尚贤"与"亲亲"结合在一起的混合体制。在唐太宗看来，这样的制度安排可以收

————————
① 吴云、冀宇校注：《唐太宗集》，陕西人民出版社1986年版，第210—211页。

到"并兼路塞,逆节不生"的成效。

从表面上看,唐太宗充分考虑到各种因素,设计得相当周全,似乎可以防止各种偏弊,兼取"封建"与"郡县"之利。但是,这种设计过于理想化,根本无法付诸实践。即使付诸实践,其效果也不会像想象的那么好。他的子孙都没有遵照遗嘱办事,唐朝始终实行单纯郡县制。

从历史过程看,开国之时,唐高祖"以天下未定,广封宗室,以威天下,皇从弟及侄年始孩童者数十人,皆封为郡王"[①]。在安史之乱中,唐玄宗任命诸王为节度使,分守重镇。这类举措多为权宜之计。在通常情况下,皇帝对宗亲的做法则是"封建子弟,有其名号,而无其国邑,空树官僚,而无莅事,聚居京辇,食租衣税"[②]。皇帝们对子弟亲王、功臣勋戚防范甚严。唐太宗告诫诸子:"为臣贵于尽忠,亏之者有罚;为子在于行孝,违之者必诛。大则肆诸市朝,小则终贻黜辱。"[③]但是,这些实权并不大的亲王依然不断兴风作浪,扰乱政局,甚至不乏图谋叛乱者,皇帝与宗室之间的猜忌和争斗不绝于史册。总的说来,在处理与宗室、勋臣的关系时,唐太宗维护中央集权体制,在对待功臣方面也是比较成功的。这从一个侧面反映了其统治思想的成熟。

应当指出的是:大致在宋朝以前,地方的权力相对较大,秦、汉、魏、晋、南北朝的地方政权主官有权自辟僚属,甚至彼此结成君臣关系。唐朝依然在一定程度上存在地方权力过大的弊端。因此,这个时期"封建"与"郡县"之争围绕"将某些地方的统治权赋予皇亲国戚是否有利于一个朝代的存续"这个中心议题展开。在现存史料中找不到在朝堂之上要求实行地方分权制的主张。

---

① 《旧唐书》卷六〇《宗室·淮南王神通传》,中华书局 1975 年版,第 2342 页。
② 王溥:《唐会要》卷四七《封建杂录下》,上海古籍出版社 1991 年版,第 973 页。
③ 《旧唐书》卷七六《太宗诸子·濮王泰传》,中华书局 1975 年版,第 2655 页。

第三节 两部政典类著作作者的不同见解

武周代唐，酿成"武氏之祸"，导致李唐皇族险些丧失国命和帝统。后来由于对地方授权不当，酿成"安史之乱"，导致藩镇割据，天下动荡。在这个背景下，君臣关系模式和国家结构形式问题再次成为朝野争论的热点。开元以来，有两部政典类著作问世，一是刘秩的《政典》，二是杜佑的《通典》。刘秩与杜佑都是在典章制度研究方面颇有成就的大儒，而在"封建"与"郡县"的问题上，二者的理论水平和政治见解却有明显的高低之分、优劣之别。

一、刘秩强调"从化之行，因于封建"

刘秩（？—756）字祚卿，唐彭城（今江苏徐州）人，是著名史学家刘知幾之子。开元末，他采经史百家之言，取《周礼》六官职守，分门别类，编辑阐释，著《政典》三十五卷，颇得时贤赞赏。杜佑撰写《通典》，曾参考了这本书。刘秩所著《政典》《止戈记》《至德新议》等皆佚，《全唐文》存文四篇。

刘秩是肯定封建制、否定郡县制的典型代表。他将李唐权移外家，归咎于唐朝没有实行实质性的分封诸侯。他批评李百药的观点纯属"弃人事，舍天理，灭圣智，任存亡"，非议唐太宗听信李百药之言，没有坚持自己的设想。由于"设爵无土，署官不职"，诸王没有实权，宗室过于单弱，导致"刑辟未弭，国用不殷，权柄擅于后氏，社稷绝而复存"。在他看来，封建诸侯的目的是"正冢嫡，安父子之分，使不相猜貳"，不仅仅在于"藩屏王室已哉"。先王之所以推崇封建之制，"非止贵于永久，贵其从化而省刑"，而"郡县之理，可以小宁，不可以久安；可以责成，不可以化俗"。因此，刘秩认为，封建是最好的制度，郡县是最坏的制度。"故郡建则督责，督责则刑生；国开则明教，明教则从化"。刘秩的政论更强调礼制在国家政治中的地位与作用。他认为，"从化之行，因于封建"，礼义教化是治国之本，而封建诸侯是推行礼义教化的关键。"封建则诸侯之制与天子备同，备同而礼杀，礼杀然后可宣化教，宣化教则仁义长，仁义长则尊卑别，尊卑别则祸乱息，此封建之所以易为理也。"①这就是说，分封诸侯可以形成尊卑分明的政治等级及其相应的礼仪制度和社会规范。尊卑有别的礼义、礼制、礼仪是推行教化的利器。通过礼义教化，灌输纲常伦理，就能造就充满仁义的精神家园。人人都懂得尊卑有别的道理并遵守明等威、别贵贱的礼法，就可以实现天下大治。

刘秩高举的理论大旗是礼治与教化。在他看来，逐级分封可以安父子、别嫡庶、明教化。人们从亲疏有别、等级有差中认同了礼治，就会"仁义长""尊卑别"，服从教化而减少祸乱。而郡县制只从政治上着眼，必然重督责，用刑罚，"可以小宁，不可以久安"。以三代之制为大公无私的楷模和礼治教化的典范，这是历代"醇儒"共同的主张。刘秩之论可谓典型的"高谈虚论"。

刘秩虽是博学之士，却不是有识之士。在安史之乱中，他肩负国家重任，但表现却极其糟糕。他佐助房琯，统率大军攻击叛军，却因愚蠢地仿效古法用兵，招致唐军惨败，遭到贬斥。在《四库全书》中，不难检索到历代论者批评刘秩的言辞，诸如"唐肃宗任房琯，而房琯任刘秩，安得不败乎"之类。由此不难推想刘秩思考"封建"与"郡县"问题的基本路数，即尊崇三代，恪守经典，迷信古法，是古非今。值得注意的是：刘秩强调"从化之行，因于封建"，将论述的重点引向"国开则明教"。这种论证方法对后世的封建论有重要的影响。

---

① 王溥：《唐会要》卷四七《封建杂录下》，上海古籍出版社1991年版，第972—973页。

二、杜佑论"建国利一宗，列郡利百姓"

杜佑（753—812）字君卿，唐京兆万年（今陕西西安）人。他生于历史悠久、门庭显赫的仕宦之家，以门荫入仕。历玄宗、肃宗、代宗、德宗、顺宗、宪宗六朝，从县丞做到宰相，官至司徒、同平章事，封岐国公。杜佑精于吏事，勤于学问，以富国安民为己任。鉴于儒家经典多为记言之作，"罕存法制"，杜佑注重研究历代典章制度的沿革得失。他看到刘秩《政典》的缺失，积三十六年之功，撰成《通典》二百卷。这部巨著分食货、选举、职官、礼、乐、兵、刑、州郡、边防九门，融纪传与编年于一体，开创史书中的"政书"体裁。他又辑《通典》之要，编成《理道要诀》十卷，还著有《管氏指略》《宾佐记》等。

在《通典》卷三一《职官十三·王侯总叙》中，杜佑指出："法古者多封国之制，是今者贤郡县之理，虽备征利病，而终莫究详。"在他看来，无论以曹元首、陆机为代表的分封派，还是以李百药、马周为代表的反对分封派，都从各自认定的利弊得失立论，虽讲得头头是道，却没有抓住问题的实质与关键。他认为，"在昔制置，事皆相因"，制度的演化有一个历史过程。在经历了郡县制取代分封制及几次反复之后，不实行分封制度，限制封侯赐爵，成为大势所趋，因而"欲行古道，势莫能遵"。在这个基础上，杜佑力图超越简单化的争论，深入探究设置政治制度的法则，提出评判制度优劣的尺度。

其一，杜佑主张将立君设官为民作为评判制度优劣的主要尺度。

在他看来，"天生烝人，树君司牧。人既庶焉，牧之理得，人既寡焉，牧之理失。庶则安所致，寡则危所由。"君主制度是上天为了管理民众而设置的。因此，人丁是否兴旺、民众是否富庶是判定君主政治成败的尺度。国家安定，人口就会繁衍，而人口繁衍则表明治理得当。反之，政治动荡，人口就会减少，而人口减少则表明治理不当。从这个角度看，当今的政治制度优于三代的政治制度。原因很简单，"汉、隋、大唐，海内统一，人户滋殖，三代莫俦"。

杜佑指出：在"封建"与"郡县"的问题上，站在不同的立场的人会得出截然不同的判断。"若以为人而置君，欲求既庶，诚宜政在列郡，然则主祀或促矣。若以为君而生人，不病既寡，诚宜政在列国，然则主祀可永矣。"如果认为立君为民，一切为民众设想，那么应当实行郡县制；如果认为生民为君，一切为君主设想，那么应当实行分封制。然而，实行郡县制虽有利于民众的富庶，却有可能导致王朝不能持久；实行分封制虽有利于君主的家族，却会导致民生的困苦。两种制度会导致两种结果，"主祀虽永乃人鲜，主祀虽促则人繁"。由此可见，"建国利一宗，列郡利万姓，损益之理，较然可知"。

杜佑进一步指出："夫立法作程，未有不弊之者，固在度其为患之长短耳。"没有一种制度设置可以做到完美无缺，永远适用。因而判定制度优劣的重要尺度是造成祸患的时间长短。"政在列国也，其初有维城盘石之固，其末有下堂中肩之辱。远则万国屠灭，近则鼎峙战争，所谓其患也长。"正是由于实行分封制，在秦朝统一以前的漫长岁月中，"众暴寡，且无虚月；大灭小，未尝暂宁"。实行分封制，在立国之初可以获得诸侯的藩屏，而时间一久，诸侯就会蔑视王权，凌辱天子，东周天子的境遇便是明证。一旦分封诸侯所形成的国家结构瓦解，往往造成长期的政治动荡。大禹以来，千余年间，"万国屠灭"。西周末年以来，数百年间，诸国相攻。"永嘉之乱"以来，二百余年，天下分崩，南北对峙。这都是实行分封制的恶果。"政在列郡也，其初有四海一家之盛，其末有土崩瓦解之虞。高、光及于国初，戡定之勋易集，所谓其患也短。岂非已然之证欤！"实行郡县制，有利于国家统一，天下一家，而王朝末年难免分崩离析。但是，郡县制所导致的政治动乱比较容易平定，国家会很快恢复统一。秦汉之际、两汉之际、隋唐之际的政治动乱都历时不久。汉高祖、汉光武帝、唐高祖很快平定了天下。上述历史事实，"岂非已然之证欤！"

可见，杜佑没有简单地站在一方，评说制度选择孰优孰劣，也没有只着眼皇权的利益，议论制度设置的利弊得失。他是将立君设官为民作为制度设置的本体性依据。前代论"封建"与"郡县"者，都从维护皇权的角度立论，争论的焦点是何种制度有利于维护一家一姓的王朝。杜佑"为政弘易，不尚繳察，掌计治民，物便而济，驭戎应变，即非所长。性嗜学，该涉古今，以富国安人之术为己任"[①]。无论治学、从政，他都秉持这个原则，故立论更有高度。具体体现之一就是明确地将立君为民、设官求治作为设定制度的本体性依据，将人口多寡、庶民损益作为判定制度利弊最主要的尺度。由于历史条件的限制，杜佑不能不对"享代长远"的问题有所提及，而"建国利一宗，列郡利百姓"这个断语的价值取向是明确无误的，即"致人庶富"的郡县制是最合理的。实际上，能否"致人庶富"涉及一系列的政治设置和整治措施。一个国家政权唯有较好地履行公共职能，才能保持长期的稳定。换言之，"致人庶富"才能"享代长远"。杜佑不好章句之学，却抓住了儒家经义中的根本问题。能否做到这一点，恰恰是名副其实的通儒与博而寡要的俗儒的分水岭。

其二，杜佑认为，君主制度的一般法则是"君尊则理安，臣强则乱危"。

封建诸侯乃古代圣王之制，这是分封派的主要论据之一。在他们看来，五帝三王有先见之明，深知"封建"与"郡县"利弊得失，采用分封之制，使诸侯与天子分乐共忧。针对曹元首、陆机等人的这类说法，杜佑指出：五帝三王都实行分封制，这是对政治传统的顺应。当时郡县制还没有问世，五帝三王不可能判别两种国家结构的优劣，做到"择其利遂建诸国，惧其害不立郡县"。李斯汲取历史教训，"坚执罢侯置守"。由于秦朝速亡，一些人便归咎于郡县制。实际上，如

[①]《旧唐书》卷一百四十七《杜佑传》，中华书局1975年版，第3982页。

果没有秦二世的昏庸和赵高的擅权,没有横征暴敛和严刑酷法,陈胜、项羽就没有条件发动叛乱。因此,曹元首、陆机等从圣王早有先见之明的角度立论,是古非今,牵强附会,这是不恰当的。"事皆相因"才是制度变迁的根由。

杜佑认为,研讨制度的利弊要把"君尊则理安,臣强则乱危"这个法则作为立论的依据。曹元首、陆机的著作,虽"文高理明",却"不本为人树君,不稽烝氓损益";李百药、马周的政论则把政治的盛衰和制度的利弊归因于天命、天时,甚至"乃称冥数素定,不在法度得失,不关政理否臧"。这两种政论都没有抓住问题的实质。在杜佑看来,"但立制可久,施教得宜,君尊臣卑,干强枝弱,致人庶富,享代长远。为理之道,其在兹乎!"①

在君主制度下,制度设置的一般法则是"君尊臣卑,干强枝弱"。从《尚书》的"惟辟作福,惟辟作威",到孔子的"天无二日,土无二王",再到董仲舒的"强干弱枝,大本小末,则君臣之分明",都为这个一般法则提供了依据。大量历史事实也一再证明:遵循这个一般法则,形成"大本小末"的政治结构,君主政治就可以保持稳定,而一旦违背这个一般法则,君主政治就会发生紊乱。在当时的历史条件下,杜佑坚持依据这一基本法则设计政治制度,依据是否"立制可久,施教得宜"判定制度设置的利弊得失,无疑是正确的。杜佑编纂《通典》,坚持经世致用的著述方针。这体现了一个直面现实的政治家的本色。

其三,杜佑的政论富有历史感和现实感。

杜佑既是通晓政治的史学家,又是洞察历史的政治家。他继承前人以史为鉴、直面现实、不断创新的优良传统,明确宣布:"佑少尝读书,而性且蒙固,不达术数之艺,不好章句之学。所纂《通典》实采群言,征

---

① 杜佑:《通典》卷三十一《职官十三·王侯总叙》,中华书局1988年版,第850页。

诸人事，将施有政。"① 在这部具有开创性的通志类著作中，他提出了许多见解独到的政论。杜佑明确指出：在制度设置上，古代圣王并无先见之明。"封建"与"郡县"都是历史的产物。在崇拜圣王的儒者群体中，能提出这样见解的人为数不多。杜佑从"事皆相因"的角度寻求制度变迁的根由。他反对"非今是古"的学风和"冥数素定"的成说，认为"法度得失""政理否臧"才是制度演进的动因。这体现了一位良史的真知灼见。

唐代多有学者有大部头典志类著作，但杜佑的《通典》无与伦比。杜佑认为刘秩《政典》有明显的不足，遂决定扩充改写。在体例、篇幅、见识等方面，这两部政典类著作有重大差别。正如唐人李翰《通典序》所说："近代学士，多有撰集，其最著者《御览》《艺文》《玉烛》之类，网罗古今，博则博矣，然率多文章之事，记问之学，至于刊列百度，缉熙王猷，至精至纯，其道不杂，比于《通典》，非其伦也。"② 《通典》大行于世，而《政典》逐渐失传，或许正是由于这个缘故。

与刘秩一样，杜佑也是大儒兼显宦，学者兼治者。但是，在对"封建"与"郡县"问题的认识上，实事求是的杜佑与脱离现实的刘秩有重大的差异。不同的学风，不同的识见，不同的才干，导致了不同的学问，不同的政见，不同的功业。正是这样一种求实的精神，使杜佑既是博学鸿儒，又是国家良辅，不仅有功于学术，也有功于国家。

仅从关于"封建"与"郡县"的议论，就足以判定杜佑与刘秩二者的高下。杜佑与刘秩的理论依据都是儒家经义，而得出的判断有明显的差异。杜佑从立君为民的政治法则和历史演化的总体趋势的角度，考察"封建"与"郡县"之争，进而提出一家之言，得出"建国利一宗，列郡利百姓"的判断。他的见解显然比刘秩高明得多。因此，杜佑无愧"聪明独见之士"的赞誉，而刘秩实属"高谈有余，待问则泥"之辈。

---

① 杜佑：《通典》卷一《食货》，中华书局1988年版，第1页。
② 李翰：《通典序》，载杜佑：《通典》，中华书局1988年版，第2页。

第四节　郡县说的最高成就：柳宗元的国家政体论

在唐代"封建"与"郡县"之争中，理论成就最高的当属柳宗元。柳宗元的年龄比杜佑小 20 岁，两人大致是同时代的人。柳宗元的《封建论》可以说是这场争论的理论总结，代表着郡县说的最高成就，受到后世中央集权论者的高度评价。值得指出的是：柳宗元侧重从立君设官为民的角度思考国家职能和制度设计问题，侧重从历史趋势和现实可行性的角度评判一种制度的历史价值及其当代意义，这种政治思维方式更能体现孔子之学的真谛。

一、从社会矛盾角度论证君主制度的必然性

柳宗元反对先儒有关上帝、圣人创造君主制度的说法。他认为，国家政权是人为的产物。最初的君主是由于解救"生人之患"，才得以聚众立国的。君权的合法性归根结底来自民众的拥戴。他从社会矛盾、社会进化和历史趋势的角度，论证了政治是社会矛盾的产物，国家制度随形势的变化而变化，郡县制必然取代分封制。

在《贞符》一文的序中，柳宗元批评董仲舒、司马相如、刘向、扬雄、班彪、班固等人关于"受命之符"的思想，认为"其言类淫巫瞽史，诳乱后代，不足以知圣人立极之本"。柳宗元表示：他之所以著《贞符》，就是旨在阐明"唐家正德受命于生人之意"。[1] 柳宗元把社会矛盾视为君主制度产生与演化的根本原因。于是他着重从人类社会内部矛盾和维护社会秩序需要的角度，寻求国家政治及君主制度产生的原因，进而论证政治的本质、国家的职能和君主制度产生的必然性及

---

[1] 柳宗元：《柳河东全集》卷一《贞符》，中国书店 1991 年版，第 14 页。

王朝的合法性。

柳宗元认为，由人之初到君主的产生，决定历史演变的是人类的社会行为，是一种必然的发展趋势。他指出：导致君主制度产生的主要动因是社会纷争。在《贞符》中，柳宗元首先描绘了一幅人之初同类相争的历史画卷，然后又奉献了一幅君臣上下秩序井然的历史图景。他写道：

> 惟人之初，总总而生，林林而群。雪霜风雨雷雹暴其外，于是乃知架巢空穴，挽草木，取皮革；饥渴牝牡之欲驱其内，于是乃知噬禽兽，咀果谷。合偶而居，交焉而争，睽焉而斗，力大者搏，齿利者啮，爪刚者决，群众者轧，兵良者杀，披披藉藉，草野涂血，然后强有力者出而治之，往往为曹于险阻，用号令起，而君臣什伍之法立。①

人之初茹毛饮血，巢居穴处，既无君臣之别，也无上下之序，民如麋鹿禽兽，愚昧无知，为生存而争斗不已。以武力相争是人类的本性，人们受物欲、私情的驱使，肆意横行，以致天下大乱。社会竞争中的强有力者凭借实力和强权支配他人，这就是最初的君主，而设立"君臣什伍之法"的目的是维护君主统治，构建政治秩序，保持社会稳定。最初的君主属于强者为王，君主制度的产生是为了解决社会矛盾，并不是圣人智者为体认天地之道而设计的，更不是上帝天神为了养育庶众而设置的。简言之，人与人之间的争斗、社会矛盾的激化是导致君主制度产生的根本原因。柳宗元的这个认识无疑是接近历史事实的。他的观点比占统治地位的上帝立君说和圣人立君说要深刻得多。

国家权力是一种解决社会冲突的强制力量，是人类社会生活的凝

---

① 柳宗元：《柳河东全集》卷一《贞符》，中国书店1991年版，第14页。

合剂。对国家起源的认识直接关系到如何定义国家的本质、国家职能以及国家与社会的关系等一系列基本的政治论题。因此，许多政治学者将关于国家起源的理论视为政治理论的"元理论"。如果仔细研读中国古代文献，就不难发现，国家起源问题一直是历代政治思想家普遍关注的重大理论问题。这从一个侧面展示了中国古代政治学说的深刻程度。

恩格斯曾经明确指出："国家是社会在一定发展阶段上的产物；国家是承认：这个社会陷入了不可解决的自我矛盾，分裂为不可调和的对立面而又无力摆脱这些对立面。"国家旨在"把冲突保持在'秩序'的范围以内"。[①] 现代政治学的各种流派也普遍注重从利益冲突的角度，解释公共权力产生的社会原因，进而讨论国家在建立并维护社会秩序、促进人类各种形式的合作等方面的功能。实际上，中国古代思想家很早就从设君之道的角度认识到这一点，甚至可以说中国人最早认识到这一点。

在现存文献中，《墨子》最早明确提出社会矛盾导致国家产生，设立君主制度的根本目的是建立秩序，化解人类社会的纷争必须借助强制性的政治权力。在《管子》《商君书》《吕氏春秋》《韩非子》中都有相关论述，并据以提出系统的国家与法的理论。秦汉以降，人类纷争导致立君、立君以维护社会秩序的观点影响极其广泛。柳宗元的思想就是在这个基础上发展而来的。强制与暴力是国家的本质特性和实现其职能的重要手段。这无疑是对国家本质及其统治和管理职能的深刻揭示。以柳宗元为代表的一批中国古代著名思想家对国家起源问题的认识显然比亚里士多德的"国家共同体说"和卢梭等人的"社会契约论"要深刻得多。

[①] 恩格斯：《家庭、私有制和国家的起源》，《马克思恩格斯选集》第四卷，人民出版社 2012 年版，第 186—187 页。

二、从历史演化角度论证分封制是君主制度的特定阶段

柳宗元认为，政治是一种历史现象，它有一个发生与演化的过程。国家及君主制度是人类历史发展到一定阶段的产物。因此，君主制度本身也随着历史进程而不断改革、完善。在《封建论》中，柳宗元在简要描述了君主制度从无到有过程之后，着重阐述了君主制度的不同历史类型的发展过程。

柳宗元指出：人类有了"君长刑政"之后，势必结成社会群体，于是发生群体性的彼此争斗。正是这种更为激烈的争斗导致政治实体规模的不断扩大：

> 近者聚而为群，群之分，其争必大，大而后有兵有德。又有大者，众群之长又就而听命焉，以安其属，于是有诸侯之列，则其争又有大者焉。德又大者，诸侯之列又就而听命焉，以安其封，于是有方伯连帅之类，则其争又有大者焉。德又大者，方伯连帅之类又就而听命焉，以安其人，然后天下会于一。是故有里胥而后有县大夫，有县大夫而后有诸侯，有诸侯而后有方伯连帅，有方伯连帅而后有天子。[①]

这就是说，人类的争斗导致君主的产生，而群体之间的争斗势必因兼并而产生更大的群体，最终形成天下一统的政治局面。

柳宗元指出：在群体性争斗所造成的历史趋势下，君主制度也由低级向高级发展。最初人们普遍接受各级君主权位世袭的做法，"自天子至于里胥，其德在人者，死必求其嗣而奉之"。这就决定古代圣王只能尊重当时的风俗，实行分封制。西周最为典型。"周有天下，裂土

---

① 柳宗元：《柳河东全集》卷三《封建论》，中国书店 1991 年版，第 32 页。

田而瓜分之",其政治模式可谓"天下轮运而辐集,合为朝觐会同,离为守臣扞城"。然而,政治实体之间的争斗并未因此而中止。西周后期,天子的权威已经下降。东周以来,诸侯多有"无君之心"。由此看来,"周之丧久矣,徒建空名于公侯之上耳。得非诸侯之盛强末大不掉之咎欤"。国家政体历史演变的总趋势是权力日益集中。"秦有天下,裂都会而为之郡邑,废侯卫而为之守宰,据天下之雄图,都六合之上游,摄制四海,运于掌握之内,此其所以为得也。"秦统一中国之后,废封建,置郡县,是符合这一必然趋势的。这一切均"非圣人之意也,势也"①。圣人也不能违背"势"而设计国家体制。

柳宗元认为,分封制并不是最为完善的政治体制,它只是国家政体形式和君臣关系模式演化过程中的一个环节。古代圣王实行分封制是迫于形势、风俗和实力,不得已而为之的。后来周朝之所以"威分于陪臣之邦,国殄于后封之秦",是因为分封制不利于加强中央权威,保持国家政治结构的稳定。柳宗元认为,郡县制是"公之大者也",尽管秦始皇实行郡县制的本意是维护自己的权威,然而"大私"的动机却促成了"公天下"。郡县制有利于选贤任能,是优于分封制的国家政体。

三、从"私"与"公"结合的大"势"角度论证郡县制的合理性

柳宗元依据历史事实,批驳了"夏商周汉封建而延,秦郡邑而促"的论点。他指出:秦朝灭亡"咎在人怨,非郡邑之制失"。西汉实行郡县制与分封制并行的制度,由于封君的权力过大引起了政治动乱,而秦末天下动荡却"有叛人而无叛吏",汉初叛乱迭起却"有叛国而无叛郡",唐代藩镇割据却"有叛将而无叛州"。这些事实表明,郡县制有利于国家统一,"州县之设固不可革也"。柳宗元认为,当时的藩镇割

---

① 柳宗元:《柳河东全集》卷三《封建论》,中国书店1991年版,第32—33页。

据是由于兵骄将悍所致，与实行郡县制无关。当务之急是把兵权和州县官吏的任免权切实收归中央，通过"善制兵，谨择守"，加强中央集权，维护国家统一。①

主张分封制的人大多持这样的论点："封建者，必私其土，予其人，适其俗，修其理，施化易也。守宰者，苟其心思迁其秩而已，何能理乎？"柳宗元依据历史事实驳斥了这种论点。他指出：周朝实行分封制，而其国家治理状况却很糟糕。当时"大凡乱国多，理国寡，侯伯不得变其政，天子不得变其居，私土予人者百不有一，失在于制，不在于政"。汉代实行郡县与封国并存的制度，而诸侯国的治理状况也存在重大问题。"汉兴，天子之政行其郡不行于国，制其守宰不制其侯王，侯王虽乱不可变也，国人虽病不可除也"。魏晋延续汉代的做法，"而二姓陵替，不闻延祚"。唐朝实行郡县制，"垂二百祀，大业弥固，何系于诸侯哉？"②

柳宗元察觉到历史发展的客观趋势与人们的主观愿望之间的联系和区别。他认为，秦始皇实行郡县制的动机是出于树立个人权威和统治一切臣民的私心，"其情，私也，私其一己之威也，私其尽臣蓄于我也"。但是，秦始皇的主观情欲之"私"却与历史发展之"势"相符合，推出了一种有利于选贤与能的政治体制。"大私"促成了"公天下"的实现。郡县制是"公之大者也"，故"公天下之端自秦始"。许多儒者声称三代圣王的分封制属于"大公"，而柳宗元指出：商汤灭夏依靠三千诸侯的协助，周武王灭商依靠八百诸侯协助。为了安抚诸侯，他们不得已而维持分封制，这种做法"非公之大者也，私其力于己也，私其卫于子孙也"。周朝的世卿世禄制度也不利于任贤使能，"圣贤生于其时，亦无以立于天下，封建者为之也"。③柳宗元的公私论是相当

---

① 柳宗元：《柳河东全集》卷三《封建论》，中国书店 1991 年版，第 34 页。
② 柳宗元：《柳河东全集》卷三《封建论》，中国书店 1991 年版，第 34 页。
③ 柳宗元：《柳河东全集》卷三《封建论》，中国书店 1991 年版，第 34—35 页。

深刻的，这种观点与主流儒学五帝三王大公无私的说法有明显的区别。在历史大趋势面前，"圣人"也无能为力，只能顺应潮流，这个观点也对后世的思想家有深刻的影响。

在人们普遍崇拜经典、迷信圣人、颂扬三代的时代，柳宗元大幅度修正儒家经典的政治本原论，否定上帝设立君主、圣人创造制度的说法。他不以三代圣王为"大公"的典范，敢于肯定秦朝制度的历史价值，进而证明唐朝实行郡县制度的合理性，这表明柳宗元是一位实事求是的思想家。但是，这并不意味着他彻底背弃了儒家经典中的上帝天道确立社会法则的思想。在《天爵论》等篇章中，柳宗元以天道论证儒家的"人伦之要""仁义忠信"就是典型例证。因此，柳宗元的政治思想可以归入儒家学派中更富于求实精神和进取精神的类别。

柳宗元的《封建论》获得宋代的苏轼、清代的王夫之等一批著名思想家的肯定，在思想史上影响很大。苏轼给予很高的评价，他说："昔之论封建者，曹元首、陆机、刘颂及唐太宗时魏徵、李百药、颜师古，其后则刘秩、杜佑、柳宗元。宗元之论出，而诸子之论废矣，虽圣人复起，不能易也。故吾取其说而附益之。"① 但是，只要君主制度存在一天，关于"封建"与"郡县"的政体之争就不能停止。这个问题不仅在政治实践上有反复，而且在理论上长期众说纷纭。宋明理学家大多在原则上赞成宗法分封制。在清代，关于政体论的主张更是多有分歧，如以黄宗羲为代表的方镇说，以王夫之为代表的郡县说，以顾炎武为代表的世官说，以颜李学派为代表的分封说，等等。不过，柳宗元的《封建论》代表着郡县说的最高成就。在国家起源的问题上，柳宗元的观点也比许多大儒的认识要深刻得多。

---

① 苏轼撰，傅成、穆俦点校：《苏轼全集·文集》卷五《论封建》，上海古籍出版社2000年版，第749页。

在特定的历史背景下，唐代的绝大多数士大夫站在反对分封制的一方，其实质是反对设置具有较大独立性的地方政权。北宋鉴于唐代藩镇割据和五代政治分裂的教训，通过一系列制度设置，大幅度缩小、分化地方权力。这就使皇权更加集中，并导致一系列弊端。在这个新的历史背景下，才开始出现强调"分事"的封建理论。其中，张载的"封建分事"论影响较大，后世儒者持此说者颇众。清初吕留良、颜元等人都有类似的见解。朱熹"封建"杂建于"郡县"之间和顾炎武的"寓封建之意于郡县"等主张也从调整郡县制的弊端着眼。这类思想显然是针对北宋以来中央高度集权的弊端而言的。其中，朱熹"封建"杂建于"郡县"之间和顾炎武的"寓封建之意于郡县"与唐太宗的政治设计大体相似。但是，思想家们提出的理想化的国家结构形式可以形形色色，每一种理论都有其特定的思想价值，但真正具有历史合理性的唯有单纯郡县制理论。在实际政治过程中，一旦出现权力较大的地方势力，就必然导致不同程度的政治紊乱，甚至酿成重大事变。事实表明，帝制在本质上是排斥分封制的。郡县制是与帝制相匹配的基础性制度。因此，以李斯、贾谊、晁错、李百药、马周、杜佑、柳宗元、苏轼、王夫之等为代表的政治设计更具有历史合理性。

第五节 本章小结

近年来，国家结构形式成为政界、学界和社会公众讨论的焦点。在诸多讨论中，有必要超越表层问题与具体方案之争，追问这样一个理论命题：影响国家结构形式选择背后的"深层次结构"到底是什么？通过以上对唐代的"封建"与"郡县"之争为样本进行研究，可以得出以下结论和启示。

其一，中国历史上的"封建"与"郡县"之争，既不是儒法之争，也不是分权之争，实质是两种国家结构形式和君臣关系模式之争①。争论双方的根本目的都是为皇权的稳定寻找最恰当的途径和手段，即"经国庇民""尊主安上"②，其实就是"设官为民"和"设官为君"的矛盾统一。

"封建"是宗法化的等级君主制，"封建亲戚"是让血缘与政治紧密联姻，潜在的逻辑是亲王勋贵作为皇帝的手足亲信更会不遗余力地拱卫王室，这与"家天下"的皇权属性是耦合的。但是现实中，他们也往往成为最有可能危害皇权的潜在对手。利益是政治生活中最根本的决定力量，君主统治的现实需要，使郡县制大行其道。"郡县"是中央集权式的君主制，通过自上而下的权力授予模式，将天下贤才纳入政权体系。但是，终究难以避免出现"犯上作乱"、挑衅皇权尊严者。于是，至少在思想上，"封建"成为他们开出的一剂良方。此消彼长，双方相互争奇斗艳。他们一方面强调立君为民、设官为民，论证"天下为公"；另一方面又维护君权至上、君尊臣卑和家天下的基本政治格局，究其实质，就是强调"设官为君"。这与"君臣道合"的基本原理也是相吻合的。君主和官僚既共同肩负治国安邦的历史重任，又各有其特殊的利益诉求；既相互配合，结为统一体，又君臣有别，各守其道。事实上，只要家天下存在一天，有关的理论和政策之争就不会停止，在实践上也会有反复。

其二，"封建"与"郡县"两种国家结构形式和君臣关系模式不是彼此分离的，二者在政治实践中往往是有机融合在一起，借以寻求国家统一与地方活力二者之间的合理平衡。历代封建帝王，往往是郡县别与分封别并举，以郡县别为主的政治方案。轻易断言"封建"与

---

① 张分田《政治学志》（上海人民出版社，1996年）曾经指出"封建"与"郡县"两种体制之争，实质是两种君臣模式之争。参见该书第172页。
② 吴兢撰，谢保成集校：《贞观政要集校》，中华书局2003年版，第175页。

"郡县"孰优孰劣，简单进行非此即彼的取舍，既不符合历史事实，也无法真正把握二者的政治内涵和时代特征。

  其三，深化对国家结构形式的认识，有赖于研究方法和思维方式的转换。必须充分认识到中国是多民族、历经多次分离、内部发展不平衡的大国这一前提。大国有大国的优势，在治理上也有特别的难处。不能把研究一些中小国家的结论机械地套在中国研究上。中国国家结构形式研究需要理论，但更呼唤本土理论。然而，必须认识到概念和理论是对现实的高度简化和概括，理论自身无所谓重要不重要，一个重要的理论一定是解释了重要的政治现象。因此，产生本土化理论的前提是踏踏实实地研究历史和现实问题。

第四章　设官"分事"：官僚制度运作原理

治国理政难，治理一个像中国这样的超大规模的国家更难。国家的政治理念、政府的决策能否落实，以及落实的程度和效度如何，往往取决于有一支什么样的官僚队伍。官僚是政治制度的实际操作者和政府运作的核心，也是理解大国治理的"钥匙"。因此，官僚的设置、选任、考课和监察等制度的运作事关国家的兴衰成败。探讨这些制度运作背后的政治理念，将进一步深化我们对政治过程的认识，进而把握政治发展的利弊得失。

除了秉承"设官为民"和"君臣道合"等官僚制度的核心理论之外，具体而言，设官"分事"是官僚制度的运作原理。无论是设官的基本原则，还是选官的思想理念以及御官之道与御官之制；无论是以孝驭官，还是依法治官等，都典型地体现了设官"分事"的价值取向。"分事"而不"分权"，君无为而臣有事，为官旨在尊君行令，治国理政，恪尽职守，示范天下。

第一节　设官的基本原则

历代王朝都非常重视对各级官吏的选任，产生了多种选拔官吏的途径和方法，形成了选官用人的思想认识。在具体讨论这些选官的思想认识之前，本节先来讨论一下官僚设置中所遵循的基本政治原则。

一、"君无为而臣有事"原则

（一）为臣之道，"有事代终，各司其职"

在儒家看来，君以无为统众，无为则一，臣以有事代终，有事则二，为臣应该各司其职。《周易·系辞下》曰："阳一君而二民，君子之道也。阴二君而一民，小人之道也。"王弼注："阳，君道也。阴，臣道也。君以无为统众，无为则一也。臣以有事代终，有事则二也。故阳爻画奇，以明君道必一；阴爻画两，以明臣体必二，斯则阴阳之数，君臣之辨也。以一为君，君之德也。二居君位，非其道也。故阳卦曰'君子之道'，阴卦曰'小人之道'也。"孔颖达疏："'阳一君而二民，君子之道'者，夫君以无为统众，无为者，为每事因循，委任臣下，不司其事，故称一也。臣则有事代终，各司其职，有职则有对，故称二也。今阳爻以一为君，以二为民，得其尊卑相正之道，故为君子之道者也。'阴二君而一民，小人之道'者，阴卦则以二为君，是失其正，以一为臣，乖反于理，上下失序，故称小人之道也。"正义曰："'阳，君道'者，阳是虚无为体，纯一不二，君德亦然，故云'阳，君道也'。'阴，臣道'者，阴是形器，各有质分，不能纯一，臣职亦然，故云'阴，臣道也'。"这一思想得到唐代君臣的认可。

隋文帝初即位，勤于政事，"百僚奏请，多有烦碎"，柳彧上疏谏言，君主应该效仿舜、尧，垂拱天下，无为而治，将细碎之事委任于大臣处理，只须选拔任用好贤能之人和裁断好经国大事。如此一来，君主得以颐养天年，臣僚必将蒙恩尽职。

后来，唐太宗与房玄龄、萧瑀等人讨论隋文帝的功过，房玄龄等人称："文帝勤于为治，每临朝，或至日昃，五品已上，引坐论事，卫士传餐而食；虽性非仁厚，亦励精之主也。"唐太宗则认为，隋文帝不够明智，过于拘泥于琐事，"事皆自决，不任群臣"，但是天下至广，一日万机，哪怕费心劳神，也无法都处理妥当！而且还导致群臣遇到事情不敢做主，看到君主有过错不敢谏诤，所以二世而亡。"朕则不然。择天下贤才，置之百官，使思天下之事，关由宰相，审熟便安，然后奏闻。有功则赏，有罪则刑，谁敢不竭心力以修职业，何忧天下之不治乎！"他下敕令，要求百官"自今诏敕行下有未便者，皆应执奏，毋得阿从，不尽己意"。① 给百官机会和权力，让他们各尽其才，各显其能，他们便会竭心尽职，天下就越能治理得井然有序。

为治之道，应该是"委大臣以大体，责小臣以小事。"贞观十四年（640），魏徵上疏指出当时在任职方面存在的问题，他认为，当时的朝中群臣，"当枢机之寄者"，"任之虽重，信之未笃，是以人或自疑，心怀苟且"，陛下常常对他们在大事方面宽容，在小过错上计较，"临时责怒，未免爱憎"。"今委之以职，则重大臣而轻小臣；至于有事，则信小臣而疑大臣。信其所轻，疑其所重，将求致治，其可得乎！"而且对朝廷重臣过于苛求小过失，只会导致"刀笔之吏，顺旨承风，舞文弄法，曲成其罪"。以至于那些官居高位的人，"自陈也，则以为心不伏辜；不言也，则以为所犯皆实；进退惟谷，莫能自明，则苟求免祸，矫伪成俗矣"。② 唐太宗采纳其言。

君臣各有其道，为君关键在于任臣以事，而不是亲自遍览万机。唐中宗景龙二年（708）十二月，御史中丞姚廷筠奏称："比见诸司不遵律令格式，事无大小皆悉闻奏。臣闻为君者任臣，为臣者奉法。万机丛委，不可遍览，岂有修一水窦，伐一枯木，皆取断宸衷！自今若军国大事及条式无文者，听奏取进止，自余各准法处分。其有故生疑滞，致有稽失，望令御史纠弹。"③

---

① 《资治通鉴》卷一百九十三，中华书局 1956 年版，第 6080 页。
② 《资治通鉴》卷一百九十五，中华书局 1956 年版，第 6161 页。
③ 《资治通鉴》卷二百九，中华书局 1956 年版，第 6630 页。

君臣各司其职，君主南面而王，无为而治，关键在于提纲挈领，把握大事，选任贤能。唐宪宗元和元年（806）二月，对宰臣说："前代帝王，或怠于听政，或躬决繁务，其道如何。"杜黄裳对曰：

> 帝王之务，在于修己简易，择贤委任，宵旰以求民瘼，舍己从人以厚下，固不宜怠肆安逸。然事有纲领小大，当务知其远者大者；至如簿书讼狱，百吏能否，本非人主所自任也。昔秦始皇自程决事，见嗤前代；诸葛亮王霸之佐，二十罚以上皆自省之，亦为敌国所诮，知不久堪；魏明帝欲省尚书拟事，陈矫言其不可；隋文帝日旰听政，令卫士传餐，文皇帝亦笑其烦察。为人主之体固不可代下司职，但择人委任，责其成效，赏罚必信，谁不尽心。《传》称帝舜之德曰："夫何为哉？恭己南面而已！"诚以能举十六相，去四凶也。岂与劳神疲体自任耳目之主同年而语哉！但人主常势。患在不能推诚，人臣之弊，患在不能自竭。由是上疑下诈，礼貌或亏，欲求致理，自然难致。苟无此弊，何患不至于理。①

唐宪宗"称善久之"。

（二）尊君行令，"臣不可自过其位"

官由君设，设官旨在为君理国治政。《周易·小过卦》曰："《象》曰：不及其君，臣不可过也。"孔颖达疏："'臣不可过'者，臣不可自过其位也。"为官就要尊君行令，各守其职，思不出位。《管子》云："凡国之重器，莫重于令。令重则君尊，君尊则国安。故国安在于尊君，尊君在于行令。君人之理，本莫要于出令。故曰：亏令者死，益令者死，不得令者死，不从令者死。又曰：令行于上，而下论不可，

---

① 《旧唐书》卷十四《宪宗本纪上》，中华书局1975年版，第415页。

是上失其威，下系于人也。"

　　会昌五年（845）十二月，唐武宗车驾幸咸阳。给事中韦弘质上疏，论中书权重，三司钱谷不应该再由宰相府兼管。宰相进行驳斥，以《管子》所言为依据，奏称"自大和已来，其风大弊，令出于上，非之于下。此弊不除，无以理国"。他们引经据典，论说将相大臣是国家股肱，受万民瞻仰，应该由明君慎择，他们地位越受重视越能体现君主的权威性。唐太宗朝，监察御史陈师合上书云"人之思虑有限，一人不可兼总数职"，因此被判离间君臣罪而遭流放。"制置职业，固是人主之柄，非小人所得干议。""古者朝廷之上，各守其官，思不出位。"反之，臣下非议君主的设官之理，就会导致如《易传》所言的情况，即"下轻其上，贱人图柄，则国家摇动，而人不静"。韦弘质等人曰："岂得以非所宜言上渎明主，此是轻宰相挠时政也。"东汉党锢之祸就是教训。"伏望陛下详其奸诈，去其朋徒，则朝廷安静，制令肃然。"① 很明显，这是一场宰相和群僚之间的权力之争，双方互不相让，攻讦诋毁。抛开他们各谋私利不谈，他们这些理由折射出尊君是基本原则等当时一些通行的政治认识。

二、"省官"原则

　　设官旨在理政，不在人多。"贞观之善政，当以省官为首。"唐代执政者对官员队伍的规模与政府绩效之间的关系有着深刻的认识，他们深知"官多政繁"，结合具体政治实践，提出了一系列"省官"的重要思想。

　　（一）官在得人，不在员多

　　据1987年中国财政经济出版社出版的《中国第三次人口普查资料

---

① 《旧唐书》卷十八上《武宗本纪》，中华书局1975年版，第607—608页。

分析》公布的中国历代官民的比例：西汉，7945∶1；东汉，7464∶1；唐朝，2927∶1；元朝，2613∶1；明朝，2299∶1；清朝，911∶1；现代：67∶1。1998年财政部部长助理刘长琨透露：汉朝八千人养一个官员，唐朝三千人养一个官员，清朝一千人养一个官员，现在四十个人养一个公务员。随着经济的发展，社会的进步，政府管理的深化，官员人数应该增加。而且将不同的时代简单地进行数字的比较不能完全说明问题，治理的好坏与官员的数量没有直接的因果关系。但是，如果官员过多，则可能导致机构臃肿，管事过多，滋生更多的腐败和贪鄙。

开皇三年（583），河南道行台兵部尚书杨尚希针对天下州郡过多的问题，上表朝廷，主张改革地方行政体制。其文曰：

> 自秦并天下，罢侯置守，汉、魏及晋，邦邑屡改。窃见当今郡县，倍多于古，或地无百里，数县并置，或户不满千，二郡分领。具僚以众，资费日多，吏卒人倍，租调岁减。清干良才，百分无一，动须数万，如何可觅？所谓民少官多，十羊九牧。琴有更张之义，瑟无胶柱之理。今存要去闲，并小为大，国家则不亏粟帛，选举则易得贤才，敢陈管见，伏听裁处。①

杨尚希分析，当时的州、郡、县等地方行政设置弊端有三：一是郡县行政区划的数量过多，导致官吏队伍膨胀；二是行政耗费增多，国家财政和民众的负担沉重；三是官吏素质无法保证，影响有效治理。因此，有必要依据"存要去闲，并小为大"的指导方针改革地方行政体制。

隋文帝采纳了这个建议。他废除郡一级的行政建制，由州直接辖县，将原来的州、郡、县三级体制改为州、县两级体制。同时，他又裁并了一批州县。隋炀帝时期，在继续并省州、县的同时，又改州为

---

① 《隋书》卷四六《杨尚希传》，中华书局1973年版，第1253页。

郡。改革以后，地方行政层级与建制减少，行政区划的辖区扩大，所领人口增加。经过精简机构，裁汰冗官，解决了南北朝以来"民少官多，十羊九牧"的弊政，节省了财政开支，提高了行政效率。史臣赞道："躬节俭，平徭赋，仓廪实，法令行，君子咸乐其生，小人各安其业，强无凌弱，众不暴寡，人物殷阜，朝野欢娱，二十年间天下无事，区宇之内晏如也。"①

唐代君臣普遍认识到设官治理天下，并非郡县和官员的数量越多越好，关键在于用人得当。"官在得人，不在员多"②是唐太宗对官员数量与行政质量辩证关系的典型认识。正是基于这一思想认识，唐太宗推行机构改革和精简官吏的措施。

贞观元年（627）二月，唐太宗鉴于"州县之数，倍于开皇、大业之间"，"民少吏多，思革其弊"的现状，"命大加并省"③。然后根据山川地势之便利，分天下为十道，为裁减地方官员准备了条件。唐太宗对房玄龄等人说：

> 致理之本，惟在于审。量才授职，务省官员。故《书》称："任官惟贤才。"又云："官不必备，惟其人。"若得其善者，虽少亦足矣；其不善者，纵多亦奚为？古人亦以官不得其才，比于画地作饼，不可食也。《诗》曰："谋夫孔多，是用不就。"又孔子曰："官事不摄，焉得俭？"且"千羊之皮，不如一狐之腋。"此皆载在经典，不能具道。当须更并省官员，使得各当所任，则无为而理矣。卿宜详思此理，量定庶官员位。④

---

① 《隋书》卷二《高祖纪下》，中华书局1973年版，第55页。
② 《资治通鉴》卷一百九十二，中华书局1956年版，第6043页。
③ 《资治通鉴》卷一百九十二，中华书局1956年版，第6033页。
④ 吴兢撰，谢保成集校：《贞观政要集校》，中华书局2003年版，第155页。

在唐玄宗"务省官员"思想的指导下,房玄龄等人裁并省减,只留下文武官员六百四十三人。同时还规定:从此以后,倘若有乐工及从事杂务的人技艺超过同辈的,只能特赐钱帛以赏其能,决不能超授官爵。

"省官""用贤"带来吏治的清明和秩序的稳定。据《贞观政要》记载:

> 由是官吏多自清谨,制驭王公、妃主之家,大姓豪猾之伍,皆畏威屏迹,无敢侵欺细人。商旅野次,无复盗贼,囹圄常空,马牛布野,外户不闭。又频致丰稔,米斗三四钱,行旅自京师至于岭表,自山东至沧海,皆不赍粮,取给于路。入山东村落,行客经过者,必厚供待,或发时有赠遗。此皆古昔未有也。①

(二)封官太滥,贻害无穷

与紧缩机构、精减人员相反的是机构臃肿、官吏冗滥,其结果必然是虚耗国家资财,加重百姓负担,不利于经济的发展和社会的稳定,而且滋长选人、用人的不正之风和腐败现象。

在唐中宗时,设置公主府官属,安乐公主府所补"尤多猥滥",尤其在驸马武崇训死后,安乐公主又重新建造新宅,奢侈豪华无比,再加上当时大兴佛寺,以至于百姓劳苦疲弊,府库所藏为之空竭。左拾遗辛替否针对这一现实问题,上疏曰:"古之建官,员不必备,九卿以下,皆有其位而阙其选。赏一人谋乎三事,职一人访乎群司,负宠者畏权势之在躬,知荣者避权门而不入。故称赏不僭,官不滥,士皆完行,家有廉节,朝廷余俸,百姓有余食。下忠于上,上礼于下,委裘而无仓卒之危,垂拱而无颠沛之患。"他谏议君主"百倍行赏,十倍增官,金银不供其印,束帛无充于锡",如此一来,"何愧于无用之臣、

---

① 吴兢撰,谢保成集校:《贞观政要集校》,中华书局2003年版,第52页。

何惭于无力之士！"①辛替否认为君主因为怜爱公主，对其赏赐过度，设官过多，以至于竭天下之力，费天下之财，致使天下人怨愤。可惜唐中宗没有采纳。

景龙三年（709），韦嗣立针对当时"政出多门，滥官充溢，人以为三无坐处，谓宰相、御史及员外官也"等问题上疏，指出当时朝廷在设官方面存在的主要问题有三点。其一，封赏太滥，食封者太多，导致私家财有余，公家财不足。他把国家租赋收入与食封之家的收入做了一个比较，据当时户部统计，食封之家，用六十余万丁；一丁纳绢两匹，共计一百二十万余匹。国家每年的绢庸收入，多时不过一百万匹，少时只有六七十万匹，还不如受封之家的收入多。建国之初，功臣食封者二三十家，现在因恩泽食封者超过百家。国家的租赋收入，大半入了私门，私家有余，公家不足。"私门有余，徒益奢侈，公家不足，坐致忧危，制国之方，岂谓为得！"而且，食封者是各家自行向百姓征收租税，他们的家童仆役往往仗势欺压乡里，多加勒索。韦嗣立建议，将租赋改由太府统一征收，然后再分配给食封者。其二，员外官太多，"员外置官，数倍正阙，曹署典吏，困于祗承，府库仓储，竭于资奉"。其三，刺史、县令选任不当，"京官有犯及声望下者，方遣刺州，吏部选人，暮年无手笔者方补县令"，不利于教化天下。他建议，"自今应除三省、两台及五品以上清望官，皆先于刺史、县令中选用，则天下理矣"。②韦嗣立的分析，切中时弊要害，但可惜唐中宗没有采纳其言。

景云元年（710），唐睿宗即位后，姚崇、宋璟及御史大夫毕构上言："先朝斜封官悉宜停废。"睿宗采纳他们所言，"罢斜封官凡数千人"。③不久，又下诏复其职。辛替否又上疏指出，君主因"用度不时""爵赏不当"，导致"破家亡国"，他还以唐太宗和唐中宗治道得

---

① 《旧唐书》卷一百一《辛替否传》，中华书局 1975 年版，第 3155 页。
② 《资治通鉴》卷二百九，中华书局 1956 年版，第 6633—6634 页。
③ 《资治通鉴》卷二百一十，中华书局 1956 年版，第 6655 页。

失的对比为例,谏议睿宗不能滥封爵赏。辛替否指出,唐太宗设官用人是:"省官清吏,举天下职司无虚授,用天下财帛无枉费;赏必待功,官必得才,为无不成,征无不服。"①

(三)官省则事省,事省则人清

官员数量与治国理政质量并不成正比,"官少不必政紊,郡多不必事理"②。"善官人者必先省其官",设官过多,不仅增加政府的官俸开支,而且增加很多事务,事务繁杂又容易导致官僚贪浊。元和六年(811)六月甲子朔,朝廷下令减少教坊乐人的衣粮供给。丁卯,中书门下奏:"官省则事省,事省则人清;官烦则事烦,事烦则人浊。清浊之由,在官之烦省。"奏书称,国家自天宝以后,中原宿兵,军籍可用之士有八十余万人,另外商贩、僧道、色役等不归入农桑者,又十有五六。天下是"以三分劳筋苦骨之人,奉七分坐衣待食之辈"。拿俸禄的各级官僚不下一万余员,有的是职出异名。汉初置郡不过六十,文帝、景帝以宽厚的德政教化黎民,百官争先恐后履职。"今天下三百郡,一千四百县。故有一邑之地,虚设群司,一乡之氓,徒分县职,所费至广,所制全轻。"中书门下建议:"伏请敕吏兵部侍郎、郎中、给事中、中书舍人各一人,错综利病,详定废置,吏员可并省者并省之,州县可并合者并合之,每年入仕者可停减者停减之。此则利广而易求,官少而易理,稍减冗食,足宽疲氓。"以前,按照旧制,都是依据官僚品级给俸,各级具体可知。现在不仅是滥增名额,还徒增俸钱。更有甚者,"名存职废,额去俸存,闲剧之间,厚薄顿异"。③

安史之乱之后,唐朝在各方面都表现出衰退之势,政府机构膨胀,官员职位太多,人浮于事,财政负担很重。唐德宗李适亲历了唐朝盛

---

① 《新唐书》卷一百一十八《辛替否传》,中华书局1975年版,第4277—4281页。
② 《旧唐书》卷十四《宪宗本纪上》,中华书局1975年版,第435页。
③ 《旧唐书》卷十四《宪宗本纪上》,中华书局1975年版,第435—436页。

衰安危的转变。他的少年时代是在大唐帝国昌盛繁华的辉煌岁月中度过。十四岁那年，安史之乱爆发，他饱尝了战乱和家国之痛，亲历了战火的洗礼和考验。大历十四年（779）五月，唐代宗病逝，唐德宗李适以皇太子身份即位。德宗在位整整 26 年，唐朝皇帝中，比他在位时间长的只有唐高宗和唐玄宗。即位之初，唐德宗意图改弦更张，复兴图强，实行革新。他推行削藩政策，结果激起几处藩镇的叛乱，叛军一度攻入长安，德宗君臣落难，任职地方的张延赏给予了救助支持。随后，唐德宗拜张延赏为相。

张延赏乃曾在玄宗朝任中书令的张嘉贞之子，上任之后就建议皇帝裁撤冗官。他认为："为政之本，必先命官。旧制官员繁而且费，州县残破，职此之由。臣在荆南、剑南，所管州县阙官员者，少不下十数年，吏部未尝补授，但令一官假摄，公事亦理。以此言之，员可减无疑也。请减官员，收其禄俸，资幕职战士，俾刘玄佐复河湟，军用不乏矣。"唐德宗赞同他的看法。张延赏行事过于粗糙鲁莽，不讲究策略方法，一下子就裁撤了上千名官员，又没有合理的安置办法，引起了全国官员的愤怒和抵制。尤其是张延赏泄私愤罢黜李晟的兵权，引起武官不满。张延赏惧怕了，裁量留下一些官员，下诏曰："诸州府停减及所留官，并合厘务。其中有先考满及充职掌，遇停减或恐公务有阙，宜委长吏于合停官中取考浅人清白干举者，留填阙官，差摄讫闻奏。但取才堪，不限资序。如当州官少，任以邻州官充。其州县诸色部送，准旧例以当州官及本土寄客有资产干了者差遣。"① 由于裁减官员过多，他们怨声载道，"日闻于上"。侍中马燧奏称减员太过，恐怕不可行；太子少保韦伦及常参官等都认为减省官员招致怨愤，奏请复其职位；浙西观察使白志贞也有上疏。当时，延赏病重在家，李泌初为相，采纳大家意见，于是官员大都复职原位。至此，这场围绕官员裁

---

① 《旧唐书》卷一百二十九《张延赏传》，中华书局 1975 年版，第 3609—3610 页。

减的斗争告一段落。

　　设官过多，势必增加政府官俸开支，加重百姓负担。有学者将"官多则民扰"称之为顾炎武治官定律。其实，这种思想在中国古代源远流长，顾炎武之前的许多思想家都提到这一思想。由上可见，唐代君臣更是结合自己的政治实践，对这一思想进行了深刻的阐释。

（四）计人而置官，度事而赋任

　　建中初年，河朔兵乱，百姓困顿，"赋无所征"。针对这一现象，户部侍郎杜佑认为，"救弊莫若省用，省用莫若省官"，提出"设官之本，以治众庶，故古者计人置吏，不肯虚设"。①

　　永泰四年（769）三月壬申，唐代宗下诏曰："夫计人而置官，度事而赋任，因时立制，损益在焉。吏足以理人，人足以奉吏，则官称其禄，禄当其秩，然后上下相乐，公私不匮。"诏书还从历史立论，讲述汉光武帝和魏太和年间都采取了"并减吏员，兼省乡邑"的"致理之道"。如今由于连年征战，天下凋弊，百姓流离，可悲可叹，而"人寡吏多，困于供费"的状况一时难以改变。"设令廉耻守分，以奉科条，犹有录廪之烦，役使之弊；而况贪猾纵欲，而动逾典章，作威以虐下，厚敛以润己者乎！"从官民对比来看，古代，每县设置大夫一员，足以为治，"奚必贰佐分掌而后治耶？"如今京畿户口，减少大半，"职员如旧，何以堪之？"那么，百姓本来已经深陷经济困境，如何供应官僚物质之需呢？"使人不倦，其在变通，制事之宜，式从省便"。裁减官员是一个主要的方案，"其京兆府长安、万年宜各减丞一员、尉两员，余县各减丞、尉一员。余委吏部条件处分"。②

---

①《新唐书》卷一百六十六《杜佑传》，中华书局1975年版，第5086页。
②《旧唐书》卷十一《代宗本纪》，中华书局1975年版，第292页。

三、"官分文武、德力并举"原则

为了更好地履行为官的基本职能，古代很早就认识到官分文武、德力并举的重要性。《尉缭子·原官》曰："官分文武，王之二术也。"王充《论衡·非韩修》曰："治国之道，所养有二：一曰养德，二曰养力。养德者，养名高之人，以示能敬贤；养力者，养气力之士，以明能用兵。此所谓文武张设，德力具足者也。事或可以德怀，或可以力摧。外以德自立，内以力自备，慕德者不战而服，犯德者畏兵而却。徐偃王修行仁义，陆地朝者三十二国，强楚闻之，举兵而灭之。此有德守，无力备者也。夫德不可独任以治国，力不可直任以御敌也。"唐朝君臣也多次讨论这一思想。

治国安邦，文臣武将各有其用。武德二年（619），唐高祖与大臣共同分析隋朝衰亡的原因，探讨治国理政之道，他对裴寂说：

> 隋末无道，上下相蒙，主则骄矜，臣惟谄佞。上不闻过，下不尽忠，至使社稷倾危，身死匹夫之手。朕拨乱反正，志在安人，平乱任武臣，守成委文吏，庶得各展器能，以匡不逮。比每虚心接待，冀闻谠言。然惟李纲善尽忠款，孙伏伽可谓诚直，余人犹踵弊风，俯首而已，岂朕所望哉！[①]

可见，唐高祖认识到，安定天下关键在于用人，而文武之臣各有其长，各有其用，平复叛乱时需要任用武臣，而守成治政则要靠文吏。

武功不可代替文德。再如，贞观元年（627）丁亥，唐太宗宴请群臣，奏《秦王破陈乐》。太宗曰："朕昔受委专征，民间遂有此曲，虽非文德之雍容，然功业由兹而成，不敢忘本。"封德彝对曰："陛下以

[①] 《旧唐书》卷七十五《孙伏伽传》，中华书局1975年版，第2636页。

神武平海内，岂文德之足比！"唐太宗曰："戡乱以武，守成以文，文武之用，各随其时。卿谓文不及武，斯言过矣。"①

治理国家的关键在于把握好文武之道，这是很多大臣的治国思路和心得。仪凤年间，吐蕃频繁进犯唐朝边塞，太学生魏元忠赴洛阳上封事，献抵御吐蕃之策，陈述任命将领和用兵的优劣。他说：

> 理国之要，在文与武。今言文者则以辞华为首而不及经纶，言武者则以骑射为先而不知方略，是皆何益于理乱哉！故陆机著《辨亡》之论，无救河桥之败，养由基射穿七札，不济鄢陵之师，此已然之明效也。古语有之："人无常俗，政有理乱；兵无强弱，将有巧拙。"故选将当以智略为本，勇力为末。今朝廷用人，类取将门子弟及死事之家，彼皆庸人，岂足当阃外之任！李左车、陈汤、吕蒙、孟观，皆出贫贱而立殊功，未闻其家代为将也。②

治理天下，文士不仅要善辞藻，更要懂经纶；武将不仅要善骑射，更要知方略。如今则不然，文士只是大谈篇章，却不通晓经纶；武士只是崇尚弯弓立马，却不深究权谋方略，魏元忠一再强调，"才生于代，代实须才，何代而不生才，何才而不生代。故物有不求，未有无物之岁；士有不用，未有无士之时。夫有志之士，在富贵之与贫贱，皆思立于功名，冀传芳于竹帛"。因此，"帝王之道，务崇经略，经略之术，必仗英奇"。③

从人数上看，"《通典》卷四〇《职官二二》记载，内外文武官员18850人，其中文官14000人，武官4031人。则文武官比例在3∶1到

---

① 《资治通鉴》卷一百九十二，中华书局1956年版，第6030页。
② 《资治通鉴》卷二百二，中华书局1956年版，第6387页。
③ 《旧唐书》卷九十二《魏元忠传》，中华书局1975年版，第2946—2947页。

4∶1之间"①。

一般情况下，朝廷禁止武官转改文官。广明元年（880）春正月乙卯朔，唐僖宗御宣政殿，制曰：

> 吏部选人粟错及除驳放者，除身名渝滥欠考外，并以比远残阙收注。入仕之门，兵部最滥，全无根本，颇坏纪纲。近者武官多转入文官，依资除授，宜惩僭幸，以辨品流。自今后武官不得转入文官选改，所冀轮辕各适，秩序区分，其内司不在此限。②

在实际政治过程中，武官往往受制于文官，文官能够实行有效的管理和统治。武官驰骋沙场，善于刀枪剑戟，志在通过武力捍卫国家安全以建功立业；文官游走官场，善于舞文弄墨，往往通过参与政治管理和统治来彰显自己。武官往往多勇而少谋，文官往往精于计策筹划。文武各行其道，张弛有度，则天下大治。

四、官分治国之官、治官之官和亲民之官

官僚等级不同，分掌职权和事务也各有不同，大致来说，官可分为治国之官（宰辅重臣）、治官之官（监察官）和亲民之官（州县官）。当然，这种区分也不可绝对化，如宰相也负责统领百官、监察百官，治民之官也同时兼有监察民情、教化风俗之职。

（一）治国之官："一国得治，皆赖宰辅"

宰辅位极人臣，大权在握，影响着整个政局的安危和国家的发展，

---

① 参见宁欣：《唐史识见录》，商务印书馆2009年版，第59页。
② 《旧唐书》卷十九下《僖宗本纪》，中华书局1975年版，第616—617页。

是典型的治国之官。唐代采取群相制，宰相的名号不断变化，其职掌、地位和组成格局也随之而变。

《周易·颐卦》曰："天地养万物，圣人养贤以及万民。"孔颖达疏："'圣人养贤以及万民'者，先须养贤，乃得养民，故云'养贤以及万民'也。圣人但养贤人使治众，众皆获安，有如虞舜五人，周武十人，汉帝张良，齐君管仲，此皆养得贤人以为辅佐，政治世康，兆庶咸说，此则'圣人养贤以及万民'之养也。"可见，君主治国关键是选任好几位治国之官。

孔子认为，先王治理天下都是依靠能臣而得以实现的。《论语·泰伯》曰："舜有臣五人而天下治。武王曰：'予有乱臣十人。'"刑昺疏曰："'舜有臣五人而天下治'者，言帝舜时，有大才之臣五人，而天下大治。五人者，禹也，稷也，契也，皋陶也，伯益也。'武王也：予有乱臣十人'者，乱，治也。"

唐代君臣对宰辅大臣在治国中的重要地位有明确的认识。宰相裴度的一段上疏很经典，其文曰：

窃以上古明王圣帝，致理兴化，虽由元首，亦在股肱。所以述尧、舜之道，则言稷、契、皋、夔；纪太宗、玄宗之德，则言房、杜、姚、宋。自古至今，未有不任辅弼而能独理天下者。况今天下，异于十年已前，方驱驾文武，廓清寇乱，建升平之业，十已得八九。然华夏安否，系于朝廷，朝廷轻重，在于宰相。如臣驽钝，夙夜战兢，常以为上有圣君，下无贤臣，不能增日月之明，广天地之德。遂使每事皆劳圣心，所以平贼安人，费力如此，实由臣辈不称所职。方期陛下博采物议，旁求人望，致之辅弼，责之化成；而乃忽取微人，列于重地，始则殿庭班列，相与惊骇，次则街衢市肆，相与笑呼。伏计远近流闻，与京师无异。何者？天子如堂，宰臣如陛，陛高则堂高，陛卑则堂不得高矣，宰臣失人，则天子不得尊矣。①

天下的治乱安危，关键在于君主。但是，天下之大，岂是君主一人所能独自治理的呢？自古以来，明君圣主，都是依靠宰辅大臣而使天下大治。君主和宰辅犹如元首和股肱。宰辅是致君尧舜、平安天下的关键。

宰相之用，不仅在于天下承平之时，佐助君主治理天下；还在于国家危难之时，勇于担当匡复王室之任。唐德宗时，发生朱泚之乱，崔宁对身边人说，君主聪明英迈，"从善如转规"，只是被卢杞所惑。卢杞知道后，怀恨在心，与王翃寻机陷害他。恰逢朱泚施反间计，署名崔宁为其中书令。于是，王翃找人伪造了一封崔宁给朱泚的书信，献于唐德宗。卢杞乘机诬陷崔宁与朱泚勾结。崔宁百口莫辩，俯首喟然长叹，曰："臣备位宰相，危不能持，颠不能扶，宜当万死，伏待斧钺。"②随后，宦官将崔宁引至幕后，将其缢死，时年61岁。

唐宪宗即位之初，阅览列位圣王实录，尤其仰慕贞观、开元之治，爱不释卷，对丞相说："太宗之创业如此，玄宗之致理如此，既览国史，乃知万倍不如先圣。当先圣之代，犹须宰执臣僚同心辅助，岂朕今日独为理哉！"从此唐宪宗延揽群臣议政，"昼漏率下五六刻方退"。贞元十年（794）以后，朝廷的权威日渐削弱，藩镇权势见长。唐德宗"不委政宰相，人间细务，多自临决，奸佞之臣，如裴延龄辈数人，得以钱谷数术进，宰相备位而已。及上自藩邸监国，以至临御，讫于元和，军国枢机，尽归之于宰相。由是中外咸理，纪律再张，果能剪削乱阶，诛除群盗。睿谋英断，近古罕俦，唐室中兴，章武而已"。③由上可知，贞观之治和开元盛世的一个非常重要的原因是唐太宗、唐玄宗任用宰辅得当。相反，唐德宗等以帝王之尊亲自裁决具体政务，大

---

① 《旧唐书》卷一百三十五《皇甫镈传》，中华书局1975年版，第3739页。
② 《旧唐书》卷一百一十七《崔宁传》，中华书局1975年版，第3402页。
③ 《旧唐书》卷十五《宪宗本纪下》，中华书局1975年版，第472页。

权独揽,结果导致宰相有名无实,奸佞之臣有机可乘。唐宪宗吸取前车之鉴,重新把军国枢要交付宰相。唐宪宗朝剪除叛乱安定天下,迎来唐朝的中兴,原因固然很多,委政宰相,用人得当应该是重要原因之一。

(二) 治官之官:"察吏人善恶,观风俗得失"

为了保证官僚群体依法行政,加强对官僚队伍的管理是非常必要的。为此,执政者也可谓用尽了政治智慧,其中以官僚来约束管理官僚是其中的一个非常重要的方面。秦有监察御史监察百官,汉设刺史分巡各州。唐朝在中央设置御史台,负责对文武百官进行监察弹劾。唐朝对地方的监察,除了监察御史巡察之外,还将全国划分为十道,由朝廷经常派人到地方考察吏治和民情。这些官是治官之官,行监察之职,刺探地方,设置本意是辅助君主更好地驾驭群僚,了解地方实情,即"采风"。监察官制度是基于中国传统文化而生的典型制度设计。这些监察官服务于君主驾驭天下的大局,"闻风而奏",刺探地方。他们直接隶属于中央管理,因此在一定程度上能够不受地方错综复杂的利益关系的左右和牵制,较好地行使监察职能。

不过,治官之官在行使权力过程中也存在着很多的问题,如滥用权力、随意诬陷、侦察不实等。对此,李峤勇于鞭挞,直击要害。武则天朝,酷吏来俊臣构陷狄仁杰、李嗣真、裴宣礼等三家,奏请诛之,武则天派遣李峤与大理少卿张德裕、侍御史刘宪核查此事。张德裕等人虽然知道狄仁杰等人被冤枉,但是担心获罪,都附和来俊臣所奏。唯独李峤直言,他与张德裕等人列举狄仁杰等人的冤屈,并因此被贬为润州司马。后来,武则天又下诏调回,任命他担任凤阁舍人,"深加接待"。

当时刚刚设置右御史台,巡按天下。李峤上疏陈其得失曰:

> 陛下创置右台,分巡天下,察吏人善恶,观风俗得失,斯政

途之纲纪，礼法之准绳，无以加也。然犹有未折衷者，臣请试论之。夫禁纲尚疏，法令宜简，简则法易行而不烦杂，疏则所罗广而无苛碎。窃见垂拱二年诸道巡察使所奏科目，凡有四十四件，至于别准格敕令察访者，又有三十余条。而巡察使率是三月已后出都，十一月终奏事，时限迫促，簿书填委，昼夜奔逐，以赴限期。而每道所察文武官，多至二千余人，少者一千已下，皆须品量才行，褒贬得失，欲令曲尽行能，则皆不暇。此非敢堕于职而慢于官也，实才有限而力不及耳。臣望量其功程，与其节制，使器周于用，力济于时，然后进退可以责成，得失可以精核矣。①

巡察使所察官僚很多，时间紧迫，以至于往往难以如实侦察。李峤建议武则天每十州设置御史一人，以周年为限，令其亲至所辖州县，或者亲自到乡间之间，"督察奸讹，观采风俗"，从而"求其实效，课其成功"。因为，御史一职"出持霜简，入奏天阙，其于励己自修，奉职存宪，比于他吏，可相百也。若其按劾奸邪，纠摘欺隐，比于他吏，可相十也"。②武则天深以为是，采纳他的建议，下制分天下为二十道，选可堪其任者。

（三）亲民之官：刺史、县令乃人之父母

设官以治，国家的治乱兴衰与各级官僚阶层的行为举措都息息相关，刺史、县令等作为治事之官，乃民之父母。唐代宗对此有清醒的认识，永泰五年（即大历四年，769），下敕曰："令、仆以综详朝政，丞、郎以弥纶国典，法天地而分四序，配星辰而统五行，元本于是乎在。九卿之职，亦中台之辅助，小大之政，多所关决。"他还说："国

---

① 《旧唐书》卷九十四《李峤传》，中华书局 1975 年版，第 2993 页。
② 《旧唐书》卷九十四《李峤传》，中华书局 1975 年版，第 2994 页。

之安危，不独注于将相；考之理乱，固亦在于庶官。尚书、侍郎、左右丞及九卿，参领要重，朕所亲倚，固当朝夕进见，以之匡益也。并宜详校所掌，具陈损益，如非时宜，须有奏议，亦听诣阁请对。当亲览其意，择善而从。"①

唐代执政者深知，国以民为本，牧宰、刺史是亲民之官。如，元和二年（807）七月，唐宪宗对宰臣曰："当今政教，何者为急？"李吉甫对曰："为政所重，谅非一端，自非举其中，固不可致于治理。然国以民为本，亲民之任，莫先牧宰，能否实系一方。""若廉察得人，委之临抚，列郡承式，政化自宣。苟或非才。为蠹实甚。"因此，对刺史的考课非常重要，"自昔唐虞三载考绩，三考黜陟，故得久于其事，风化可成"。而一个王朝到了末期，任官时往往"多轻外任，选授之际，意涉沙汰，委以藩部，自然非才"，以至于刺史虽然人数很多，但是由于选任不慎，再加上更换过于频繁，使百姓不得安宁，耗费很多的"迎送之费"而导致供应不起，这是最大的弊端。所以希望能够"慎守良能，改革前失，则四海蒙福，民无苟且之心矣"。②唐宪宗欣然采纳李吉甫所言。

第二节 "因才""因位""因德"：选官用人的理据

君有君道，臣有臣道，君主和臣僚有不同的使命和职责要求。作为君主，既不能怠于听政，也不可身陷繁杂事务之中，要使天下治理得当，关键要先选好官用好人。作为君主没必要事必躬亲，只要选任好官吏，就可以无为而治。"若择贤而任之，待之以诚，纠之以法，则

---

① 《旧唐书》卷十一《代宗本纪》，中华书局1975年版，第295—296页。
② 王溥：《唐会要》卷五十三《杂录》，上海古籍出版社1991年版，第1082—1083页。

人自归公，孰敢行伪？"① 对于具体的选官用人之道，唐代君臣的主要看法有以下几个方面。

一、"致化之道，在于求贤审官"：意义分析

在资源有限、信息不畅、交通不便利的情况下，维持一个国家的统一和稳定，选官用人变得尤为重要。马周曾向唐太宗上疏，曰："致化之道，在于求贤审官；为政之基，在于扬清激浊。孔子曰：'唯名与器，不以假人。'是言慎举之为重也。"② 唐太宗深以为是，提拔他为侍御史，加朝散大夫。

不任贤则国亡的思想有着悠久的历史。《左传》桓公二年载："国家之败，由官邪也。"《礼记·礼运》曰："大臣法，小臣廉，官职相序，君臣相正，国之福也。"《韩非子·有度》称："官之失能者其国乱。"西汉贾谊在《新书·胎教》中一再强调，官吏"在任无德，其祸必酷；在位无能，其殃必大"；"有德有才者，为治也；有德无才者，难治也；有才无德者，为乱也"；"得贤者昌，失贤者亡"。东汉王符在《潜夫论·思贤》中也指出："乱国之官，非无贤人也，其君弗之能任，故遂于亡也。……尊贤任能，信忠纳谏，所以为安也，而暗君恶之，以为不若奸佞阘茸谗谀之言者，此其将亡之征也。……夫治世不得真贤，譬犹治疾不得真药也。"

唐太宗在授官用人过程中，确实坚持才行原则，而且不避亲疏。贞观七年（633）十月，册拜长孙无忌为司空，长孙无忌辞让，太宗不许。高士廉认为长孙无忌身为外戚，"恐招圣主私亲之诮"。唐太宗曰："朕之授官，必择才行。若才行不至，纵朕至亲，亦不虚授，襄邑王神符

---

① 《旧唐书》卷十五《宪宗本纪下》，中华书局1975年版，第467页。
② 《旧唐书》卷七十四《马周传》，中华书局1975年版，第2613页。

是也；若才有所适，虽怨仇而不弃，魏徵等是也。朕若以无忌居后兄之爱，当多遗子女金帛，何须委以重官，盖是取其才行耳。无忌聪明鉴悟，雅有武略，公等所知，朕故委之台鼎。"长孙无忌再次上表辞让，唐太宗诏曰："以公功绩才望，允称具瞻，故授此官，无宜多让也。"①

永淳元年（682），吏部侍郎魏玄同上疏言铨选之弊，以为："人君之体，当委任而责成功，所委者当，则所用者自精矣。"他以史为鉴，指出，西周、两汉时期，群司任用小官，天子任免大官，谨慎简择官员；魏晋以来，"始专委选部"。"以天下之大，士人之众，而委之数人之手，用刀笔以量才，按簿书而察行，借使平如权衡，明如水镜，犹力有所极，照有所穷，况所委非人而有愚暗阿私之弊乎！"②他谏议重新依照周、汉之规，以匡救魏、晋之失。但是，唐高宗未予采纳。

此外，魏玄同还从"君臣道合"的角度，进一步论述选举用人的重要意义。他上疏曰："臣闻制器者必择匠以简材，为国者必求贤以莅官。匠之不良，无以成其工；官之非贤，无以致于理。君者，所以牧人也；臣者，所以佐君也。君不养人，失君道矣；臣不辅君，失臣任矣。任人者，诚国家之基本，百姓之安危也。"魏玄同认为，当时社会之所以出现"今人不加富，盗贼不衰，狱公未清，礼义犹阙"的现象，是源于"下吏不称职，庶官非其才"，而这一切都是由于在选举用人方面没有做好造成的。③

设官分职，量事置吏，用得其才则理。景龙三年（709），兵部尚书、同中书门下三品韦嗣立针对当时学校废置、刑罚滥施于善良之人等官场腐败的现象，上疏曰：

> 臣又闻设官分职，量事置吏，此本于理人而务安之也。故

---

① 《旧唐书》卷六十五《长孙无忌传》，中华书局1975年版，第2447—2448页。
② 《资治通鉴》卷二百三，中华书局1956年版，第6410页。
③ 《旧唐书》卷八十七《魏玄同传》，中华书局1975年版，第2850页。

《书》曰"在官人，在安人。官人则哲，安人则惠。能哲而惠，何忧乎驩兜，何畏乎有苗"者也！是明官得其人，而天下自理矣。古者取人，必先采乡曲之誉，然后辟于州郡；州郡有声，然后辟于五府；才著五府，然后升之天朝。此则用一人所择者甚悉，擢一士所历者甚深。孔子曰："譬有美锦，不可使人学制。"此明用人不可不审择也。用得其才则理，非其才则乱，理乱所系，焉可不深择之哉！[①]

接下来，他对现实的取人之道给予批评，他说很多人在其职位上尚未做出贡献，就很快升迁擢用了，"趋竞者人之常情，侥幸人之所趣。而今务进不避侥幸者，接踵比肩，布于文武之列。有文者用理内外，则有回邪赃污上下败乱之忧；有武者用将军戎，则有庸懦怯弱师旅丧亡之患。补授无限，员阙不供，遂至员外置官，数倍正阙。曹署典吏，困于祗承，府库仓储，竭于资奉。国家大事，岂甚于此！"[②]用人，应该选拔有才者，如果无才者反被任用，贤人君子因怀才不遇而销声匿迹，贤人不得用，百姓不得安，国家就危险了，君主怎能不深虑呢！

用得其才，对整个社会的风俗教化都起到一个导引作用。长寿元年（692），补阙薛谦光上疏，以为："选举之法，宜得实才，取舍之间，风化所系。今之选人，咸称觅举，奔竞相尚，喧诉无惭。至于才应经邦，惟令试策；武能制敌，止验弯弧。"薛谦光举出汉武帝与司马相如的故事，他说，当初汉武帝读到司马相如的赋文，"恨不同时"，但后来司马相如为官，仅仅做到文园令，"知其不堪公卿之任故也"。吴起将战，左右进剑，吴起曰："将者提鼓挥枹，临敌决疑，一剑之

[①] 《旧唐书》卷八十八《韦思谦传》，中华书局1975年版，第2871—2872页。
[②] 《旧唐书》卷八十八《韦思谦传》，中华书局1975年版，第2872页。

任，非将事也。""虚文岂足以佐时，善射岂足以克敌！"关键在于"文吏察其行能，武吏观其勇略，考居官之臧否，行举者赏罚而已"。①

二、"为官择人者治，为人择官者乱"：客观的职位需要

选官用人，旨在考虑客观的职位需要，而不是从主观的人情因素出发。如，唐太宗与当时年事已高的宗正卿窦诞议政，发现窦诞已经"昏忘不能对"，于是手诏曰："朕闻为官择人者治，为人择官者乱。窦诞比来精神衰耗，殊异常时。知不肖而任之，睹尸禄而不退，非唯伤风乱政，亦恐为君不明。考绩黜陟，古今常典，诞可光禄大夫还第。"②

为官择人，是至公之道，当不避亲疏。陆象先，年轻有器量，应制举，拜扬州参军，秩满调选，吏部侍郎吉顼欲擢授陆象先为洛阳尉。当时，陆象先之父陆元方任职吏部，为了避嫌，"固辞不敢当"。吉顼说："为官择人，至公之道。陆景初才望高雅，非常流所及，实不以吏部之子妄推荐也。"③最后还是上奏授任陆象先。

选官任人，主要考虑职位需要和能力水平，不是根据被授任者的个人意愿如何。例如，长安年间，左御史中丞桓彦范和右御史中丞袁恕己都争相举荐阳峤为御史。内史杨再思与阳峤是好朋友，知道阳峤本人不乐意担任监察之职，对桓彦范等人说："闻其不情愿，如何？"桓彦范说："为官择人，岂待情愿。唯不情愿者，尤须与之，所以长难进之风，抑躁求之路。"④杨再思以为桓彦范所言在理，擢升阳峤任右台侍御史。阳峤恭谨好学，有儒者之风，又勤于政理，循循善诱，在任期间，"时人以为称职"。

---

① 《资治通鉴》卷二百五，中华书局 1956 年版，第 6481 页。
② 《旧唐书》卷六十一《窦威传附窦诞》，中华书局 1975 年版，第 2370 页。
③ 《旧唐书》卷八十八《陆元方传陆象先附》，中华书局 1975 年版，第 2879 页。
④ 《旧唐书》卷一百八十五《良吏下》，中华书局 1975 年版，第 4813 页。

乱世和治世选拔人才的标准是不一样的。贞观六年（632），唐太宗对魏徵讲选官用人不能轻率造次，曰："用一君子，则君子皆至；用一小人，则小人竞进矣。"魏徵赞同其言，指出："天下未定，则专取其才，不考其行；丧乱既平，则非才行兼备不可用也。"① 天下未定，群雄争霸之时，也是呼唤英雄和能臣之时，即八仙过海各显神通之时，只有唯才是举，把鸡鸣狗盗之徒尽入彀中方能出奇制胜。等到天下大局已定，就该休养生息恢复秩序了，德才兼备之人为官，可以有很好的社会示范效应，引导社会道德风尚。

唐高宗上元元年（674），刘晓上疏论选官问题，指出存在的问题是选官过于重视文章，而忽视德行。曰：

> 今选曹以检勘为公道，书判为得人，殊不知考其德行才能。况书判借人者众矣。又，礼部取士，专用文章为甲乙，故天下之士，皆舍德行而趋文艺，有朝登甲科而夕陷刑辟者，虽日诵万言，何关理体！文成七步，未足化人。况尽心卉木之间，极笔烟霞之际，以斯成俗，岂非大谬！夫人之慕名，如水趋下，上有所好，下必甚焉。陛下若取士以德行为先，文艺为末，则多士雷奔，四方风动矣！②

胡三省注："校勘者，谓考其功过，察其假名承伪，隐冒升降。"刘晓指出，当时选拔人才多是根据校勘和书判，而较少考察其品德才能。天下士子，附庸风雅，竞相追逐文艺，不注重内在的道德修为。甚至有的人刚刚登科入仕就身陷牢狱，虽然诵读万言，与治道有何益处呢！究其原因，刘晓认为，关键在于君主取士的好恶标准导向所致。

---

① 《资治通鉴》卷一百九十四，中华书局1956年版，第6101页。
② 《资治通鉴》卷二百二，中华书局1956年版，第6374—6375页。

如果君主选拔人才以德行为先，文艺为末，则天下之士自然转向。

官吏各司其职，君主也不能擅自改变他们的职责所向。大和五年（831），太庙第四、六间房屋失修漏雨，唐文宗发怒，罚宗正卿李锐、将作王堪的俸禄，下诏命内使找人整修。韦温上疏，对君主的处理办法提出异议，曰："吏举其职，国家所以治；事归于正，朝廷所以尊。"敬奉宗庙是国家大事，修葺太庙的诏书下达了月余，负责的官员竟然懈怠未曾执行。而君主对怠慢渎职之官只是进行罚俸，把修葺宗庙的要务转而委任内臣负责，"是许百司之官，公然废职"，是典型的纵容各官渎职，这给百官一种很不好的暗示，会导致"群官有司，便同委弃"。另外，此事关乎宗庙，陛下的处理还将载于史册，如果不是有据可循，不可轻率造次。韦温主张，"宜黜慢官，以惩不恪之罪；择可任者，责以缮完之功"。如此则可使"事归于正，吏举其职"。他谏议君主另外下诏，委任所司营缮，"则制度不紊，官业交修"。① 唐文宗采纳了他的意见。

三、"擢温厚之人，升清洁之吏"：官德的重要性

"官德毁则民德降。"清官廉吏对敦化风俗确实有积极作用。唐代君臣认识到这一点，在讨论设官分职时，注重选任清廉之士。例如，唐太宗常常召集身边近臣，让他们指斥陈述时政损益得失。有一次，高季辅上封事五条，他肯定了唐太宗平定天下，富有四海，功德盖世的丰功伟绩，紧接着他指出当时政治的问题，曰：

> 然而刑典未措者，何哉？良由谋猷之臣，不弘简易之政；台阁之使，昧于经远之道。执宪者以深刻为奉公，当官者以侵下为

---

① 《旧唐书》卷一百六十八《韦温传》，中华书局 1975 年版，第 4378 页。

益国，未有坦平恕之怀，副圣明之旨。至如设官分职，各有司存。尚书八座，责成斯在，王者司契，义属于兹。伏愿随方训诱，使各扬其职。仍须擢温厚之人，升清洁之吏；敦朴素，革浇浮，先之以敬让，示之以好恶，使家识孝慈，人知廉耻。丑言过行，见嗤于乡闾；忘义私昵，取摈于亲族。杜其利欲之心，载以清净之化。自然家肥国富，气和物阜。礼节于是竟兴，祸乱何由而作？①

他认为当时政治不能有效发挥作用的原因在于官僚们鱼肉百姓，不能尽职尽责，建议选拔温良敦厚之人，提升清廉之吏，从而敦化风俗，推行伦理之教，富足天下。同时，高季辅还指出应该给外任之官以俸禄，当时"外官卑品，犹未得禄，既离乡家，理必贫匮"，"若不恤其匮乏，唯欲责其清勤，凡在末品，中庸者多，止恐巡察岁去，辎轩继轨"。他们也要养育妻儿，对物质的需求是现实的，没有官俸收入势必迫使他们侵渔百姓，怎么可能行清廉之政！而且现在国家户口增多，物质丰富，"斟量给禄，使得养亲。然后督以严科，责其报效，则庶官毕力，物议斯允"。②

对唐朝的选举用人，典型的记载如下：

大略唐之选法，取人以身、言、书、判，计资量劳而拟官。始集而试，观其书、判；已试而铨，察其身、言；已铨而注，询其便利；已注而唱，集众告之。然后类以为甲，先简仆射，乃上门下，给事中读，侍郎省，侍中审之，不当者驳下。既审，然后上闻，主者受旨奉行，各给以符，谓之告身。兵部武选亦然。课试之法，以骑射及翘关、负米。人有格限未至，而能试文三篇，

---

① 《旧唐书》卷七十八《高季辅传》，中华书局1975年版，第2701页。
② 《旧唐书》卷七十八《高季辅传》，中华书局1975年版，第2702页。

谓之宏词，试判三条，谓之拔萃，入等者得不限而授。其黔中、岭南、闽中州县官，不由吏部，委都督选择士人补授。凡居官以年为考，六品以下，四考为满。①

胡三省注："唐择人之法有四：一曰身，取其体貌丰伟；二曰言，取其言辞辩证；三曰书，取其楷法遒美；四曰判，取其文理优长。"②

对官吏的考课要求，除了业绩外，为官的心态、雅量也是重要指标之一。例如，总章二年（669）癸亥，雍州长史卢承庆受任司刑太常伯。卢承庆考课内外官时，有一位官员负责督察运粮，遭遇风暴天气导致米粮损失，卢承庆考之曰："监运损粮，考中下。"这位官员"容色自若，无言而退"。卢承庆器重其雅量，改注曰："非力所及，考中中。"这位官员"既无喜容，亦无愧词"。卢承庆又改曰："宠辱不惊，考中上。"③可见，同样一件事情，官员的态度不同，所得的考核等次有所不同。

四、"任大臣以事，不可以小臣言间之"：信任原则

君臣有分工，官僚也各有分工，"委大臣以大体，责小臣以小事，为治之道也"。贞观十四年（640），魏徵上疏，认为，在朝群臣，都是担任重要职位的人，君主赋予了他们重任，却对他们没有足够的信任，以至于他们常常苟且偷安。陛下对大事宽容，为小罪反而动怒责罚他们。真正的治理天下之道应该是"委大臣以大体，责小臣以小事"。现在却是"委之以职，则重大臣而轻小臣；至于有事，则信小臣而疑大臣。信其所轻，疑其所重，将求致治，其可得乎！"对委以重

---

① 《资治通鉴》卷二百一，中华书局 1956 年版，第 6362 页。
② 《资治通鉴》卷二百一，中华书局 1956 年版，第 6362 页。
③ 《资治通鉴》卷二百一，中华书局 1956 年版，第 6358 页。

任之臣的小过错斤斤计较,只会导致"刀笔之吏,顺旨承风,舞文弄法,曲成其罪"。① 这些重臣如果自我辩解,被认为是内心不服;如果沉默不言,被认为是所犯属实。他们进退维谷,不能自明,便苟且以求免祸,矫饰伪装成为常事。唐太宗显然采纳了其意见。

"任大臣以事,不可以小臣言间之。"用人不疑,君主任大臣以事,不应该受小人的谗言离间。元和六年(811),吴越发生水旱灾害,官僚多次上书言及此事。元和七年(812)五月,唐宪宗对宰臣说,你们多次言及吴越去年水旱,昨天有御史从江淮回来,说还算不上灾害,百姓并非十分困窘。李绛对曰:"臣得两浙、淮南状,继言歉旱。方隅授任,皆朝廷信重之臣。御史非良,或容希媚,此正当奸佞之臣。况推诚之道,君人大本,任大臣以事,不可以小臣言间之。伏望明示御史姓名,正之典刑。"宪宗深以为是,称"朝廷大体,以恤人为本,一方不稔,即宜赈救,济其饥寒,况可疑之也!向者不思而有此问,朕言过矣"。②

任则不疑,疑则不任,不可"监搜"台宰。自有君主政治以来,臣僚之间的权力争斗就从未止息过,一些奸臣常常费尽心机,在君主面前诋毁他人以彰显自我。明智之君往往既利用群臣之间的这种倾轧,同时又对其加以限制,以为己用。大和元年(827)五月,唐文宗下诏称,自魏晋已降,参用霸制,"虚议搜索",这种风习因袭至今。他认为:"元首股肱,君臣象类,义深同体,理在坦怀。夫任则不疑,疑则不任。"诏曰:"朕方推表大信,置人心腹,庶使诸侯方岳,鼓洽道化,夷貊飞走,畅泳治功。况吾台宰,又何间焉。自今已后,紫宸坐朝,众僚既退,宰臣复进奏事,其监搜宜停。"③ 唐文宗下令明申诸僚属不得

---

① 《资治通鉴》卷一百九十五,中华书局1956年版,第6161页。
② 《旧唐书》卷十五《宪宗本纪下》,中华书局1975年版,第442页。
③ 《旧唐书》卷十七上《文宗本纪上》,中华书局1975年版,第526页。

监视搜索宰辅大臣的行踪，离间他们与君主的关系，君主既然任用他们，就信任他们。

五、对选拔方式及相关问题的认识

选拔人才是个大问题，而贤才能否得以任用，关键在于君主。唐高宗曾经多次责备侍臣不举荐贤能，众人都不敢言辞。李百药之子少常伯李安期对曰："天下未尝无贤，亦非群臣敢蔽贤也。比来公卿有所荐引，为谗者已指为朋党，滞淹者未获伸，而在位者先获罪矣，是以各杜口耳。陛下果推至诚以待之，其谁不愿举所知！此在陛下，非在群臣也。"[①]可见，天下不是没有贤能，也不是群臣蔽贤不举，而是举贤者被进谗者指为朋党而先受其害，只好避而不语。如果君主真的想诚信任贤，大家都会愿意举荐的。所以，能否举贤关键在君主能否推诚以待之。

（一）科举取士

就具体形式而言，科举取士无疑是唐代选拔人才的重要方式。唐代科举取士，大体上分为贡举和制举两大类。贡举由礼部主持具体工作，常设科目有秀才、进士、明经、明法、明书、明算等六科；武则天时开设武举，由兵部主持具体工作。制举亦名特科，由皇帝临时下诏设定科目，不定期举行。在众多科目中，进士和明经两科最受重视，"其进士大抵千人得第者百一二；明经倍之，得第者十一二"[②]。

关于唐朝的考试制度、科举制度和铨选制度的研究，史学界给予了长期关注。科举制尤其是进士科，导致了一个新兴阶级的成立，并

---

① 《资治通鉴》卷二百一，中华书局1956年版，第6351—6352页。
② 柏桦：《中国官制史》，东方出版中心2001年版，第381页。

因此引起了数百年间的一大世变。王亚南认为,"由隋唐开创的科举制,正好是当时政治经济文化各方面分别呈现的新事态所形成的结果"①。在实行科举制的同时,为专制君主保留亲自钦定的制举方式,为其他大官僚保留铨选、选授、衡鉴一类的选拔方式,再加上荫补、捐纳,以种种方式限制了科举取士的人数和效果。贯彻其中的所谓的"平等",不过"在于以形式平等的文化手段,模糊知识水准逐渐提高了的一般人士的种族或阶级意识"②。吴宗国《唐代科举制度研究》分析了唐前后期科举录取标准的变化,"唐初衡量进士策文好坏的标准,主要不是看文章的内容,而是看文章的词华"③。

但是就整个唐代的官僚任用来看,科举取士的数量是非常有限的,士族的权势在政治过程中依然占据主导。科举取士在唐代的作用和影响远没有在宋代那么重要和突出。"唐代进士及第的名额一榜最多只有三十名。五代时一榜只有七八名。宋代大大放宽进士及第名额,多到四五百名。做官的道路很多,不只是科举一途。唐代,士族和流外的官员是分得很清楚的,士族不做流外官。宋代这种界限就去掉了。唐代考进士,因为旧士族仍有特权,所以未放榜以前,即知道谁考取,谁没有考取。宋代改用密封,士族与非士族同等对待,所以未放榜时,不知道谁考取与否。魏晋以来的士族制度,到宋代最后打破了。"④据郭齐家统计:唐代有宰相368人,进士出身的只有143人,占宰相总数的39%;宋朝共有宰相133名,其中科举出身的占92.4%,大大高于唐代的比例。⑤

---

① 王亚南:《中国官僚政治研究》,中国社会科学出版社1981年版,第100页。
② 王亚南:《中国官僚政治研究》,中国社会科学出版社1981年版,第110—111页。
③ 吴宗国:《唐代科举制度研究》,北京大学出版社2010年版,第132页。
④ 范文澜:《经学演讲录》,转引自贾海涛:《北宋"儒术治国"政治研究》,齐鲁书社2006年版,第15—16页。
⑤ 郭齐家:《中国古代考试制度》,转引自贾海涛:《北宋"儒术治国"政治研究》,齐鲁书社2006年版,第16页。

唐朝君臣对科举取士少，流外官多也有清醒的认识。如，开元十七年（729）丙辰，国子祭酒杨玚就指出，"省司奏限天下明经、进士及第，每年不过百人。窃见流外出身，每岁二千余人，而明经、进士不能居其什一，则是服勤道业之士不如胥史之得仕也。臣恐儒风浸坠，廉耻日衰。若以出身人太多，则应诸色裁损，不应独抑明经、进士也"。又奏"主司贴试明经，不务求述作本指，专取难知，问以孤经绝句或年月日；请自今并贴平文"。①唐玄宗认同他的看法。

（二）官僚举荐、个人自荐、野才授官、门荫入仕等选拔方式

在科举取士之外，唐代选拔人才的方式是多样的，其中，官僚举荐、个人自荐、野才授官、门荫入仕等都是非常重要的。宰相举荐是非常重要的一个方面，狄仁杰就是善于举荐贤能的典型。同时，狄仁杰本人也是因娄师德举荐而被武则天赏识的。娄师德久为将相，为政恭勤不怠，性情沉厚宽恕。起初，狄仁杰并不知晓自己为相乃娄师德所荐，"意颇轻师德，数挤之于外"。武则天知道这个情况后，问狄仁杰曰："师德贤乎？"狄仁杰对曰："为将能谨守边陲，贤则臣不知。"又问："师德知人乎？"狄仁杰对曰："臣尝同僚，未闻其知人也。"武则天曰："朕之知卿，乃师德所荐也，亦可谓知人矣。"狄仁杰既出，叹曰："娄公盛德，我为其所包容久矣，吾不得窥其际也。"②娄师德以功名终老。

武则天器重狄仁杰，群臣莫及，常以"国老"称之。狄仁杰"好面引廷争，太后每屈意从之"。武则天尝问狄仁杰曰："朕欲得一佳士用之，谁可者？"狄仁杰曰："未审陛下欲何所用之？"武则天曰："欲用为将相。"狄仁杰对曰："文学缊藉，则苏味道、李峤固其选矣。

---

① 《资治通鉴》卷二百一十三，中华书局1956年版，第6784页。
② 《资治通鉴》卷二百六，中华书局1956年版，第6541页。

必欲取卓荦奇才,则有荆州长史张柬之,其人虽老,宰相才也。"随后,武则天擢升张柬之为洛州司马。狄仁杰坚持己见,等到武则天再次咨询谁可为将相时,曰:"臣所荐者可为宰相,非司马也。""乃迁秋官侍郎;久之,卒用为相。"狄仁杰还曾经举荐夏官侍郎姚元崇、监察御史曲阿桓彦范、太州刺史敬晖等数十人,都是一代名臣。有人称:"天下桃李,悉在公门矣。"狄仁杰曰:"荐贤为国,非为私也。"[①] 狄仁杰在举荐官员过程中的确有一股不达目的誓不罢休的倔强劲,这也是君臣之间博弈的一种体现。

有些官员也因举荐之功而得以升迁。如侍御史张循宪为河东采访使,发现张嘉贞有异才,向武则天举荐,"且请以己之官授之"。武则天"因召嘉贞,入见内殿,与语,大悦,即拜监察御史;擢循宪司勋郎中,赏其得人也"。[②]

唐代也鼓励有才能者自举为官。如,垂拱元年(685),"壬戌,制内外九品以上及百姓,咸令自举"[③]。

唐玄宗任用王琚是野才授官的典型。唐玄宗为王爷时,常到京城南面的韦曲、杜曲逐兔。书生王琚邀请其到家"杀驴拔蒜且酒饭款待之",言论之间,唐玄宗发现王琚谈吐不凡,举止非常,是位"野山潜才"。从此,李隆基每次到韦曲、杜曲,都会去拜访王琚。有一次,他与王琚谈起"韦氏专权",担忧李唐重蹈"武后覆辙"。王琚直言道:"乱则杀之,又何疑也?"玄宗采纳了王琚的谋略,勘定了祸难。唐玄宗即位后,王琚官至中书侍郎。

唐人以荫入仕,到中晚唐仍有,例如晚唐两大才子李德裕和段成式,都是以荫入官。史学界对唐代门荫的研究有很多成就,如张兆凯、

---

① 《资治通鉴》卷二百七,中华书局1956年版,第6550—6551页。
② 《资治通鉴》卷二百七,中华书局1956年版,第6561页。
③ 《资治通鉴》卷二百三,中华书局1956年版,第6435页。

毛汉光、爱宕元、王永兴、张泽咸和宁欣诸家，使我们领略了门荫制度的大致面貌。

唐人认识到门荫入仕存在很多问题。其中，萧至忠的见解很有代表性。他指出，君主设官分职，用人得当，天下得治，用人失当，则天下之事偏废。而且选官用人不依据才能德行，会导致大家竞相投机取巧，去攀附权贵机要人物，无心正事。官爵本来是国家公器，为谋天下公利而设置的，不能作为帝王赏赐恩宠的私物随便授人。当时授官存在的问题是：宰相及皇帝身边近臣的子弟，多被授以要官美爵，他们大多缺乏才艺，虚有官位，难胜其任。他认为君主应该居安思危，改弦易张，"爱惜爵赏，审量材识，官无虚授，人必为官，进大雅于枢近，退小子于闲僻，政令惟一，威恩以信，私不害公，情不挠法，则天下幸甚"[1]。他建议效法永徽年间的做法，把宰相以下及诸司长官子弟，都改授外官，让他们分赴四方任职，造福地方，安抚百姓。这样既有助于抑制强宗大族，又可以选用贤才，上下相安。

（三）薛登《论选举疏》

天授年间，薛登任左补阙，上《论选举疏》指斥当时选举之滥，要点有以下几个方面。首先，薛登对选官用人的意义进行分析。他指出，"国以得贤为宝，臣以举士为忠"，"人主受不肖之士则政乖，得贤良之佐则时泰。故尧资八元而庶绩其理，周任十乱则天下和平"。因此，"士不可不察而官不可妄授也"。

其次，薛登分析了历史经验。他认为，"古之取士，实异于今"。古代是先考察其人的声望名誉，"崇礼让以励己，明节义以标信，以敦朴为先最，以雕虫为后科"。所以，"人崇劝让之风，士去轻浮之行。希仕者必修贞确不拔之操，行难进易退之规"。

---

[1] 《旧唐书》卷九十二《萧至忠传》，中华书局1975年版，第2969—2970页。

第四章 设官"分事"：官僚制度运作原理　　165

再次，薛登分析了当时选举中存在的问题。"今之举人，有乖事实，乡议决小人之笔，行修无长者之论，策第喧竞于州府，祈恩不胜于拜伏。"以至于，"才应经邦之流，惟令试策；武能制敌之例，只验弯弧"。

最后，薛登给出相应的对策建议。"伏愿陛下降明制，颁峻科，千里一贤，尚不为少，侥幸冒进，须立堤防；断浮虚之饰词，收实用之良策，不取无稽之说，必求忠谠之言；文则试以效官，武则令其守御，始既察言观行，终亦循名责实，自然侥幸滥吹之伍，无所藏其妄庸。"而且对举荐者也论功行赏，因过责罚。"有称职者受荐贤之赏，滥举者抵欺罔之罪。"① 对于选举的弊端，薛登的分析很有代表性。

此外，对当时的选举问题，其他官僚也有相关认识。如唐高宗时，魏玄同任吏部侍郎，认为当时的选举用人，"未尽得人之术"，而"明王奉若天道，建邦设都，树后王君公，承以大夫师长，不惟逸豫，惟以理人"。② 上疏建议仿照西周和两汉的做法，由长官自设属吏。

天下无不可治之民，有不能治民之吏；天下无不可得之士，有不能求士之君。君明则吏贤，吏贤则民治。见其民而知其吏，见其吏而知其君。《新书·大政下》曰："故君功见于选吏，吏功见于治民。"治理天下依靠能臣良吏，欲得能臣良吏关键在于君主选官用人之道。概而言之，选官用人的基本理据至少有三点：其一，"因才"，依据贤能标准；其二，"因位"，依据职位需要；其三，"因德"，依据德行标准。既任之则安之信之，让他们各就其位，他们也就能够各当其任。

---

① 《全唐文》卷二八一《薛登·论选举疏》，中华书局1983年版，第2850—2853页。
② 《旧唐书》卷八十七《魏玄同传》，中华书局1975年版，第2849页。

第三节 "以孝驭官"：以唐玄宗为中心的考察[①]

一种制度在其设计之初有其良好的目的和出发点，即向善性，这是毫无疑问的。问题的关键是在这项制度的运行过程中，如何规范和驾驭它，使之不至于为恶。后者往往更为必要和紧迫。但如何驾驭庞大的官僚系统，这是令历代君主头痛的大问题。如何争人才与争天下、驭群臣与驭天下是国家政治理论的核心内容。唐朝皇帝极为重视对御臣之道的探究，而"君臣道合"理论又是御臣之道的理论基础。"君臣道合"理论将君道与臣道紧密连结为一体。唐太宗《帝范·求贤》说："夫国之匡辅，必待忠良，任使得其人，天下自治。"武则天《求访贤良诏》称："上之临下，道莫贵于求贤；臣之事君，功岂逾于进善。"为君之道莫过于求贤，为臣之道莫过于谏君，这个思想是唐朝时期君臣上下的共识。

具体而言，唐玄宗采取"以孝驭官"的方式来解决这个问题。他亲注《孝经》，阐释孝理，系统保存了唐以前各家注《孝经》的宝贵资料，这也是《十三经注疏》中唯一一部由皇帝注释的儒家经典。唐玄宗的《孝经注》丰富并发展了《孝经》思想，多方位地阐发了"孝治"要义。理论指导实践，唐玄宗将"孝治"思想转化为其重要的治国原则和制度理念，以孝驭官，加强对官僚阶层的孝道规范教育。

一、选择的逻辑：唐玄宗亲注《孝经》阐释"孝治"思想

如何以最小的成本最大限度地维护国家统一、民族团结，实现社

[①] 本节部分内容分别以《唐玄宗的孝治实践及功能分析》为题发表于《齐鲁学刊》2008年第4期；以《"天子之孝"与中国古代政治调节理论——以唐玄宗为中心的考察》（商爱玲、张分田）为题发表于《江西社会科学》2008年第12期。

会整合，是任何一个政治共同体都必须考虑的头等大事。古往今来，一个政治共同体维护其统治的手段不外乎两种，一是物质的（有形的）控制，即充分利用政治的统治功能，依靠军队、法庭、警察、特务组织等国家暴力机器进行严酷的社会控制；另外一种是精神的（无形的）控制。因而，统治阶级为了实现自己社稷的万世长存，必然会选择一种思想理论学说，为己所用。但究竟哪一种思想理论学说能获此殊荣，是由其自身的特点和社会的宏观现实需要决定的。

中国封建社会以小农经济为其经济基础，男耕女织的个体家庭构成社会的最基本细胞，家庭之间又依照血缘关系的疏密联结在一起组成家族。在地域上，他们流动性小，安土重迁，世代生活在同一片土地，农业民族天然的地缘稳定性为家族生活提供了现实上的可能条件。血缘根基成为中国传统思想的社会根源，"它在很大程度上影响和决定了中国社会及其意识形态所具有的特征"[①]。血缘关系与地缘关系表现出高度的合一，人与人之间根据血缘关系的亲疏来确定各自的人际关系网，构织成一个等级森严的框架结构。每个人都以自己为圆心，根据血缘上的亲疏远近排列序次，构成一组界限分明的同心圆，上有父母、叔伯姑舅、祖父母，下有子女、甥侄、孙子，同辈有兄弟姐妹等，等级泾渭分明。其中，儿女与父母之间的关系是最核心的内容，儿女对父母尽孝则是这一关系的基本准则。以孝道为核心的传统礼俗及由此形成的思维方式，随着历史的积淀逐渐形成为一种特有的文化结构，即家族文化。传统一路走来，家族文化根深蒂固，泛化于整个社会，它支配着或弥漫于中国社会的各个领域，政治、经济、文化、宗教、伦理、道德、教育、家教、习俗等无不打上其烙印。在漫长的历史中，没有什么力量能冲击根深蒂固的家族文化。

这种特定的政治生态历史地选择了"孝"作为其精神中枢，儒学

[①] 李泽厚：《中国古代思想史论》，安徽文艺出版社1994年版，第297页。

思想家和政治家进一步对其发挥,将行为规范上升到理论高度,反过来又指导实践。他们注《孝经》,阐发"孝治"思想,将其由伦理道德范畴的价值准则引申为社会政治领域的行为规范,由维系家族伦理的道德指导上升为治国安邦的政治理论。《孝经》为人们规定了十分具体的仪则规范,不同的等级身份有不同的孝行要求。一方面教化人民安于等级划分的大局,认可自己的卑贱身份;另一方面,积极帮助统治者维护他们的尊贵等级身份——永保其社会政治地位。《孝经》绝不仅仅是"我国的第一部伦理道德专著"[1],而是一部宣传封建孝道和"孝治"思想的儒家经典,也是一部典型的政治法典。

胡汉混血的特殊家族背景与长期受到以儒道为主干的汉族先进文化的熏陶,进而渴望获得中华主流文化的认同和接纳,是唐玄宗大力推行"孝治"的直接动因。唐代李姓宗室的血统本身是胡汉融合通婚的产物,"若以女系母统言之,唐代创业及初期君主,如高祖之母为独孤氏,太宗之母为窦氏,即纥豆陵氏,高宗之母为长孙氏,皆为胡种,而非汉族"[2]。作为素来有着贱夷狄、贵华夏悠久传统的中华帝国的最高统治者,要稳固自己的统治地位,必须将自己装扮成正统的继承者,寻求中华主流文化的肯定和支持。为此,唐玄宗力图通过倡导兼有伦理精神和政治规范双重含义的"孝",来充任中华民族传统文化的承接者,旨在得到社会成员在心理和情感上的认同和接纳。此外,唐玄宗以庶子身份,凭借武力,借助宫廷政变,登基为帝,也需要伦理和道德上的价值支援。身为睿宗第三子的他,依靠两次宫廷政变获取、巩固了王位,与嫡长子继承制的传统法定王位世袭制度相悖,因此极力以孝掩饰其庶子身份的尴尬,将自我宣扬为行孝事亲的典范,借此获取天下人的认可。

---

[1] 刘学林、王楠:《〈孝经〉思想论评》,《陕西师大学报》1993年第1期。
[2] 陈寅恪:《唐代政治史述论稿》,上海古籍出版社1982年版,第1页。

面对当时《孝经》各注虽备存秘府而多有残缺的情况,唐玄宗召集群臣中精通儒术者,进行注释阐发,然后,亲自在各注中采取精华,去其繁乱,取义理允当者,作为注解。开元十年(722),书成颁行天下及国子学。天宝二年(743)五月,玄宗又进行重注,并颁行天下。诏曰:"化人成俗,率繇于德本;移忠教敬,实在于《孝经》。朕思畅微言,以理天下,先为注释,寻亦颁行,犹恐至赜难明,群疑未尽,近更探讨,因而笔削,兼为叙述,以究源流,将发明于大顺,庶开悟于来学,宜付所司,颁示中外。"① 仅仅有注,尚觉不足,"又特令行冲撰御所注《孝经》疏义,列于学官"②。天宝三载(744)十二月下敕曰:"自今已后,宜令天下家藏《孝经》一本,精勤教习;学校之中,倍加传授,州县官长申劝课焉。"③ 天宝四载(745)九月,以御注刻石于太学,谓之《石台孝经》,今仍在西安府学中为碑。玄宗作注和元行冲作疏,是经学历史上第一次大规模、有系统地整理《孝经》的工作。流传至今的清阮元刻《十三经注疏》中的《孝经注疏》即以唐玄宗注为蓝本。

唐玄宗《孝经注》的思想,主要可以概括为两个方面。一方面,"孝为至德要道",孝是宗法原则的抽象和概括,是道德的根本和道义的核心。《孝经》开宗明义指出孝行是人行为的最高境界,孝是道德的根本,教化的源泉。《孝经》曰:"夫孝始于事亲,中于事君,终于立身。"另一方面,"孝为百行之宗",孝是一切道德规范、政治实践的起点和宗本。《孝经注疏》曰:"孝为百行之首、人之常德,若三辰运天而有常、五土分地而为义也。"慈爱为天之性,恭顺是地之义,人生于天地之间,禀受天地之性而行则为孝行。"万恶淫为首,百善孝当先",孝是一切行为准则的伦理道德内核,是其抽象的理论根源和归宿。

---

① 王钦若等编:《册府元龟》卷四〇《帝王部·文学》,中华书局1960年版,第454页。
② 《旧唐书》卷一百二《元行冲传》,中华书局1975年版,第3178页。
③ 王溥:《唐会要》卷三十五《经籍》,上海古籍出版社1991年版,第753页。

利益是最根本的决定力量。"实际的政治生活,是一种权力与利益交易的活动。在古代,这交易具有一定的隐蔽性,它被蒙在实际政治上面的道德之幕遮蔽着。但是,古今政治具有同一的品格。这一品格就是权力中心和利益驱动。"[①] 唐玄宗作为帝王,将天下权力统于一,实现政治秩序的和谐和国家政权的长治久安是其根本利益所在。基于此,唐玄宗把"孝治"思想付诸政治实践,成为其重要的治国原则。

二、唐玄宗以孝驭官的政治实践

在官本位的古代社会,官僚阶层不仅肩负着秉承圣命治理天下的政治职责,而且是传统文化的主要传承者,也是将之转化为政治资源的主要责任者,同时又是圣贤人格的典范。唐玄宗力图将孝的伦理原则和道德理想贯彻到政治生活和行为实践中去,利用国家的力量,内化为社会中每一个人的价值信念和理想追求。在这一政治过程中,他通过一系列的政治社会化措施对官僚阶层进行孝道规范教育,通过对行政道德的塑造,从而带动社会道德的提高。

(一)在官员的选拔中,重视学习《孝经》和遵循孝道

首先,在天下贡举的考试科目中有《孝经》。《唐六典·尚书礼部》曰:"正经有九:《礼记》、《左氏春秋》为大经,《毛诗》、《周礼》、《仪礼》为中经,《周易》、《尚书》、《公羊春秋》、《谷梁春秋》为小经。通二经者,一大一小,若两中经。通三经者,大、小、中各一。通五经者,大经兼通。其《孝经》、《论语》、《老子》并须兼习。"[②] 此外,唐代还鼓励人们从小研读《孝经》,设童子科,规定十岁以下的儿

[①] 任剑涛:《从大同到自由:百年中国政治致思主题的转变》,《开放时代》2001年第3期。
[②] 李林甫等撰,陈仲夫点校:《唐六典》卷四《尚书礼部》,中华书局1992年版,第109页。

童，能通一经及《孝经》、《论语》者，给予奖励。

　　政府选官，不仅要在理论上测试对《孝经》的掌握情况，而且重视考察他们的实际行孝情况。吏部尚书、侍郎负责掌管天下官吏选授、勋封、考课等事宜，其掌握考课的标准主要在于，"以四事择其良：一曰身，二曰言，三曰书，四曰判。以三类观其异：一曰德行，二曰才用，三曰劳效。德钧以才，才钧以劳。其优者擢而升之，否则量以退焉。所以正权衡，明与夺，抑贪冒，进贤能也。然后据其状以核之，量其资以拟之"①。可见，选官首先注重人的品德，然后才是个人的才能和功效。此外，《拣择刺史诏》中也强调选官"必取才望兼优、公清特著、可以宣风异俗者，具以名闻"②。现实中，确有些官吏能力平平，仅凭个人的孝德卓著，就做至高官。《旧唐书》记载，曾任监察御史、户部尚书、礼部尚书等职的杜暹，在家孝友，史载："自暹高祖至暹，五代同居，暹尤恭谨，事继母以孝闻"，他虽然位居高官，"然素无学术，每当朝谈议，涉于浅近。常以公清勤俭为己任"，殁后，赠谥号"贞孝"。③

　　在唐玄宗任命官吏的诏书中，为人忠孝是一个必提不可的优秀品质。例如，授姚元之兵部尚书同三品制："有忠臣之操，得贤相之风"④；加宋王成器开府仪同三司制："明德茂亲，崇儒乐善"，"温良恭俭，明允笃诚"⑤；命张说兼中书令制："道合忠孝，文成典礼，当朝师表，一代词宗，有公辅之材，怀大臣之节"⑥；朝散大夫白履忠寻表请

---

① 李林甫等撰，陈仲夫点校:《唐六典》卷二《尚书吏部》，中华书局1992年版，第27页。
② 《唐大诏令集》卷一百《政事·官制上·拣择刺史诏》，学林出版社1992年版，第460页。
③ 《旧唐书》卷九十八《杜暹传》，中华书局1975年版，第3075—3077页。
④ 《全唐文》卷二十《元宗皇帝·授姚元之兵部尚书同三品制》，中华书局1983年版，第236页。
⑤ 《全唐文》卷二十《元宗皇帝·加宋王成器开府仪同三司制》，中华书局1983年版，第239页。
⑥ 《全唐文》卷二十二《元宗皇帝·命张说兼中书令制》，中华书局1983年版，第259页。

还乡,唐玄宗手诏曰:"孝悌立身,静退放俗,年过从耄,不杂风尘。盛德予闻,通班是锡,岂惟旌贲山薮,实欲奖劝人伦。且游上京,徐还故里。"① 授庆王琮司徒制曰:"庆王琮,克勤于躬,允协厥训;每有志于敦学,常不忘于乐善;事上之道,忠顺在焉;举能之义,亲疏一也";授荣王琬安北大都护制:"荣王琬,温仁植性,孝友因心;言必备于忠肃,动必循于德义;爱就师傅,学行可观";等等。②

同时,玄宗准许官吏举荐自己亲属中的贤能之人为官。开元二十九年(741)正月十五日,"令百官于亲属之中举牧宰,乃下制曰:'昔祁奚之举祁午,谢安之举谢玄,宁限嫌疑,致有拘忌。其内外官有亲伯叔及兄弟子侄中,有材术异能,通闲政治,据资历可任刺史县令者,各以名闻。'"③现实的利益驱动成为强化孝道的有效机制。

(二)官吏职责之一是以孝敦行教化

首先,专门设置负责祭奠礼拜儒学宗师孔子的官职。"国子监祭酒、司业之职,掌邦国儒学训导之政令,……凡春秋二分之月,上丁释奠于先圣孔宣父,以先师颜回配,七十二弟子及先儒二十二贤从祀焉。"④通过举行盛大的祭孔大典,使天下百官深谙儒学宗旨,领悟忠孝规范,从而躬行孝道。

辅助天子通过宣扬孝行来教化百姓,是每一个臣子的分内之事,也是皇帝考核臣子功绩,决定其仕途升迁的重要依据之一。开元五年(717),玄宗来到东都,大臣建议不妨利用外出的机会"观人好恶",一方面可以对那些"不敬不孝"的官吏予以就地"削地黜爵",另一方面也可以对有功的臣属及时"加秩进赏"。玄宗欣然应允,亲自检查地

---

① 《旧唐书》卷一百九十二《白履忠传》,中华书局1975年版,第5124页。
② 《唐大诏令集》卷三十六《诸王·除亲王官下》,学林出版社1992年版,第139页。
③ 王溥:《唐会要》卷六十八《刺史上》,上海古籍出版社1991年版,第1421页。
④ 李林甫等撰,陈仲夫点校:《唐六典》卷二十一《国子监》,中华书局1992年版,第557页。

方州牧县宰的实际工作，使下情得以上达，有力督促地方官员积极教化民众，敦化风俗。① 根据定法："凡考课之法有四善：一曰德义有闻，二曰清慎明著，三曰公平可称，四曰恪勤匪解。"② 对官吏的考核中，首先的要求就是要品行高洁，声名远播，其次是清廉谨慎，再者是公正无私，最后是敬业，其中德行是最先考虑的。为官之人不仅仅要自己行孝事亲，而且还必须举荐民间行孝典型，上奏皇帝。如左补阙、左拾遗等官的职责之一就是，"若贤良之遗滞于下，忠孝之不闻于上，则条其事状而荐言之"③。

官员负责察举民间行孝事亲的典型，上奏皇帝，给予表彰。开元三年（715）三月，玄宗制敕，巡察使的重要职责之一，是寻访遗留民间的"德行孝弟，茂才异等"之人，上奏皇帝得知。④ 如《唐六典》：

> 京兆、河南、太原牧及都督刺史，掌清肃邦畿，考核官吏，宣布德化，抚和齐人，劝课农桑，教谕五教。每岁一巡属县，观风俗，问百姓，录囚徒，恤鳏寡，阅丁口，务知百姓之疾苦。部内有笃学异能闻于乡闾者，举而进之；有不孝悌，悖礼乱常，不率法令者，纠而绳之。……若孝子顺孙，义夫节妇，志行闻于乡闾者，亦随实申奏，表其门闾；若精诚感通，则加优赏。其孝悌力田者，考使集日，具以名闻。其所部有须更改，得以便宜从事。⑤

官僚作为国家秩序的维护者，一方面要对不孝不悌、有悖纲常、违反

---

① 王溥：《唐会要》卷二十七《行幸》，上海古籍出版社1991年版，第604页。
② 李林甫等撰，陈仲夫点校：《唐六典》卷二《尚书吏部》，中华书局1992年版，第42页。
③ 李林甫等撰，陈仲夫点校：《唐六典》卷八《门下省》，中华书局1992年版，第247—248页。
④ 王溥：《唐会要》卷七十七《诸使上》，上海古籍出版社1991年版，第1674页。
⑤ 李林甫等撰，陈仲夫点校：《唐元典》卷三十《三府督护州县官吏》，中华书局1992年版，第747页。

法律的行为进行严惩，予以镇压；另一方面，要亲自践行以德治国、以孝教人的"孝治"原则，明察暗访，了解百姓生活及社会实情，大力表彰忠孝节义之人。其政治功能在于通过褒扬和惩戒，鼓励人民躬行孝悌之道，排斥不孝行为，从而使行孝事亲的价值理念深入人心，成为一种不容置疑的观念。

（三）表彰忠臣义士

借鉴历史经验，表彰官员中尽忠行孝的典型，以激励他人争相效法是唐代君主常用的方式。例如唐太宗在贞观十七年（643）二月二十八日下诏曰："自古皇王，褒崇勋德，既勒名于钟鼎，又图形于丹青，是以甘露良佐，麟阁著其美，建武功臣，云台纪其迹。"①自古以来，帝王常常褒扬推崇贤良忠臣，使他们青史流名，为他们建楼筑台，供后人祭奠膜拜。天宝年间进士李翰上书说："臣闻圣主褒死难之士，养死事之孤，或亲推辒车，或追建邑封，厚死以慰生，抚存以答亡。君不遗于臣，臣亦不背其君也。"②忠烈之臣，古今君王均重，或旌表于当时，或追赠于后世，或书于汗青，或图形于名宦图，令后世之臣，了然于心，从而效仿对圣上忠心耿耿。更有甚者，为朝廷所器重的忠臣或烈士亡殁后，帝王停止上朝若干日，以示哀悼，史称"辍朝"。如开元十五年（727），礼部尚书苏颋卒，玄宗下诏，同意起居舍人韦述关于"公卿大臣薨卒，皆辍朝举哀，所以成终始之恩，厚君臣之义"的疏请，为之"举哀洛城南门，辍朝两日"。③

忠孝卓著的大臣死后，当地政府根据其一生的德行事迹而拟加谥号，上请皇帝批准后，昭示天下，以示景仰。忠臣的表彰谥号多用忠、

---

① 王溥：《唐会要》卷四十五《功臣》，上海古籍出版社1991年版，第937页。
② 黄淮、杨士奇编：《历代名臣奏议》卷二百八十三《褒赠》，上海古籍出版社1989年版，第3696页。
③ 王溥：《唐会要》卷五十六《省号下》，上海古籍出版社1991年版，第1128页。

节、恭、烈、靖、恪、介、刚等字，组成忠节、忠义、恭恪、刚烈、威毅等谥号；对孝节义之人的谥号多限于贞、烈、孝、节、义等字。谥号"孝"有着丰富的内涵，"秉德不回曰孝，慈惠爱亲曰孝，协时肇享曰孝，五宗安之曰孝，从命不忿曰孝，几谏不倦曰孝，善事父母曰孝，亲睦其党曰孝，慈爱忘劳曰孝，博于备物曰孝，尊仁安义曰孝。"同样，谥号"忠"的含义也有具体详尽的规定："危身奉上曰忠，危身惠上曰忠，让贤尽诚曰忠，危身赠国曰忠，虑国忘家曰忠，盛衰纯固曰忠，临患不反曰忠，安居不念曰忠，廉方公正曰忠。"① 概而论之，身为臣子，忠心竭力侍奉君上，或临难殉节，或处危受命，或精勤于事，或安定边疆，或风操高洁。朝廷赐给忠臣孝子义夫节妇的称号，旨在通过弘扬其个人之德行，实现敦励社会普遍风教之目的。

综上可知，在政治运作过程中，唐玄宗充分利用了学校传习、政治录用、官方表彰、祭典追念等政治社会化机制向官僚阶层灌输忠孝节义观念，使纲常名教的政治思想得到深刻而广泛的传播和传延，产生了相应的政治情感和政治习俗。官僚阶层作为介于君主与民众之间的特殊阶层，担任着代表政府发号施令的政治角色，他们的行为方式和价值取向深深影响着广大民众。因此，以孝驭官的政治实践，在维护传递以忠孝节义为核心内容的政治文化，变革消融不利于三纲五常的亚政治文化，构建稳定的政治秩序等方面，发挥了不可替代的历史作用。唐玄宗"孝治"理论及其实践，对后世也产生了广泛和深远的影响，成为后世帝王竞相借鉴和采纳的治国方略之一。

三、御臣之道与御臣之制

御臣之道涉及君臣互动的方方面面。从主要途径和具体手段看，

---

① 王溥：《唐会要》卷七十九《谥法上》，上海古籍出版社 1991 年版，第 1724、1727 页。

御臣之道包括御臣之制，即制度化、法制化的途径与手段；御臣之策，即宣扬道德、推行政策和采取措施等公开的途径与手段；御臣之术，即引而不发、含而不露的途径与手段。唐朝皇帝都主张君主御臣应以无为为纲，定法分职，循名责实，任能使智，尽臣之能，赏罚严明，将"光大"之道与"神隐"之术交织在一起。

唐代政治有一个显著的特点是御臣的主要途径和手段已经转化为比较完善的制度。唐代在这方面的许多思想和重大举措，对当时及后世的君主政治和社会意识有深刻的影响。这里仅列举几个比较突出的例子。

其一，确立集体宰相制。宰相是"一人之下，万人之上"的最高职官。"相"一类职官协助帝王宰制万端，是皇帝推行政令的最直接的助手。在君主政体中，君与相的关系十分微妙，一方面相是君不可或缺的辅佐，另一方面相权的膨胀又会直接危及君权。在魏晋南北朝，"宰相但以他官参掌机密，或委知政事则是矣，无有常官。其相国、丞相，或为赠官，或则不置，自为尊崇之位，多非人臣之职。其真为宰相者，不必居此官。"[①] 当时，权臣自命为丞相或胁迫皇帝任命为丞相，往往是篡位的一种过渡措施。有鉴于此，自魏晋以来就酝酿着一种新的宰相制度。隋文帝利用丞相之位夺得皇帝之位，他立即分割相权，确立内史、门下、尚书三省长官并为宰相的体制。唐袭隋制，以三省首长为宰相，共同"佐天子，总百官，治万事"。又逐渐以他官加"同中书门下三品""同中书门下平章事""参议朝政""参议得失""参知政事"等名号作为实际上的宰相。同时担任宰相职务的，少则四五人，多则十余人，且往往为三品以下官。宰相集于政事堂议政，相互监督，相互牵制，这就是集体宰相制。集体宰相制强化了君权对相权的控制，弱化了相权对君权的威胁。这种权力配置方式有利于君主制度政治结

---

① 杜佑：《通典》卷二十一《职官三·宰相》，中华书局1988年版，第538页。

构的稳定。但是，宰相权力常常受到牵制，甚至有名无实或有实无名，也会在政治运作中产生一系列的弊端。

其二，确立三省制。在唐朝中央政府机构中，中书（内史）、门下、尚书三省最为重要，是皇帝临御天下的中枢指挥系统。重大政务先由中书省根据皇帝旨意草拟诏令，交门下省审核，经皇帝批准，下达尚书省执行。唐朝诸帝对这种工作体制很重视。唐太宗曾对臣下说：

> 中书所出诏敕，颇有意见不同，或兼错失而相正以否。元置中书、门下，本拟相防过误。人之意见，每或不同，有所是非，本为公事。或有护己之短，忌闻其失，有是有非，衔以为怨。或有苟避私隙，相惜颜面，知非政事，遂即施行。难违一官之小情，顿为万人之大弊。此实亡国之政，卿辈特须在意防也。①

在正常运转的情况下，这种工作体制的确可以相对减少政治决策的失误。

其三，发展科举制度。从君臣关系和御臣之道的角度看，科举制度把两汉以来国家用儒家经典和名缰利索培养、牢笼士人臣子的一系列政策和措施制度化，并为各个社会阶层敞开了入仕的大门。这种制度对唐朝以来的社会结构、君臣关系、政治意识和经济文化都有重大影响。据《唐摭言·散序进士》记载："进士科始于隋大业中，盛于贞观、永徽之际，搢绅虽位极人臣，不由进士者，终不为美。"士人中进士科者大多仕途顺利、名声显赫，因而"其推重谓之'白衣公卿'，又曰'一品白衫'。其艰难谓之'三十老明经，五十少进士'……其有老死于文场者，亦无所恨。故有诗云：'太宗皇帝真长策，赚得英雄尽白头。'"②各位皇帝先后采纳这一制度，如永泰二年（766）十月，唐代

---

① 吴兢撰，谢保成集校：《贞观政要集校》，中华书局2003年版，第27页。
② 《唐摭言》卷一《散序进士》。

宗御驾紫宸殿，"策试茂才异行、安贫乐道、孝悌力田、高蹈不仕等四科举人"①。这种使"天下英雄入彀中"的御臣之制，其影响和效果远远胜于提拔任用几个贤才。

其四，健全审官制度。所谓审官，即任官唯贤，量才授职。在《帝范·审官》中，唐太宗指出"明职审贤，择财分禄"关系到治民、教化。"君择臣而授官，臣量己而授职，则委任责成，不劳而化，此设官之审也。"审官的基本原则是才当其任，人尽其才，所谓"智者取其谋，愚者取其力，勇者取其威，怯者取其慎，无智（愚）勇怯，兼而用之。故良匠无弃材，明君无弃士。不以一恶忘其善，勿以小瑕掩其功，割政分机，尽其所有"。诸帝与群臣常常以大匠构屋，大材大用、小材小用设譬，论证审官的重要性。从制度上看，唐朝的任官、品阶、考课、监察等制度都较前代完善。

首先，在当时，宰相应该广求贤人是一个基本认识。贞观三年（629），唐太宗发现时任宰相的房玄龄和杜如晦事务繁多，没有时间访求人才，便批评他们说："公为仆射，当广求贤人，随才授任，此宰相之职也。比闻听受辞讼，日不暇给，安能助朕求贤乎！"②随后下诏书曰：今后凡是琐碎事务一律交给左右丞处理，只有重大事情才可找房玄龄和杜如晦处理。

其次，荐举人才是官僚的基本职责之一。元和七年（812）八月，唐宪宗下制：

> 诸州府五品已上官替后，委本道长官量其才行、官业、资历，每年冬季一度闻荐。其罢使郎官、御史，许朝臣每年冬季准此闻荐，诸使府参佐、检校官，从元授官月日计，如是五品已上官及

---

① 《旧唐书》卷十一《代宗本纪》，中华书局1975年版，第287—288页。
② 《资治通鉴》卷一百九十三，中华书局1956年版，第6063页。

台省官，经三十个月外，任与转改；余官经三十六个月奏转改。如未经考便有事故及停替官，本限之外更加十个月，即任申奏。①

对审官制度的利弊得失进行系统分析最典型的当属赵憬的《审官六议》。贞元八年（792）四月，窦参被罢黜宰相职务，赵憬与陆贽一起被授为中书侍郎、同中书门下平章事。赵憬深谙治理之道，常言："为政之本，在于选贤能，务节俭，薄赋敛，宽刑罚。"他"酌前代之损益，体当时之通变"，上《审官六议》，阐述了他对审官的基本看法。主要有以下几点：

一是选宰相不可求全责备。君主应当任用那些贤名闻于天下者或能力超群者为辅弼大臣，不过，"求其全材，恐不可得"，因为贤能兼备是很难的。二是任用庶官的原则是不拘小节，用其所能。宰相的分内之事就是要举荐贤才。文曰："进贤在于广任用，明殿最，举大节，弃其小瑕，随其所能，试之以事，用人之大纲也。"三是补中央各司阙官，要做到"文武任用，资序递迁，要官本以材行，闲官多由恩泽"。即坚持要官选拔遵循才能原则，闲职作为君主赏官施恩之用。四是对中央地方考课官，应该给他们设立升迁年限，到期不升迁也要增加爵赏，从而增强他们的积极性。其文曰："黜陟且立年限，若所居要重，未当迁移，就加爵秩。其余进退，令知褒贬之必应，迟速之有常。如课绩在中，年考及限，与之平转。中外迭处，历试其能，使无苟且之心，又无滞淹之虑。"五是举荐隐逸之士，宰相、庶官举荐任官难免有遗漏，要多采集听取社会的议论，举用隐逸民间有声望的人。六是提拔各使府僚属，坚持凡是有才能没有名分地位的，都予以任用，避免人才积压。②

---

① 《旧唐书》卷十五《宪宗本纪下》，中华书局1975年版，第443页。
② 《旧唐书》卷一百三十八《赵憬传》，中华书局1975年版，第3776—3778页。

再次，厉行赏罚。唐代皇帝多为挟刑赏之柄以御天下的高手。《帝范·赏罚》主张君主"显罚以威之，明赏以化之"。贞观君臣讥讽隋炀帝吝于重赏臣下，以致天下离心。唐太宗赏赐功臣、谏臣，不惜爵禄财帛。武则天临朝，"务悦人心，不问贤愚，选集者多收之，职员不足，乃令吏部大置试官以处之，故当时有'车载''斗量'之谣"[①]。帝王恩威兼施，有重赏也有重罚。据《资治通鉴》记载，武则天曾说："太宗有马名师子骢，肥逸无能调御者。朕为宫女侍侧，言于太宗曰：'妾能制之，然须三物，一铁鞭，二铁楇，三匕首。铁鞭击之不服，则以楇楇其首，又不服，则以匕首断其喉。'太宗壮朕之志。"[②] 以铁腕制御桀骜不驯之臣是诸帝共有的御臣之道和政治行为。唐太宗有因猜忌或盛怒而诛杀大臣之举。武则天任用酷吏，剪除政敌，滥杀无辜，以树立无上权威。此类刑赏，毫无规则可言，帝王根据政治需要或一时情感，赏戮由心。但是，同前代相较，唐朝与赏罚有关的法律、法规相当完备，在依法御臣方面有所进步。

最后，完善谏议制度。进谏与纳谏涉及政治运行和君臣互动的方方面面。唐朝皇帝普遍认为纳谏是一种重要的御臣之道。在中国古代，唐朝的谏议制度是最完备的。在纳谏方面，唐太宗、武则天等也都堪称帝王的典范。

帝王御臣不仅有道，还有术。唐朝统治者深知在君臣运作中权术是不可或缺的。在《帝范·建亲》中，唐太宗主张道与术兼用，即"设令悬教，以术化民，应务适时，以道制物，术以神隐为妙，道以光大为工"。在一些政论文章中，御臣之道与御臣之术交混在一起，很难截然区分开来。例如，在一篇围绕御臣之术为主题的奏章中，魏徵将知人善任，选贤与能；"各有职分，得行其道"；"率之以义"，励以忠

[①] 《通典》卷十五《选举三·历代制下》，中华书局1988年版，第363页。
[②] 《资治通鉴》卷二〇六，中华书局1956年版，第6544页。

孝";"考事以正其名，循名以求其实";"设礼以待之，执法以御之"；"为善者蒙赏，为恶者受罚"以及听言观行、辨奸识佞等，统统纳入御臣之术的范围。他认为，运用御臣之术的目的是使群臣"怀君之荣，食君之禄"，心中有孝、忠、信、廉、贞等观念，如此则群臣"安敢不尽力乎"？[①] 道是臣之所师，术为主之所执，道要公之于众，术要藏于胸中。一般说来，制度、法令、政策、策略、权谋皆可归入术的范畴，即帝王术。

权术大多属于阴谋，故通常见诸行而不见诸言。唐朝著名皇帝多为"术治"高手。历代史论都认为唐太宗和武则天在政治上的成功，是由于睿智练达的心机和长于御臣的手腕，并对他们的许多具体事例做过深入的剖析。

高明的御臣之道源于对君臣相互依赖、相互制约关系的深刻认识。控纵有度的政治行为既是对君权相对性的承认和顺应，又是对君权绝对性的追求和维护。玩弄这种控纵术犹如走钢丝，一旦失去平衡就会跌下去。

第四节　依法治官的思想特征

造就和培育一支素质高、执行力强的官吏队伍，既需要道德理念的软约束，又依赖政治法律制度等硬手段。如前所述，唐代已经形成比较完善的制度化、法制化的御臣之制，有很多重大举措，涉及很多政治制度。其中，与君主赏罚官僚有关的法律、法规相当完备。法律条文约束和规定着官僚的行为方式、执政空间。好的法律制度框架，可以确保"心术不正"的官吏无法干坏事；不好的法律规则，会使好

[①] 吴兢撰，谢保成集校：《贞观政要集校》，中华书局 2003 年版，第 166—168 页。

人也无法做好事。一个国家、一个王朝，最终确立什么样的法律制度，是传统、道德、现实、统治集团利益和意志等诸多综合效应的产物。相应地，考察治官的法律条文、规则体系，可以从中透视统治集团的主要思想和思维方式，理解其基本政治理念和思想特征。

一、坚持赏罚乃国家纲纪的基本原则

唐代统治者一致认为，赏罚关系到君主政治的盛衰兴亡，赏罚是君主治国的要诀之一。唐太宗反复强调"国家纲纪，唯赏与罚"[1]，并在《帝范》中专辟《赏罚》章，阐述赏罚对政令、民生的影响，把赏罚提到国家纲纪、大事、政本的高度去加以认识。唐代君臣认为，"法者非朕一人之法，乃天下之法"，"法者，国家所以布大信于天下"，主张帝王"惟奉三尺之律，以绳四海之人，欲求垂拱无为，不可得也"。[2] 把持赏罚大权是君主控制臣僚的基本手段和保证。

赏罚是"军国之纲纪，政教之药石"。唐高宗仪凤年间，吐蕃频频犯边，太学生魏元忠上书陈述自己的看法。魏元忠曰："赏者礼之基，罚者刑之本。故礼崇谋夫竭其能，赏厚义士轻其死，刑正君子勖其心，罚重小人惩其过。然则赏罚者，军国之纲纪，政教之药石。纲纪举而众务自理，药石行而文武用命。"魏元忠还讲："古人云：'国无赏罚，虽尧、舜不能为化。'今罚不能行，赏亦难信，故人间议者皆言，'近日征行，虚有赏格而无其事。'"他还举出唐太宗朝的典型例证，"贞观年中，万年县尉司马玄景舞文饰智，以邀乾没，太宗审其奸诈，弃之都市。及征高丽也，总管张君乂击贼不进，斩之旗下"。[3] 魏元忠认为当时在选将用人方面存在的问题是赏罚处理不当，

---

[1] 《资治通鉴》卷一百九十四，中华书局1956年版，第6099页。
[2] 吴兢撰，谢保成集校：《贞观政要集校》，中华书局2003年版，第281、293页。
[3] 《旧唐书》卷九十二《魏元忠传》，中华书局1975年版，第2949—2951页。

薛仁贵、郭待封二人领兵对抗吐蕃，贻误战机，兵败之后又脱身而走，应该受罚。

赏罚之于国家的重要性决定了赏罚大权应由君主掌握。天授二年（691），武则天擢任狄仁杰以地官侍郎同凤阁鸾台平章事，曰："卿在汝南有善政，然有谮卿者，欲知之乎？"狄仁杰谢恩曰："陛下以为过，臣当改之；以为无过，臣之幸也。谮者乃不愿知。"当时太学生"谒急"即急告，武则天也表示准许。狄仁杰曰："人君惟生杀柄不以假人，至簿书期会，宜责有司。尚书省决事，左、右丞不句杖，左、右丞相不判徒，况天子乎？学徒取告，丞、簿职耳，若为报可，则胄子数千，凡几诏耶？为定令示之而已。"①武则天采纳狄仁杰之言。

刑罚轻重关键在于君主而不是官吏。唐太宗曾经问政群臣曰："近来刑网稍密，其过安在？"刘德威奏言："诚在主上，不由臣下。人主好宽则宽，好急则急，律文失入减三等，失出减五等。今则反是，失入则无辜，失出便获大罪。所以吏各自爱，竞执深文，非有教使之然，畏罪之所致耳。陛下但舍所急，则'宁失不经'复行于今日矣。"②太宗深以为是。

刑罚作为国家大典，不可滥用，君主要把握其度，根据天下治乱情境的不同及时调整。永徽二年（651），华州刺史萧龄之收受前任广州都督赃物一事被告发，交由群官议定其罪。群官主张施以重刑，唐高宗盛怒之下，下令在朝堂之上将其处死。御史大夫唐临反对，他奏曰："国家大典，在于赏刑，古先圣王，惟刑是卹。《虞书》曰：'罪疑惟轻，功疑惟重，与其杀弗辜，宁失弗经。'《周礼》：'刑平国用中典，刑乱国用重典。'天下太平，应用尧、舜之典。"他认为："有司多行重法，叙勋必须刻削，论罪务从重科，非是憎恶前人，止欲自为

---

① 《新唐书》卷一百一十五《狄仁杰传》，中华书局1975年版，第4209页。
② 《旧唐书》卷七十七《刘德威传》，中华书局1975年版，第2676—2677页。

身计。"对萧龄之的判罚,可轻可重,"重者流死,轻者请除名"。萧龄之犯赃罪,死有余辜。然而议事群官很明显没有深刻领会议刑的本意。"王族刑于隐者,所以议亲;刑不上大夫,所以议贵。知重其亲贵,议欲缓刑,非为嫉其贤能,谋致深法。今既许议,而加重刑,是与尧、舜相反,不可为万代法。"①唐高宗听取了他的奏议,萧龄之得以流放岭外。这里体现了当天下承平之时,应该重赏轻罚的基本政治主张。

君主对功臣大将不可轻易治罪。贞观十四年(640),侯君集攻破高昌之时,大肆侵吞私占财物,将士也竞相盗窃,侯君集不敢禁止。班师回朝后,侯君集被人揭发而下狱。中书侍郎岑文本上疏求情,曰:"君集等或位居辅佐,或职惟爪牙,并蒙拔擢,受将帅之任,不能正身奉法,以报陛下之恩,举措肆情,罪负盈积,实宜绳之刑典,以肃朝伦。"当初,侯君集等人凯旋之时,君主亲设盛宴款待并加以重赏,"内外文武,咸欣陛下赏不逾时。"现在不过几日,就让他们下狱,尽管是因为侯君集等人犯罪而自投罗网,可是朝中大臣不知他们所犯罪行,会认为"陛下唯录其过,似遗其功"。另外,就历史而言:"古之人君,出师命将,克敌则获重赏,不克则受严刑。是以赏其有功也,虽贪残淫纵,必蒙青紫之宠;当其有罪也,虽勤躬洁己,不免铁钺之诛。故《周书》曰:'记人之功,忘人之过,宜为君者也。'"就为君之道而言,"天地之道,以覆载为先;帝王之德,以含弘为美",历代君主莫不如此,"陛下天纵神武,振宏图以定六合,岂独正兹刑网,不行古人之事哉!"②岑文本建议唐太宗降雨露之泽,收雷电之威,对侯君集不予治罪。唐太宗听其言,释放了侯君集。

不过,"官以任能,爵以酬功",赏赐也要坚持适当有度原则。君

---

① 《旧唐书》卷八十五《唐临传》,中华书局1975年版,第2812—2813页。
② 《旧唐书》卷六十九《侯君集传》,中华书局1975年版,第2511—2513页。

主可以拿锦衣玉食赏赐群臣以体现私恩,但是官爵作为国家公器不应该随意赏赐于人。如皇帝常以御用之物等赐予百官,以示恩宠。

二、贯彻"依法理天下"和"德本刑用"的法制理念

《唐律疏议》(以下简称《唐律》)是中国乃至世界法制史上的一块瑰宝。一方面,《唐律》汇唐之前立法的精华;另一方面,《唐律》成为唐之后历代王朝法律的蓝本。此外,《唐律》还对当时一些亚洲国家的立法产生了重大影响。分析认识以《唐律》为代表的唐代法制的政治特征有助于深化对唐朝政治理论的认识。

(一)完善法律制度,贯彻"依法理天下"

作为判定是非、权衡赏罚的尺度,法是强制性的政治规范和社会规范,其内涵比法律规范更丰富。广义而言,法是国家和君主颁布的各种行为规范。狭义而言,法是律、令、格、式等法典、法规。律,即法典、刑典,是定罪科刑的比较稳定的法律形式。令,是根据需要随时颁布的法律条令,用以补充律条之疏漏和不足。格和式均属行政法规。

唐朝君臣总结历史的经验教训,借鉴前朝制度并不断加以完善,建立了相当完备的法律制度,坚持"以法理天下"。唐太宗认为"国家法令,惟须简约",他以法定制,依法行政,执法绳顽,把贯彻国家法制作为保证君主政治顺畅运行的重要手段,史称"大唐自贞观初,以法理天下,尤重宪官"[1]。完成于唐高宗时期的《唐律》(原名《永徽律疏》)是我国现存最早的完备法典。唐玄宗时期修成的《唐六典》是我国现存最早的完备的行政法典。在唐代,立法活动相当频繁,屡有修

---

[1] 杜佑:《通典》卷二十四《职官六·侍御史》,中华书局1988年版,第670页。

律、布令、颁格、定式之举，国家法制日趋完善，法规、政令随时调整。这种变制损益思想无疑增强了君主政治自我调整的主动性及应付事变的能力，同时也促成了中华法系的成熟。

（二）秉承"德本刑用"的指导思想

"德本刑用"是唐朝法制的指导思想。《唐律·名例》对德本刑用的指导思想做了精确的概括。依照《唐律》的法理，"因政教而施刑法"是人类社会普遍适用的政治法则。立制度、设刑罚为治理国家所不可或缺，"故曰：'以刑止刑，以杀止杀。'刑罚不可弛于国，笞挞不得废于家"。在肯定法律的重要地位的同时，《唐律》强调"德礼为政教之本，刑罚为政教之用，犹昏晓阳秋相须而成者也"。

全面贯彻"引礼入法"是《唐律》的立法原则。中国古代法制属于礼法结合的政治模式。礼法结合的政治模式初创于春秋以前，形成于春秋战国，定型于秦汉，成熟于隋唐，宋元明清继续有所发展。在春秋战国时期，法家不仅将"变法"与"易礼"、"立法"与"制礼"相提并论，而且在法典文本上初步完成了礼与法的结合。诸子百家对法的概念、起源、本质、功能做了系统的探讨，其中儒家发展了礼法结合的思想，对后世的法律思想有重大影响。这就为中华法系构建了基本框架。汉代独尊儒术，盛行"春秋决狱"，这表明礼的原则还没有具体化为法律规范。晋武帝删改汉魏法律，贯彻引礼入法、出礼入刑的立法原则。《泰始律》及杜预、张斐的注释对后世律典有重大影响。隋文帝的《开皇律》是一个重要的里程碑。隋文帝依据"导德齐礼""以德代刑"，完善法律制度。唐朝律令以《开皇律》为底本，系统地将礼教法典化，并以儒家经典解释、补充律条。法典的立法宗旨是"一准乎礼"。于是大量的伦理道德规范被直接纳入法典，以国家强制力来保证执行，形成了礼法结合的法律结构。

《唐律》礼法合一，法制完备，刑名规范，科条简约。这部法典从总则、分则的划分,到体例结构,以及各类法律的汇总编纂,都堪称古代立法的典范。正如《四库全书总目》所说:"论者谓《唐律》一准乎礼,以为出入得古今之平。故宋世多采用之。元时断狱,亦每引为据。明洪武初,命儒臣同刑官进讲《唐律》。后命刘惟谦等详定《明律》,其篇目一准于唐。"① 直到近代以前,中华法系继续有所发展,却未发生根本性的改变。

三、维护政治等级结构彰显身份特权

《唐律》贯彻礼法并用的原则,"律出于礼",《唐律·名例》"十恶"条"疏议"曰:"礼者君之柄"。其中,礼是以等级名分为基本特征,旨在规范和调整社会成员的行为和关系。《唐律》从各个方面全力维护着政治的等级结构。主要表现有以下几个方面。

(一) 在君臣冲突时,《唐律》坚决维护君权

《唐律》竭力维护皇权的神圣不可侵犯性、最高权威性和特权等级制。皇帝唯我独尊,雄视四方,高居万民之上,法律完全是皇帝统治天下的工具,完全服务于王权。君权至高无上,凡是企图推翻皇帝统治、毁坏皇室宗庙宫寝陵墓、背叛国家等行为均被视为危及君权利益的不忠不孝行为,必将受到法律的严厉惩罚。"人君者,与天地合德,与日月齐明,上祇宝命,下临率土。而有狡竖之徒,谋危社稷"②;"谋毁宗庙、山陵及宫阙"③;以及想背叛自己的国家而投靠别处等,无论是否行动,皆处以最重的刑罚(斩刑或绞刑),同时株连家族。《唐律》

---

① 永瑢等:《四库全书总目》卷八十二《史部·政书类二》,中华书局1965年版,第712页。
② 长孙无忌撰,刘俊文点校:《唐律疏议》卷十七《贼盗》,法律出版社1999年版,第348页。
③ 长孙无忌撰,刘俊文点校:《唐律疏议》卷十七《贼盗》,法律出版社1999年版,第349页。

严惩威胁皇帝生命安全和损害皇帝极度膨胀的人格尊严的一切有意或无意的行为,迫使天下为子为臣,惟忠惟孝。"盗大祀神御之物、乘舆服饰物;盗及伪造御宝;合和御药,误不如本方及封题误;若造御膳,误犯食禁;御幸舟船,误不牢固;指斥乘舆,情理切害及对捍制使,而无人臣之礼"①的行为,均被视为"大不敬",将受到极为严厉的惩罚乃至被处以死刑。

《唐律》通过刑罚的手段确保皇帝有对臣民像父对子那样绝对的支配权,臣民在法律的控制之下,只能忠顺无违地服从皇权的任意摆布,被皇权剥夺了行为、思想和言论上的任何自由。既是为官,也是为奴,上书言事,皆须避宗庙讳,"误犯宗庙讳者,杖八十;口误及余文书误犯者,笞五十"②;"诸弃毁制书及官文书者,准盗论;亡失及误毁者,各减二等"③。私自揭开官文书的封印而偷看文书内容的人,受杖责。制书和官文书均是统治权力的象征,有所触犯,即是对皇权的蔑视,乃是不忠之举,必须严惩不贷。《唐律》中有关维护皇帝的规定遍及各篇,专涉侵犯皇权而处死刑的条文就不下20条,政治法律和伦理思想紧密结合,既控制了人们的实际行为,又"合情合理"地钳制了人们的思想。

《唐律》作为封建的政治法典,旨在效力于封建的等级制度和君主制度,维护宗法观念。为此,《唐律》开篇即订立"十恶"条款,对那些"亏损名教,毁裂冠冕",犯下为封建礼法所不容的罪大恶极的重罪者给予严酷处罚。"十恶"中的其中诸条充分体现了封建的孝治思想。第一条是"谋反"、第二条是"谋大逆"、第三条是"谋叛"、第

---

① 长孙无忌撰,刘俊文点校:《唐律疏议》卷一《名例》,法律出版社1999年版,第10—12页。
② 长孙无忌撰,刘俊文点校:《唐律疏议》卷十《职制》,法律出版社1999年版,第219页。
③ 长孙无忌撰,刘俊文点校:《唐律疏议》卷二十七《杂律》,法律出版社1999年版,第553页。

六条是"大不敬"。这些均是维护君权至上权威性的条款。帝王为辰极至尊,奉上天的神命,作天下黎民百姓的父母,为臣为子,惟忠惟孝。倘若有人包藏野心,企图颠覆政权,投敌卖国,背叛自己的君主,违反天常,就是不忠不孝。宗庙是君王祖宗的象征,宗法世袭传承制下,宗庙代表了其统治地位的合法性,毁其宗庙则是对其祖宗的直接侵犯,从而构成对王权的威胁。另外,君王为标榜自己的尊贵,要求臣民像礼敬君王一样,礼敬御用之物,否则,则因"大不敬"而获罪。第四是条"恶逆",即"殴及谋杀祖父母、父母,杀伯叔父母、姑、兄姊、外祖父母、夫、夫之祖父母、父母"[①]。父母之恩,重如天地,对待他们本应敬之以礼,事之以亲,不能有丝毫的违抗,只有毫无选择的顺从,绝无殴打甚或谋杀的道理。第七条是"不孝"。所谓不孝,是指"告言、诅詈祖父母、父母,及祖父母、父母在,别籍、异财,若供养有阙;居父母丧,身自嫁娶,若作乐释服从吉;闻祖父母、父母丧,匿不举哀;诈称祖父母父母死"[②]。善事父母是应尽的孝道,稍有违犯就犯下了"十恶"的"不孝"之条。第八条是"不睦","谓谋杀及卖缌麻以上亲,殴告夫及大功以上尊长、小功尊属。"[③]

(二)在官民冲突时,《唐律》维护的是官权

《唐律》认为,在官与民之间,官的地位高于民,民必须尊重官,任何有损官吏尊严的行为都要受到严厉处罚,用刑也重于同类犯罪。[④]例如,《唐律·斗讼》"斗殴以手足他物伤"条明确规定:"诸斗殴人者,笞四十;伤及以他物殴人者,杖六十;伤及拔发方寸以上,杖

[①] 长孙无忌撰,刘俊文点校:《唐律疏议》卷一《名例》,法律出版社1999年版,第8页。
[②] 长孙无忌撰,刘俊文点校:《唐律疏议》卷一《名例》,法律出版社1999年版,第12页。
[③] 长孙无忌撰,刘俊文点校:《唐律疏议》卷一《名例》,法律出版社1999年版,第14页。
[④] 参见王立民:《唐律新探》(第四版),北京大学出版社2010年版,第2页。

八十。若血从耳目出及内损吐血者，各加二等。"① 如果是殴伤官员，用刑则明显重于前者，而且根据被殴伤的官员级别不同，有不同的用刑标准，被殴伤的官员级别越高，用刑越重。《唐律·斗讼》"殴制使府主刺史县令"条规定，凡民"殴制使、本属府主、刺史、县令"以及"吏卒殴本部五品以上官长"的，要"徒三年，伤者，流二千里；折伤者，绞"。如果"殴六品以下官长，各减三等；减罪轻者，加凡斗一等；死者，斩。詈者，各减殴罪三等"。同样是殴人，施殴者的身份不同，获罪也不同，身份越高，获罪越轻。《唐律·斗讼》"佐职统属殴官长"条规定，"诸佐职及所统属官，殴伤官长者"，要"各减吏卒殴伤官长二等；减罪轻者，加凡斗一等；死者，斩"。② 另外，老百姓如果殴了官吏的亲属，用刑也比一般要重。《唐律·斗讼》"殴府主刺史县令祖父母"条规定："诸殴本属府主、刺史、县令之祖父母、父母及妻、子者，徒一年；伤重者，加凡斗伤一等。"

（三）"荫亲属"以保护官僚的等级特权

所谓荫亲属就是指依靠自己的尊贵地位或高官显职而使子孙后代亲属享有各种特权的制度。这是封建统治阶级利用手中掌握的政治特权，通过法令形式为自己的等级谋取私利的结果。它也是封建等级制和宗法家族制联姻的产物。《唐律》为这些特权阶层网开一面，他们犯法与民不同罪。

首先是皇亲国戚受荫。《唐律·名例》规定："皇帝袒免以上亲及太皇太后、皇太后缌麻以上亲，皇后小功以上亲若犯有死罪"都必须奏明皇帝而根据其所犯罪行进行最高裁决。身为一国之君，外统万邦，

---

① 长孙无忌撰，刘俊文点校：《唐律疏议》卷二十一《斗讼》，法律出版社 1999 年版，第 414—415 页。

② 长孙无忌撰，刘俊文点校：《唐律疏议》卷二十一《斗讼》，法律出版社 1999 年版，第 426—427 页。

内睦九族，布施雨露之恩，笃深亲亲之情。所谓"袒免"者，即高祖兄弟、曾祖从父兄弟、祖再从兄弟、父三从兄弟、自己的四从兄弟等；缌麻亲包括：曾祖兄弟、祖从父兄弟、父再从兄弟、自己的三从兄弟；小功亲是指：祖的兄弟、父的从父兄弟、自己的再从兄弟。这些人仅仅因为与皇室的血缘关系而享有法律特权，犯流刑以下罪，减其罪一等；犯死罪，上请皇帝判决。此外，皇太子妃大功以上亲，犯流罪以下，减一等。

其次是高官显贵受荫。"诸七品以上官及官爵得请者之祖父母、父母、兄弟、姊妹、妻、子孙，犯流罪以下，各从减一等之例。"[①] 受荫之人减罪一等。

最后，特权阶层有权以财物赎罪。"诸应议、请、减及九品以上之官，若官员得减者之祖父母、父母、妻、子孙，犯流罪以下，听赎。"[②] 他们本来就依靠政治上的特权而聚敛了大笔的财富，反过来，财富又保护了他们的政治特权，钱权联手，更有利于他们对广大人民进行经济剥削和政治压迫。

同时，《唐律》还规定"其有官犯罪，无官事发；有荫犯罪，无荫事发；无荫犯罪，有荫事发，并从官荫之法"[③] 的制度。即只要犯罪和事发有一个情况是发生在受荫时，均可以享受受荫的权利。一旦受荫，终生受荫。此外，这些显贵高官的子弟依靠门荫制度可以平步青云，轻而易举地获得高官或勋爵。政治权力和父权结合起来，体现了封建社会宗法制和等级制结合的特征，有力地维护了其"家天下"的统治秩序。

---

① 长孙无忌撰，刘俊文点校：《唐律疏议》卷二《名例》，法律出版社1999年版，第38页。
② 长孙无忌撰，刘俊文点校：《唐律疏议》卷二《名例》，法律出版社1999年版，第39页。
③ 长孙无忌撰，刘俊文点校：《唐律疏议》卷二《名例》，法律出版社1999年版，第48页。

四、监督官吏提高行政效率

唐代法制形成律、令、格、式的法律体系，特别是行政法自成体系，使国家法制完备有序。其中，《唐六典》是我国历史上第一部系统、完整的行政法典。它改变刑法、官规合为一体的法典编纂方式，根据"以官统典"原则，采用"官领其属，事归于职"的体例，独成一典，使行政法典从此自成体系。行政制度和行政法规的日益完备是吏治发达的产物。规范、约束官僚，防范政治失序，是帝制法制的重要的功能之一。面对整个官僚群体，《唐六典》给予具体工作的程序性规定，如公文传达的时间、新官上任的要求、进谏的程序、处理日常政务的规则等。这些都属于官员应该"如何行政"的正面的积极的要求。

与之同时，《唐律》还对官员的行政行为进行法律监督和制约，体现了依照法律从严治官的思想。其中，《唐律》专列《职制》三卷，申明"职司法制"，从各个方面加强对官员为政行为的监察，以提高行政效率。

（一）监督官僚机构精简

唐代坚持"量才授职，务省官员"的用人原则。《唐律·职制》"置官过限及不应置而置"条规定"诸官有员数，而署制过限及不应置而置，一人杖一百，三人加一等，十人徒二年"。也就是说，超编任用一人要受杖罚一百，超编任用十人要判二年徒刑。

（二）监督官员及时执行君主命令和依法奏请

法令明确规定了王命制书及所有官方文书发送的"程限"（即时限）及延误之罪。《唐律·职制》"稽缓制书官文书"条疏议曰："制书，在令无有程限，成案皆云'即日行下'。"如果需要抄写，且满

第四章 设官"分事"：官僚制度运作原理　193

二百张纸的，给两天的时限，超过二百张纸的，每二百张纸再加一日时限，但总共不得超过五日。敕书，不得超过三日。军务急速，都要当天处理完。逾期即为"稽缓"，稽缓一日答五十，十日徒一年。法令规定常行官文书法令："小事五日程，中事十日程，大事二十日程，徒以上狱案辩定须断者三十日程。"军机要务不在此列。如果延误了官文书的下达，"一日答十，三日加一等，罪止杖八十"。① 一方面，官员对皇帝的制书不可擅自改动，这是君权的威严所在。另一方面，如果"制书有误，不即奏闻，辄改定者，杖八十"；"官文书误，不请官司而改定者，答四十"。② 明知有误，不奏请而施行，同等治罪。另外，各级官员上书、奏事既不能犯忌讳也不能有误，否则就构成犯罪。《唐律·职制》"上书奏事犯讳"条疏议曰："上书若奏事，皆须避宗庙讳。有误犯者，杖八十。若奏事口误及余文书误犯者，各答五十。"如果是触犯了名字的忌讳，罪更重，徒三年。《唐律·职制》"上书奏事误"条规定："诸上书若奏事而误，杖六十；口误，减二等。"

（三）维护驿传制度和玺节制度的正常运行

驿传是中国古代官方设置的一种供传递公文、转运官物、使臣出巡和官吏往来等所用的交通组织。驿传制度始于春秋战国，主要是传送行旅和邮寄公文书信。秦统一六国之后，将驿传制度进一步完备。睡虎地秦墓竹简中许多部分都有关于驿传及其制度的记载。汉承秦制，当时，用车传送称"传"，用马传送称"驿"，步递称"邮"，三种称呼常通用，也称为"置"。唐代驿传的设置规模超过前代，制度更加完备。符是国家政治、军事活动的凭证信物，它可以用于身份证明，作为出入国境、关卡、军营、要塞的凭证，又可以作为传达命令、调遣

---

① 长孙无忌撰，刘俊文点校：《唐律疏议》卷九《职制》，法律出版社1999年版，第213—214页。
② 长孙无忌撰，刘俊文点校：《唐律疏议》卷九《职制》，法律出版社1999年版，第218页。

兵将的信物。节是君主派出的使节所持的凭信，用于代表君主出征、监察、办理重大案件、出使外国等重大事务的证明。驿传制度和玺节制度，是保证国家机器正常运行的重要制度。

《唐律》严厉惩治违反驿传制度的行为。（1）驿使稽程。依照唐朝法令，"给驿者，给铜龙传符；无传符处，为纸券"，"量事缓急，注驿数于符契上，据此驿数以为行程"，如有延误，按律"一日杖八十，二日加一等，罪止徒二年"。另外，"征讨、掩袭、报告外境消息及告贼之类"属于"军务要速"，要罪加三等，即"稽一日徒一年，十一日流二千里"。①（2）驿使无故以书寄人。唐制规定，有关军务及追征报告等，须派遣"专使乘驿，赍送文书"，驿使若非身患重病或父母去世等情况不得无故委托他人代行送达。否则，分别对"寄人"者和"受寄"者，处以一年徒刑。如果导致稽程，"以行者为首，驿使为从"；如果是军事紧急事务而被稽程，"以驿使为首，行者为从"，如果不是派遣专使送达之书，"而便寄者"，不予处罚。②（3）文书应遣驿不遣。依唐制，在京诸司有事须乘驿，地方诸州有急速大事，均应该遣驿呈报中央。《唐律·职制》"文书应遣驿不遣"条曰："诸文书应遣驿而不遣驿，及不应遣驿而遣驿者，杖一百。"（4）驿使不依题署、增乘驿马或擅带私物等。文书所下，各有所诣。驿使奉命受书，必须按照公文"题署"表明的地址及时送达，误送他所，造成公文延误下达的，"违一日杖六十，二日加一等，罪止徒一年"③。如果是"题署"有误，则驿使无罪，依法追究"题署之人"。凡因公乘驿马，除必备的衣物之外，不得擅自携带私物，否则按私物轻重量刑："一斤杖六十，十斤加一等，

---

① 长孙无忌撰，刘俊文点校：《唐律疏议》卷十《职制》，法律出版社1999年版，第226—227页。
② 长孙无忌撰，刘俊文点校：《唐律疏议》卷十《职制》，法律出版社1999年版，第227页。
③ 长孙无忌撰，刘俊文点校：《唐律疏议》卷十《职制》，法律出版社1999年版，第229页。

罪止徒一年。"①

　　国家大事，唯祀与戎。对于军戎要务，"设法须为重防"。正是在这一思想的指导之下，《唐律》专设《擅兴律》，以处罚擅自调遣军队等行为，捍卫玺节制度。唐令规定，发兵十人以上，需要"铜鱼"和"敕"两凭证相符，才能调遣，否则就触犯了刑律。依律"擅发十人以上、九十九人以下，徒一年；满百人，徒一年半；百人，加一等；七百人以上，流三千里；千人，绞"。②兵符的使用有严格的规则。《公式令》规定："下鱼符，畿内三左一右，畿外五左一右。左者在内，右者在外。行用之日，从第一为首。后更有事须用，以次发之，周而复始。"③另外，鱼符及传符，都由长官执掌，如果没有长官，则由次官执掌。如果发现左符与右符不合，不能接受其令，而且要立即奏报，否则就要处以二年徒刑。

五、监督官吏恪尽职守，廉洁奉公

　　为官要各司其职，是吏治最基本的要求之一。《唐律》对官员的监督是全方位的，主要表现为：

　　第一，严惩泄露国家机密。《唐律疏议·职制》"漏泄大事"条对"大事"和"非大事"以及泄露后的罪行给予明确规定。国家机密分"大事"和"非大事"两类。所谓"大事"，指"潜谋讨袭及收捕谋叛之类"。所谓"非大事"，指"仰观见风云，气色有异，密封奏闻"之类的事情。如果泄露国家机密大事，处以绞刑；泄露国家"非大事"机密，徒一年半。另外，擅自拆看官文书等构成犯罪。

---

① 长孙无忌撰，刘俊文点校：《唐律疏议》卷十《职制》，法律出版社1999年版，第230页。
② 长孙无忌撰，刘俊文点校：《唐律疏议》卷十六《擅兴》，法律出版社1999年版，第324—325页。
③ 长孙无忌撰，刘俊文点校：《唐律疏议》卷十六《擅兴》，法律出版社1999年版，第327页。

第二,严惩擅离职守。《唐律疏议·职制》"刺史县令私出界"条规定,"诸刺史、县令、折冲、果毅,私自出界者,杖一百"。疏议曰:"州、县有边界,折冲府有地团。不因公事,私自出境界者,杖一百。"

第三,严惩举官考课失职。官吏的选拔事关官员队伍的质量,《唐律》在这方面的监督是非常严格的。《唐律·职制》"贡举非人"条规定,"贡举非其人及应贡举而不贡举者,一人徒一年,二人加一等,罪止徒三年"。随后,疏议解释说,举官应该选择"方正清循,名行相副"者,不能把"德行无闻"者妄加推荐,也不能对"才堪利用"者"蔽而不举"。如果"考校、课试而不以实及选官乖于举状,以故不称职者",比照前面减一等治罪。

第四,严惩不依法履行为官职责。为官依法处理日常政务,是整个官僚机构正常运转的前提,也是实现良好的官民关系的保障。《唐律》有关监督各级官员依法行政的规定有很多。如祭祀是君主制度下的一项非常重要的政治活动,事关权力的合法性等实质问题。因此,对祭祀工作的监督也就尤为重要。《唐律》规定有关官吏对国家的大祀日期要进行预先请示和及时通报,否则将处以杖六十或徒二年的罪罚。祭祀所用的牺牲、玉帛等物品都有相应的规格,不然也要治罪。再比如,地方官的重要职责是劝课农桑和维护地方治安等。于是,辖区的农业收成丰歉成为考课地方官员政绩优劣的一项重要指标。如果辖区内出现贼盗,官员也要承担连带责任,根据贼盗轻重相应受罚。

第五,严惩收受贿赂的贪腐行为。贪污受贿是凭借职权之便对国家和他人财物的侵吞和占有。《唐律》对官吏贪贿罪的规定,既广泛详密,又惩罚严厉。例如,尽管贿赂涉及行贿和受贿双方,但是《唐律》重在严惩接受贿赂的官员,并根据受贿轻重进行量刑。"监临主司"即"统涉案验及行案主典之类",利用职权接受了有事人的财物就犯了受贿罪。如果因此而故意"曲法处断","一尺杖一百,一匹加一等,十五匹绞。"虽然接受了别人财物,但判断不为曲法,"一尺杖九十,二匹加一等,三十匹加役流"。①《唐律》对"有事以财行求"的行贿者的刑罚是:如果导致了枉法断案,以坐赃罪论处,如果没有导致官员的违法处置,罪减二等,如果是多人行贿,首犯以行贿钱财总额论处,其他从犯根据各人所出的钱财份额论处。也有些官员是事后受贿,也要依法论罪。《唐律·职制》"事后受财"条规定:"诸有事先不许财,事过之后而受财者,事若枉,准枉法论,事不枉者,以受所监临财物论。"

《唐律》中有很多篇章是针对惩治官吏贪赃的规定。《职制》律中除上述条目之外,还有"有所请求"条、"受人财为请求"条、"受所监临财物"条、"因使受送遗"条、"贷所监临财物"条、"役使所监临"条、"监临受供馈"条、"率敛所监临财物"条、"监临之官家人乞借"条、"去官受旧官属士庶馈与"条、"挟势乞索"条等都涉及对官吏贪赃罪的相应处罚。此外,《户婚》"在官侵夺私田"条、《贼盗》"监临主守自盗"条、《杂律》"坐赃致罪"条等也对官吏以权谋私给予治罪。疏议将赃罪分为六类,即"受财枉法""不枉法""受所监临""强盗""窃盗"和"坐赃"。六项之中,前面三项的犯罪主体都是官吏,而后面三项的犯罪主体也包括官吏,足见对官吏腐败的防范之严。

六、监督官吏端正品德行为

权力容易被滥用,不受制约的权力更容易被滥用。为了避免官吏以权谋私,端正其品行,《唐律》对官吏的个人行为进行监督制约,兹举两例。

---

① 长孙无忌撰,刘俊文点校:《唐律疏议》卷十一《职制》,法律出版社 1999 年版,第 241 页。

（一）禁止官吏娶其所辖的百姓为妻妾

据唐《户令》记载："诸州县官人在任之日，不得共部下百姓交婚，违者虽会赦，仍离之。其州上佐以上，及县令于所统属官，亦同。其定婚在前，任官居后，及三辅内官、门阀相当情愿者，并不在禁限。"[①]令是国家的行政法，从唐令的规定看，唐代法律禁止监临官在任期间与部下、百姓有婚姻往来，但已有婚约者除外。如在白居易《判》中有这样一个案例："得甲为郡守，部下渔色，御史将责之，辞云：未授官已前纳采。"判云："诸侯不下，用戒淫风；君子好逑，未乖婚义。甲既荣为郡，且念宜家。礼未及于结缡，责已加于执宪。求娶于本郡之内，虽处嫌疑；定婚于授官之前，未为纵欲。况礼先纳采，足明嬿婉之求。聘则为妻，殊非强暴之政。宜听隼旟之诉，难科渔色之辜。"[②]上述案件说明唐代法律对监临官与部下百姓的婚姻界定是十分严格的。

《唐律·户婚》"监临娶所监临女"条规定："诸监临之官，娶所监临女为妾者，杖一百；若为亲属娶者，亦如之。其在官非监临者，减一等。女家不坐。即枉法娶人妻妾及女者，以奸论加二等；为亲属娶者，亦同。行求者，各减二等。各离之。"所谓"监临官"即"职当临统案验者"，他们如果娶所部人家的女子为妾，杖一百。即使是亲属所娶，也要杖一百。疏议曰："有事之人，或妻若妾，而求监临官司曲法判事，娶其妻妾及女者，以奸论加二等。"为亲属娶所部人家的妻妾及女，也要同等治罪。如果是因为妻妾及女子主动要求嫁给监临官的，监临官罪减二等。[③]

[①] 仁井田升：《唐令拾遗》，栗劲、王占通等译，长春出版社1989年版，第162页。
[②] 白居易撰，朱金城笺校：《白居易集笺校》卷六十七《判》，上海古籍出版社1988年版，第3648页。
[③] 长孙无忌撰，刘俊文点校：《唐律疏议》卷十四《户婚》，法律出版社1999年版，第289页。

（二）限制官吏非法侵民的行为

官吏是君主的助手，君主治民有赖于官吏，而官吏扰民、侵民和欺压民众又与民变、民溃、民乱有直接关系。国家政权的社会职能和君主政治的根本利益都要求皇帝正视官民矛盾，把调整官民关系列为重要的政治课题。唐朝皇帝对君主、官僚、庶民之间错综复杂的关系有深刻的认识，深知官民矛盾的激化往往危及政治稳定。在《金镜》等文章中，唐太宗曾发出"民乐则官苦，官乐则民劳"的感叹，清醒地认识到调整官民矛盾是一个十分棘手的问题。因此，皇帝们在维护官僚贵族特权的同时，把限制官僚豪强法外侵民列为重要的施政方略。他们慎选临民官，并以行政、监察、司法手段整饬吏治，严肃风纪，严厉惩治贪官污吏。

唐代法典对官民关系有法律界定，一方面保护官与民的主从关系，另一方面又要求官吏秉公守法，清正廉明，爱民如子。唐太宗还以各种行政的、法律的手段制御群臣。当然，皇帝以行政和法律手段调整官民关系并不意味着改变官民的从属关系和等级差别。他们并不容忍出现"百姓强而陵官吏"[1]的局面，官僚与庶民的法律地位也有明显的区别。但是，皇帝运用行政、法律手段，充当官民关系的仲裁人，主动调整官民关系，既有利于制御官僚，又有利于争取民心，是保证王朝长治久安不可或缺的手段。对明君清官的期盼也为君主政治提供了广泛的社会心理基础。

依法治官的实质是要求官吏依法办事，遵守国家法律和行政法规，即"守道履正，循公奉法"，进而示范天下，"成当世之典谟，开生民之耳目，纳之轨度，令行禁止"。[2] 为了确保官吏守法，唐代君臣在法制建设上颇费心机，颇有成效。从《唐律》的内容看，涉及官吏职务

---

[1] 《资治通鉴》卷一百九十五，中华书局1956年版，第6157页。
[2] 吴云、冀宇校注：《唐太宗集》，陕西人民出版社1986年版，第259页。

方面的犯罪规定，约占全律的二分之一。在司法制度方面，唐朝建立了分权并行，彼此制约的司法机构和司法程序；明确司法失误的刑事责任，强化监察机制；完善行政法规，一切公事都有法定程序和时限，官员渎职要受到惩罚。《唐律》还总结出一整套赃罪司法原则，开后世有关法律条例的先河。

第五章　忠君爱民、以道事君：官僚规范与进谏理论

政治的运行和对权力的约束，仅仅有纸上的理论法则是不够的，还需要诉诸官僚内心的政治良知和公共美德，转化为官僚的行为自觉。作为政治权力的实际操作者，官僚是否具有为官所需要的基本道德品格，遵守为官的基本行为规范，不仅影响着整个社会的道德风尚，而且事关"国家能力"[①]的强弱。因此，如何有效控制、管理和引导官僚阶层的行为规范，塑造其优良的道德品格，既是社会道德建设的一个关键环节，又是政治建设的重要内容。

在中国传统政治学说中，"设官为民"和"君臣道合"不仅是官僚制度起源的基本理论，也是重要的政治关系命题。从中，历代思想家和政治家推论出一系列对为官之道即官僚规范的阐释和论述，这些都与官僚应该肩负的政治担当密切相关。为官佐君治民，与君同体合道成为君臣关系的最理想模式。而贞观君臣关系被誉为典范，备受后世推崇。此外，先秦以来，进谏就被视为官僚典型的政治美德和常见的政治行为之一。他们认为，君臣道合，君与臣是基于道义而形成的君

[①]　王绍光在美国期刊《当代中国研究中心论文》（*Papers of the Center for Modern China*）1991年第4期撰文《建立一个强有力的民主国家——兼论"政权形式"与"国家能力"的区别》（Building a Strong Democratic State: On Regime Type and State Capacity），首次提出"国家能力"一词，意指"国家将自身意志（preference）转化为现实的能力"。我们借用这一概念。

臣关系，谏议则是君臣互动的重要方式。具体而言，纳谏作为君主集思广益、调整政治、支配臣僚的重要手段，是为君之道的重要内容之一；而进谏作为官僚发表政治见解，下情上达，参与议政决策的基本途径，是为臣之道的重要内容之一。

第一节　官僚规范与政治担当[①]

君主制度下，君臣共担治民之责，君主为民设官。在长期的理论探索和政治实践中，欲"治民"先要"治官"，这既是一条现实经验，也是一种理论共识。"官为国与民之枢纽，官不治则国民交受其害。"[②] 早在先秦时期，《韩非子·外储说右下》就有"明主治吏不治民"之说。清代学者唐甄在总结历代王朝统治经验的基础上，在《潜书·柅政》中说道："天下难治，人皆以为民难治也，不知难治者，非民也，官也。"在他们看来，"仁人君子，为国牧民，一夫失所，则吾之辜"。[③] 这既是特定政治角色应有的内在认知，也是社会为之设定的外在要求，更是提升国家能力所必需的。

一、忠正事君、信法爱民

忠正事君、信法爱民是官僚规范的逻辑起点和价值取向。

首先，从权力授受上，君不能独治而设官佐君治民，官是作为

[①] 本节部分内容以《政治驱动型社会道德教化模式——基于中国古代官僚阶层政治品格的分析》（商爱玲、张鸿）为题发表于《广西社会科学》2011 年第 7 期。
[②] 张之洞：《劝学篇》，广西师范大学出版社 2008 年版，第 49 页。
[③] 杨溥：《送刘汝弼序》，《明文衡》卷四三。此外，《荆川集》卷一《策·廷试策一道》、夏良胜《中庸衍义》卷一五《三重之义》和湛若水《格物通》卷六八《课功上》等也都依据"为国牧民，莫切于守令"，论说设官分职、选贤使能和官僚规范。

君的副贰身份出现，所持权力乃君主授予，因而忠君是最基本的为官之道。《春秋繁露·阳尊阴卑》曰："是故孝子之行，忠臣之义，皆法于地也，地事天也，犹下之事上也，地，天之合也，物无合会之义。"《白虎通疏证·五行》曰："地之承天，犹妻之事夫，臣之事君也。其位卑，卑者亲视事，故自同于一行尊于天也。……土在中央，中央者土，主吐含万物，土之为言吐也。"注："土以谦自正，以卑自敛，终不自伐生养之苦，乃兴云雨以为功，一归于天中。"

臣忠心奉上，敬顺无违，从而使天下大治，百姓安乐。《新书·礼》曰："君仁臣忠，父慈子孝，兄爱弟敬，夫和妻柔，姑慈妇听，礼之至也。君仁则不厉，臣忠则不贰，父慈则教，子孝则协，兄爱则友，弟敬则顺。夫和则义，妻柔则正，姑慈则从，妇听则婉，礼之质也。"简言之，有忠臣者，外无敌国之患，内无乱臣之忧。

其次，从官民关系角度来说，民不能自治而设官代为民主，官是作为民的管理者身份出现，因而爱民恤民以得到民的认可是为官的必要条件。传统文化中把地方令长之官称为"民之父母"，父母官对百姓就要像对子女一样诚心爱护。爱民就要为民着想，兴民利，除民害，从民欲，去民恶，就要对民负责，要替民做主。官与民的关系是社会生活中的主要关系，无民就无所谓官，官的存在就是为民。为民成为为官之道的理论支点。臣的基本政治职能是助君理民，因而以爱民为忠。如《左传》襄公七年记载：晋国韩献子告老，将立公族穆子，穆子辞让，他说君和臣应以"恤民为德"。《春秋左传正义》襄公七年曰："天生烝民，立君以牧之。君不独治，为臣以佐之。君之与臣，皆为恤民而设之也。"《新书·大政上》曰："人臣之道，思善则献之于上，闻善则献之于上，知善则献之于上。夫民者，唯君者有之；为人臣者，助君理之。故夫为人臣者，以富乐民为功，以贫苦民为罪。故君以知贤为明，吏以爱民为忠。故臣忠则君明，此之谓圣王。"

最后，从政治功能角度来看，忠正事君和信法理民是治国施政之道、居官立事之本。《潜夫论·务本》曰："人臣者，以忠正为本，以媚爱为末。……忠信谨慎，此德义之基也。虚无谲诡，此乱道之根也。……忠正以事君，信法以理下，所以居官也。"一方面，只有忠正事君，才可能构建"君臣道泰、上下俱荣"的理想图景。《六韬·盈虚》云："吏忠正奉法者，尊其位。"《淮南子·主术训》云："人主贵正而尚忠。忠正在上位，执正营事，则谗佞奸邪无由进矣。"另一方面，《管子·牧民》云"不欺其民，则下亲其上"。只有信法理民，才可能取信于民。为官秉持"法"和"信"二种手段则可实现国治。《商君书·修权》曰："国之所以治者三：一曰法，二曰信，三曰权。法者，君臣之所共操也；信者，君臣之所共立也；权者，君之所独制也。人主失守则危；君臣释法任私必乱。故立法明分，而不以私害法则治；权制独断于君则威；民信其赏则事功成，信其刑则奸无端。"值得信赖，是为官的最高境界，上忠诚于君，下仁爱于民，君、臣、民上下相通，从而使得国家政令畅通，赢得长治久安。

唐朝君臣皆视忠正和诚信为官僚的基本行为规范，武则天《臣轨》的论述就非常典型。下面仅举一例唐代的忠臣之举。武德四年（621），刘黑闼攻陷定州，爱惜定州总管李玄通之才，欲以为大将，李玄通不答应。有故吏欲以酒肉款待诱降，李玄通酒酣，以刀做箭舞之。舞完之后，李玄通叹息曰："大丈夫受国厚恩，镇抚方面，不能保全所守，亦何面目视息世间哉！"[①]随即引刀自刺，溃腹而死。

二、公正清廉

这是官僚阶层职业道德和行为规范的底线，基本含义就是公正无私、廉洁自守。古代吏治特别强调"以廉为本"，普遍认为"吏不廉

---

① 《资治通鉴》卷一百八十九，中华书局1956年版，第5938页。

平，则治道衰"。为官只有在从政实践中，充分展示"公"和"廉"的基本品格，才能得到天下人的推崇，从而获取权威认同的政治资源。《清碑·官箴》曰："吏，不畏吾严而畏吾廉；民，不服吾能而服吾公。公则民不敢慢，廉则吏不敢欺。公生明，廉生威。"

公，即公平、公正之义，与"私"相对。如《新书·道术》曰："兼覆无私谓之公，反公为私。"《论语·为政》云："举直错诸枉。"《论语·颜渊》称："政者，正也。"司马光进一步指出："是故政者，正也。为政之道，莫若至公。"①《吕氏春秋》曰："'官'，犹公也；'官'，正也。"东汉钦定官方经典《白虎通义》"公侯"之"公"的含义就是"公正"之意。《白虎通·爵》曰："所以名之为公侯者何？公者，通也。公正无私之意也。"可见，"公正无私"是官僚身份内在的基本政治品格之一。有学者将"秉公去私"视作古代为政的最高原则和衡量官吏道德水准的重要标尺。②他们认为，只有坚持公正无私，才能是非分明。孟子云："无是非之心，非人也。"是非分明是古今做人的基本准则。官僚对某人或某事是否有正确的是非感，并坦诚地表达出来且付诸实践，这不仅仅能衡量一个官僚的人品，更能检验其政治品格。

早在《周礼·天官·小宰》中，对"廉吏"之"廉"已经确定了六个方面的含义："一曰廉善，二曰廉能，三曰廉敬，四曰廉正，五曰廉法，六曰廉辨。"也就是说，一个官员必须具备善良、能干、敬业、公正、守法、明辨是非等品格才称得上"廉"。这已经是较为成熟的廉政制度设计了，清楚地表述了对官僚阶层的道德品质修养和行政管理能力等方面的综合要求。

清廉是古代官僚的最重要的职业操守。所谓廉就是不苟取财物，

---

① 司马光：《上太皇太后疏》，李之亮笺注，《司马温公集编年笺注》，上海古籍出版社2004年版，第229页。

② 参见平旭：《中国古代官德教育内容及其启示》，《中国行政管理》2007年第3期。

《孟子·离娄下》曰："可以取，可以无取，取伤廉。"秦汉以后，随着政治思想的发展，在历代思想家的政论中，对于廉的肯定充盈于字里行间。汉贾谊援引《管子》的"四维"之论，清廉遂成为居官者的主要道德规范。《官箴》曰："当官之法，惟有三事，曰清、曰慎、曰勤。"清位居首位，清廉之吏还有上、中、下三等。上等是"见理明而不妄取"；中等是"尚名节而不苟取"；下等是"畏法律保禄位而不敢取"。[①] 既然清廉是为臣的立足之本，那么为官者手握公共权力而不能以清廉自律，是没有资格去莅政治民的。因而，历代对官吏的考核标准中，清和廉往往是重要的评价指标。古代官箴对为官清廉的认识大致可以分为三个层次：第一是提倡清廉；第二是崇尚节俭；第三是戒绝贪污。[②]

从经济学角度讲，廉可以降低政府运营成本，尤其是降低其隐形成本，抑制公共物品流于私域，有利于避免民众因承受本不必要的经济支出而导致负担过重，进而使社会财富得以合理化分配和良性累积。这在物质资源相对匮乏的古代社会，其意义更是不言自明。

郑善果可谓是隋唐廉吏的典型。他九岁袭父官爵，开皇初年，改封武德郡公，拜沂州刺史。大业年间，累转鲁郡太守。郑善果听从母亲教导，为官清廉有为，名扬天下。史称：

> 善果笃慎，事亲至孝。母崔氏贤明，晓于政道，每善果理务，崔氏尝于阁内听之。闻其剖断合理，归则大悦；若处事不允，母则不与之言，善果伏于床前，终日不敢食。崔氏谓之曰："吾非怒汝，反愧汝家耳。汝先君在官清恪，未尝问私，以身徇国，继之以死。吾亦望汝继父之心。自童子承袭茅土，今位至方伯，岂汝

[①] 薛瑄：《读书录》卷七，文渊阁四库全书本。
[②] 关于守廉的三层次的内容，参见彭忠德《古代官箴书中反腐倡廉浅析》，《晋阳学刊》1996年第1期。

身能致之耶？安可不思此事而妄加嗔怒？内则坠尔家风，或亡官爵；外则亏天子之法，以取罪戾。吾寡妇也，有慈无威，使汝不知教训，以负清忠之业，吾死之日，亦何面以事汝先君乎！"善果由此遂励己为清吏，所在有政绩，百姓怀之。及朝京师，炀帝以其居官俭约，莅政严明，与武威太守樊子盖者为天下第一，各赏物千段，黄金百两，再迁大理卿。①

隋亡后，郑善果本欲自杀，被救止后，由淮安王李神通送到京师，唐高祖遇之甚厚，拜太子左庶子，检校内史侍郎，封荥阳郡公。"善果在东宫，数进忠言，多所匡谏。未几，检校大理卿，兼民部尚书。正身奉法，甚有善绩。"②

官吏贪求无厌，以致赋役繁重，迫使民众不顾廉耻而为盗。武德九年（626），唐太宗与群臣论止盗，有人主张施重法以禁之。唐太宗嗔怪他们说："民之所以为盗者，由赋繁役重，官吏贪求，饥寒切身，故不暇顾廉耻耳。朕当去奢省费，轻徭薄赋，选用廉吏，使民主食有余，则自不为盗，安用重法邪！"③数年之后，海内升平，路不拾遗，外户不闭，商旅野宿。

"宁有盗臣，而无聚敛之臣"，君主不可纵容官僚聚敛财富。玄宗天宝年间，度支郎中兼侍御史杨钊善于窥视君主爱憎好恶而逢迎之，以善于聚敛而骤迁，遥领十五余使。后又迁任给事中，兼御史中丞，专判度支事，恩幸日隆。苏冕上疏指斥，论曰：

设官分职，各有司存。政有恒而易守，事归本而难失，经远之理，舍此奚据！洎奸臣广言利以邀恩，多立使以示宠，刻下民以

---

① 《旧唐书》卷六十二《郑善果传》，中华书局1975年版，第2378页。
② 《旧唐书》卷六十二《郑善果传》，中华书局1975年版，第2379页。
③ 《资治通鉴》卷一百九十二，中华书局1956年版，第6025—6026页。

厚敛，张虚数以献状；上心荡而益奢，人望怨而成祸；使天子有司守其位而无其事，受厚禄而虚其用。宇文融首唱其端，杨慎矜、王铁继遵其轨，杨国忠终成其乱。仲尼云："宁有盗臣，而无聚敛之臣。"诚哉是言！前车既覆，后辙未改，求达化本，不亦难乎！①

此外，作为长官，不仅要自清，还要清僚吏。武则天曾经对侍臣曰："凡为长官，能清自身者甚易，清得僚吏者甚难"②，她认为姚崇同时做到了这两点。

三、勤政务实

勤政务实是对官僚阶层施政能力的基本要求。

首先，在其位谋其政，官僚理应各司其职。君无为，臣有事，君主把具体政务委任给官僚具体负责，各级官僚必须在其位谋其政。《周礼》根据其职掌的不同把官分为六大类，即天官主治，以纲纪天下；地官主教，以教化驯顺；春官主礼，以和谐社会；夏官主政，以平均贡赋；秋官主刑，以纠正天下；冬官主事，以生养万民。六官又各自下设属官，从而"官事得举"。《墨子·亲士》曰："虽有贤君，不爱无功之臣。……良才难令，然可以致君见尊。"

其次，设官以治民，无功就是有罪。为官一任，造福一方，设官是为了为天下兴利除弊。"天地之生才，朝廷之设官，所以补救气数也。身握事权，束手而委命。天地何必生此才，朝廷何必设此官乎？"③ 天地降生贤才，朝廷设置官吏，是为了增补救助以延长王朝寿

---

① 《资治通鉴》卷二百一十六，中华书局1956年版，第6891页。
② 《旧唐书》卷八十九《姚崇传》，中华书局1975年版，第904页。
③ 纪晓岚撰，曹月堂评注：《评注阅微草堂笔记选·滦阳消夏录一》，宝文堂书店1988年版，第4页。

命。如果大权在握却无所作为，那么天地何必生此才，朝廷何必设此官呢？权力就是责任，有位必须有为，有为才能有位。纪晓岚在《阅微草堂笔记》中记载了一则故事，有人梦见到了阴曹地府，看见一官在阎王面前自称清廉，所到之处，只饮一杯水，无愧鬼神。阎王笑曰："设官以治民。关键是为百姓兴利除弊。如果不要钱就是好官，那么在公堂里设一木偶，连水也不用喝，岂不是更胜于你？"官员答道："我虽无功，但总也无过。"阎王说："你处处只求保全自己，对案件因避嫌疑而不言，对事件因怕麻烦而不办，这不是有负百姓和国家吗？三年考课怎么说，无功即有罪啊！"

最后，恪尽职守、勤政务实是治国理政的根本保证。空谈误国，实干兴邦。柳宗元对当时学生只注重背熟经文和《五经正义》，严重脱离实际，儒学中空谈之风日盛的社会现实深感忧虑。他在《与吕道州温论非国语书》论曰："近世之言理道者众矣，率由大中而出者咸无焉。其言本儒术，则迂回茫洋，而不知其适；其或切于事，则苛峭刻核……故道不明于天下，而学者之至少也。"政通才能人和、长治方可久安，这就要求为官者"专心致志，朝夕以思职事"；反之，昏官之害甚于贪官，昏官无才无能，成事不足，败事有余。颜元指出，昔者圣人之治天下，百官各尽其职，各勤其政。

为官应该勤政务实是唐代君臣的普遍认识，唐太宗肯定李大亮的为官行为就是典型。李大亮乃唐朝开国功臣，陕西泾阳人。当初，李渊兵进长安，建立唐朝。李大亮投诚，被授予土门令，时值饥荒，他招抚流亡贫民从业，并卖掉自己的马匹以资助贫民恢复农业生产。高祖见他善于治理，提升他为金州（今陕西安康）总管府司马。他奉命出兵荆襄一带，攻取城池十余座，以功升安州刺史。后镇压辅公祐起义，迁为越州（今浙江绍兴）都督。唐太宗贞观年间改任交州（今越南河内）都督，封五阳县男，后来拜太府卿，出为凉州都督，以惠政闻。

有台使到凉州，见有名鹰，建议李大亮献上取悦皇帝。李大亮密表曰:"陛下久绝畋猎,而使者求鹰。若是陛下之意,深乖昔旨;如其自擅,便是使非其人。"太宗下之书曰:"以卿兼资文武,志怀贞确,故委藩牧,当兹重寄。比在州镇,声绩远彰,念此忠勤,无忘寤寐。使遣献鹰,遂不曲顺,论今引古,远献直言,披露腹心,非常恳到,览用嘉叹,不能便已。有臣若此,朕复何忧!宜守此诚,终始若一。古人称一言之重,侔于千金,卿之此言,深足贵矣。今赐卿胡瓶一枚,虽无千镒之重,是朕自用之物。"又赐李大亮荀悦《汉纪》一部,下书曰:"卿立志方直,竭节至公,处职当官,每副所委,方大任使,以申重寄。公事之闲,宜寻典籍。然此书叙致既明,论议深博,极为治之体,尽君臣之义,今以赐卿,宜加寻阅也。"① 李大亮还建议唐太宗以治理内地为本,对边地各少数民族部落实行招抚政策,避免使用武力以节省国家财力,俭省民役,恢复生产。太宗采纳了他的建议。像李大亮这样的例子不胜枚举。他的行为其实是体现了为官的基本职责就是做事。只有在做事中,才能不断发现问题、解决问题;只有做事,才能真正以民为本,为民谋利。

四、竞争合作、各当其任

这是官僚阶层凝聚力量共同推动政治发展的前提要件。竞争和合作是辩证统一的,二者相互渗透、相辅相成,竞争产生活力,合作产生合力。

《诗经·小雅·小明》曰:"靖共尔位,好是正直。神之听之,介而景福。"杜预注:"君子当思不出其位,求正直之人,与之并立。如是,则神明顺之,致大福也。"可见,爱好正直之人,与之共处于朝,是实现天下大治的前提之一。《周礼·天官·大宰》云:"以八法治官

---

① 《旧唐书》卷六十二《李大亮传》,中华书局 1975 年版,第 2387—2388 页。

府……三曰官联，以会官治。"郑玄注："官联，谓国有大事，一官不能独共，则六官共举之。"贾公彦疏："联即连也。一官不能独共，则众官共举之，然后事得合会，故云以会官治。"《乐府诗集·郊庙歌辞十·隋太庙歌》曰："官联式序，奔走在庭。"官事有别，各有司职；但唯有百官共同合作，天下才能实现治理。

官僚之间相互关系的好坏直接影响着国家机器的正常运转。以和为贵、以恕相待是古代给出的处理同僚关系的基本法则。在政治生活中，就官僚之间的关系而言，合作与竞争是同样重要的。"政治是妥协的制度化的艺术"，对这一艺术的掌握是政治家必备的基本素质之一。合格的官僚，既要能干事，也要能共事。只有能干事，才能治国理政，只有能共事，才能凝聚各种力量。因而，官僚必须敬上爱下友僚，具有大局意识和团结协作精神。当然，团结并不排斥相互间的批评，没有这种批评就不可能达到团结。没有批评就不能互相了解，因而也就谈不到团结。懂团结是大智慧，会团结是大本事。团结合作的同时，不排斥相互竞争。但是竞争需要遵循一定的规则，而不是不择手段地欲杀之而后快。相互攻讦，到头来是相互受损。于人于己，于公于私，有百害而无一利。

知人者智，自知者明，为官者只有知道自己和他人各自的优长和不足，才能扬长避短，各显其能。唐太宗时，房玄龄、李靖、温彦博、戴胄、魏徵与王珪等人"同知国政"，唐太宗曾经问王珪"孰与诸子贤？"王珪对曰："孜孜奉国，知无不为，臣不如玄龄；才兼文武，出将入相，臣不如李靖；敷奏详明，出纳惟允，臣不如温彦博；处繁理剧，众务必举，臣不如戴胄；以谏诤为心，耻君不及于尧、舜，臣不如魏徵。至如激浊扬清，嫉恶好善，臣于数子，亦有一日之长。"[①] 唐太宗非常赞同王珪所言，各位大臣也都深以为是。

[①]《旧唐书》卷七十《王珪传》，中华书局1975年版，第2529页。

每个官僚的道德品格各有千秋，相应的政治担当也各有侧重。唐太宗与长孙无忌议政时，曾经概括了他身边的各位大臣的品格特征，肯定了他们各有所长。他指出，长孙无忌"善避嫌疑，应对敏速，求之古人，亦当无比；而总兵攻战，非所长也"；高士廉"涉猎古今，心术聪悟，临难既不改节，为官亦无朋党；所少者骨鲠规谏耳"；唐俭"言辞便利，善和解人，酒杯流行，发言启齿"，以至于在太宗身边三十年，从不曾论国家得失；杨师道"性行纯善，自无愆过；而情实怯懦，未甚任事，缓急不可得力"；岑文本"性道敦厚，文章是其所长；而持论常据经远，自当不负于物"；刘洎"性最坚贞，言多利益；然其意上然诺于朋友，能自补阙，亦何以尚"；马周"见事敏速，性甚贞正，至于论量人物，直道而行，朕比任使，多所称意"；褚遂良"学问稍长，性亦坚正，既写忠诚，甚亲附于朕，譬如飞鸟依人，自加怜爱"。①

五、历代官箴与官僚规范

概而论之，从"设官为民"的一系列思想中，自然而然地推论引申出"忠君爱民""爱民如子"以及清正廉洁、勤政有为等一系列官僚规范。在儒家经典注疏、官箴类著作和历代朝堂议政中，充斥着这类思想。

现存最早的官箴类文献是云梦秦简中的《为吏之道》。这部训诫官吏的教令为秦朝一位地方刀笔吏所珍爱，它至迟形成于战国时期。《为吏之道》认为，"为人君则鬼（怀），为人臣则忠；为人父则兹（慈）；为人子则孝。……君鬼（怀）臣忠，父兹（慈）子孝，上明下圣，政之本殹（也）；志彻官治，治之纪殹（也）。"《为吏之道》对广大官吏提出了系统的道德规范和行为准则，其中有"宽裕忠信，和平毋怨"；

---

① 《旧唐书》卷六十五《长孙无忌传》，中华书局 1975 年版，第 2453 页。

"慈上勿陵,敬上勿犯";"正行修身",为民表率,以身作则;"除害兴利,兹(慈)爱百姓",这是官吏的职责、目的所在,等等。[①]作为官吏的教科书,《为吏之道》的内容包括处世哲学、纪律要求、施政规则、治民技巧等,后世的《臣轨》《官箴》与之颇似。这类忠君爱民的官僚规范显然与民本思想密切相关。从其思想特点看,显然不属于一家一派,而是一种传之久远的政治经验总结。《为吏之道》的基本精神和原则,普遍适用于中国古代社会的官吏。

许多皇帝曾经亲撰包含"设官为民"的官箴。诸如武则天的《臣轨》,五代后蜀主孟昶的《令箴》,明宣宗的《官箴》。流传最广的当属《令箴》。《令箴》共24句,其中四句是:"尔俸尔禄,民膏民脂。下民易虐,上天难欺。"宋太宗取此十六字箴言,颁行天下。宋高宗将黄庭坚所书此箴颁行州县,立刻石于衙门公案之侧,故又称之为"戒石铭"或"戒石箴"。这类官箴以儒家经典为依据,由最高统治者钦命颁行,它们都是"设官为民"思想属于官方思想的重要证据。

明朝泰山《官箴》刻石也很有代表性。明朝弘治十四年(1501),由著名清官山东巡抚年富制箴,由泰安知州顾景祥刻立于泰安州署,以儆官员。其碑上铭文曰:"吏不畏吾严而畏吾廉;民不服吾能而服吾公。公则民不敢慢,廉则吏不敢欺。公生明,廉生威。"这是对廉官最好的注解,也道出了廉洁奉公的真谛。这则名言作为官箴流传久远。

许多官箴从忠君、孝父、仁民三位一体的角度,阐释忠君爱民的官僚规范,强调治民之术。例如,《州县提纲》卷一《奉职循理》指出,州县官率令治民,"为政先教化,而后刑责,宽猛适中,循循不迫,俾民得以安居乐业,则历久而亡。若矜用才智,以兴立为事,专尚威猛,以击搏其民,而求一时赫赫之名,其初固亦骇人观听,然多

[①] 《为吏之道》,睡虎地秦墓竹简整理小组、李学勤定稿:《睡虎地秦墓竹简》,文物出版社1987年版。

不能以善后。"一些官箴还从行政的角度，论证官僚亲民的重要性。如《学治臆说》上说："民有求于官，官无不应；官有求于民，民无不承。不然，事急而使之，必有不应者……故治以亲民为要。"这里所说的"亲民"与为民做事联系起来，强调为官积极有为的重要性，把为民与由此衍生的清、慎、勤等为官原则看作是居官分内之事。

恪守设官为民、亲民勤政的官僚历代皆有。他们搏击豪强，除暴安良；劝农缓刑，体国恤民；执法公平，断案无私；廉洁自守，激浊扬清；为民请命，刚毅不阿。为民做主是其志，清、正、慎、勤是其行。其中的许多人青史留名，垂范后世。

六、官僚规范对社会的示范效应

"不论是个人、集团，还是阶级的政治行为方式，不仅受自己能看见的直接利益的影响，也受意识形态氛围以及他们都认作合法的共同政治价值和目标的影响。"[1] 官僚的道德品格和政治行为如何，不仅影响着社会对官僚的评价和认识，而且影响着民众的价值取向和行为选择。《论语·颜渊》曰："君子之德风，小人之德草。草上之风，必偃。"孔子指出，为官者行为公正，政令才能畅通无阻，民风才能淳朴，《论语·子路》曰："其身正，不令而行；其身不正，虽令不从。"孔子认为为官者要想正民首先要正己，二者是因果关系，《论语·颜渊》曰："子帅以正，孰敢不正？"西汉贾谊在《新书·官人》中强调，大臣必须"行足以为民率"。董仲舒认为，"上之化下，下之从上，犹泥之在钧，惟甄者之所为；犹金之在镕，唯冶者之所铸"[2]。居于高位的人教化民众，民众服从上官，就好比把泥放在陶钧上，制陶工人想造个什么

---

[1] 塞缪尔·亨廷顿：《失衡的承诺》，周瑞译，东方出版社 2005 年版，第 12 页。
[2] 《汉书》卷五十六《董仲舒传》，中华书局 1962 年版，第 2501 页。

器皿，就是什么。"下之化上疾于景响，举错不可不审也。"①民众受官吏的影响，比影子随人、回声随音还来得快。官僚作为教化者，必须从我做起，培养自己的善心，用恭敬、谦虚去引导民众。"天子大臣急于功，则人以功为尚矣；急于位，则人以位为荣矣。俭者，先自俭也，让者，先自让也，非可绳人而卑约之者也。""君与大臣之志明，则天下臣民之志定，岂恃综核裁抑以立纲纪哉！"②民众的道德好恶和行为取向，往往深受官僚阶层道德好恶和行为取向的影响。

早在先秦时期，对于君臣威仪的重要性就有专门论述。卫武公劝谏周王曰："敬慎威仪，惟民之则。"《左传》襄公三十一年记载，这一年，卫侯要到楚国去，北宫文子告诉卫侯楚国的令尹子围一定有野心，因为从他的威仪举止可以看出来。卫侯咨询何为"威仪"，北宫文子对曰："有威而可畏谓之威，有仪而可象谓之仪。君有君之威仪，其臣畏而爱之，则而象之，故能有其国家，令闻长世。臣有臣之威仪，其下畏而爱之，故能守其官职，保族宜家。顺是以下皆如是，是以上下能相固也"。可见，臣以君为榜样，民以臣为榜样，"君臣上下，父子兄弟，内外大小，皆有威仪"，则国家秩序井然，牢固不可破。

历代思想家和统治者都非常重视官僚的道德建设。《大学》把"修身"放在重要位置。《论语·宪问》提出"修己以敬""修己以安人""修己以安百姓"；《孟子·尽心上》提出"存其心，养其性，所以事天也"。在思想家看来，各级官僚的道德修养是治国安邦的前提。统治者亦不例外，唐太宗曾提出，对百官大臣要"推以赤心"，待以"诚信"。而对贪官污吏要绝情、无情。明太祖朱元璋为了保证官员的廉洁，连自己的姑爷犯了重罪也不放过，定斩不赦；康熙帝以仁慈、宽厚著称于世，他要求官吏"崇尚节俭""察识民情"，并"嘉奖清官"，

---

① 《史记》卷一百二《张释之冯唐列传》，中华书局1959年版，第2752页。
② 王夫之：《读通鉴论》卷十二，中华书局1975年版，第388页。

"重惩贪酷"；等等。与此同时，古代西方的政治理念也与伦理道德水乳相融。古希腊的思想家苏格拉底及其学生柏拉图都表现出对伦理道德的关怀。苏格拉底一生都在研究如何让有美德和才能的人当政的问题。

作为公共权力的直接行使者，官僚阶层实际操纵着国家这台庞大机器的运行，加之传统社会对其缺乏有效的制度化的制约方式，因而社会才赋予他们一种道德上的极高期望。就一般意义上来说，官僚阶层能否正确行使权力，合理执行公务活动，保证行政质量和效率，不仅取决于其自身能力的高低，还取决于其德行修为。如果没有忠正诚信、求真务实、忠于职守的道德规范和政治品格，就不能制定出正确的大政方针和具体政策；如果不懂廉洁自律、团结合作，就不能高效地开展各项工作。

第二节 "依贞观故事"：君臣合道的理想诉求

"贞观故事""贞观之制""贞观之政"等，是对唐太宗朝治国之道的简明概括，是君守君道、臣守臣道，君臣合道的理想模式，备受后代统治者的推崇和青睐。唐中宗以后，各种政治问题的凸显，使很多渴望复兴唐朝大业、重振唐朝雄风的君主和官僚，思慕和追忆贞观之治，力主效法贞观时期的治国理政之道，恢复那种君臣合道的理想关系，进而改易时政之弊。与之相对，武三思、韦后及其党羽等既得利益者，则以"沿袭当自近者始"为由，把持朝政，为乱天下。

一、缘起：唐中宗朝的权力之争和《贞观政要》的编纂

（一）唐中宗朝的权力之争

唐中宗复位之后，朝中围绕着是否"依贞观故事"展开了激烈的

政治斗争。神龙元年（705），桓彦范与张柬之等人发动政变，诛张易之、张昌宗、薛季昶、刘幽求等人，又要求同时诛杀武三思等人，武则天不从，但是还政唐中宗，下制云："政令皆依贞观故事"。就在这一年，唐中宗制书"一事以上，并依贞观故事"①。不久，武三思又与韦后勾结，重新控制朝政，数日之间，桓彦范等人失势，"所斥去者悉还"。诏令群臣"复循太后法"。随着武三思、韦后势力的膨胀，补阙张景源以"母子承业，不可言中兴"，要求中宗承袭武周之制。补缺权若讷以"太后遗训，母仪也；太宗旧章，祖德也"为由，反对神龙元年所定"依贞观故事"之制，认为"沿袭当自近者始"。②

在武氏、韦氏势力的挟制下，中宗动摇了"依贞观故事"的初衷。武、韦得寸进尺，欲除掉李唐继承人。当时身为谏官的吴兢表现出与他们不同的政见。后来，李隆基平定了诸韦之乱，辅佐其父相王即位，是为唐睿宗。当是时，社会普遍的心声是，"改中宗之政，依贞观故事，有志者莫不想望太平"③。

讨伐平定武、韦集团乱政的过程中，太平公主的势力进一步膨胀，又一次威胁到李唐统治。睿宗景云初年，监察御史韩琬上疏论述国家安危治乱之道，他说："国安危在于政，政以法，暂安焉必危；以德，始不便焉终治。"可见，韩琬认为，国家安危关键在于治国之道的选择。如果选择以法治国，尽管可以获得暂时的安定但最终会陷入危险之中；反之，选择以德治国，尽管起初会因为礼节烦琐而不便但最终可以获得天下大治。"法者，智也；德者，道也。智，权宜也；道，可以久大也。"因此，"以智治国国之贼，不以智治国国之福"。他把贞观永徽之时作为以德治国的典范，赞颂道："贞观永徽之间，农不劝而耕者众，法施而犯者寡。俗不偷薄，器不污窳。吏贪者，士耻同列。忠

---

① 《资治通鉴》卷二百八，中华书局 1956 年版，第 6610 页。
② 《新唐书》卷二百六《外戚传》，中华书局 1975 年版，第 5841 页。
③ 刘𫗧撰，程毅中点校：《隋唐嘉话》下，中华书局 1979 年版，第 47 页。

正清白者，比肩而立。罚虽轻而不犯，赏虽薄而劝。位尊不倨，家富不奢，学校不厉而勤，道佛不惩而戒，土木质厚，稗贩弗蚩。其故奈何？杂以皇道也。"贞观永徽之时，国家秩序井然，社会各阶层安居乐业，为民者勤于耕作，为官者忠正清廉，富贵者不仗势欺人，为学者勤奋不辍，赏罚虽然较轻却能发挥很好的社会作用。如今，却是另一番景象。法令多设而盗贼多有，整个社会变得格外浮躁。"贞观永徽之天下，亦今日天下；淳薄相反，由治则然。"① 可见，因为国家治理之道的差别，导致了完全不同的两种结果。

（二）《贞观政要》的编纂

开元八年（720）正月，宋璟、苏颋同时罢相，源乾曜、张嘉贞接替。五月，源乾曜为侍中、张嘉贞为中书令。二公并相之时，"弼谐王政"，"缅怀故实"。以"太宗时，政化良足可观"，"爰命下才，倍加甄录"。起居郎吴兢受命，"于是缀集所闻，参详旧史，撮其指要，举其宏纲"，正式编录。②

吴兢，生于高宗总章、咸亨之交（669—670），卒于玄宗天宝八载（749），亲身经历了中宗复位之后，围绕着是否"依贞观故事"而展开的政治争斗。对于是否"依贞观故事"的政治分野，他不仅身临其境，而且认识清醒。经过两年左右的较量，李隆基一举歼灭太平公主势力。玄宗亲政之后，励精图治，倚重贤相姚崇，"纠之以典刑，明之以礼乐，爱之以慈俭，律之以轨仪"，黜抑权幸、爱惜爵赏、广纳谏诤，使得"贞观之风，一朝复振"。③ 随后任相的宋璟也是"协心革中宗敝政，进忠良，退不肖，赏罚尽公，请托不行，纲纪修举，当时翕

---

① 黄淮、杨士奇编：《历代名臣奏议》卷二七《治道·安宗子科》，上海古籍出版社1989年版，第361页。
② 参见吴兢撰，谢保成集校：《贞观政要集校》叙录，中华书局2003年版，第2页。
③ 《旧唐书》卷九《玄宗纪下》史臣曰，中华书局1975年版，第236页。

然以为复有贞观、永徽之风"①。开元十七年（729），吴兢上呈《贞观政要》。《贞观政要》的编纂进呈，事实上是半个多世纪中朝臣们对于贞观以后之政治现实进行总结反思的结果，寄托着 8 世纪初政治家和史学家的政治理想。②

吴兢清楚地阐述了《贞观政要》的编纂目的，其文曰：

> 太宗时政化良足可观，振古而来，未之有也。至于垂世立教之美，典谟谏奏之词，可以宏阐大猷，增崇至道者，爰命下才，倍加甄录，体制大略，咸发成规。于是缀集所闻，参详旧史，撮其指要，举其宏纲，词兼质文，义在惩劝，人伦之纪备矣，军国之政存焉。凡一帙十卷，合四十篇，名曰《贞观政要》。庶乎有国有家者克遵前轨，择善而从，则可久之业益彰矣，可大之功尤着矣，岂必祖述尧舜、宪章文章而已哉！③

可见，唐玄宗君臣编纂《贞观政要》的目的是为了垂范后世，使贞观时期在政治、军事、教化等方面的做法得以延续，成为"可资法鉴"的"历代宝传"④。

二、"依贞观故事"的主要释义

唐代中期以后，跌宕起伏的政治现实，使得渴望承平的君臣们经常忆及祖宗盛世，缅怀高祖太宗祖制。呼吁革除现实弊政，师法"国

---

① 《资治通鉴》卷二百九，中华书局 1956 年版，第 6652 页。
② 参见吴宗国：《〈贞观政要〉与贞观君臣论治》，载《国学研究》第三卷，北京大学出版社 1996 年版，第 355 页。转引自邓小南：《祖宗之法——北宋前期政治述略》，生活·读书·新知三联书店 2006 年版，第 34 页。
③ 吴兢撰，谢保成集校：《贞观政要集校》，中华书局 2003 年版，第 7—8 页。
④ 永瑢撰：《四库全书总目》卷五一《史部·杂史类》，中华书局 1965 年版，第 463 页。

朝故事",君臣上下一心同体合道成为很多官僚士大夫的价值共识。归纳起来,他们对"贞观故事"的论述主要从以下几个方面展开。

(一)"依贞观故事"是依循"祖宗之礼","修复故事"

开元年间,宰相苏颋上疏唐玄宗,指出"祖宗之礼,家国成规"不可违背。其文曰:

> 臣等愚昧,颇观礼典,数百年来,汉晋间事,主天地者,不以私废公,行丧纪者,故以日易月。贞观之后,三宗遗训,著在实录,垂之不朽。匪臣等敢率下情,屡希上达。伏以圣怀罔极,孝思永慕,失人祇之大愿,持曾闵之小节,使祖宗之礼,家国成规,陛下因而违之,臣等固知其不可。皇极神器,天下至公,旷时不亲,众务皆阙,阻群情,非顺也。喁喁亿庶,仰望天光,徂夏及秋,旬有四月,陛下何以承顾托?何以抚黎元?臣等惶然,不知忌讳,敢昧死陈请,冀垂昭纳,明日望于别次视事,以宁臣子荒迫之心。①

自唐肃宗时期始,"祖宗之法"的表述时常出现。当时朝廷刚刚收复陕郡,将军王去荣擅自打死富平县令杜徽,唐肃宗惜其才,特令免死,但削除官爵,让他反省自新。贾至上《论王去荣打杀本部县令表》,曰:

> 今之律令,太宗之律令也,陛下不可惜小才,而废祖宗之法也。伏惟明主弃琐琐之能,全其远者大者,则祸乱不日而定,师

---

① 《全唐文》卷二五六《苏颋·为政事请公除状(第三状)》,中华书局1983年版,第2590页。

旅因兹整齐矣。天下幸甚。①

此处所言"祖宗之法",即"太宗之律令",也就是指唐朝前代帝王施行的律令格式。

唐德宗贞元五年(789)十月下诏,曰:

> 法令者,国之典章;藩岳者,朕之屏翰。……君人执信,臣人执忠,忠信允叶,邦家乃义。朕奉祖宗之法,期于慎守;托王公之上,务以存诚。画野分析,皆有定制。逾宪章则彼此交恶,保封疆则烝庶获安;偃甲息人,所存者大。咨尔方岳,弘宣永为。各守尔典,钦承王度。勖贤列辟,宜体至怀。初孝忠以兵袭蔚州,驱掠人畜,帝连诏责之,逾旬方还所部,繇是降其诏焉。②

这里的"祖宗之法",应该是指前代帝王处理内外关系的原则和方式。诏书中一方面说:"朕奉祖宗之法,期于慎守",另一方面又要求藩方"各守尔典,钦承王度"。"各守尔典"的表述来自《尚书·汤诰》,《尚书正义》注曰"守其常法"。究其内里,当时所谓的"祖宗之法",特指君主所恪奉慎守的法令、原则和规矩;而藩方则以制节谨度、夹辅帝室为其"典常"。这一意义上的"祖宗之法",还没有被理解为渗透到国家事务方方面面的法度原则。③

大历十四年(779)七月,礼仪使、吏部尚书颜真卿,针对唐高祖至唐肃宗七位君主的庙号尊号文字比较繁多的问题上疏。奏文称:"皇帝则悉有大圣之号,皇后则尽有顺圣之名,使言之者惑于今,行之者

---

① 贾至:《文苑英华》卷六百十九《论王去荣打杀本部县令表》,中华书局1966年版。
② 王钦若等编:《册府元龟》卷一七六《帝王部·姑息》,中华书局1960年版,第2120页。
③ 参见邓小南:《祖宗之法——北宋前期政治述略》,生活·读书·新知三联书店2006年版,第38页。

异于古。"他主张"高祖以下累圣谥号,悉取初谥为定"。其理论依据是"仍请准汉魏及国朝故事,于尚书省议定奏御"。唐代宗下令由尚书省讨论此事。当时,由于谥号繁多前后变动不居,很多儒学之臣早就有心改之,"会真卿上奏,皆谓必克正焉"。但是兵部侍郎袁傪,"不详典故",上疏称"陵庙中玉册既刊矣,不可轻改",此事不了了之。①

元和十三年(818),"守职史官"李翱进《论事疏表》:

> 若革去弊事,复高祖太宗之旧制,……选用骨鲠正直之臣,与之修复故事而行之,以兴太平,可不劳而功成也。若一日不以为事,臣恐大功之后易生逸乐,而群臣进言者必曰:"天下既已太平矣,陛下可以高枕而为宴乐矣。"若如此,则高祖太宗之制度不可以复矣。制度不复,则太平未可以遽至矣。臣窃惜陛下圣质当可与之时而尚谦让,未为也。②

李翱认为,要恢复太平盛世,必须革除现实中的各种弊端,任用骨鲠正直之臣,恢复唐高祖、唐太宗时期的基本制度。类似的说法很常见。《敬宗睿武昭愍孝皇帝谥议》曰:"夫以睿哲之材,经圣明之业,而祖宗成式,修举罔坠。"③此处以继承祖宗的法规定制来论证敬宗圣明。《封梁王等制》曰:"王者,胙土画疆,封建子弟,所以承卫帝室,藩茂本枝,祖宗成式,朕曷敢废?"④可见,这里已经不是空洞地怀念高祖太宗,而是有的放矢,着眼于"修复故事",重振"祖宗成式"。

---

① 王溥:《唐会要》卷二《杂录》,上海古籍出版社1991年版,第19页。
② 李翱:《李文公集》卷九《论事疏表》,《四部丛刊》初编119集部,上海书店1989年影印版。
③ 《唐大诏令集》卷十三《帝王·谥法上·敬宗睿武昭愍孝皇帝谥议》,学林出版社1992年版,第72页。
④ 《唐大诏令集》卷三十三《诸王·封建·封梁王等制》,学林出版社1992年版,第124页。

第五章　忠君爱民、以道事君：官僚规范与进谏理论　　223

元和十五年（820），礼部奏："准贞观故事，迁庙之主，藏于夹室西壁南北三间。第一间代祖室，第二间高宗室，第三间中宗室。伏以山陵日近，睿宗皇帝祧迁有期，夹室西壁三室外，无置室处。准《江都集礼》：'古者迁庙之主，藏于太室北壁之中。'今请于夹室北壁，以西为上，置睿宗皇帝神主石室。"①皇帝准奏。在这里，"依贞观故事"，就是依照唐太宗时期制定的宗庙祭祀制度。

唐武宗会昌年间，唐室日益衰落，回鹘可汗蠢蠢欲动，以"借城"进行试探。李德裕奉命撰《赐回鹘书意》，有理有据地驳回了回鹘可汗的"请求"。其中言称"蕃汉殊壤，岂可通司"。"且天下者，高祖太宗之天下。朕守祖宗成业，常怀兢畏，岂敢上违天地之限，中黩祖宗之法。每欲发一号、施一令，皆告于宗庙，不敢自专。"②此处，"祖宗成业"指祖宗所打下的江山社稷，寸土寸金，祖宗留给后世的一城一池都不会拱手相让的。

（二）"依贞观故事"，就要做到官不虚授，赏必有功

唐中宗登基之后，韦后干政，唐中宗缺乏为君之权威和尊严，选官用人等出现很多问题。桓彦范因为讨伐武氏光复李唐有功，升任侍中之职。他针对朝政中的很多不当之处极力谏言。当时，禁中出墨敕，授任方术之人郑普思为秘书监，叶净能为国子祭酒，桓彦范苦苦谏阻这种任用。唐中宗曰："既要用之，无容便止。"桓彦范对曰："陛下自龙飞宝位，遽下制云：'军国政化，皆依贞观故事。'昔贞观中尝以魏徵、虞世南、颜师古为秘书监，孔颖达为国子祭酒。至如普思等是方伎庸流，岂足以比踪前烈？臣恐物议谓陛下官不择才，滥以天秩加于私爱。惟陛下少加慎择。"③可见，唐中宗即位之后，曾经向天下人宣

---

① 《旧唐书》卷二十五《礼仪志》，中华书局1975年版，第958页。
② 李德裕：《会昌一品集》卷五《赐回鹘书意》，文渊阁四库全书本。
③ 《旧唐书》卷九十一《桓彦范传》，中华书局1975年版，第2930页。

称治国之道要依循"贞观故事"。于是，桓彦范举出贞观时期担任秘书监、国子祭酒等职的是魏徵、虞世南、颜师古、孔颖达等人，他们或直言极谏，或博通经史，都是当之无愧的贤臣大儒，具有治国安邦的大才大略。而郑普思等人无非是掌握点方术杂耍的庸俗之辈。任用这种人肯定让天下人非议君主任官不选择贤才，徇私情滥设官职。桓彦范所谏切中要害，只可惜，唐中宗不予采纳。

此外，谏官辛替否的阐述比较有代表性。景云元年（710），唐睿宗即位后，姚崇、宋璟及御史大夫毕构上言："先朝斜封官悉宜停废。"睿宗采纳他们所言，"罢斜封官凡数千人"。① 不久，又下诏复其职。景云二年（711），左补阙辛替否上疏反对，言称君主如果"用度不时""爵赏不当"，将导致"破家亡国"。他围绕有唐以来"理国之得失"，通过对唐太宗和唐中宗对待臣僚不同态度的正反两个典型的比照，指出睿宗欲图长治久安，就应该效法唐太宗。

辛替否认为，唐太宗治国理政的总体思路是："拨乱反正，开阶立极，得至理之体，设简要之方。"具体而言是，"省其官，清其吏，举天下职司无一虚授，用天下财帛无一枉费。赏必俟功，官必得俊，所为无不成，所征无不伏"。自有皇帝以来，没有哪一位可与之相提并论，因此得以国运久长。相比之下，唐中宗却是"居先人之业，忽先人之化，不取贤良之言，而恣子女之意"。具体而言，"官爵非择，虚食禄者数千人；封建无功，妄食土者百余户"。由于滥用爵赏，再加上大造佛寺等，致使国家财政支出增加数倍，财政收入却大为减少。以至于，"所恶者逐，逐多忠良；所爱者赏，赏多谗慝。朋佞喋喋，交相倾动。容身不为于朝廷，保位皆由于党附"。忠良被逐，馋佞受宠，百姓负担加重，人神共愤，水旱不调，灾疫屡起，怨声载道。短短五六年间，再三祸变，享国不永。两位君主治国之道的优劣一目了然。因

---

① 《资治通鉴》卷二百一十，中华书局1956年版，第6655页。

此,"依太宗之理国,则百官以理,百姓无忧,故太山之安立可致矣;依中宗之理国,则万人以怨,百事不宁,故累卵之危立可致矣"。辛替否再三强谏睿宗,若"忍弃太宗之理本,不忍弃中宗之乱阶;忍弃太宗久长之谋,不忍弃中宗短促之计。陛下又何以继祖宗、观万国"。①

从辛替否的上疏中,我们可以看到,他所主张的"依贞观故事",归结起来,主要是指治国理政应该官不虚授,赏必有功,官僚勤政为民等。

另外,在中国古代,身份等级森严是不争的事实,从政治理念上讲,不是每一个社会阶层的人都有可能进入官员队伍,身份的壁垒是很厚实的。比如,唐懿宗任命伶官李可及为威卫将军,中书侍郎曹确反对,奏曰:"臣览贞观故事,太宗初定官品令,文武官共六百四十三员,顾谓房玄龄曰:'朕设此官员,以待贤士。工商杂色之流,假令术逾侪类,止可厚给财物,必不可超授官秩,与朝贤君子比肩而立,同坐而食。'太和中,文宗欲以乐官尉迟璋为王府率,拾遗窦洵直极谏,乃改授光州长史。伏乞以两朝故事,别授可及之官。"②曹确精通儒术,富有器量见识,谨慎持重,行为举止依循法度。因此,他也就更加固守传统,认为按照"贞观故事",只可贤能为官,工商杂色等人,不能与贤能之士平起平坐。但是,其奏未被采纳。

(三)"依贞观故事",就是要公开公正言事

史载:"贞观之制,中书、门下及三品官入奏事,必使谏官、史官随之,有失则匡正,美恶必记之;诸司皆于正牙奏事,御史弹百官,服豸冠,对仗读弹文;故大臣不得专君而小臣不得为谗慝。"但是到了武则天朝,许敬宗、李义府掌权,破坏了这一传统。当时,"政多私

---

① 《旧唐书》卷一百一《辛替否传》,中华书局 1975 年版,第 3158—3160 页。
② 《旧唐书》卷一百七十七《曹确传》,中华书局 1975 年版,第 4607 页。

僻，奏事官多俟仗下，于御坐前屏左右密奏，监奏御史及待制官远立以俟其退；谏官、御史皆随仗出，仗下后事，不复预闻"。此外，武则天以法制驭群下，使得"谏官、御史得以风闻言事，自御史大夫至监察得互相弹奏，率以险诐相倾覆"。开元四年（716）十二月，姚崇罢相，宋璟继任。宋璟"欲复贞观之政"，开元五年（717）九月下制："自今事非的须秘密者，皆令对仗奏闻，史官自依故事"。改变永徽以来"唯得对仗承旨，仗下之后，谋议皆不得预闻"的弊政，重新回归贞观时期的公开公正言事的做法。①

此外，在大臣奏疏中，"依贞观故事"被广泛应用。"贞观故事"成为后世帝王效仿的典范。"高宗即位，遵贞观故事，务在恤刑。尝问大理卿唐临在狱系囚之数，临对曰：'见囚五十余人，惟二人合死。'帝以囚数全少，怡然形于颜色。"②唐玄宗命大臣整理纂修图书典籍，有一次，唐玄宗幸东都，在乾元殿东序检校，右散骑常侍、崇文馆学士褚无量建议："御书以宰相宋璟、苏颋同署，如贞观故事"③。《肃宗即位敕》曰："所有弹奏，一依贞观故事。"④五代时期后唐末帝曾曰："朕尝览贞观故事，见太宗之治理，以贞观升平之运，太宗明圣之君，野无遗贤，朝无阙政，尽善尽美，无得而名。"⑤

需要指出的是，在唐代君臣议政中，除了"贞观故事"一词外，有时候"永徽故事"也表达同样的政治含义。典型的如《旧唐书·萧至忠传》和《新唐书·萧至忠传》所载关于中书侍郎、同中书门下平章事萧至忠就时政向唐中宗的上疏。萧至忠指出，治国之道，在于任用贤能，君主应该官不虚授，爱惜爵赏。其中，在谈到朝廷对宰相等

---

① 《资治通鉴》卷二百一十一，中华书局1956年版，第6728—6729页。
② 《旧唐书》卷二十五《刑法志》，中华书局1975年版，第2140页。
③ 《新唐书》卷五十七《艺文志》，中华书局1975年版，第1422页。
④ 《唐大诏令集》卷二《帝王·即位赦上·肃宗即位赦》，学林出版社1992年版，第8页。
⑤ 《旧五代史》卷四十七《末帝纪中》，中华书局1976年版，第646页。

官宦子弟的任用问题时,《旧唐书·萧至忠传》曰:"臣伏见永徽故事,宰相子弟多居外职者,非直抑强宗、分大族,亦以退不肖、择贤才。"①《新唐书·萧至忠传》曰:"且贞观故事,宰相子弟多居外职,非直抑强宗,亦以择贤才尔。请自宰相及诸司长官子弟,并授外官,共宁百姓,表里相统。"②这一方面说明,就宰相子弟多居外职一事而言,永徽时期和贞观时期的做法是一样的;另一方面,"永徽故事"和"贞观故事"有时会混用。

公开公正言事是官僚参与政治决策的关键,也是为臣之道的主要规范之一。

三、徒有其名难有其实:唐文宗"复贞观故事"修起居注

历经安史之乱后,大唐盛世已经过去了,地方权重,中央权轻,君主的权威大为跌落。唐中叶之后的各位帝王也多力图效法高祖太宗,千方百计挽救颓势。但时空不同,情势完全不同了,很多时候,他们是有其心无其力。唐文宗就是其中的一个典型。他一心想恢复贞观之风,励精图治,但是实际上并未能如愿,到头来只能是徒有其名难有其实。下面,我们就以他效法唐太宗修起居注来说明这一问题。

《新唐书·百官二》起居郎条"大和九年,诏入阁日,起居郎、舍人具纸笔立螭头下,复贞观故事"。单从字面上看,唐文宗允许起居郎、起居舍人入阁录起居,恢复了贞观修起居注之制,但实际并不这么简单。为此,刘连安先生对其进行了考证辨析。③

唐制设起居郎、起居舍人撰修起居注。起居注,即"记录人君动止之事"。自先秦以来,"君举必书"的思想深深影响着史书修纂。《礼

---

① 《旧唐书》卷九十二《萧至忠传》,中华书局 1975 年版,第 2970 页。
② 《新唐书》卷一百二十三《萧至忠传》,中华书局 1975 年版,第 4372 页。
③ 参见刘连安:《唐文宗"复贞观故事"修起居注辨析》,《南京社会科学》1995 年第 12 期。

记·玉藻》云："动则左史书之，言则右史书之。"《唐六典》卷八起居郎条"起居郎掌录天子之动作法度，以修记事之史"。卷九起居舍人条"起居舍人掌修记言之史，录天子之制诰德音，如记事之制，以纪时政之损益"。但起居郎、起居舍人真正能全面记录帝王言行、国家大事的时候并不多。

《唐会要》卷五十六《起居郎起居舍人》载：

> 苏氏曰：贞观中，每日仗退后，太宗与宰臣参议政事，即令起居郎一人执简记录，由是贞观注记故事，称为毕备。及高宗朝会，端拱无言，有司唯奏辞见二事。其后，许敬宗、李义府用权，多妄论奏，恐史官直书其短，遂奏令随仗便出，不得备闻机务，因为故事。

由上面的史料可知，贞观时起居注之所以"称为毕备"，是由于起居郎不仅能在正殿执笔记录，而且在皇帝与宰臣单独议政时，也能记录于前，即所谓"随宰相入禁殿"。起居郎记录皇帝的言行，名为史官，实际上具有监督作用，可以提醒皇帝注意自己的一举一动，不得为所欲为。贞观元年（627），给事中、兼起居舍人杜正伦进言曰："君举必书，言存左史。臣职当修起居注，不敢不尽愚直。陛下若一言乖于道理，则千载累于圣德，非直当今有损于百姓，愿陛下慎之。"① 另外，唐太宗也说："朕今勤行三事，望尔史官不书吾恶：一则远鉴前代败事，以为元龟；二则进用善人，共成政道；三则斥弃群小，不听谗言。吾能守之，终不转也。"② 唐太宗严加约束自我，不贪求奇玩珍馔，不耽于酒乐，"每日兢惧"，借以获取臣僚的辅助。应该说，这与起居

---

① 王溥：《唐会要》卷五十六《省号下·起居郎起居舍人》，上海古籍出版社1991年版，第1128页。
② 王钦若等编：《册府元龟》卷五六〇《国史部·记注》，中华书局1960年版，第6722页。

郎等人的监督不无关系。

但是，唐文宗时恢复的所谓"贞观之制"则与真正的贞观制度有本质区别。大和九年（835）十二月敕称："宜令起居郎、起居舍人准故事，入阁日赍纸笔于螭头下记言记事。"①这是《新唐书》所言"复贞观故事"的依据，但《册府元龟》卷五六〇《国史部·记注》又有这样的记载：

> 杨嗣复开成三年为宰相，上言陛下躬勤庶政，超迈百王，每对宰臣，日旰忘倦，正衙决事，二史在前，便殿坐日，全无纪录，长寿初宰臣姚璹奏置时政记，旋即不行。贞元中，宰臣赵退翁请行故事，无何又废。恭惟圣政，必在发明，今请每致延英坐日，对宰臣往复之词，关德化刑政之事，委中书门下直日记录，月终送付史馆。所冀帝猷不坠，国史有伦。时同列多不便之，事竟不行。②

前面文宗说让起居郎、起居舍人入阁记录，这里杨嗣复又说"便殿坐日，全无记录"，请求委中书门下当日记录，最后竟未能实行。

这看似矛盾，其实，这时被称为"内阁"的紫宸殿早已成为举行常朝的地方，皇帝与宰臣议政改在延英殿。延英殿论政自上元以来成为通制。因此，唐文宗让起居郎、起居舍人进入紫宸殿记录，并没有让他们记录在延英殿讨论国家大事的决策过程，更不能发挥修起居注的监督作用。

实际上，真正意义的贞观修起居注之制在唐代再也没有恢复过。自永徽以后，起居舍人之时对仗承旨，即接受命令旨意，具体谋议朝政的过程将不得预闻。"及宋璟为相，欲复贞观之政，戊申，制'自今

---

① 王溥：《唐会要》卷五十六《省号下·起居郎起居舍人》，上海古籍出版社1991年版，第1131页。
② 王钦若等编：《册府元龟》卷五六〇《国史部·记注》，中华书局1960年版，第6722页。

事非的须秘密者,皆令对仗奏闻,史官自依故事。'"① 这一次是想发挥修起居注的监督作用,但也只是要求对仗奏事,是对高宗以来朝会不奏事的纠正,却仍然不允许起居郎、起居舍人了解仗下的决策过程。长寿二年(693),文昌左丞姚璹知政事。"璹以为帝王谟训,不可暂无纪述,若不宣自宰相,史官无从得书。乃表请仗下所言军国政要,宰相一人专知撰录,号为时政记,每月封送史馆。"② 宰相撰写"时政记",自此始,"推美让善之义行,而信史直书之义缺"③。这种做法虽然可以为编修国史提供资料,却无法发挥修起居注本应具有的监督君主的作用。

第三节　进谏的理论和艺术④

中国古代政治制度是典型的君主制度,缺乏现代意义上的政治民主。但是,这一制度也不是简单的"一人独断",它有一套不断发展、日趋完善的监察制度,发挥着政治调节的功能。这套监察制度,又分为御史监察和谏官谏议两大系统。御史负责纠举百官违失,是上对下的监督或平行监督;谏官负责谏正皇帝或中央政策失误,是下对上的软约束。除了专门的谏官之外,对于一般官僚而言,上疏进谏既是权利也是义务。权利的行使、义务的落实需要有伯乐般眼光、虚怀若谷的明君,呼唤清明的政治环境和生态,更有赖于具体进谏者的技巧和艺术。与丰富多彩甚至惊心动魄的进谏实践相适应,也发展出了复杂

---

① 《资治通鉴》卷二百一十一,中华书局1956年版,第6729页。
② 《旧唐书》卷八十九《姚璹传》,中华书局1975年版,第2902页。
③ 王溥:《唐会要》卷五十六《省号下·起居郎起居舍人》,上海古籍出版社1991年版,第1129页。
④ 本节部分内容以《进谏的艺术:基于唐代三份谏疏的考察》为题发表于《广西社会科学》2015年第3期。

而精细的进谏理论。

一、谏议理论源远流长

谏议理论是中国古代政治思想中的重要组成部分，涉及政治决策、政治监控和君臣互动等多方面。在政治生活中，谏议主要通过朝堂议政、言官进谏、臣民上书等方式展开。

谏的观念与行为发端于相当久远的历史年代。据说尧舜曾经设置谤木、谏鼓，鼓励臣民批评时政。西周初年，周公在《酒诰》中称古语有云："人无于水监（鉴），当于民监（鉴）"。从文献记载来看，谏主要指规劝君主或尊长，使其改正错误。主要有以下几层含义。其一，谏即"证（正）"的意思。《说文·言部》曰："谏，证也。"《论语·八佾》曰："遂事不谏"，刘宝楠正义："《说文》：谏，证也。证者，正其失也。"《楚辞·七谏序》曰："谏者，正也，谓陈法度谏正君也。"其二，谏即"止"的意思。《战国策·齐策一》曰："客多以谏"，高诱注："谏，止之也。"《论语·微子》曰："往者不可谏"，邢昺疏："谏，止也。"其三，谏即谏诤，引申为凡是纠正万民之事都称之为谏。《集韵·删韵》曰："谏，诤也。"《广韵·谏韵》曰："谏，谏诤，直言以悟人也。"《周礼·地官·序官》曰："司谏中士二人"，孙诒让正义："谏本位谏诤，引申之凡纠正万民之事通谓之谏。"其四，谏即为臣向君主进言规劝之意。《说苑·臣术》曰："有能进言于君，用则留之，不用则去之，谓之谏。"《荀子·臣道》曰："大臣父兄有能进言于君，用则可，不用则去，谓之谏。"《诗·卫风·淇奥序》曰："又能听其规谏。"孔颖达疏："正圆以规使依度，犹正君以礼使入德，故谓之规谏。"

可见，谏是为臣之道的基本内容之一，意指臣通过批评、劝诫、说服或建议等方式，使君主改过从善。名臣进谏的事例不胜枚举：《周礼·地官》曰："保氏常谏王恶"；《战国策·赵策》曰："大臣强谏"；《史记·陈涉世家》："扶苏以数谏"；《出师表》云："忠谏之路"；王安石《游褒禅山记》曰："不为拒谏"。

至迟在春秋战国时期，谏议就成为公认的政治准则，形成了系统的理论。这一时期，诸子百家提出了各自的谏议理论，从不同角度论证了谏议的政治功能和必要性；思想家把君主纳谏和为臣进谏视为基本的政治美德，据以判断政治运行的好坏；开始出现专司谏议的职官和君主因广开言路而雄霸四方的典型；纳谏、进谏的技巧日趋成熟，出现了《韩非子·说难》等思想史上关于谏议的名篇和《战国策·齐策》所载的《邹忌讽齐王纳谏》等关于谏议的历史故事。

汉唐以降，谏议成为公认的为君之道和为臣之道，谏议论进一步丰富、完善。宋代以后，君权日趋绝对化，谏议机制的功效大大削弱，谏官的职能由匡谏君主逐步向监察百官偏移。至元明清，干脆取消了专职谏议机构及相应的言官。但是，谏议的思想仍备受关注，许多官僚士大夫如范仲淹、王夫之、黄宗羲等人都纷纷主张仿效古制，恢复谏议制度。

二、唐代建立了相当完备的谏议制度

在唐代，与成熟的谏议理论相应，建立了相当完备的谏议制度，二者相互推动，发挥着重要的政治调节作用。"唐朝是中国古代君权有限制度实行得最有效的时代"，"唐代谏官制度是中国古代政治制度中比较完善的部分。唐代谏官设置中有三大特色：官职分工与谏诤合作、进谏制度化与随意性相结合、帝王和宰相有所回避，这三大特色使得谏官行使谏职具有较大独立性"。[①]

---

① 傅绍良：《唐代谏官与文学》，陕西师范大学 2002 年博士学位论文。

对唐代谏官制度的研究，大多是在古代监察制度通史中展开，与之不同的是，胡宝华《唐代监察制度研究》（商务印书馆，2005年）一书，专列一章"唐代谏官制度的历史考察"，系统考察唐代谏官制度的发展、进谏与纳谏的实际状况、谏官的全体素质特征以及直言极谏科制举考试对朝政的监督作用等几个方面的问题，论证谏官制度在君主制度下的位置与贡献。

谏议制度古已有之，萌芽于先秦，形成于魏晋南北朝。但是，唐代以前，不仅谏官废置不定，而且编制也不固定。唐代谏议制度在继承前朝制度的基础上又进行了创新和发展，主要体现为以下四个特点。其一，在中书省、门下省分别设置专职的谏议机构。唐前期门下省谏官的基本构成和职责是："给事中四人，正五品上"，负责"侍奉左右，分判省事"；"左散骑常侍二人，从三品"，负责"侍奉规谏，备顾问应对"；"谏议大夫四人，正五品上"，负责"侍从替相，规谏讽喻"；"左补阙二人，从七品上；左拾遗二人，从八品上"，负责"供奉讽谏，扈从乘舆"，"凡发令举事有不便于时，不合于道，大则廷议，小则上封"，如有贤良和忠孝之人未被君主认知重用，也要条陈其事而举荐于上。[①] 唐前期除了门下省外，在中书省也设立了除去谏议大夫和给事中以外的右散骑常侍、右补阙、右拾遗等谏官职务。"这是唐代谏官制度的一大变化，也是谏官监督朝政职能的进一步扩大。从谏官编制和所属部门来看，唐代的谏官制度比前代有了明显的发展，它表明谏官制度已经进入成熟的阶段。"[②]

其二，在中央各机构中有台、舍、给、谏四类言路官，此外还有学士、史官等负有言责的职官。台即御史台，作为监察机关，其监察职能较之唐之前更加全面和具体。一方面，承继历史，弹劾纠察百官

---

① 李林甫等撰，陈仲夫点校：《唐六典》卷八《门下省》，中华书局1992年版，第244—248页。

② 胡宝华：《唐代监察制度研究》，商务印书馆2005年版，第199页。

是御史台的主要职权,《通典·职官六》曰:"御史,为风霜之任,弹纠不法,百僚震恐,官之雄峻,莫之比焉。"从一般官吏到宰相,从元老重臣到皇亲国戚,从官僚个人到官僚机构等,都在御史台的监察之列。另一方面,谏诤是御史台官员的又一职权。不过,御史和谏官在权限和进谏方式上有所不同:"前者既有监察弹劾权,又有言事谏诤权,谏诤往往于过失铸成之后;后者惟有谏诤权,无弹劾权,谏诤一般在错误萌发之前。"① 舍即中书舍人,简称舍人或中舍,指入翰林院知制诰者。岑仲勉《翰林学士壁记注补六》云:"中书舍人专掌诏诰,或以他官兼知制诰均可称舍人。"给即给事中,谏即谏议大夫。台、舍、给、谏等都是负责谏议的言路官。

另外,翰林学士往往也行使着谏议职权,主要有这样几种情况:以他官兼翰林学士,如白居易以左拾遗兼翰林学士;先任职谏官后入为翰林学士,如元稹做过左拾遗;为翰林学士不久后任谏官,如韦处厚由翰林学士后任谏议大夫。翰林学士作为皇帝近臣,有着得天独厚的进谏条件,也往往通过面君讽谏来展示自己独到的政治见解,以求得君主赏识而脱颖而出。

早在先秦时期,人们就认为,史官之职除了记载保存档案文献还在于引经据典以谏诤君主。如董狐坚持"书法不隐"以史书著作谏君。司马迁因直言进谏而遭宫刑,转而更加发愤著述,终成《史记》流传千古。唐代史官中也有很多有名的谏臣,兹举吴兢一例。吴兢自武周时因"有史才"被举荐入史馆,修国史,在开元末年修成《贞观政要》。《旧唐书·吴兢传》称他"叙事简要,人用称之",《新唐书·吴兢传》称他"叙事简核,号良史"。吴兢在坚持秉笔直书的同时,还不顾个人安危直言上疏谏君,其中,《上中宗皇帝疏》和《上元宗皇帝纳谏疏》都非常经典。

---

① 邱永明:《中国古代监察制度史》,上海人民出版社 2006 年版,第 245 页。

第五章　忠君爱民、以道事君：官僚规范与进谏理论

武则天去世后，唐中宗无法控制朝政，武三思、韦后和安乐公主等权倾一时蠢蠢欲动，安乐公主先逼迫太子兵败被杀，后又把矛头指向相王李旦，朝臣大都明哲保身，不敢言语。在严峻的政治形势面前，吴兢毅然上疏唐中宗，劝诫中宗明辨是非，识破贼臣阴谋，珍惜手足情谊，曰："臣闻庶物不可以自生，阴阳以之亭育；大宝不可以独守，子弟成其藩翰"；"且安国相王实陛下之同气，六合至广，亲莫加焉，但贼臣等日夜同谋，必欲寘于极法，此则祸乱之渐，不可不察。夫相王之仁孝，幽明共知，顷遭荼苦，哀毁过制，以陛下为性命，亦陛下之手足。大孝于父母，而恶于兄弟者，未之有也。若信任邪佞，委之于法，必伤陛下之恩，失天下之望，所谓芟刈股肱，独任胸臆，方涉江汉，弃其舟楫，可为寒心，可为恸哭"。其谏文情真意切，打动了唐中宗，最终保住了相王李旦。数年后李旦即位，是为唐睿宗。后来，唐玄宗执政，吴兢又写《上元宗皇帝纳谏疏》，指出当时由于"比见上封事者，言有可采，但赐束帛而已，未尝蒙召见，被拔擢；其忤旨，则朝堂决杖，传送本州，或死于流贬"，以至于臣下不敢进谏。君主"以一人之意，综万方之政"，思虑必有不周，下情必有不察，唯有"以虚受人，博览兼听，使深者不隐，远者不塞，所谓辟四门、明四目也"。为此，君主应该对那些"能直言正谏，不避死亡之诛者"特加宠荣，则会失之东隅，得之桑榆，实现天下大治。①

其三，从制度设计角度而言，封驳制度是唐代谏官进谏的主要形式。唐代各类机构和职官分工细密，职责分明，互相补充，互相监控，形成了严密的监督、封驳和谏议机制。封驳制度是唐初三省制度——中书决策、门下复审、尚书执行——的产物。中书省从皇帝那里领旨，由中书舍人讨论并且署名，然后由中书省自行审查修改，再由门下省把关驳正。唐初封驳权被广泛使用，凡政治、经济、法律、军事

---

① 《全唐文》卷二九八《吴兢·上元宗皇帝纳谏疏》，中华书局 1983 年版，第 3025—3026 页。

及帝王的巡游、外戚的不法、宗室的家事等，均可封驳谏诤。[①]如贞观三年（629），唐太宗根据关中地区的灾情，诏令免租税二年，寻又敕：已交租税的不免。给事中魏徵驳回敕书，指出这种做法是"生人表之疑信，失四时之大信"。同年，唐太宗采纳右仆射封德彝的建议，改革征兵制度，"欲中男十八已上，简点入军"。诏敕发出四次，被魏徵驳回四次。唐宪宗、穆宗、文宗朝均屡有给事中封还诏书之事发生。

其四，除了专职谏官之外，上疏进谏也是一般官僚士大夫经常行使的权利。为了清楚地把握在唐代近三百年的历史过程中，唐代百官进谏的实际情况究竟如何，胡宝华根据两《唐书》相关史料编辑了"进谏一览表"[②]。全表统计了171起进谏事件，为我们了解进谏制度提供了非常重要的参考。其中，据其统计，来自谏官的进谏事件一共50起，"它表明虽然进谏是谏官的主要职责，但是非谏官系统的进谏远远超过谏官，尤其是唐前期，由此我们可以明显感觉到的是，上疏进谏是古代士人社会普遍存在的一种政治行为"[③]。进谏的内容涵盖方方面面，进谏的结局也各有不同，但是进谏在监督朝政方面所发挥的积极作用是不言而喻的。"谏官的舆论始终代表着一种为当时社会所认可的是非标准，代表着一种正面的价值体系，它具有明显的政治导向及改造君主专制制度的功能。"[④]毋庸置疑，完善的谏议监察制度为进行政治调节、开创唐朝盛世做出了重大贡献。

三、"以道事君"：进谏的理论基点

唐代君臣在实际政治运作过程中对谏议理论进行了系统阐述和运

[①] 参见邱永明：《中国古代监察制度史》，上海人民出版社2006年版，第262—263页。
[②] 参见胡宝华：《唐代监察制度研究》，商务印书馆2005年版，第207—213页。
[③] 胡宝华：《唐代监察制度研究》，商务印书馆2005年版，第214—215页。
[④] 胡宝华：《唐代监察制度研究》，商务印书馆2005年版，第288页。

用。唐太宗的君主纳谏论最具系统性、典型性和代表性，几乎囊括了中国古代纳谏理论的基本思路和基本论点。[1] 接下来，以武则天和唐玄宗的思想为例分析为臣进谏理论的基本内容。

（一）武则天《臣轨》论直言匡谏是为臣之道

在施政中，武则天重视并践行兼听纳谏的为君之道，同时，她对直言匡谏的为臣之道极为重视。这也为我们认识君臣道合提供了典型事例。

在《臣轨·匡谏》中，武则天精选历代论谏名言，如《周易·謇卦》的"王臣謇謇，匪躬之故"；晏婴的"和而不同、献可替否"；孔子的"有诤臣七人，则主无过举"；《新序》的"主暴不谏，非忠臣也"；《说苑》的"逆命利君谓之忠"；《论语》的"危而不持，颠而不扶，则将焉用彼相矣"等，以论证"扶危之道，莫过于谏"。她一再强调："夫谏者，所以匡君于正也。""夫谏诤者，所以纳君于道，矫枉正非。"[2] 忠臣必谏其君，君有诤臣则无过失。如果臣下一味从君之命，不能谏诤君主的过失，就算不得忠臣。

武则天认为，能否匡正君主是判定忠与奸的主要标准。匡谏的目的是"除君之过，矫君之失"，犯颜直谏是要冒风险的，因而"主暴不谏，非忠臣也；畏死不言，非勇士也。见过则谏，不用即死，忠之至也"。她采用《说苑》的分类标准，将忠谏之臣分为四种类型。一是谏臣，即"有能尽言于君，用则留，不用则去，谓之谏"；二是诤臣，即"用则可，不用则死，谓之诤"；三是辅臣，即"有能率群下以谏君，君不能不听，遂解国之大患，除国之大害，竟能尊主安国者，谓之辅"；四是弼臣，即"有能抗君之命，反君之事，以安国

---

[1] 相关论述参见刘泽华、张分田主编：《政治学说简明读本》，南开大学出版社2001年版，第324—329页。

[2] 罗元贞点校：《武则天集》，山西人民出版社1987年版，第37—44页。

之危，除主之辱，而成国之大利者，谓之弼"。这类臣下具备难能可贵的"忠臣之勇"，因此"谏诤辅弼者，所谓社稷之臣，明君之所贵也"。忠谏之举有利于君主、国家、社稷，"是以国之将兴，贵在谏臣；家之将兴，贵在谏子。若君父有非，臣子不谏，欲求国泰家荣，不可得也"。①

　　武则天认为，能否匡正君主还是判定公与私的主要标准。在她看来，"天无私覆，地无私载。日月无私烛，四时无私为。忍所私而行大义，可谓公矣"。公是普适性的社会法则，"理人之道万端，所以行之在一。一者何？公而已矣。唯公心可以奉国，唯公心可以理家。公道行，则神明不劳而邪自息；私道行，则刑罚繁而邪不禁。故公之为道也，言甚少而用甚博"。公正无私是君主、官僚、庶民皆应遵守的一般性规范，而不同的政治角色又有特定的具体规范。各级官员应恪守"人臣之公"，"忠于事君，仁于利下"，做到"理官事则不营私家，在公门则不言货利，当公法则不阿亲戚，奉公举贤则不避仇雠"。武则天引据《说苑》"六正六邪"之论，将臣属分为"六正"与"六邪"。"六正"，即圣臣、大臣、忠臣、智臣、贞臣、直臣；"六邪"，即具臣、谀臣、奸臣、谗臣、贼臣、亡国之臣。"六正"能够尽心辅佐君主，避免各种政治失误，其共同之处是一心为公，匡正君主。圣臣能"预禁乎未然之前，使主超然立乎显荣之处"；大臣能"将顺其美，匡救其恶"；忠臣能"数称于往古行事，以励主意"；智臣能"察见成败，早防而救之"；贞臣能"守文奉法，任官职事"；直臣能"面言主之过失，不辞其诛，身死国安，不悔所行"。"六邪"的共同特征是"营于私家，不务公事"，他们不仅不能进谏，反而巧言令色，阿谀奉承，搬弄是非，专权擅威，甚至"诌主以邪，坠主不义"。②

---

① 罗元贞点校：《武则天集》，山西人民出版社1987年版，第37—44页。
② 罗元贞点校：《武则天集》，山西人民出版社1987年版，第26—36页。

在《臣轨》其他篇章中，涉及进谏的内容也很常见。例如，《同体》有"忠臣之献直于君者，非愿触鳞犯上也。良由与君同体，忧患者深，志欲君之安也"①。《至忠》有"内匡君之过，外扬君之美"②。《守道》有"以此佐时而匡主，忠立名显而身荣"③。《诚信》有"臣以信，忠其君"④。《慎密》有"昔贤臣之事君也，入则造膝而言，出则诡词而对"⑤。《利人》有"奉上崇匡谏之规"⑥。由此可见，进谏是一种重要的为臣之道。

（二）唐玄宗《孝经注》论进谏是忠孝规范的典型体现

社稷重于君主，道义高于权势，为臣应当直言匡谏。唐玄宗亲注《孝经》论述谏臣的重要性，进谏是臣之轨度和忠之极致。首先，谏臣是国家栋梁。《孝经·谏诤章》曰："昔者，天子有争臣七人，虽无道不失（其）天下；诸侯有争臣五人，虽无道不失其国；大夫有争臣三人，虽无道不失其家；士人有争友，则身不离于令名；父有争子，则身不陷于不义。故当不义，则子不可以不争于父；臣不可以不争于君。"唐玄宗注："争"即"谏也"。无道之君因有诤臣而拥有天下，"虽无道，为有争臣，则终不至失天下、亡国家也"。争臣是最大的忠臣，《孝经注疏·谏诤章》曰："不争则非忠孝。"《孝经》的这一思想对官僚阶层进谏意识的形成意义深远。

其次，匡谏是臣的道德义务。《孝经·事君章》曰："君子之事上也，进思尽忠，退思补过，将顺其美，匡救其恶，故上下能相亲也。"唐玄宗注："下以忠事上，上以义接下，君臣同德，故能相亲。"

---

① 罗元贞点校：《武则天集》，山西人民出版社 1987 年版，第 9 页。
② 罗元贞点校：《武则天集》，山西人民出版社 1987 年版，第 11 页。
③ 罗元贞点校：《武则天集》，山西人民出版社 1987 年版，第 20 页。
④ 罗元贞点校：《武则天集》，山西人民出版社 1987 年版，第 49 页。
⑤ 罗元贞点校：《武则天集》，山西人民出版社 1987 年版，第 54 页。
⑥ 罗元贞点校：《武则天集》，山西人民出版社 1987 年版，第 75 页。

最后，进谏为忠之极致。人们普遍认为，谏是君与臣、父与子、上与下之间互动的准则，是实现王道的必由之路。在君父有过失时，臣子不能苟且恭顺，必须谏与争，必要时可以抗君之命。

武则天和唐玄宗等人有关为臣进谏的一系列思想得到唐代的普遍认同。

四、进谏的艺术：基于三份谏疏的考察

唐代的名将贤相颇多，进谏也很多，其中，魏徵《不克终十渐疏》、狄仁杰《谏造大像疏》和白居易《谏元稹被贬疏》等可谓其中的典范。接下来，我们通过对这三份谏疏进行分析，来透视为臣进谏应该把握的一些基本点。

（一）魏徵《不克终十渐疏》

贞观十三年（639），在唐太宗执政正处极盛之时，魏徵面对唐太宗"近岁颇好奢纵"的现状，担忧唐太宗不能"克终俭约"，上疏谏言，即有名的《不克终十渐疏》，《贞观政要·慎终》载其全文。

首先，魏徵从历史视角立论，强调为君克终最难。自古帝王受命而王，皆欲传之万代，垂拱天下之初，"其语道也，必先淳朴而抑浮华；其论人也，必贵忠良而鄙邪佞；言制度也，则绝奢靡而崇俭约；谈物产也，则重谷帛而贱珍奇"。但是，天下安定之后，往往一反常态，"所为而人必从，公道溺于私情，礼节亏于嗜欲"。正所谓"非知之难，行之为难；非行之难，终之斯难"。

其次，魏徵从政治现实出发，指出唐太宗与贞观之初的表现已经大相径庭。唐太宗以弱冠之龄，拯救天下，成就帝业，贞观之初，清心寡欲，躬行节俭，使百姓安宁，天下大治。其功德堪与汤武、尧舜相提并论，十余年来，唐太宗一贯保持着圣明英主的做法，行仁义之

道而始终不渝。但是，近年以来，"渐不克终"。

第三，魏徵采用比较的方法，通过对比唐太宗在贞观之初和近年以来的志趣好恶和行为取向等不同，指出唐太宗在十个方面出现了"不克终"的行为表现。概括起来，可以归纳为以下几个要点：要点一，君主对待自己的态度，涉及君主个人欲求、欲求对社会风尚的引导、欲求对国家安危的影响和自我克制等，主要包括渐不克终一、三、五、七和九等五条。君主临御天下，无欲则刚。太宗由贞观之初的"无为无欲，清静之化，远被遐荒"变为"求骏马于万里，市珍奇于域外，取怪于道路，见轻于戎狄"。贞观之初，太宗"损己以利物"，如今是"纵欲以劳人"，"杜谏者之口"。此外，君主的个人欲求对社会风尚有导向性。贞观之初，太宗"动遵尧、舜，捐金抵璧，反朴还淳"；如今，"好尚奇异，难得之货，无远不臻，珍玩之作，无时能止"。"上好奢靡而望下敦朴，未之有也。"君主纵马娱乐，对国家大局不利。其文曰："陛下初登大位，高居深视，事惟清静，心无嗜欲，内除毕弋之物，外绝畋猎之源。数载之后，不能固志，虽无十旬之逸，或过三驱之礼。遂使盘游之娱，见讥于百姓，鹰犬之贡，远及于四夷。或时教习之处，道路遥远，侵晨而出，入夜方还。以驰骋为欢，莫虑不虞之变，事之不测，其可救乎？"魏徵还认为君主应该加强自我控制，"傲不可长，欲不可纵，乐不可极，志不可满"。这四条是"前王所以致福，通贤以为深诫"的关键。

要点二，君主对待民众的态度，主要是渐不克终二条。"民惟邦本，本固邦宁"。休养生息才是安民兴邦之道。太宗由"贞观之始，视人如伤，恤其勤劳，爱民犹子，每存简约，无所营为"变为"顷年以来，意在奢纵，忽忘卑俭，轻用人力"。魏徵还说，"自古以来，未有由百姓逸乐而致倾败者也，何有逆畏其骄逸而故欲劳役者哉？恐非兴邦之至言，岂安人之长算？"

要点三，君主对待臣僚的态度，亲疏君子小人、任贤使能和处理君臣关系方面，主要包括渐不克终四、六和八条。第四条讲的是君主待君子、小人的态度发生转变，"陛下贞观之初，砥砺名节，不私于物，惟善是与，亲爱君子，疏斥小人。""今则不然，轻亵小人，礼重君子。重君子也，敬而远之；轻小人也，狎而近之。"亲近小人则看不到小人之非，疏远君子则不知君子之是。"昵近小人，非致理之道；疏远君子，岂兴邦之义？"第六条讲的是任贤使能问题。"贞观之初，求贤如渴，善人所举，信而任之，取其所长，恒恐不及。近岁以来，由心好恶，或众善举而用之，或一人毁而弃之，或积年任而用之，或一朝疑而远之。夫行有素履，事有成迹，所毁之人，未必可信于所举，积年之行，不应顿失于一朝。君子之怀，蹈仁义而弘大德；小人之性，好谗佞以为身谋。陛下不审察其根源，而轻为之臧否，是使守道者日疏，干求者日进。所以人思苟免，莫能尽力。"第八条是处理君臣关系方面。孔子曰："君使臣以礼，臣事君以忠。"君主待臣，义不可薄。"陛下初践大位，敬以接下，君恩下流，臣情上达，咸思竭力，心无所隐。顷年以来，多所忽略。或外官充使，奏事入朝，思睹阙庭，将陈所见，欲言则颜色不接，欲请又恩礼不加，间因所短，诘其细过，虽有聪辩之略，莫能申其忠款。而望上下同心，君臣交泰，不亦难乎？"

要点四，君主德怀天下，应该"有始有终，无为无欲，遇灾则极其忧勤，时安则不骄不逸"，主要是渐不克终十条。魏徵曰："贞观之初，频年霜旱，畿内户口并就关外，携负老幼，来往数年，曾无一户逃亡、一人怨苦，此诚由识陛下矜育之怀，所以至死无携贰。顷年已来，疲于徭役，关中之人，劳弊尤甚。杂匠之徒，下日悉留和雇；正兵之辈，上番多别驱使。和市之物不绝于乡间，递送之夫相继于道路。既有所弊，易为惊扰，脱因水旱，谷麦不收，恐百姓之心，不能如前日之宁帖。"

最后，魏徵总论"社稷安危，国家治乱，在于一人而已"。"祸福无门，唯人所召"，"人无衅焉，妖不妄作"，天灾多是源于人祸，是为了"垂象示诫"。"当今太平之基，既崇极天之峻；九仞之积，犹亏一篑之功。千载休期，时难再得，明主可为而不为，微臣所以郁结而长叹者也。"

太宗阅览了《不克终十渐疏》后，给予了高度赞誉，他对魏徵说："人臣事主，顺旨甚易，忤情尤难。公作朕耳目股肱，常论思献纳。朕今闻过能改，庶几克终善事。若违此言，更何颜与公相见？复欲何方以理天下？自得公疏，反复研寻，深觉词强理直，遂列为屏障，朝夕瞻仰。又寻付史司，冀千载之下识君臣之义。"[1]太宗赐魏徵黄金十斤，厩马二匹。

（二）狄仁杰《谏造大像疏》

唐高宗时期，狄仁杰先后任大理丞和侍御史，为维护国家法度经常对唐高宗犯颜直谏；在武则天统治时期，狄仁杰保持着"面引廷争"的一贯作风，武则天往往"屈意从之"。《太平广记》评价他"箴规切谏，有古人之风……心神耿直，涅而不淄，胆气坚刚，明而能断"。久视元年（700），武则天"将造大像，用功数百万，令天下僧尼每日人出一钱，以助成之"，其目的就是利用佛教打击李唐王室尊崇的道教，借以巩固自己的政治地位。狄仁杰反对，上书谏止，即有名的《谏造大像疏》。该谏疏非常有技巧，避重就轻，鞭辟入里。

首先，狄仁杰以"为政之本，必先人事"立论，指出佛像和佛教并行，耗费民脂民膏，损害百姓。其文曰："今之伽蓝，制过宫阙，穷奢极壮，画缋尽工，宝珠殚于缀饰，环材竭于轮奂。工不使鬼，止在役人，物不天来，终须地出，不损百姓，将何以求？"生之有时，用之无度，"一夫不耕，犹受其弊，浮食者众，又劫人财"，社会怎能承

---

[1] 吴兢撰，谢保成集校：《贞观政要集校》，中华书局2003年版，第536—641页。

受得了呢？

其次，狄仁杰从历史上的为君之道入手，对比指出武则天彰显功德无须营造大像。当初梁武帝、简文帝盛兴像法，施舍无限，等到危亡之时，"缁衣蔽路，岂有勤王之师！"到头来国力亏空，满目疮痍。前事不忘后事之师，"伏惟圣朝，功德无量，何必要营大像，而以劳费为名"。

再次，狄仁杰不是简单地去攻击佛教，而是以佛教教义立论，强调佛教"以民为本"，不会劳民伤财。他指出造大像是一件耗费人力、物力的巨大工程，而如来创设佛教的目的，旨在以慈悲为怀，怎能劳民伤财，谋求虚名呢。其文曰："咸以为如来设教，以慈悲为主，下济群品，应是本心，岂欲劳人，以存虚饰？"在这里，他没有诋毁佛教，也就没有触动武则天的根本利益，反而以佛教之理来支持自己的政治主张。

最后，对当时的现实挑战和未来的长治久安进行深入分析。他说："当今有事，边境未宁，宜宽征镇之徭，省不急之费。设令雇作，皆以利趋，既失田时，自然弃本。今不树稼，来岁必饥，役在其中，难以取给。况无官助，义无得成，若费官财，又尽人力，一隅有难，将何救之！"[①] 武则天虽然好佛，仍然接受了狄仁杰的意见，"遂罢其役"。

（三）白居易《谏元稹被贬疏》

唐宪宗元和五年（810），元稹因得罪宦官权贵，由监察御史贬谪为江陵府士曹掾。翰林学士李绛、崔群等纷纷上谏，言称元稹无罪。白居易与元稹同年登制科，交情甚厚。元稹遭贬，白居易上疏进谏，晓以利害，列举出不可贬降元稹的三条理由。第一条，从社会辐射效应来说：元稹被贬，必令为官正直者心寒。其文曰：

---

① 《旧唐书》卷八十九《狄仁杰传》，中华书局1975年版，第2893—2894页。

> 元稹守官正直，人所共知。自授御史已来，举奏不避权势，祗如奏李佐公等事，多是朝廷亲情。人谁无私，因以挟恨，或假公议，将报私嫌，遂使诬谤之声，上闻天听。臣恐元稹左降已后，凡在位者，每欲举职，必先以稹为诫，无人肯为陛下当官守法，无人肯为陛下嫉恶绳愆。内外权贵亲党，纵有大过大罪者，必相容隐而已，陛下从此无由得知。此其不可者一也。

像元稹这样正直为官者，却落得如此下场，同僚们一定会以之为戒，不再愿意甘冒风险，为陛下守法除恶。达官权贵只会相互隐瞒其罪，蒙蔽圣听。

第二条，从对官僚的管理角度而言，君主赏罚不当，偏袒中官，必会导致中官放纵横行，朝官忍辱负重。白居易指出，元稹一心为公，才因此与中使刘士元结怨。刘士元飞扬跋扈，"蹴破驿门，夺将鞍马，仍索弓箭，吓辱朝官"。

> 今中官有罪，未闻处置；御史无过，却先贬官。远近闻知，实损圣德。臣恐从今已后，中官出使，纵暴益甚，朝官受辱，必不敢言，纵有被凌辱殴打者，亦以元稹为戒，但吞声而已。陛下从此无由得闻。此其不可二也。

第三条，就国家长远发展而言，元稹被贬送方镇不利于社稷安稳。白居易称元稹敢于抗击方镇，"自去年已来，举奏严砺在东川日枉法，没入平人资产八十余家；又奏王绍违法给券，令监军押枢及家口入驿；又奏裴玢违敕征百姓草；又奏韩皋使军将封杖打杀县令"。以至于"天下方镇，皆怒元稹守官"。但是如今朝廷把元稹贬为江陵判司，相当于把他送给方镇，只会方便了方镇实施报复。白居易还举出唐德宗时崔善贞的例子，当初崔善贞告李锜必反，德宗不信，还把崔送与李锜，李锜"掘坑炽火,烧杀善贞"。不过数年,李锜果然反叛,至今天下人为之痛心。前事不忘后事之师,"臣恐元稹贬官,方镇有过,无人敢言,陛下无由得知不法之事。此其不可者三也"。①

以上三点均是从君临天下、治国安邦的宏观立场出发,于情于理都很到位,可惜宪宗未予理会。

五、小结:进谏的理论、技巧和戒律

谏议是君臣互动的典型方式,涉及君主纳谏和为臣进谏两个层面。进谏是为臣之道的基本规范,纳谏是为君之道的重要内容。白居易《纳谏》系统分析了兼听纳谏的必要性。从个人能力有限的角度来说,"天子之耳不能自聪,合天下之耳听之而后聪也;天子之目不能自明,合天下之目视之而后明也。天子之心不能自圣,合天下之心思之而后圣也"。天子一人仅凭"两耳听之""两目视之""一心思之",则"十步之内,不能闻也,百步之外,不能见也,殿庭之外,不能知也。而况四海之大,万几之繁者乎?"所以,在实际政治运作中,圣王"立谏诤讽议之官,开献替启沃之道。俾乎补察遗阙,辅助聪明。犹惧其未也,于是设敢谏之鼓,建进善之旌,立诽谤之木。工商得以流议,士庶得以传言。然后过日闻而德日新矣"。兼听则明,君主无法独自遍知天下之事,处处决策英明睿智,必须依靠大臣的聪明智慧,集思广益,群策群力。"自古以来,君虽有得,未有愎谏而理者也,况其有失乎?臣虽有失,未有从谏而乱者也,况其有得乎?"②

但是,君主拒谏的事情也多有发生。李德裕对君主拒谏的原因分析非常到位。他指出:"人君拒谏有二:一曰生于爱名,二曰不能去

---

① 《旧唐书》卷一百六十六《白居易传》,中华书局 1975 年版,第 4342—4343 页。
② 白居易撰,朱金城笺校:《白居易集笺校》卷六十五《策林四·七十纳谏》,上海古籍出版社 1988 年版,第 3553—3554 页。

第五章　忠君爱民、以道事君：官僚规范与进谏理论　　247

欲。虽桀、纣、桓、灵之君，未能忘名。自知为恶多矣，畏天下之人知之，将谓谏则恶不可掩，故不欲人之谏。"①或为名或为欲，君主或闭目塞听、或勃然大怒、或拒谏饰非。这些都对进谏者提出更多的挑战和考验。

　　进谏尽管是为了纳谏，但是进谏和纳谏毕竟各有不同。进谏是典型的臣道规范，"与纳谏理论相比较，进谏理论有一个明显的特点：关注进谏的义务、技巧和态度。它显然是一种从属性、服务性的理论"②。通过对上面三篇谏疏的分析，我们至少可以得出如下认识：

　　首先，进谏要有丰富的理论依据和宏阔的政治视野。在谏议过程中，各种政治理论都是谏议的可能依据，又都在不同程度上依靠谏议发挥其政治指导作用，如以民为本、爱民如子、兼听则明、德怀天下、依法行政等思想理念都常常成为谏言的立论依据。在谏议过程中，就事论事往往效果不好，要跳出具体问题，体现大的政治关怀。比如，从国家长治久安的大局出发，从历史的经验教训比较立论，从治国理政的现实需要着眼，从君、臣、民政治关系的变动入手，等等。而这一切都离不开"设官为民"和"君臣道合"理论的根本指导。

　　其次，进谏是门艺术，需要掌握技巧。唐代官僚群体对此有深入的探讨，指出："凡谏有五：一曰讽谏，二曰顺谏，三曰规谏，四曰致谏，五曰直谏。"③其中，讽谏为上，即采取隐喻、暗示等方式谏于无形；顺谏是明知其所不可，但是不敢逆鳞而谏，而是顺君主所欲而谏；规谏即"陈其规而正其事"；致谏即"致物以明其意"；直谏即直言君主的过失，这是最不得已而为之的下下策。进谏需要揣摩君主的心理所需和情绪所向，把握好时机，如在龙颜大悦时进谏、在灾后进谏或在灾后应诏而谏、在生死判决或黜陟升降的关键时刻进谏。在进谏时

---

①《会昌一品集》外集卷二《忠谏论》，文渊阁四库全书本。
② 刘泽华、张分田主编：《政治学说简明读本》，南开大学出版社 2001 年版，第 330 页。
③ 李林甫等撰，陈仲夫点校：《唐六典》卷八《门下省》，中华书局 1992 年版，第 247 页。

还要讲求语言和态度的适当平和，不危言耸听。正如杜牧所言："迂险之言，近于诞妄；指射丑恶，足以激怒。"① 君尊臣卑，试图通过激切之言来说服君主是非常困难的。当然，进谏还要切中时弊、抓住要害，隔靴搔痒往往不起作用。

最后，进谏也有其戒律规则，即不能挑战君主的权威。依据等级观念，以下犯上是罪与错。以卑谏尊毕竟有犯上之嫌，因此历代论谏文章又为进谏设置了种种戒律，比如，不得扬君父之恶、"不可则止"、"非礼勿言"等。历代法律也对进谏不尊的行为予以严惩，设定了许多忌讳和戒条。总之，纳谏是为君之道，进谏是为臣之道，进谏的目的不是为了削弱君权，而是为了维护君权。

纳谏需要肚量，进谏更需要胆识；纳谏需要勇气，进谏更需要智慧。纳谏难，因为否定自我难；进谏更难，因为"忠言逆耳""知人知面不知心""伴君如伴虎"。进谏者需要渊博的知识、确凿的证据、缜密的逻辑、高超的技巧。谏臣的那种冒死进谏的胆识、守正不阿的精神，可歌可泣。

---

① 杜牧著，陈允吉点校：《杜牧全集》卷十二《与人论谏书》，上海古籍出版社1997年版，第117页。

第六章 "上弼圣政，下理群司"：玄宗朝宰相行政实践与思想认知

任何国家的官僚理论和制度，不仅是一组规则体系、一套价值观念，而且还是一个运作过程。只有走入官僚的具体实践这一"真实世界"，观察官僚群体在具体情境中的所作所为，才可能从中辨别出具有代表性的现象、经常发生的重大问题和基本政治关系，进而分析他们行为取舍的理论依据以及社会评价他们的价值尺度。简言之，即研究官僚的行政实践与思想认知，有助于我们对官论思想做出一些新探索。当然，官僚群体是如此之庞大，其实践又是那么异常丰富多彩。我们只是从中选取宰辅和刺史县令这两个群体。在本章主要介绍宰辅群体的行政实践与思想认知。有关刺史县令的行政实践与价值认知将在下一章展开。

我们无法也不必要把所有宰辅纳入研究范围。鉴于唐玄宗朝是唐代的重要转折点，历经治乱盛衰，因此，本章截取唐玄宗朝的二十六位宰相为研究样本，在逐一概述他们主要政治事迹和政治思想的基础上，对其进行归类整理，借以从中窥见唐代宰辅群体的行为规范、执政理念、价值取舍以及社会对他们的评判尺度，等等。

唐朝实行群相制，据《唐会要·帝号上》载，唐高祖有宰相十六人，唐太宗有宰相二十九人，唐高宗有宰相四十七人，唐玄宗朝有宰相三十四人。《唐会要·帝号上》讲到唐玄宗朝的宰相时说：

宰相三十四人。刘幽求。韦安石。魏知古。崔湜。陆象先。窦怀贞。岑羲。萧至忠。郭元振。张说。姚元之。卢怀慎。源乾曜。宋璟。苏颋。张嘉贞。王晙。李元纮。杜暹。萧嵩。宇文融。裴光庭。韩休。裴耀卿。张九龄。李林甫。牛仙客。李适之。陈希烈。杨国忠。韦见素。崔圆。房管。崔涣。

据黄永年先生考证，韦安石任宰相是在睿宗景云二年（711）二月至十月，崔湜、窦怀贞、岑羲、萧至忠则是玄宗尚未掌握全权时站在太平公主一边的人，先天二年（713）七月随太平公主被玄宗剪除。最后的崔圆、房管、崔涣则是天宝十五载（756年）六七月玄宗避安禄山叛军逃离长安将到成都时所任命，也可以不算进去。除去这两头，玄宗所用宰相计二十六人。黄先生结合两《唐书》纪传和《宰相表》，表列了他们任宰相的起讫年月，并核计其干了几年几个月。①

虽同为宰相，但行为选择迥然有别。其中，既有弄潮掌权的大有作为者，也有清慎无为的明哲保身者；既有危难之际挺身而出者，也有危机面前毕其功于一役者；既有科举入仕者，也有荫封为官者；既有政治改革家，也有经济理财家，亦有军事战略家。你方唱罢我登场，各显神通各有其道，此消彼长各领风骚，上演着一幕幕政治兴衰变迁、君相群臣关系交好交恶、个人命运升降荣辱的悲喜剧。

为了认识的方便，下面以各位宰相的主要政绩、为官风格、社会评价等为关注点，并根据政治贡献度对这些宰相进行归纳分类，大致如下：

（1）有位有为型：姚崇、宋璟、张嘉贞、张说、张九龄。

（2）背负罪名型：李林甫、杨国忠、陈希烈、韦见素。

（3）戡平立功型：陆象先、魏知古、郭元振、刘幽求。

---

① 参见黄永年：《六至九世纪中国政治史》，上海书店出版社2004年版，第243—244页。

（4）清慎无为型：卢怀慎、源乾曜、苏颋、王晙、杜暹、牛仙客、李适之。

（5）治一事之弊型：李元纮、萧嵩、宇文融、裴光庭、韩休、裴耀卿。

应该指出，上述分类只是代表一种基本趋向，具体到某个宰相，有的可能具有多重性，比如张嘉贞不取财物，裴耀卿"清风肃然"，这里侧重就其为相的典型特点和基本状况做一剖析。

第一节 "随材授任""佐佑王化"：有位有为之相执政分析

一人之下万人之上，在古代政治体系中，宰相的权力和地位仅次于帝王。君不可独治，设官以治之，其中，百官之长群僚之首即是宰相。其政治职守在于，"上佐天子理阴阳，顺四时，下育万物之宜，外镇抚四夷诸侯，内亲附百姓，使卿大夫各得任其职焉"[①]。恪守臣规，辅弼有道，尽职尽责，建功立业，致君尧舜，是宰相的最理想境界。不过，现实与理想总是无法完全吻合，居宰相之位者众多，能够真正做到"有位有为"的终究是其中少数一部分，玄宗朝的宰相亦是如此。

一、"救时之相"姚崇："罢冗职，修制度、择百官"

姚崇，本名元崇，武则天时改名元之，入相后，避开元尊号，又改名崇。先是在武周长安二年（702）十月至中宗神龙元年（705）任宰相。睿宗即位后，景云元年（710）七月，姚崇再次入相，和早他几天入相的宋璟一起革除中宗弊政，进贤良，退不肖，赏罚尽公，请托

[①] 《史记》卷五十六《陈丞相世家》，中华书局1959年版，第2061—2062页。

不行，纲纪修举，俨然复有贞观、永徽之风。当时太平公主干预朝政，权势正盛，甚至一度试图换掉太子李隆基。姚崇和宋璟等人一起反对太平公主支持唐玄宗。唐玄宗羽翼未丰，只好以退为进，上疏称姚元之、宋璟等人离间兄弟，请予以治罪。景云二年（711）正月，姚崇被贬为申州刺史，后来又转任扬州长史、淮南按察使，"为政简肃，人吏立碑纪德"①，社会层面对他的认可由此可窥一斑。直到先天二年即开元元年（713）十一月，唐玄宗剪除太平公主势力后，起任姚崇为兵部尚书、同中书门下三品，后来又迁紫微令，就这样姚崇重新入相，直到开元四年（716）闰十二月罢相。

《旧唐书·姚崇传》关于姚崇为相后的典型事迹只记有两件，一是"中宗时，公主外戚皆奏请度人为僧尼，亦有出私财造寺者，富户强丁，皆经营避役，远近充满"。对此，姚崇奏曰："佛不在外，求之于心。佛图澄最贤，无益于全赵；罗什多艺，不救于亡秦。何充、苻融，皆遭败灭；齐襄、梁武，未免灾殃。但发心慈悲，行事利益，使苍生安乐，即是佛身。何用妄度奸人，令坏正法？"玄宗纳其言，"令有司隐括僧徒，以伪滥还俗者万二千余人"。②检括僧徒，勒令还俗，增加户口的一系列举措，有利于增加国家财赋收入。另一件是开元四年山东蝗虫大起，姚崇主张"夜中设火，火边掘坑，且焚且瘗，除之可尽"，"遣御史分道杀蝗"，斥责强令汴州刺史倪若水服从杀蝗命令，甚至向君主立下"军令状"："若除不得，臣在身官爵，并请削除"，力排众议，对卢怀慎等人曰"若救人杀虫，因缘致祸，崇请独受，义不仰关"，"蝗因此亦渐止息"。③这两件事情都涉及百姓生活，体现了姚崇体恤民情爱惜民力、为民兴利除害的施政追求。

关于姚崇之于大政决策的作用，《旧唐书·姚崇传》载曰：

---

① 《旧唐书》卷九十六《姚崇传》，中华书局1975年版，第3023页。
② 《旧唐书》卷九十六《姚崇传》，中华书局1975年版，第3023页。
③ 《旧唐书》卷九十六《姚崇传》，中华书局1975年版，第3024页。

第六章 "上弼圣政，下理群司"：玄宗朝宰相行政实践与思想认知　253

是时，上初即位，务修德政，军国庶务，多访于崇，同时宰相卢怀慎、源乾曜等，但唯诺而已。崇独当重任，明于吏道，断割不滞。①

《新唐书》卷一百二十四《姚崇传》记载了一个事例：

崇尝于帝前序次郎吏，帝左右顾，不主其语。崇惧，再三言之，卒不答，崇趋出。内侍高力士曰："陛下新即位，宜与大臣裁可否。今崇亟言，陛下不应，非虚怀纳诲者。"帝曰："我任崇以政，大事吾当与决，至用郎吏，崇顾不能而重烦我邪？"崇闻乃安。由是进贤退不肖而天下治。②

唐玄宗刚刚登基为帝，励精图治，改易更新，积极有为，"方躬万机""朝夕询逮"，一般的宰相都"畏帝威决，皆谦惮"。但是君主毕竟不可能事必躬亲，而需要大量放权于宰相。姚崇不仅"吏事明敏"，而且谙熟政务，比如对边境屯戍，士兵马匹器械配备等，无不识记于心。每次面对唐玄宗询问，姚崇都对答如流，同僚往往唯唯诺诺附和而已。此外，姚崇还提出抑制权幸，爱惜爵赏，为君要善纳谏诤，不与群臣亵狎嬉戏等，深得唐玄宗欣赏。作为官僚，较好地揣摩君主所思所想所需并予以满足往往能被重用，姚崇在这一点上很成功，当时"唯独崇佐裁决，故得专任"③。可见，玄宗有治国的政治诉求，姚崇有理政的政治能力，君臣相合，上下呼应。

唐玄宗对姚崇的倚重从下面的例子也可以看出来。开元四年（716）十一月，尚书左丞源乾曜任宰相。当时，姚崇无居第，寓居罔

---

① 《旧唐书》卷九十六《姚崇传》，中华书局 1975 年版，第 3025 页。
② 《新唐书》卷一百二十四《姚崇传》，中华书局 1975 年版，第 4384 页。
③ 《新唐书》卷一百二十四《姚崇传》，中华书局 1975 年版，第 4385 页。

极寺，病休。源乾曜奏事，如果称旨，玄宗辄曰："此必姚崇之谋也"，如果不称旨，玄宗辄曰："何不与姚崇议之！"实际情况往往就是这样。每当遇有大事，唐玄宗常常令源乾曜到罔极寺咨询姚崇。后来，源乾曜迁姚崇到四方馆，令其家人侍奉。姚崇认为四方馆乃藏书之地，非病者所宜处，再三推辞。玄宗曰："设四方馆，为官吏也；使卿居之，为社稷也。恨不可使卿居禁中耳，此何足辞！"①

君明则臣贤，臣贤则事成，宰相与皇帝相须一体，开创盛世指日可待。姚崇在玄宗朝任宰相三年多，政绩斐然。《新唐书·姚崇传》曰：

　　玄宗初立，宾礼大臣故老，雅尊遇崇，每见便殿，必为之兴，去辄临轩以送，它相莫如也。时承权戚干政之后，纲纪大坏，先天末，宰相至十七人，台省要职不可数。崇常先有司罢冗职，修制度，择百官各当其材，请无广释道，无数移吏。繇是天子责成于下，而权归于上矣。②

如前所述，选任是否得当事关国家治乱兴衰，而选官用人历来是宰相的重要职守之一。姚崇为相敢作敢为，罢黜冗职冗员，修葺制度，选择百官，使他们各尽其用，这是非常难能可贵的。如此一来，君主既不需要为具体事务劳心费神，只要"责成于下"即可，又不失尊位，较好地实现"权归于上"。使一度动乱不定的唐朝政局重新走上正轨，对此姚崇应该说功不可没。

唐代采取群相制，这对群相相互牵制、皇帝更好地制衡臣下来说，不失为一个很好的制度设计。不过，在运作中往往出现一相独大的局面，姚崇就是大权独揽的典型。先后与姚崇一同为相的有刘幽求、魏

---

① 《资治通鉴》卷二百一十一，中华书局1956年版，第6723页。
② 《新唐书》卷一百二十四《姚崇传》，中华书局1975年版，第4387页。

知古、卢怀慎、源乾曜。开元元年（713）十二月，张说被姚崇构陷罢相之后，黄门侍郎卢怀慎同紫微黄门平章事，与姚崇搭档。《资治通鉴》载，姚崇丧子，告假十几日，结果要处理的政事堆积起来，同时为相的卢怀慎不能决断，惶恐奏报皇帝。唐玄宗对卢怀慎说："朕以天下事委姚崇，以卿坐镇雅俗耳。"[①] 等姚崇回来，一会儿功夫，"裁决俱尽"。为此，姚崇自己甚为得意，问紫微舍人齐澣自己与历史上的有名贤相管仲、晏婴相比如何。齐澣认为姚崇不如管仲、晏婴，但可称之为"救时之相"。尽管与管仲、晏婴等芟夷大难、锐意改革相比略逊一筹，但是姚崇能够裁决天下之事，整治时弊，匡正王室，为君分忧，也是当之无愧的一代能相良辅。

开元四年（716），姚崇纵子贪污受贿，"紫微史赵诲受夷人赇，当死。崇素亲倚，署奏营减，帝不悦。时曲赦京师，惟诲不原。崇惶惧，上还宰政，引宋璟代"[②]。姚崇自请下台，结束了宰相生涯，生涯共计三年两个月。源乾曜也一同被免去宰相职务。此时，因长期争权夺利而造成的混乱政局基本已经平复完毕，大刀阔斧地整顿朝纲也可暂告一段落了。

社会对姚崇的政绩给予积极肯定。例如《开元天宝遗事·四方神事》曰："姚元崇为宰相，忧国如家，爱民如子，未尝私于喜怒，惟以忠孝为意。四方之民，皆画元崇之真神事焉，求之有福。"民间老百姓甚至将其封之为神，渴望得其赐福。[③]

二、"有脚阳春"宋璟："守法持正""随材授任"

继姚崇为相的是宋璟，与姚崇善于"应变成务"相左，宋璟善于

[①] 《资治通鉴》卷二百一十一，中华书局1956年版，第6708页。
[②] 《新唐书》卷一百二十四《姚崇传》，中华书局1975年版，第4385页。
[③] 王仁裕等撰，丁如明辑校：《开元天宝遗事十种》，上海古籍出版社1985年版，第81页。

"守法持正"。早在睿宗景云元年（710）七月至二年正月，宋璟曾经任过宰相，开元四年（716年）闰十二月至八年（720年）正月，宋璟再度为相，以吏部尚书兼黄门监（侍中）主持政务，和他一起任免的是苏颋。

宋璟为相，尤为重视因材授任，使百官各称其职。史称："璟为相，务在择人，随材授任，使百官各称其积；刑赏无私，敢犯颜直谏。上甚敬惮之，虽不合意，亦曲从之。"① 由这则材料可以看出，宋璟为相刚正无私，敢于犯颜直谏，就连唐玄宗也畏而惮之，虽然有的不合乎己意，也往往顺从。君臣道合又道别，宰相位卑又位尊，君相关系复杂多面由此可窥一斑。

关于宋璟为相用人，《资治通鉴》卷二百一十二开元六年十一月条载：

> 宋璟奏："括州员外司马李邕、仪州司马郑勉，并有才略文词，但性多异端，好是非改变；若全引进，则咎悔必至，若长弃捐，则才用可惜，请除渝、硖二州刺史。"又奏："大理卿元行冲素称才行，初用之时，实允佥议；当事之后，颇非称积，请复以为左散骑常侍，以李朝隐代之。陆象先闲于政体，宽不容非，请以为河南尹。"从之。

"随材授任"由上可见。

概而言之，宋璟和姚崇为相，各显其能，《新唐书》卷一百二十四《姚崇宋璟传》的论赞曰：

> 璟刚正又过于崇，玄宗素所尊惮，常屈意听纳。故唐史臣称崇善应变以成天下之务，璟善守文以持天下之正。二人道不同，同归于治，此天所以佐唐使中兴也。呜呼！崇劝天子不求边功，

---

① 《资治通鉴》卷二百一十一，中华书局1956年版，第6724—6725页。

璟不肯赏边臣，而天宝之乱，卒蹈其害，可谓先见矣。然唐三百年，辅弼者不为少，独前称房、杜，后称姚、宋，何哉？君臣之遇合，盖难矣夫！①

姚崇善于应变以较好地处理天下政务，宋璟善于守法能伸张天下正义。两个人操守不同，"然协心辅佐，使赋役宽平，刑罚清省，百姓富遮"。他们佐助君主逐步实现中兴，君主对他们也礼遇有加，"二人每进见，上辄为之起，去则临轩送之"。②难得的君臣相合，赢来了难求的太平盛世。秉公执法、任贤使能、上下和谐，既是这一时期的大政要略，又是宰辅们的施政方针。社会的评价也是十分中肯的，"宋璟爱民恤物，朝野归美，时人咸谓璟为有脚阳春，言所至之处，如阳春昫物也"③。"有脚阳春"之喻，表达了百姓对官僚的期望，内含着对官民关系的基本定位，即官僚应该如春风一样，给百姓以温暖。

宋璟罢相的原因，《旧唐书》卷九十六《宋璟传》如是说："先是，朝集使每至春将还，多有改转，率以为常，璟奏请一切勒还，绝其侥求之路。又禁断恶钱，发使分道检括销毁之，颇招士庶所怨。俄授璟开府仪同三司，罢知政事。"④《资治通鉴》则直接认定禁断恶钱是宋璟和苏颋罢相的导火索：

时璟与中书侍郎、同平章事苏颋建议严禁恶钱，江、淮间恶钱尤甚，璟以监察御史萧隐之充使括恶钱。隐之严急烦扰，怨嗟盈路，上于是贬隐之官。辛巳，罢璟为开府仪同三司，颋为礼部尚书。以京兆尹源乾曜为黄门侍郎，并州长史张嘉贞为中书侍郎，

---

① 《新唐书》卷一百二十四《姚崇宋璟传》，中华书局1975年版，第4395页。
② 《资治通鉴》卷二百一十一，中华书局1956年版，第6725页。
③ 王仁裕等撰，丁如明辑校：《开元天宝遗事十种》，上海古籍出版社1985年版，第102页。
④ 《旧唐书》卷九十六《宋璟传》，中华书局1975年版，第3034页。

并同平章事。于是弛钱禁，恶钱复行矣。①

新的社会问题出现，催生了新的社会矛盾。诸如土地兼并、均田制遭到破坏、租庸调制弊端层出等。而私铸钱币、恶钱流行则扰乱了社会经济生活秩序，拘泥成规的宋璟采取的对策不利，只好罢相让贤了。

三、"断决敏速，善于敷奏"张嘉贞：引荐后进，不立家产

开元八年（720）正月，源乾曜和张嘉贞继宋璟和苏颋之后为相。源乾曜先是在姚崇为相期间任相三个月，和姚崇一起被罢免。这一次被再次启用后，一干就是九年六个月，至开元十七年六月。张嘉贞任相三年两个月，至开元十一年二月。

张嘉贞，出身庶民家庭，弱冠应五经举，先后担任县尉、监察御史、中书舍人、秦州都督、并州长史，"为政严肃，甚为人吏所畏"②。张嘉贞富有政治、军事经验，抓住机会赢得了君主垂顾。唐玄宗初年，突厥九姓刚刚归附，散居在太原以北。为此张嘉贞奏请设置军镇，管辖突厥新归附的部落，朝廷采纳了这一建议，在并州设置天兵军，以张嘉贞为节度使。开元六年（718）春，张嘉贞入朝奏事。有人告他在天兵军中奢侈僭越，贪赃行贿，查无实证后，玄宗欲治诬告者反坐之罪。张嘉贞奏称，这样做恐怕会阻塞言人之路，"使天下之事无由上达"，特请赦免其罪。唐玄宗因此"以嘉贞为忠"，想启用他为宰相。张嘉贞当仁不让，答曰："今志力方壮，是效命之秋，更三数年，即衰老无能为也。惟陛下早垂任使，死且不惮。"③唐玄宗又认为他明智善辩，更加器重。开元八年（720）春，唐玄宗罢免宋璟、苏颋，擢升源

---

① 《资治通鉴》卷二百一十二，中华书局1956年版，第6729页。
② 《旧唐书》卷九十九《张嘉贞传》，中华书局1975年版，第3090页。
③ 《旧唐书》卷九十九《张嘉贞传》，中华书局1975年版，第3091页。

乾曜为黄门侍郎，张嘉贞为中书侍郎、同中书门下平章事。五月，又以源乾曜为侍中、张嘉贞为中书令。

张嘉贞理政"断决敏速，善于敷奏，然性强躁自用，颇为时论所讥"①。但他用人不疑，对人有恩信，能始终，多引荐后进。典型的如中书舍人苗延嗣、吕太一，考功员外郎员嘉静，殿中侍御史崔训，都是张嘉贞所引荐的，他们官居要职，身当其任，并常在张嘉贞门下共议朝政，时人称之为"令公四俊"。

张嘉贞为相不可谓没有能力和政绩，应该说他为开元盛世也是做出了贡献。他下台的直接原因是同僚张说的排挤倾陷。张嘉贞与张说矛盾由来已久。起初，张嘉贞为兵部员外郎，张说为兵部侍郎，张说位居张嘉贞之上，但张嘉贞任中书令后，反居张说之上了，朝堂议政时张嘉贞对张说毫不谦让，张说心里很不平衡，所以有意与张嘉贞作对，两人矛盾愈演愈烈。

当时，唐玄宗提升张嘉贞弟张嘉祐入朝为金吾将军，这样，兄弟二人并居朝中将相之位，一时显赫无比，甚为时人所畏惮。开元十一年（723），唐玄宗巡幸太原，得知张嘉祐在原任内有贪赃之事。张说劝张嘉贞脱去官服以示待罪，这实际是在显露罪责，结果张嘉贞被唐玄宗贬为幽州刺史，中书令由张说接替。至此，张嘉贞才知上了张说的当，但悔之晚矣。

张嘉贞虽久举要职，然而不立家产。贬任定州刺史后，别人劝他置田产家业，张嘉贞曰："吾忝历官荣，曾任国相，未死之际，岂忧饥馁？若负谴责，虽富田庄，亦无用也。比见朝士广占良田，及身没后，皆为无赖子弟作酒色之资，甚无谓也。"②张嘉贞一生为官，只用权，不贪财，也是难能可贵的。

---

① 《旧唐书》卷九十九《张嘉贞传》，中华书局1975年版，第3091页。
② 《旧唐书》卷九十九《张嘉贞传》，中华书局1975年版，第3092—3093页。

四、"大手笔"张说:"延纳后进,善用己长,引文儒之士,佐佑王化"

垂拱四年(688),武则天策试贤良方正,亲临洛阳城南门主考,时值弱冠之年的张说应诏对策位为天下第一。武则天以为近年来没有甲科,张说遂屈居为乙等,授天子校书,后任右补阙、凤阁舍人。刘肃评价张说:"前后三秉大政,掌文学之任,凡三十年。为文思精,老而益壮,尤工大手笔,善用所长,引文儒之士以佐王化。"① 张说历仕武则天、唐中宗、唐睿宗、唐玄宗四朝,先后任相三次,政治经历十分坎坷,政治经验尤为丰富,可以说熟谙官场斗争的各种潜规则。

张说初步展示其政治才干是唐睿宗景云元年(710)审讯李重福谋反一案。这年秋天,谯王李重福潜入东都,欲谋夺皇位。兵败后,东都留守捕获了其党羽数百人,审讯多日无果。睿宗即命张说前去审理。张说很快查清了此案,一宿即捕获了谯王的主谋张灵均、郑愔等,弄清了其全部罪状,其余误捕下狱的一律宣布无罪释放。唐睿宗对张说的干练非常满意,称赞他说:"知卿按此狱,不枉良善,又不漏罪人。非卿忠正,岂能如此?"②

翌年正月,张说进同中书门下平章事,监修国史,一同为相的有太仆卿郭元振。时值太平公主弄权,太平公主一方面大量引荐萧至忠、崔湜等附和自己的人,另一方面大肆打击异己,当年十月,张说、郭元振等皆被罢相。

张说再次入相与辅助太子剪除太平公主有功有关。张说洞察到太平公主怀有异心,遣使者献给唐玄宗一把佩刀,暗示他要果断行事,先行讨伐。故史称"张说独排太平之党,请太子监国,平定祸乱,迄

---

① 《大唐新语》卷一《匡赞第一》,中华书局1984年版,第10页。
② 《旧唐书》卷九十七《张说传》,中华书局1975年版,第3051页。

为宗臣"①。先天二年(713)七月,在平定了太平公主谋乱之后,玄宗即召张说拜中书令,封燕国公。勘定之功不可没,但是,张说却在接下来与姚崇的斗争中败下阵来,直接导致他的这次为相生涯很快告终。姚崇登相位,张说被贬为相州刺史,河北道按察使,再贬为岳州刺史。姚崇主政期间,张说再也没有了翻盘的机会。

宦海沉浮,熬得住方才有拨云见日之时。幸有宰相苏颋后来为之说情,开元六年(718)二月,张说迁任荆州长史。不久又迁任右羽林将军,兼检校幽州都督。开元七年(719),检校并州大都督府长史,兼天兵军大使。开元九年(721),胡族康待宾率众造反,与党项族勾结,攻陷大唐城池,张说指挥破贼有功并对党项余党妥当安置。当年九月,立下军功的张说拜兵部尚书、同中书门下三品,第三次为相。此时的张说,已经步入知天命之年,为官也三十余载,多年担任封疆大吏,又遍尝了失势被打压的辛酸,在政治上早已成熟圆通,对谁是自己真正的敌人了如指掌,他一上台就剑指中书令张嘉贞,几番较量后,痛下杀手取而代之,稳固了自己的首席相位。这一次张说为相四年八个月,直到开元十四年(726)四月才罢相。

张说为相期间,在军事、政治等方面都进行了改革。他在边镇多年,熟知边防事宜。开元十年(722),他首先从边防着手改革,罢除冗兵令其还农。当时边镇有常备兵六十余万,张说以"时无强寇",奏请精减兵员,罢免二十余万。玄宗犹豫不决。张说解释说:"臣久在疆场,具悉边事,军将但欲自卫及杂使营私。若御敌制胜,不在多拥闲冗,以妨农务。"②而且他敢于承担责任,以全家百余人的姓名做担保,唐玄宗权衡之后,采纳了他的裁兵之议。

与之同时,张说还着手对府兵进行改造,实行募兵制。当时诸卫

---

① 《大唐新语》卷一《匡赞第一》,中华书局1984年版,第10页。
② 《旧唐书》卷九十七《张说传》,中华书局1975年版,第3053页。

府兵，自成丁入伍，六十岁免役，其家又不蠲免杂徭，渐渐贫弱，大都逃亡。先天二年（713）虽有所改革，规定二十五岁入伍，五十岁放免，屡次征镇者，则十年免役。但实际上徒有此令，并未付诸实施。因此这时府兵之法日渐破坏，番役更替多不按时，卫士逃匿，宿卫之士无法得到保证。鉴于这种情况，张说建议，"请一切罢之，别召募强壮，令其宿卫，不简色役，优为条例，逋逃者必争来应募"。玄宗同意募兵，不过十几天，即得到精兵十三万人，"分系诸卫，更番上下，以实京师，其后彍骑是也"。[1] 张说精减边兵、改革府兵之策，既有利于减轻人民的负担，也增强了军队的战斗力。

张说在政治制度上所进行的重要改革是奏改政事堂为中书门下。唐初，政事堂设于门下省，为宰相议政之所。永淳元年（682），中书令裴炎由侍中改任中书令，迁政事堂于中书省，仍为宰相议政之所。开元十一年（723），张说任中书令后，将政事堂改为"中书门下"，政事印改为"中书门下之印"，"列五房于其后，分掌庶务"，"五房，一曰吏房，二曰枢机房，三曰兵房，四曰户房，五曰刑礼房"。[2] 这一改制，使政事堂拥有了所辖部门与属官，由宰相议政之所变为朝廷最高权力机构。

张说不仅有着丰富的政治、军事经验，而且还是有才华的文学家，在文教礼制方面的贡献也尤为突出。《旧唐书》载："前后三秉大政，掌文学之任凡三十年。为文俊丽，用思精密，朝廷大手笔，皆特承中旨撰述，天下词人，咸讽诵之。尤长于碑文、墓志，当代无能及者。""其封泰山，祠睢上，谒五陵，开集贤，修太宗之政，皆说为倡首。"[3] 他一生著作丰富，除了参与修撰《三教珠英》、主持改撰《开元五礼仪注》外，还主持编撰了《大唐六典》，与他人一同编写《初学记》30卷，等等。

---

[1]《旧唐书》卷九十七《张说传》，中华书局1975年版，第3053页。
[2]《资治通鉴》卷二百一十二，中华书局1956年版，第6758页。
[3]《旧唐书》卷九十七《张说传》，中华书局1975年版，第3057页。

张说之才智确实令人叹服，但是宁折不弯的个性也使他在群僚争斗的漩涡中逐渐被孤立。《资治通鉴》卷二百一十三载："说有才智而好贿，百官白事有不合者，好面折之，至于斥骂。"先是因为封禅之事与同为宰相的源乾曜渐生嫌隙。后来与宇文融等人的关系不可调和，因此被整下台。两《唐书》详述了他的罢相经过。御史中丞宇文融，建议检括天下游户及籍外占田，设置十道劝农使，分行郡县督责检查，张说担心扰民，屡次从中阻止。宇文融又请求吏部设立十铨，与苏颋等分管选举，宇文融凡有论奏，张说都极力抑止，"于是铨综失叙"。宇文融愤恨至极，联合御史大夫崔隐甫、中丞李林甫一起弹劾张说"引术士王庆则夜祠祷解，而奏表其间；引僧道岸窥伺时事，冒署右职；所亲吏张观、范尧臣依据说势，市权招赂，擅给太原九姓羊钱千万"。唐玄宗十分恼怒，即敕令宰相源乾曜、刑部尚书韦抗、大理少卿胡珪、御史大夫崔隐甫于御史台鞠审张说。张说兄长张光亲到朝堂割耳称冤，张说蓬首垢面，惩罚自我，甚为忧惧。高力士在唐玄宗面前劝言："说往纳忠，于国有功。"唐玄宗稍稍息怒，罢张说中书令之职，诛王庆则等人。张说既罢政事，在集贤院专修国史。"然每军国大务，帝辄访焉。"[①]

简言之，张说为相，"喜延纳后进，善用己长，引文儒之士，佐佑王化"，"而又敦气义，重然诺，于君臣朋友之际，大义甚笃"。[②]张说在政治、军事、文化上都颇有建树。他积极有为，改易更张，妥当处理了当时面对的许多重大问题。

五、"文中之帅"张九龄："极言得失""所推引皆正人"

开元二十一年（733）十二月，罢韩休、萧嵩相位后，唐玄宗起任

---

① 《新唐书》卷一百二十五《张说传》，中华书局 1975 年版，第 4409 页。
② 《旧唐书》卷九十七《张说传》，中华书局 1975 年版，第 3057 页。

裴耀卿、张九龄。张九龄既是文学家，又是政治家，既是诗人，又是名相。他有宋璟一般的耿直，也承继了张说的文人气质，对开元盛世的延续做出了突出贡献。

张九龄出生于官宦世家，自幼聪慧敏捷，七岁能文。他先是擢进士第二，任校书郎；后迁任右拾遗，多次负责吏部选人，"每称公允"。开元十年（722），三迁司勋员外郎。时任中书令的张说，尤为器重他，称他乃"后来词人称首"，张九龄也依附于张说。十一年，拜中书舍人。十三年，玄宗行封禅礼，张说负责擢升官吏，多是两省录事主书及其亲信，张九龄言于张说曰："官爵者，天下之公器，德望为先，劳旧次焉。若颠倒衣裳，则讥谤起矣。今登封霈泽，千载一遇。清流高品，不沐殊恩；胥吏末班，先加章绂。但恐制出之后，四方失望。今进草之际，事犹可改，唯令公审筹之，无贻后悔也。"①张说不予采纳，诏令一出，朝廷内外都指责张说。时任御史中丞的宇文融与张说关系交恶，张九龄提醒张说加强防备，张说不以为然，不久，张说果然遭宇文融弹劾而罢相。可见，张九龄既能够尽职守则，秉公办事，又富有政治才华，还洞悉官场尔虞我诈。

既是千里马又幸遇伯乐，张九龄任相顺理成章。鉴于张说曾经多次在玄宗面前举荐美言，及张说卒后，玄宗思其言，拜张九龄为中书侍郎、同中书门下平章事，第二年任中书令。当是时，唐朝处于全盛时期，但却又隐伏着种种社会危机。张九龄一心"致君尧舜"，与唐玄宗君臣相合，躬耕政事。典型事迹有如下几件。

一是不畏强权，匡正王室。开元二十四年（736），武惠妃恃宠欲谋废太子李瑛而立自己的儿子，命宫中宦奴牛贵儿游说张九龄，九龄叱退使者，据理力争，避免了一场宫廷内乱，稳定了政局。武惠妃诬陷太子私结党羽，无视君王。唐玄宗偏听其言，欲废太子。张九龄一

---

① 《旧唐书》卷九十九《张九龄传》，中华书局1975年版，第3098页。

方面澄清事实，另一方面劝阻说："太子天下本，不可轻摇"，他还举出历史上因废太子而导致宫廷流血、生灵涂炭，甚至失天下的前车之鉴，表明自己立场："陛下必欲为此，臣不敢奉诏。"[①] 敢于冒犯龙颜，坚持己见，"从道不从君"，其忠贞和胆识实属可嘉。

二是富有政治远见，多次规劝玄宗居安思危，整顿朝纲，防患于未然。张九龄很早就洞察到安禄山、李林甫等人将来对国家之危害。开元二十四年（736）四月，安禄山奉命讨伐奚、契丹叛军，兵败，张守珪奏请斩安禄山但又惜其骁勇，执送京师。张九龄力主斩杀。玄宗惜才，敕令免官。张九龄力争，说："禄山失律丧师，于法不可不诛。且臣观其貌有反相，不杀必为后患。"[②] 可惜，其远见卓识被搁浅。后来，安禄山引爆"安史之乱"，唐玄宗奔蜀，因追思张九龄的卓见而痛悔不已，遣使至曲江祭张九龄。

三是坚持革新吏治，选贤择能。张九龄一方面对宰相之任尤为慎重，尤其对宰相职掌及君主威权等核心理论问题认识非常深刻；另一方面他坚持选取德才兼备之人任职地方。当是时，玄宗在位已久，逐渐怠于政事，"九龄议论必极言得失，所推引皆正人"[③]。

当时，契丹为患数年，立军功安边境往往可以快速升官发财。开元二十二年（734）十二月，幽州节度使张守珪大破契丹，斩契丹王屈烈及可突干。开元二十三年正月，玄宗美张守珪之功，欲以为相，张九龄谏曰："宰相者，代天理物，非赏功之官也。"玄宗又问："假以其名而不使任其职，可乎？"张九龄对曰："不可。惟名与器不可以假人，君之所司也。且守珪才破契丹，陛下即以为宰相；若尽灭奚、厥，将以何官赏之？"[④] 唐玄宗听后打消了任张守珪为相的念头。二月，张

[①]《资治通鉴》卷二百一十四，中华书局1956年版，第6824页。
[②]《资治通鉴》卷二百一十四，中华书局1956年版，第6814页。
[③]《新唐书》卷一百二十六《张九龄传》，中华书局1975年版，第4429页。
[④]《资治通鉴》卷二百一十四，中华书局1956年版，第6811页。

守珪亲到东都献捷，拜任右羽林大将军，兼御史大夫，两个儿子皆赐官，赏赉甚厚。

后来，玄宗又欲以凉州都督牛仙客为尚书，张九龄又反对，说："尚书，古纳言，唐家多用旧相，不然，历内外贵任，妙有德望者为之。"玄宗又欲赐实封，张九龄又谏："陛下必赏之，金帛可也，独不宜裂地以封。"唐玄宗屡次受阻，心中不悦。李林甫伺机进谗："仙客，宰相材也，乃不堪尚书邪？九龄文吏，拘古义，失大体。"唐玄宗遂于开元二十四年（736）迁张九龄为尚书右丞相，罢知政事，任用牛仙客。"自是朝廷士大夫持禄养恩矣。"①后来张九龄又被贬为荆州长史。张九龄尽管不敌李林甫之"口蜜腹剑"而败下阵来，但是之后诸官荐引官僚，唐玄宗必问"风度得如九龄否？"

由上可见，张九龄在主理朝政时忠正尽职，秉公守则，有胆有识，敢言直谏，选贤任能，颇有见地。此外，他还反对穷兵黩武，主张省刑罚、薄征徭、扶持农桑等等。这些都体现了官以民为本的执政思想。他的施政方针，缓解了社会矛盾，对巩固中央集权，维护"开元盛世"起了重要的作用。此外，张九龄被喻为"文中之帅"，名句"海上生明月，天涯共此时"脍炙人口、千古流传。

通过前面的论述，我们可以发现，这些有位有为之相，皆是在其位谋其政，抓住当时政治中存在的关键问题，要么进行制度改革，要么进行政策调整，这些都体现了以治理天下为己任、以民为本的政治关怀。而且，他们都特别重视选拔人才，如史称姚崇是"择百官各当其材"、宋璟"随材授任"、张嘉贞"引荐后进"、张说"延纳后进"、张九龄"所推引皆正人"等，这也是作为宰相应该履行的基本职责。尽管具体举措不同，性格各异，但是在辅弼君主即"佐佑王化"这个根本着力点上却是完全一致的。

---

① 《新唐书》卷一百二十六《张九龄传》，中华书局1975年版，第4428页。

第二节 "耽宠固权"、以权谋私：背负罪名之相执政分析

宰相是中国古代官僚体系运作的关键环节和枢纽，其职能发挥、权力行使、执政风格在某种程度上关乎国运安危。治世往往有贤君名臣，乱世必然有昏君佞臣。很多时候，我们把罪责完全归咎于那些"奸相"身上，分析他们奸佞、不忠、政治品质卑劣、"小人得志"等，致使国家由治而乱由盛而衰。玄宗朝非常典型，既有如前所述"有位有为"之相；又有颇有几分智略，善于献媚取宠，专断朝政，如李林甫、杨国忠；以及平庸懦弱，一味媚权媚上，如陈希烈、韦见素等。我们将这类宰相概括为"背负罪名型"，通过考察其政治作为，考量设官为民、君臣道合等思想与他们行为的关系。当然，由治世、盛世到乱世的转变是一个极其复杂的过程，由各种因素综合作用而致，仅仅拿几个宰相是问，恐怕未免简单化了。

一、李林甫："性沉密，城府深阻""条理众务，增修纲纪"

李林甫，一向被认定为祸乱国家的罪人，《新唐书》将其打入《奸臣传》。不过，他为相十八年半，独揽朝政达十六年之久，仅仅用"奸相"一词恐怕很难全面概括其历史地位和功过。诚如黄永年先生所言，正因为如此，两《唐书》的《李传》不会和有些史传那样尽给传主说好话，可以从所记述中多少看到点此人的真面目。[①]

首先，李林甫入主相位，尽管依靠了关系，但也应该初步展示了其个人能力。《旧唐书·李林甫传》说他走源乾曜、宇文融的门路进入官场，又说他"因中官干惠妃云：'愿保护寿王'，惠妃德之"，以及

[①] 参见黄永年：《六至九世纪中国政治史》，上海书店出版社2004年版，第251页。

韩休推荐他"堪为宰相",以上应都是事实。但说由于"侍中裴光庭妻武三思女,诡谲有材略,与林甫私。中官高力士本出三思家,及光庭卒,武氏衔哀祈于力士,请林甫代其夫位,力士未敢言",其后玄宗欲以韩休为相,"力士遽漏于武氏,乃令林甫白休。休既入相,甚德林甫",因此才推荐李林甫,事涉床笫隐私、未必真能成为政治上用人的主要原因。① 而且韩休已在开元二十一年(733)十二月罢相,李林甫拜相要到开元二十二年五月。因此,黄永年先生认为李林甫入相还是凭借其能力为玄宗擢用的,今从其议。

其次,李林甫上台后,尽管倾轧同僚,但这也应该属于朝臣间比较正常的争斗。关于李林甫对宰相大臣的排挤倾陷,《旧唐书》主要记述了两起。先是针对张九龄。张九龄反对听取武惠妃废掉太子瑛等,李林甫对宦官说:"家事何须谋及于人。"李林甫又与张九龄唱对台戏,支持进用牛仙客。加上张九龄与中书侍郎严挺之善,严挺之前妻再嫁蔚州刺史王元琰,王元琰坐赃,挺之救免其罪。唐玄宗"以九龄有党,与裴耀卿俱罢知政事,拜左、右丞相,出挺之为洺州刺史,元琰流于岭外。即日林甫代九龄为中书、集贤殿大学士、修国史;拜牛仙客工部尚书、同中书门下平章事,知门下省事"。这是开元二十四年(736)十一月的事情。二十五年四月,"监察御史周子谅言仙客非宰相器,玄宗怒而杀之。林甫言子谅本九龄引用,乃贬九龄为荆州长史"。②

李林甫第二个倾陷的重点主要是太子周围的人。因为当初太子瑛被废后,李林甫建议立武惠妃之子寿王李瑁为太子,结果玄宗却立了忠王李亨为太子。"自是林甫惧,巧求阴事以倾太子",故而"屡起大狱以危之,赖太子重慎无过,流言不入"。李林甫先是私下令御史中丞杨慎矜诬告太子妃兄刑部尚书韦坚与太子图谋不轨,使得玄宗一怒

---

① 《旧唐书》卷一百六《李林甫传》,中华书局 1975 年版,第 3236—3237 页。
② 《旧唐书》卷一百六《李林甫传》,中华书局 1975 年版,第 3237 页。

之下废黜韦坚，免太子妃韦氏。随后，李林甫又奏称"李适之与坚昵狎，及裴宽、韩朝宗并曲附适之"，玄宗以为然，"赐坚自尽，裴、韩皆坐之斥逐"。后来，杨慎矜权位渐盛，林甫又忌惮难容，任用王鉷为御史中丞。王鉷投李林甫所好，"诬罔密奏慎矜左道不法，遂族其家"。后来又再次借机打压太子良娣杜氏及其父亲有邻，致使"赐有邻自尽，出良娣为庶人"。李林甫又令济阳别驾魏林告发陇右、河西节度使王忠嗣，说王忠嗣"自云与忠王同养宫中，情意相得，欲拥兵以佐太子"。玄宗虽不置信，"然忠嗣亦左授汉阳太守"。

毋容置疑，李林甫这些做法相当恶劣。其中，张九龄罢相确实与李林甫的倾轧有关，但是我们还应该注意到，李林甫和张九龄之间的矛盾由来已久。《资治通鉴》卷二百一十四载：

上欲以李林甫为相，问于中书令张九龄，九龄对曰："宰相系国安危，陛下相林甫，臣恐异日为庙社之忧。"上不从。时九龄方以文学为上所重，林甫虽恨，犹曲意事之。侍中裴耀卿与九龄善，林甫并疾之。是时，上在位岁久，渐肆奢欲，怠于政事。而九龄遇事无细大皆力争；林甫巧伺上意，日思所以中伤之。[①]

可见，张九龄坚决反对任李林甫为相，二者之间是相互攻讦，各不相让。

此外，宰相与太子之间的权力斗争也是屡见不鲜。毕竟专制政权之下，政治权力的运行法则之一就是"一朝天子一朝臣"，新君临朝，往往一手擢用倚重自己的心腹，一手打击前朝元老重臣或不附己者。因此，元老重臣为了常保自己的恩宠，往往是极力推荐扶持自己心仪的"主子"冲向权力峰巅，如长孙无忌力推李治而打压其他皇子。如果第一步没有成功，他们也往往各为其主，互不相让。从理论上讲，

[①]《资治通鉴》卷二百一十四，中华书局1956年版，第6823页。

只要太子尚未登基，他们就还有翻盘的机会。在现实中，太子败下阵来的也非常之多，不胜枚举。另外，宰相与太子之间的斗争其实也是新旧君主之间权力易手之争，诸如前文所论裴寂和刘文静之争同时也是唐高祖和唐太宗之间的较量。为长远计，为权势谋，李林甫"以始谋不佐皇太子，虑为后患"的担忧也是情理之中的，对其进行打压也是正常的出牌。只不过，李林甫权倾朝野，箭不虚发，招招见血。

最后，李林甫能集中外朝权力，尽管与他的"机变""钻营"和玄宗的"倦于万机"有关，但也应该与他"条理众务，增修纲纪"尽宰相之职密不可分。

黄永年先生讲，外朝权力之所以能相对集中，其重要原因由于玄宗彼时已渐入老境，加以中原经济日渐繁荣，户口赋税有所增加，而自设置节度使以来，周边也大体宁静，使他对外朝宰相的事情，不再像当初那样有兴致去过问处理。这样就出现了《旧唐书·李林甫传》所说：

> 上在位多载，倦于万机，恒以大臣接对拘检，难徇私欲，自得林甫，一以委成。故杜绝逆耳之言，恣行宴乐，衽席无别，不以为耻，由林甫之赞成也。[①]

唐玄宗曾言："朕今老矣，朝事付之宰相，边事付之诸将，夫复何忧！"[②]除了唐玄宗久居君位而怠于政事之外，李林甫善于察言观色，随机应变投其所好也是事实。

> 林甫面柔而有狡计，能伺候人主意，故骤历清列，为时委任。

[①]《旧唐书》卷一百六《李林甫传》，中华书局1975年版，第3238页。
[②]《资治通鉴》卷二百一十七，中华书局1956年版，第6927页。

而中官妃家，皆厚结托，伺上动静，皆预知之，故出言进奏，动必称旨。①

他通过宦官和嫔妃来观察玄宗的动静举止，颇费心思地迎合玄宗旨意，自然让玄宗愈益宠信于他。

同时，李林甫在排斥异己的同时，也加紧培育自己的势力。《旧唐书·李林甫传》说：

> 与宰相李适之虽同宗属，而适之轻率，尝与林甫同论时政，多失大体，由是主恩益疏，以至罢免。黄门侍郎陈希烈性便佞，尝曲事林甫，适之既罢，乃引希烈同知政事。林甫久典枢衡，天下威权，并归于己，台司机务，希烈不敢参议，但唯诺而已。②

一山不容二虎，权重逼强者皆是他打击的对象。党同伐异，"不由其门，则构成其罪；与之善者，虽厮养下士，尽至荣宠"③。

此外，他还加强对人才选拔的控制，《新唐书》卷二百二十三《奸臣上》载：

> 时帝诏天下士有一艺者得诣阙就选，林甫恐士对诏或斥己，即建言："士皆草茅，未知禁忌，徒以狂言乱圣听，请悉委尚书省长官试问。"使御史中丞监总，而无一中程者。林甫因贺上，以为野无留才。④

---

① 《旧唐书》卷一百六《李林甫传》，中华书局1975年版，第3236页。
② 《旧唐书》卷一百六《李林甫传》，中华书局1975年版，第3238页。
③ 《旧唐书》卷一百六《李林甫传》，中华书局1975年版，第3236页。
④ 《新唐书》卷二百二十三《奸臣上》，中华书局1975年版，第6346页。

天宝六载（747），玄宗想求天下之士，命有一技之才者皆到京城选拔。李林甫怕天下人士对策京城，对他不利，力主先由各地初选，出类拔萃者再进京复试，结果他从中设阻，致使无一人选中。李林甫于是向皇上汇报，称天下人才已经尽为所用、各尽其才。就这样，天下贤才荣登朝堂的快速通道，被李林甫截断了。

并且，谏官直言极谏的传统也被搁浅，《新唐书·奸臣上》说：

> 林甫居相位凡十九年，固宠市权，蔽欺天子耳目，谏官皆持禄养资，无敢正言者。补阙杜琎再上书言政事，斥为下邽令。因以语动其余曰："明主在上，群臣将顺不暇，亦何所论？君等独不见立仗马乎，终日无声，而饫三品刍豆；一鸣，则黜之矣。后虽欲不鸣，得乎？"由是谏争路绝。①

除了看到如上李林甫所谓"奸相"的种种罪过之外，我们还要看到，史书也对他当政期间的作为有所概括，典型的有《旧唐书·李林甫传》说：

> 宰相用事之盛，开元已来，未有其比。然每事过慎，条理众务，增修纲纪，中外迁除，皆有恒度。而耽宠固权，己自封植，朝望稍著，必阴计中伤之。②

还有：

> 林甫性沉密，城府深阻，未尝以爱憎见于容色。自处台衡，

---

① 《新唐书》卷二百二十三《奸臣上》，中华书局1975年版，第6347页。
② 《旧唐书》卷一百六《李林甫传》，中华书局1975年版，第3238页。

动循格令，衣冠士子，非常调无仕进之门。所以秉钧二十年，朝野侧目，惮其威权。及国忠诬构，天下以为冤。①

从中我们至少看出李林甫具有这样一些优秀的政治品格和政治行为：其一，办事谨慎，条理政务；其二，完善法律，严明纲纪，办事依循法令格式，如开元二十五年（737），李林甫与牛仙客等人一起删修律令格式②；其三，性格沉稳，城府很深，爱憎喜怒不形于色；其四，有权势但忠心可鉴，在他死后，杨国忠诬构他谋逆，天下人都以为是冤枉他。如果没有这些，恐怕李林甫很难独揽朝政达十六年之久，更不要说这十六年间保持着安定和发展了。天宝十一载（752）十一月，李林甫老于相位之上，接替他的是杨国忠。

二、杨国忠："以便佞得宰相，剖决机务，居之不疑"

杨国忠本名杨钊，乃张易之的外甥，杨贵妃的同曾祖兄。对于杨国忠拜相起因及相关问题，我们如是看。

首先，杨国忠荣登相位，裙带关系自然是一个方面，但是其个人能力也是不可否认的，甚至说是更为关键的因素。《旧唐书·杨国忠传》对杨国忠的理财能力有如下记载：

> 上春秋高，意有所爱恶，国忠探知其情，动契所欲。骤迁检校度支员外郎，兼侍御史，监水陆运及司农、出纳钱物、内中市买、召募剑南健儿等使。以称职迁度支郎中，不期年，兼领十五余使，转给事中、兼御史中丞，专判度支事。……八载，玄宗召

---

① 《旧唐书》卷一百六《李林甫传》，中华书局1975年版，第3241页。
② 《资治通鉴》卷二百一十四，中华书局1956年版，第6830页。

公卿百僚观左藏库，喜其货币山积，面赐国忠金紫，兼权太府卿事。国忠既专钱谷之任，出入禁中，日加亲幸。①

玄宗对他在运算方面的精明十分赏识，曾称赞他是个好度支郎，他因此也得以施展身手。当时，州县富庶，仓库积存粮食布帛，"动以万计"。天宝七载（748），杨钊建议玄宗把各州县库存的粮食、布帛变卖掉，买成轻货送进京城，各地丁租地税也转买成布帛送到京城。他经常告诉玄宗，现在国库很充实，古今罕见。于是，玄宗在天宝八载（749）二月率领百官去参观左藏，一看果然如此，很是高兴，便赐杨钊紫金鱼袋，兼太府卿，专门负责管理钱粮。从此，他越来越受到唐玄宗的宠幸。

其次，能够牵制李林甫，耦合了唐玄宗的理政驭臣之需，而这本身也从另一个方面体现了杨国忠的行政能力。杨国忠在自己羽翼未丰之前，先是依靠李林甫，借机发展自己。当时，侍御史杨慎矜受李林甫指使诬告太子妃兄韦坚：

> 以国忠怙宠敢言，援之为党，以按其事。京兆府法曹吉温舞文巧诋，为国忠爪牙之用……于京城别置推院，自是连岁大狱，追捕挤陷，诛夷者数百家，皆国忠发之。林甫方深阻保位，国忠凡所奏劾，涉疑似于太子者，林甫虽不明言以指导之，皆林甫所使，国忠乘而为邪，得以肆意。②

随着自己羽翼渐丰，杨国忠反过来把斗争矛头指向李林甫。《旧唐书·杨国忠传》说："吉温为国忠陈移夺执政之策，国忠用其谋"。"京

---

① 《旧唐书》卷一百六《杨国忠传》，中华书局1975年版，第3242页。
② 《旧唐书》卷一百六《杨国忠传》，中华书局1975年版，第3242页。

兆尹萧炅、御史中丞宋浑皆林甫所亲善，国忠皆诬奏谴逐，林甫不能救。王鉷为御史大夫，兼京兆尹，恩宠侔于国忠，而位望居其右。国忠忌其与己分权，会邢縡事泄，乃陷鉷兄弟诛之，因代鉷为御史大夫，权京兆尹，赐名国忠。"[1] 经过杨国忠的几番倾轧，玄宗开始逐渐疏远李林甫。乃至在李林甫死后，杨国忠还将其剥夺得一无所有。二人先是相互利用，后又反目相向，此一时彼一时，永恒不变的主题是想方设法膨胀自己的权力。

第三，杨国忠"本性疏躁，强力有口辩，既以便佞得宰相，剖决机务，居之不疑"，垄断选官用人大权。本来，按照惯例，宰相是"以元功盛德居之，不务威权，出入骑从简易"，但是从李林甫开始大讲排场起来。李林甫任相后还一改宰相午后六刻才结束公务回府，主要机务，都在自己家裁决，其他宰相不敢干预。杨国忠继续了李林甫的上述做法。杨国忠兼任四十余职，又专判度支、吏部三铨，"事务鞅掌，但署一字，犹不能尽，皆责成胥吏，贿赂公行"。

为了发展自己的势力，杨国忠让文部选官不论贤与不肖，年头多的就留下来，按照资历有空位子就接官。依照惯例，宰相兼兵部、吏部尚书，选官应交给侍郎以下的官员办理，手续十分严格，须经"三注三唱"，反复进行，从春至夏才能完成。杨国忠却是，"使胥吏于私第暗定官员，集百僚于尚书省对注唱，一日令毕，以夸神速，资格差谬，无复伦序"。本来初步选定任官名单后，应该由门下侍中、给事中再行斟酌。杨国忠直接先预先定好名单，然后把左相陈希烈及给事中、诸司长官都叫到尚书都堂，宣布完名单就说，左相和给事中都在座，就算经过门下省了。于是，选官大权就这样由杨国忠一人垄断。从此门下省不再复查选官，侍郎仅仅负责试判，致使选官质量下降。然而，由于杨国忠迎合和满足了一些人的权欲，因而颇得众誉，有人甚至欲

---

[1] 《旧唐书》卷一百六《杨国忠传》，中华书局1975年版，第3243页。

为之立碑,"以颂国忠铨综之能"。①

　　杨国忠为相,专权误国,飞扬跋扈,积怨积怨。安禄山以诛杨国忠为名起兵,天下大乱,太子李亨主谋,借机除掉了杨国忠,时为天宝十五载(756)六月。

三、陈希烈:"佐佑唱和"李林甫

　　陈希烈,精通玄学,遍览群书。开元中,常常在宫中讲解《老子》《周易》。累迁至秘书少监,代张九龄判集贤院事。玄宗凡有撰述,必经其手。李林甫知其"和裕易制",引荐他取代李适之为宰相。"而林甫居位日久,虽阴谋奸画足以自固,亦希烈佐佑唱和之力也。"累迁兼兵部尚书、左相,封颍川郡开国公,"宠遇侔于林甫"。② 或许因为他与李林甫的臭味相投,《新唐书》把他列入《奸臣传》,位于李林甫之后。后来,杨国忠为相,两人关系渐生嫌隙。

　　关于陈希烈罢相的原因,《旧唐书》记载:

　　　　杨国忠用事,素忌疾之,乃引韦见素同列,罢希烈知政事,守太子太师。③

《资治通鉴》天宝十三载条:

　　　　杨国忠忌陈希烈,希烈累表辞位;上欲以武部侍郎吉温代之,国忠以温附安禄山,奏言不可;以文部侍郎韦见素和雅易制,荐之。八月,丙戌,以希烈为太子太师,罢政事;以见素为武部尚

---

① 《旧唐书》卷一百六《杨国忠传》,中华书局1975年版,第3244页。
② 《旧唐书》卷九十七《陈希烈传》,中华书局1975年版,第3059页。
③ 《旧唐书》卷九十七《张说传陈希烈附》,中华书局1975年版,第3059页。

书、同平章事。①

陈希烈不敌杨国忠之权术心计而被罢。其先后与李林甫、杨国忠同时为相，任期长达八年五个月，仅次于玄宗朝后期的李林甫和前期的源乾曜，应该说这与他佐助权相，"柔而多智"的为官之道密切相关。

四、韦见素："无所是非"难匡王室

韦见素学科登第，袭封父爵任彭城郡公。任江西、山南、黔中、岭南等黜陟使时，"观省风俗，弹纠长吏，所至肃然"。返京后拜给事中，"驳正绳违，颇振台阁旧典"。天宝九载（750），迁吏部侍郎，加银青光禄大夫。"仁恕长者，意不忤物，及典选累年，铨叙平允，人士称之。"②

任相之后，"见素既为国忠引用，心德之。时禄山与国忠争宠，两相猜嫌，见素亦无所是非，署字而已，遂至凶胡犯顺，不措一言"③。安史变乱，哥舒翰兵败，潼关失守，玄宗仓皇逃难，陈玄礼等人兵变马嵬驿，诛杀杨国忠。此时，韦见素除了表示"死生从陛下"之类的不渝忠贞之外，束手无策。最后，他能做的只是到顺化唐肃宗那里主持一场玄宗禅位肃宗受命的仪式而已。肃宗为太子时，"以见素常附国忠，礼遇稍薄"，至德二载（757）三月辛酉，以韦见素为左仆射，罢知政事。

可见，诸如李林甫、杨国忠等"奸相"，也是巧妙地利用了政治

---

① 对于罢陈希烈任韦见素的原因，《旧唐书·韦见素传》则说："时右相杨国忠用事，左相陈希烈畏其权宠，凡事唯诺，无敢发明，玄宗颇知之，圣情不悦……命杨国忠精求端士。"《资治通鉴》卷二百一十七天宝十三载（754）八月丙戌的《考异》说："明皇若恶希烈阿徇国忠，当更自择刚直之士，岂得尚卜相于国忠！今从《希烈传》。"

② 《旧唐书》卷一百八《韦见素传》，中华书局1975年版，第3275页。

③ 《旧唐书》卷一百八《韦见素传》，中华书局1975年版，第3276页。

法则，一方面他们也有执政能力，治官、理财、安民有其道，为君分忧；另一方面，他们依附君权，通过讨好君主获取信任后，控制朝政，广布党羽，飞扬跋扈，即所谓"耽宠固权"。在某种意义上说，在"尊君"这一点上，他们与贤相并无二致，只是他们将私欲凌驾于公利之上，典型的以权谋私。如陈希烈"佐佑唱和"、韦见素"无所是非"，也是依附于王权而无所作为罢了。但是由于他们的私心过度膨胀，愚民性越发彰显，致使君主虽获一时之安却不能有长久之安，往往逐渐失信于官僚群体，最终失信于民，给王朝稳定发展大局带来隐患甚至灭顶之灾。

第三节 尽心事君、各有千秋：玄宗朝其他宰相执政分析

有位有为，尽辅弼之能事，有大功于社稷民生，当然是为相的最高境界；而背负奸相罪臣之名，玩弄权术，陷君主于险难，又是宰相的另一个极端。还有更多的宰相也算尽心事君，他们为君分忧，忠贞可鉴，以民为本，心系天下。只不过，他们或因时势所迫，或因个人志趣所向不同，或因能力所限，表现各异。基于此，我们将玄宗朝其他宰相做一概括，大致还有如下几种类型。

一、戡平立功型：开元初年四相陆象先、魏知古、郭元振、刘幽求

唐自建国伊始，围绕王权的斗争就异常惨烈，玄武门之变、武周代唐、中宗复位、韦后掌权、睿宗登基、太平专政等，每一次帝位之争、每一次宫廷政变都引发朝廷重臣之间的重新分化组合，都导致新一轮的载沉载浮，得宠失宠。同样，作为睿宗第三子的唐玄宗，对权力的追逐也非柔风细雨似的自然承继，而是经过了两度惊心动魄的宫门喋血才稳

定了王位。陆象先、魏知古、郭元振、刘幽求等开元初年的四位宰相，都曾经佐助玄宗戡平叛乱，经历了政治上大风大浪的考验。

睿宗为帝也是太平公主擅权用事之时，当时，"宰相七人，四出其门"①，窦怀贞、萧至忠、岑羲、崔湜，与太平公主同谋，陆象先、魏知古、郭元振三人不附太平公主，站在东宫唐玄宗这边。

陆象先，父陆元方，武则天时曾任宰相，为官清谨。应制举，被吏部推荐。"清净寡欲，不以细务介意，言论高远，雅为时贤所服。"②当初，太平公主与其党羽阴谋废掉权势渐盛的太子李隆基，宰相窦怀贞、萧至忠、岑羲、崔湜等人皆以为然，陆象先独以为不可。太平公主曰："废长立少，已为不顺；且又失德，若之何不去！"陆象先曰："既以功立，当以罪废。今实无罪，象先终不敢从。"陆象先坚持己见，认为太子平定内乱有大功，于天下国家无罪，不能废。后来，清除太平集团后，玄宗召见陆象先说："岁寒知松柏，信哉！"③在清算太平公主余党的过程中，陆象先又私下为之申辩理论，保护了很多人，不为人所知。

或许是陆象先对太平公主党羽的态度终究令玄宗不满，抑或是陆象先无为而治的为官风格不合乎唐玄宗强势推进创建丰功伟业的现实之需。开元元年（713）七月，陆象先罢相，出任益州大都督府长史，仍为剑南道按察使。"在官务以宽仁为政"，不"严刑树威"。开元六年（718），陆象先任蒲州刺史，"象先为刺史，尝有小吏犯罪，但示语而遣之。录事白曰：'此例当合与杖。'象先曰'人情相去不远，此岂不解吾言？若必须行杖，即当自汝为始。'录事惭惧而退。象先尝谓人曰：'天下本自无事，只是庸人扰之，始为繁耳。但当静之于源，则亦

---

① 《资治通鉴》卷二百一十，开元元年（713）六月条说："宰相七人，五出其门。"《考异》引《唐历》曰："宰相有七人，四出其门；天子孤立而无援。"今采《考异》之说。
② 《旧唐书》卷八十八《陆元方传陆象先附》，中华书局1975年版，第2876页。
③ 《资治通鉴》卷二百一十，中华书局1956年版，第6685页。

何忧不简。'前后为刺史,其政如一,人吏咸怀思之。"①

魏知古是唐玄宗制胜太平公主的关键人物之一。开元元年(713)七月,魏知古密告玄宗太平公主集团定于四日作乱,使唐玄宗得以先发制人。功成之后,唐玄宗赏赐嘉奖,手制曰:"卿以宰臣,往知大选,官人之委,情寄尤切。遂能端本革弊,忘私徇公,正色而行,厝心不挠。镜已澈则妍媸必鉴,衡已举则轻重罔违。朕远闻之,益用嘉叹。今赐卿衣裳一副,以示所怀。"开元二年迁魏知古任紫微令。不过,在同僚的争权中魏知古很快落败,"姚崇深忌惮之,阴加谗毁,乃除工部尚书,罢知政事"。②

当初,得魏知古密告后,唐玄宗与众人定计诛伐太平一党,参与谋划者就有郭元振。唐玄宗率羽林兵发难,唐睿宗闻变登承天门楼,郭元振亲自率兵侍卫。事成论功晋爵,郭元振受封代国公。十月,唐玄宗讲武于骊山之下,征兵二十万。由于军容不整,唐玄宗大怒,要把担任兵部尚书的郭元振立即斩首。幸得刘幽求、张说等人说情,郭元振免过一死,流放新州。

再说刘幽求。《旧唐书·刘幽求传》称:"及韦庶人将行篡逆,幽求与玄宗潜谋诛之。"讨伐韦后的一百多道制敕,都是出于刘幽求之手。刘幽求也因功擢升中书舍人,参知政务。刘幽求很早就察觉到太平公主集团的谋乱意图,令人密奏玄宗知晓,力谏唐玄宗当机立断,及早行动。不过,唐玄宗羽翼未丰,准备不足,不敢轻举妄动,采取以退为进之策,径直向唐睿宗举报刘幽求,刘幽求因此被治罪。唐玄宗屡次营救,刘幽求才大难不死。太平公主伏诛之后,唐玄宗为刘幽求平反加封。开元元年(713)八月,授刘幽求为尚书左丞相,兼黄门监。又是遭姚崇嫉妒构陷,刘幽求十二月就被贬为刺史。

---

① 《旧唐书》卷八十八《陆元方传陆象先附》,中华书局1975年版,第2876—2877页。
② 《旧唐书》卷九十八《魏知古传》,中华书局1975年版,第3064页。

大浪淘沙，玄宗即位之初的四位宰相，都是在政治风浪中辨明正确航向者。在围绕君权的斗争中，他们都坚定地站在唐玄宗一边，危难之际显忠贞，可谓"识君之相"，而且诸如魏知古也非常有政治能力。但是，他们却行之不远，究其原因，至少有两点：其一，在相权的斗争中，他们略逊一筹，技不如人，魏知古和刘幽求罢相都直接与姚崇的构陷有关；其二，在君主新的需要面前，他们无能为力，玄宗登基后意气风发，欲图实现天下大治，需要有雄才大略的治国能臣一展身手，而陆象先和郭元振却尸位素餐无所作为，因此很快就在姚崇等人的光芒映照下黯淡下去。可见，君臣志同才能道合，相互需要才能相交久远。

二、清慎无为型：卢怀慎、源乾曜、苏颋、王晙、杜暹、牛仙客、李适之

　　另有一类宰相，贵而不富，清廉俭朴。他们往往慎言慎行，在能臣权相的强势之下，他们不与争锋，或固辞推让，或应声附和，或顺从其美，或以"节义"闻名，或以公清勤俭为己任，概而言之，他们居相位而无为。

（一）"伴食宰相"卢怀慎清俭一生

　　卢怀慎与姚崇一同为相，"对掌枢密，怀慎自以为吏道不及崇，每事皆推让之，时人谓之'伴食宰相'"。任相之前，卢怀慎曾经上疏中宗陈述时政得失。《旧唐书·卢怀慎传》记载了其中三篇：其一，指出刺史县令存在任期过短难有政绩的问题；其二，建议选拔"有才能器识、众所闻知"的诸司员外官担任州牧县宰及上佐者等，罢免年老病疾及不堪理务者；其三，严惩猾吏赃官，不能采取流放外任的办法，那样所任之地仍然受其弊政影响，无益于圣化。对"内外官人有犯赃贿推勘得实者"，应该一律"削迹簪裾，十数年间不许齿录"。三篇均

是关于选官用人之见，颇有内涵，切中时弊，可惜未被采纳。卢怀慎与姚崇合作三年，最后病死在相位上。临终遗表他向玄宗举荐宋璟、李杰、李朝隐、卢从愿等人，说："朝廷者天下之本，贤良者风化之源，得人则庶绩其凝，失士则彝伦攸斁。"这四人都是当时享有盛誉的人物。可见卢怀慎并非无能无识。但玄宗并未立即采纳，而是用源乾曜接任。卢怀慎一生清俭，"不营产业，器用服饰，无金玉绮文之丽。所得禄俸，皆随时分散，而家无余蓄，妻子匮乏"。[①]

另外，群相制下，多人居相位共处事，有人示强，有人示弱，相互搭配，不失为一种较好的组合。正如司马光所言，"昔鲍叔之于管仲，子皮之于子产，皆位居其上，能知其贤而下之，授以国政"；曹参自知不如萧何，遵循其制，无所变更，汉业以成。无能者为政时，同僚为了保全自己不顾国家安危而屈从之，是罪人；贤能者为政，身为同僚"愚惑以乱其治，专固以分其权，媚嫉以毁其功，愎戾以窃其名"，也是罪人。"崇，唐之贤相，怀慎与之同心戮力，以济明皇太平之政，夫何罪哉！"[②]

（二）源乾曜"引过在己""推让唯诺"久居相位

源乾曜在相位前后近十年，先后与姚崇、张嘉贞、王晙、张说、李元纮、杜暹、萧嵩等多人共处相位。他的典型风格是"政存宽简，不严而理"，"临事不惧，而能引过在己"。史称："乾曜在政事十年，时张嘉贞、张说相次为中书令，乾曜不敢与之争权，每事皆推让之。及李元纮、杜暹知政事，乾曜遂无所参议，但唯诺署名而已。初，乾曜因姜皎所荐，遂擢用；及皎得罪，为张嘉贞所挤，乾曜竟不救之，议者以此讥焉。"[③] 这位宰相是典型的无欲无求，不争强、不贪功，常引

[①] 《旧唐书》卷九十八《卢怀慎传》，中华书局 1975 年版，第 3064—3069 页。
[②] 《资治通鉴》卷二百一十一，中华书局 1956 年版，第 6708—6709 页。
[③] 《旧唐书》卷九十八《源乾曜传》，中华书局 1975 年版，第 3071—3072 页。

过在己,常唯诺附和,以至于久居相位而不倒,最后因年老多病而罢相。《旧传》"史臣曰"评价他"职当机密,无所是非,持禄保身"。

(三)苏颋"顺从其美""至公无私"廉俭为官

苏颋与宋璟一同任免宰相。在同朝为相的政治生涯中,苏颋与宋璟的合作是非常愉快的。开元四年(716),苏颋迁紫微侍郎、同紫微黄门平章事,与侍中宋璟同知政事。"璟刚正,多所裁断,颋皆顺从其美;若上前承旨、敷奏及应对,则颋为之助,相得甚悦。"宋璟第一次为相曾经与苏颋的父亲苏瑰搭档,二次为相又与苏颋合作。宋璟评价说:"吾与苏家父子,前后同时为宰相。仆射长厚,诚为国器;若献可替否,馨尽臣节,断割吏事,至公无私,即颋过其父也。"苏颋一生为官,"性廉俭,所得俸禄,尽推与诸弟,或散之亲族,家无余资"。① 可见,苏颋至少具有三大优点:其一,公正无私,恪尽臣节,其二,善于成人之美和助人臂力,其三,清廉节俭。

(四)王晙以武将入相有节义

王晙弱冠明经擢第,为官敢作敢为,张昌宗兄弟诬陷魏元忠之时,他独自上疏为其申述;刘幽求被流放封州之时,广州都督周利贞欲杀之,王晙甘冒风险救刘幽求躲过大劫。此外,他还有勇有谋,立有军功。开元二年(714),吐蕃精兵十万进犯临洮,王晙率领两千部下与临洮军会合,选奇兵七百人,穿上胡服,夜袭吐蕃大军获胜。开元十一年(723)四月,年逾花甲的吏部尚书王晙代张说为兵部尚书、同中书门下三品,同时兼任朔方军大总管。十二月,王晙因"潜谋构逆"罪被免职,应该与张说的排挤打压不无关系。为相政绩不见于史书,《新唐书·王晙传》称王晙"气貌伟特,时谓为熊虎相。感慕节义,有

---
① 《旧唐书》卷八十八《苏瑰传苏颋附》,中华书局1975年版,第2881页。

古人风。其操下肃一,吏人畏爱"①。

(五)杜暹"以公清勤俭为己任"

杜暹是孝子顺孙的典型,"自暹高祖至暹,五代同居,暹尤恭谨,事继母以孝闻"②。他为官以"清节"闻名,"暹在安西四年,绥抚将士,不惮勤苦,甚得夷夏之心"。杜暹常年外任,开元十四年(726)九月,以安西副大都护、碛西节度使身份同平章事,入朝为相,罢相后,出任荆州大都督府长史。概而言之,"暹在家孝友,爱抚异母弟昱甚厚。然素无学术,每当朝谈议,涉于浅近。常以公清勤俭为己任,时亦矫情为之"③。

(六)牛仙客"清勤不倦""独善其身"

牛仙客从县衙小吏干起,逐步升迁,跃至宰相。萧嵩为河西节度使时,委任军政于牛仙客,"仙客清勤不倦,接待上下,必以诚信",萧嵩入相后,多次称誉举荐牛仙客。后来,牛仙客代萧嵩任河西节度使,任职期间,"省用所积巨万","所积仓库盈满,器械精劲"④。由此,开元二十四年(736)十月,玄宗欲任其为尚书。但是遭到张九龄的反对,理由是:"尚书,古之纳言,唐兴以来,惟旧相及扬历中外有德望者乃为之。仙客本河湟使典,今骤居清要,恐羞朝廷。"李林甫与之相左,曰:"仙客,宰相才也,何有于尚书!九龄书生,不达大体。"玄宗又欲给牛仙客加实封,张九龄"固执如初",说:"仙客边隅小吏,目不知书,若大任之,恐不惬众望。"李林甫退而言曰:"苟有才识,

---

① 《新唐书》卷一百一十一《王晙传》,中华书局 1975 年版,第 4156 页。
② 《旧唐书》卷九十八《杜暹传》,中华书局 1975 年版,第 3075 页。
③ 《旧唐书》卷九十八《杜暹传》,中华书局 1975 年版,第 3077 页。
④ 《旧唐书》卷一百三《牛仙客传》,中华书局 1975 年版,第 3196 页。

何必辞学！天子用人，有何不可！"①十一月，张九龄、裴耀卿等罢知政事，遂以仙客为工部尚书、同中书门下三品，仍知门下事。

牛仙客，"既居相位，独善其身，唯诺而已"。皇帝赏赐的财物，皆缄封不启，不敢挥霍享用，只是如数存放，妥为保管。百官请求决断大事时，仙客总是说："但依令式可也"，不敢措手裁决。②天宝元年（742）七月，牛仙客老于相位之上，刑部尚书李适之接任其职。概言之，牛仙客一生为官清正，为相内敛。

（七）李适之"简率""克勤"，却"不得其死"

李适之乃李承乾之孙，曾任通州刺史，以强干见称，擢拜秦州都督，俄转陕州刺史，入为河南尹，又拜御史大夫，官至刑部尚书。天宝元年，代牛仙客任左相。李适之"性简率，不务苛细，人吏便之"，"雅好宾友，饮酒一斗不乱，夜则宴赏，昼决公务，庭无留事"。"与李林甫争权不叶，适之性疏，为其阴中。"③天宝五载（746）四月，因与李林甫争权失败而罢相，任太子少保。又因与韦坚友好，受牵连贬宜春太守。天宝六载春正月辛巳，李林甫又奏请分遣御史至贬所赐死皇甫惟明、韦坚兄弟等人。罗希奭自青州到岭南，"所过杀迁谪者"，"郡县惶骇"，排马谍至，李适之在宜春听闻罗希奭，十分忧惧，仰药自杀。史臣曰："适之临下虽简，在公克勤，惜乎不得其死也。"④身为皇室贵胄，曾经位极人臣，最后却被权相中伤排挤，以至于自杀而亡，李适之的人生结局既是将相大臣的悲剧，也是王子王孙的悲剧，最终是君主专制下权力的悲剧。

---

① 《资治通鉴》卷二百一十四，中华书局1956年版，第6822页。
② 《旧唐书》卷一百三《牛仙客传》，中华书局1975年版，第3196页。
③ 《旧唐书》卷九十九《宗室宰相传》，中华书局1975年版，第3107页。
④ 《旧唐书》卷九十九《李适之传》，中华书局1975年版，第3101页。

三、治一事之弊型：李元纮、萧嵩、宇文融、裴光庭、裴耀卿

盛唐之世，不仅是唐代历史的转折时期，也是整个中国古代社会的转型时期。这个时代，新情况、新问题层出不穷，旧的财政、经济、军事和行政体制已经不能有效地应对，许多社会矛盾需要及时化解，社会潜伏的种种危机需要及时应对。接下来的这几位宰相往往以某一方面见长，或能纠一时之风，或能治一事之弊。

（一）李元纮"稍抑奔竞之路，务进者颇惮之"

开元十四年（726）四月，户部侍郎李元纮任中书侍郎、同平章事，接替张说为相，"元纮以清俭著，故上用为相"[1]。李元纮"既知政事，稍抑奔竞之路，务进者颇惮之"[2]。《旧唐书·李元纮传》记载了李元纮为相期间的两件典型事例，一是阻止了内地屯田的提议。当时有人针对"初废京司职田"，提出"于关辅置屯"之说，李元纮认为在边防驻军之所，让无役闲人耕种无主荒地屯田充实军粮是可取的，而内地的土地皆为百姓私有耕垦，若改私田为屯田，得不偿失，不可行。二是建议张说和吴兢到史馆修史。吴兢编撰《唐书》一百卷、《唐春秋》三十卷，书还未完成，丁忧罢职，诏令其在集贤院修成其书。后来又令张说在家修史。李元纮奏曰："国史者，记人君善恶，国政损益，一字褒贬，千载称之，前贤所难，事匪容易。今张说在家修史，吴兢又在集贤撰录，遂令国之大典，散在数处。且太宗别置史馆，在于禁中，所以重其职而秘其事也。望勒说等就史馆参详撰录，则典册有凭，旧章不坠矣。"[3] 于是，下诏张说及吴兢都到史馆修撰史书。

后来因与搭档杜暹关系不好，两人相互攻讦，惹恼了皇帝，开元

---

[1] 《资治通鉴》卷二百一十三，中华书局1956年版，第6771页。
[2] 《旧唐书》卷九十八《李元纮传》，中华书局1975年版，第3074页。
[3] 《旧唐书》卷九十八《李元纮传》，中华书局1975年版，第3074—3075页。

十七年（729）六月，玄宗将二人一同罢相，元纮出为曹州刺史，后来又起任户部尚书。"元纮在政事累年，不改第宅，仆马弊劣，未曾改饰，所得封物，皆散之亲族。"宋璟称其"贵为国相，家无储积"。①

（二）萧嵩"异政无闻，树破虏之勋"

萧嵩出生于名门望族，祖上是萧梁王朝的建立者，唐初名臣萧瑀乃其曾叔祖，祖父萧钧官至中书舍人。神龙元年（705），年逾四十的萧嵩方才入仕，补洺州参军。唐玄宗开元元年（713），萧嵩任中书舍人，但因学识浅薄，被人看不起。当时唐玄宗准备用苏颋为宰相，命萧嵩起草诏书。玄宗本以为萧嵩所书"抒思移时，必当精密"，"不觉前席以观"，却发现"唯改曰国之珍宝，他无更易"，等萧嵩退下之后，玄宗掷其稿于地，说："虚有其表耳。"② "虚有其表"成语即从此流传下来。不过，宰相姚崇对萧嵩却尤为赏识，提拔他为尚书左丞、兵部侍郎。开元十五年（727），凉州刺史、河西节度使在与吐蕃、回纥的对决中兵败被杀，河陇震骇，人心不稳。玄宗择堪任边者，乃以萧嵩为兵部尚书、河西节度使、判凉州事。立军功的机会就这样悄然而至。

萧嵩上任后，知道仅靠自己难撑大局，于是荐引刑部员外郎裴宽为判官，与原判官牛仙客、郭虚己俱掌军政，奏请以建康军使张守珪为瓜州刺史。张守珪到任后，立即组织全城军民备战，日夜加固城墙。不久，吐蕃大军再次压境，张守珪施"空城计"，大败吐蕃军，并修缮城池，收合离散，各复其业。萧嵩因功加银青光禄大夫。此外，当时吐蕃大将悉诺逻威名远振，成为唐朝心腹大患。萧嵩巧用"反间计"，派人潜入吐蕃，散布悉诺逻与唐将通谋反叛等流言蜚语。吐蕃赞普果

---

① 《旧唐书》卷九十八《李元纮传》，中华书局1975年版，第3075页。
② 郑处诲：《明皇杂录》卷下，文渊阁四库全书本。

然中计，将悉诺逻召而诛之，从此吐蕃兵力渐衰。开元十六年（728）七月，吐蕃大将悉末朗领兵进攻瓜州，被都督张守珪击败。时任河西节度使萧嵩和陇右节度使张忠亮调集大军破吐蕃军于渴波谷，乘胜追击，一举占领吐蕃大莫门城。八月，萧嵩又派遣副将杜宾客率4000强弩兵在祁连城大败吐蕃军。

萧嵩在河陇取得的军功使他名声大震，也使唐玄宗龙颜大悦。是年十一月，唐玄宗授萧嵩兵部尚书、同中书门下三品，恩宠无人可比。开元十七年（729）六月，玄宗同时罢免了杜暹、李元纮和源乾曜三相，任户部侍郎宇文融为黄门侍郎，任兵部尚书裴光庭为中书侍郎，并同平章事，萧嵩兼中书令，遥领河西。张说罢中书令后，此位空缺四年，如今萧嵩得任，足见玄宗对其恩宠有加。

萧嵩位极人臣，却无治国之能，"奏事常顺指"，开元二十一年（733）十二月，因与韩休不睦，相互在玄宗面前攻讦对方，一起被罢相，历时五年二月。诚可谓"异政无闻，树破虏之勋"[①]。后来又拜太子太师，辞官之后，萧嵩在家颐养天年十余年，享尽荣华富贵。

（三）宇文融括户括田增加国用

农民流亡问题，在开元时期已经成为重大的社会问题之一。"时天下户口逃亡，免役多伪滥，朝廷深以为患。"开元九年（721）正月，时任监察御史的宇文融，上书建议检括逃户，增加租赋收入。源乾曜素爱其才，赞同其策。玄宗任宇文融为推勾使，检括逃户，很快就收到了效果。

开元十一年（723）八月开始，括户、括田及赋役改革结合进行。开元十二年五月，宇文融任劝农使，巡行州县，与吏民议定赋役。十三年，宇文融以御史中丞身份兼任户部侍郎，"制以所得客户税钱

[①] 《旧唐书》卷九十九《萧嵩传》史臣曰，中华书局1975年版，第3107页。

均充所在常平仓本；又委使司与州县议作劝农社，使贫富相恤，耕耘以时"①。

自然灾害猝不及防，社会危机接踵而至，开元十四年（726）秋，河南、河北发大水，溺死者数以千计。开元十五年七月，冀州河发大水。此外，边军经济用度出现困难。政府采取弭灾、救灾以及接济边军等措施度过了危机。但是由此而来的财政困境凸显。正是在此背景之下，宇文融被任用为相。"融既居相位，欲以天下为己任"，推荐宋璟任右丞相，裴耀卿任户部侍郎，许景先为工部侍郎，均被认为是知人善任。支持开展财政改革：一是漕运改革，一是回造，一是庸调折租，一是和籴，为"开天盛世"打下良好的财政基础。"然性躁急多言，又引宾客故人，晨夕饮谑，由是为时论所讥。"②任相百日而罢。

（四）裴光庭改革选任制度，推出"循资格"

开元十七年（729）六月至二十一年三月，裴光庭同中书门下平章事，历时3年10个月。这个时期，他撰写了《瑶山往则》和《维城前轨》各一卷献给唐玄宗。内容虽不详，但从史载"上手制褒美，赐绢五百匹"，并且"令皇太子以下于光顺门与光庭相见，以重其讽诫之意"来看，这两卷书应该是为统治者总结历史经验提供准则仪轨。同时，他引荐李融、张琪、司马利宾等人入值弘文馆，编纂《续春秋经传》，自战国迄隋朝。并且奏请唐玄宗撰经，"光庭等依左氏之体为之作传"③，也得到唐玄宗的赞同和褒奖。不过此书写了好久，但终未完成。

他为相期间推行的重大变革就是用"循资格"的办法来铨选官员。

---

① 《资治通鉴》卷二百一十二，中华书局1956年版，第6762页。
② 《旧唐书》卷一百五《宇文融传》，中华书局1975年版，第3221页。
③ 《旧唐书》卷八十四《裴行俭传裴光庭附》，中华书局1975年版，第2807页。

之前,"选司注官,惟视其人之能否,或不次超迁,或老于下位,有出身二十余年不得禄者"。裴光庭将其改革,"各以罢官若干选而集,官高者选少,卑者选多,无问能否,选满即注,限年蹑级,毋得逾越,非负谴者,皆有升无降"。这种论资排辈的铨选之法一经出笼,"其庸愚沉滞者皆喜,谓之'圣书',而才俊之士无不怨叹"。①"时有门下主事阎麟之,为光庭腹心,专知吏部选官,每麟之裁定,光庭随而下笔。时人语曰'麟之口,光庭手'。"②裴光庭与萧嵩相互争权不和,两年之后,裴光庭去世,萧嵩奏请废止了"循资格",裴光庭所引进者也都被外任。

(五)韩休直谏玄宗、"折正"萧嵩

开元二十一年(733)三月,侍中裴光庭卒,玄宗令萧嵩举荐能代替裴光庭者,萧嵩盛赞韩休志行,韩休遂拜黄门侍郎、同中书门下平章事。"休性方直,不务进趋,及拜,甚允当时之望。"韩休有"仁者之勇",与萧嵩每奏事必顺旨不同,他论治道多讦直,敢于犯颜直谏,史载,玄宗敕令将万年尉李美玉流放到岭南,韩休进言说:"美玉卑位,所犯又非巨害,今朝廷有大奸,尚不能去,岂得舍大而取小也!"他直接举出金吾大将军程伯献恃宠贪鄙纵欲僭越,请求先治罪程伯献而后治罪李美玉。玄宗起初不允,韩休固执己见,说:"美玉微细犹不容,伯献巨猾岂得不问!陛下若不出伯献,臣即不敢奉诏流美玉。"玄宗"以其切直,从之"。当初,萧嵩本以为韩休性格柔和易于控制才举荐了他,孰料,"休既知政事,多折正嵩"。③十二月,萧嵩施手腕,韩休罢知政事。此可谓是成也萧嵩,败也萧嵩。

---

① 《资治通鉴》卷二百一十三,中华书局1956年版,第6789页。
② 《旧唐书》卷八十四《裴行俭传裴光庭附》,中华书局1975年版,第2807页。
③ 《旧唐书》卷九十八《韩休传》,中华书局1975年版,第3078页。

（六）裴耀卿"开通河漕""变路为水"，南粮北运

裴耀卿，出身官宦之家，幼年中童子举，开元初任长安令，历任济州刺史、户部侍郎、京兆尹等职，为官有思路，有善政，深得百姓爱戴。开元二十一年（733）秋天，洪涝灾害导致庄稼歉收，京城谷贵。为了减轻京城负担，唐玄宗准备迁往东都洛阳，单独召见裴耀卿咨询救人之术。裴耀卿一方面提出分道赈济的救急之策，另一方面分析天下经济大势，从长计议，奏请唐玄宗通漕运，"以实关辅"调运江淮粮赋进京。唐玄宗非常赞同，很快就拜裴耀卿为黄门侍郎、同中书门下平章事，充转运使。

裴耀卿受命后，沿黄河建置河口仓、集津仓和监仓，开通河道，南粮北运。"凡三年，运七百万石，省脚钱三十万贯。"[1]这时，有人劝他将节省下的运费上交朝廷以表明功劳，他不以之求宠，而是奏请唐玄宗将这笔钱充作政府向百姓购买财物和粮谷的和市、和籴之费。转运使任满后，裴耀卿迁任侍中。二十四年，裴耀卿拜尚书左丞相，罢知政事，累封赵城侯。天宝元年（742），改为尚书右仆射，不久，又迁左仆射，而右仆射由李林甫接替。一生为官，"远财劾奸"，"清风肃然"。

第四节　宰相行为取向与制度运作关系分析

一般而言，历史学家将玄宗时代的盛衰，以开元（713—741）与天宝（742—755）两个年号为分界点。王吉林先生则进行了另外一种两段划分，"即自玄宗即位至张九龄罢相为前期，代表玄宗之奋发有为，成就有名的开元盛世。自张九龄罢相到安禄山反叛，说明玄宗的虚骄怠惰，引发不可收拾的大乱，使大唐盛世一去不回。究其原因，

---

[1]　《旧唐书》卷九十八《裴耀卿传》，中华书局1975年版，第3081页。

不能不归咎于玄宗任相非人,以至于有此结果"[1]。一个王朝的盛衰固然有诸多因素,但是毫无疑问,宰相的政治观念、价值取向、利益结构以及权力关系等直接影响着制度的实际运作。

一、宰相升迁的内在逻辑

同居宰相之位,权力大小和政治贡献却有所不同。因此,我们以主要掌政宰相为线索,将其任职起讫年月和执政时间以及先后同任者作为着重关注点,做一列表。

表6.1 玄宗朝主要掌政宰相任用一览表[1]

任宰相起讫年月	执政时间	主要掌政者	先后同任者
先天元年八月至开元二年五月	1年10个月	魏知古	陆象先、郭元振、刘幽求
开元元年十一月至四年闰十二月	3年2个月	姚元之(崇)	刘幽求、魏知古、卢怀慎[2]——源乾曜(同罢)[3]
——开元八年正月	3年2个月	宋璟	苏颋(同任免)
——至十一年二月	3年2个月	张嘉贞	
开元九年九月至十四年四月	4年8个月	张说	源乾曜(与张嘉贞同任)
——至十七年六月	3年3个月	李元纮	杜暹(同罢)源乾曜
开元十六年十一月至二十一年十二月	5年2个月	萧嵩	宇文融、裴光庭——韩休(同罢)
——二十四年十一月	3年	张九龄	裴耀卿(同任免)
开元二十二年五月至天宝十一载十一月	18年7个月	李林甫	裴耀卿、张九龄——牛仙客——李适之——陈希烈
——十五载六月	3年8个月	杨国忠	韦见素

[1] 资料来源:根据《资治通鉴》《旧唐书》《新唐书》相关内容整理。
[2] "——"指接续前任之意,如:开元四年(716)闰十二月,罢姚崇,以宋璟为相,即在标

---

[1] 王吉林:《君相之间——唐代宰相与政治》,中国人民大学出版社2007年版,第180—181页。

示宋璟任宰相起讫年月时用"——开元八年正月",只标注截至年月,既避免重复,又有利于清楚前后任免情况。

[3] 括号内所注"同罢"指与其前面的主要掌权宰相一起被罢免;"同任免"指与其前面的主要掌权宰相一起任免。

关于宰相升迁的内在逻辑,至少有以下几点值得关注:

(1) 任职时间与对宰相的控制紧密相关。玄宗临御天下44年,前后任用26位宰相,28人次,一般同时在位的是2到3人。从26人的任期来看,最长的近19年,最短的不足4个月。其中,单次任期5年以上者仅李林甫、源乾曜、陈希烈、牛仙客和萧嵩等5人,不足1年者有刘幽求、郭元振、张说、源乾曜、王晙、宇文融和韩休等7人次。有11位宰相的任期是3年多,占41%,还有2人接近3年,2人超过1年不足2年,1人超过4年不足5年。另外,从10位主要掌政宰相的任职时间来看,有6人是3年多,占60%。数字后面隐蔽着一定的政治逻辑。宰相辅佐君主治理天下,必定需要一定的时间。任期太短,即使有想法也来不及实现,有其名难有其实;任期太长,一方面容易专权,另一方面容易懈怠,总之容易腐化。

此外,每个人的才智和能力毕竟是有限的,而对权力的贪欲却往往是无限的。在君主终身制下,宰相较为定期的更迭,既有利于人尽其才,从而增加官僚体制的活力和行政效率;亦有利于君权对相权的控制,尽可能避免宰相权力过大威胁王权。较好地控制宰相的任期,本身就是政治有序运作的标志之一,也是政治健康发展的必要保证之一。

(2) 时势不同,对宰相人选的要求也迥然有别。宰相只有审时度势,给予君主治国理政所需,方能得以持禄保位。如唐玄宗初定天下,百业代举,需要积极有为的人,而陆象先等人却恬淡无为,与时势不相吻合,自然很快就被姚崇等人取代。开元伊始,唐玄宗年富力强,求治心切,关心朝政,控制宰相的政治欲望和能力都比较强。所以姚崇、宋璟、张嘉贞、张说等人尽管握有权势，但不可能过度张扬，也很难久居相位不下。开元后期及天宝年间，天下承平日久，唐玄宗年事渐高，难免志满意得起来，耽于享乐的思想逐渐抬头，骄纵懈怠的情绪开始滋长。李林甫投其所好，一方面极力迎合圣意愉悦其情，另一方面把持朝纲，在保持基本政治运作的过程中党同伐异，权倾天下。

君主的关注焦点会直接影响宰相人选。自杜暹以边功入相始，玄宗先后授任多位边塞有功之人。开元十六年（728）十一月，玄宗以破吐蕃有功，封萧嵩为同中书门下三品。另外，裴光庭乃高宗朝名将裴行俭之子，裴行俭文武兼备，曾经大破西突厥。玄宗任裴光庭为相，意在推行开边之策。牛仙客能起于"边隅小吏"，也应该与玄宗积极开疆拓土有关。

（3）家庭出身多样化体现了玄宗不拘一格用人才。以科举取士，庶民家庭出身的人也会跃居相位之上。魏知古、郭元振、刘幽求、张嘉贞、张说等人就是典型。另外，也有官宦世家甚至宰相子弟被重用。如陆象先之父陆元方、李元纮之父李道广，都曾在则天朝为相。宇文融的祖父宇文节在贞观年间任尚书右丞。非常典型的当属萧嵩，他乃武德年间宰相萧瑀的侄孙，父亲萧钧官至中书舍人，萧家"一门十相"。

二、"佐天子总百官、治万事"：宰相的职能理念

如上文所述，张九龄言，宰相者，代天理物，非赏功之官，应该有位有为。《新唐书·百官志一》云："宰相之职，佐天子总百官、治万事，其任重矣。"① 《唐六典·三师三公尚书都省》尚书令条："尚书令掌总领百官，仪形端揆。其属有六尚书……凡庶务皆会而决之……皇

---

① 《新唐书》卷四十六《百官志一》，中华书局1975年版，第1182页。

朝武德中，太宗初为秦王，尝亲其职，自是阙不复置，其国政枢密皆委中书，八座之官但受其成事而已。""总领百官，仪形端揆"是传统的宰相之职，"庶务"即国政枢密"皆会而决之"，是南北朝以来宰相的职掌。《唐六典·门下省》侍中之职条记："凡军国之务，与中书令参而总焉，坐而论之，举而行之；此其大较也。"

吴宗国先生概述宰相的职掌主要是两个方面，一是和皇帝一起讨论国家大事，确定基本国策，制定方针政策，并对一些重大问题做出决定。这是最高层次的决策，也就是国家决策。二是宰相集体讨论和处理军国之务。重要政务和五品以上官员的任免都需要宰相在政事堂讨论决定。然后按照法定程序，由中书省起草诏敕，经门下审议，奏请皇帝批准后施行。[①] 此外，结合玄宗朝26位宰相的主要政绩以及相关论述，宰相的主要政治职能和政治理念具体概括为如下几个方面：

第一，任贤使能，选拔人才。例如姚崇进贤退不肖，使天下治；宋璟"随材授任"，使百官各称其职；张嘉贞用人不疑，引荐后进；张说延纳后进；张九龄"所推引皆正人"等。

第二，改革弊政，创新制度。无论是政治的、经济的、军事的，还是文化礼制的，只要不合时宜，都在改革的范围之内。姚崇"罢冗职，修制度"；张说对府兵制进行改造；李林甫"条理众务，增修纲纪"等都是典型。

第三，配合其他宰相，和衷共济。下文将展开论述。

第四，以公清勤俭为政治道德。典型的如李元纮以清俭著称，故玄宗用以为相。

无论是选拔人才还是改革弊政，宰相之任都是旨在为君分事，佐君理民。至于公清勤俭，为官不贪等品格，又与爱惜民财民力相一致。政治的决定者是人，尤其是君主。协助君主，达成政治目的主要靠宰

---

① 参见吴宗国主编：《盛唐政治制度研究》，上海辞书出版社2003年版，第27页。

相。宰相的行为选择关系着国家政局的稳定。思想是行为的指导，在为政实践中，他们能否真正落实设官为民、君臣道合的思想理念，做到君明臣直，上下一心，以民为本，是他们能否执好政的前提。这也是国家能否长治久安的关键因素之一。

三、冲突性合作：宰相之间的关系分析

首先，主从有别，通力合作是行使好宰相职权、成就大业的重要保证。从玄宗朝来看，尽管实行群相制，但是群相之间，权力持有必然有所不等，有主从之分，需要和衷共济。其中，姚崇与卢怀慎、宋璟与苏颋、源乾曜先与张嘉贞后与张说、张九龄与裴耀卿等，都是搭配合作较好的组合。确实，在政治运作中，既需要如姚崇、宋璟、张嘉贞等勇于裁断者，他们权势大，面对的政治压力、承担的政治风险也大；也需要如卢怀慎、苏颋、源乾曜等辅助者，他们能尽量做到为官平和，不争宠、不邀功，也是非常难能可贵的。大家相互配合，组成一个同心勠力的行政中枢，减少相互之间的摩擦，更有利于决策和施政。

其次，各有其长、各治一事是合作的可能条件。玄宗开元十七年（729）六月罢李元紘和杜暹相位，新任宇文融和裴光庭，加上开元十六年十一月刚任命不久的萧嵩共计三人，其中，宇文融是经济方面的一把好手，萧嵩是军事方面的一名干将，裴光庭乃前大总管裴行俭的孙子，素来以为人清廉和善于治军著称。任命这样三位能力很强的大臣为宰相，很好地说明了李隆基的驭官之道。

第三，相互倾轧构陷也是群相之间的常用伎俩。身为宰相，辅佐君主治国安邦实属不易，能力不突出，政绩不显著，治理不得当，旋即待罪下台那是常有的事。而官场的尔虞我诈、相互倾轧也无时无刻不从四面八方袭来，明枪暗箭，招招致命，防不胜防。张嘉贞为张说所陷，就是典型。一方面，张嘉贞尽管政善于决断，办事机敏迅速，

并长于奏对,但刚愎自用,又脾气急躁,锋芒太露,容易被人攻击。另一方面,张说蠢蠢欲动,急于取而代之,想方设法处置之而后快,一有机会就痛下杀手。再如,张九龄遭李林甫构陷而罢相。很多时候,他们往往是两败俱伤,李元纮和杜暹因为相互在皇帝面前攻讦对方,玄宗一气之下将二人一同罢免。可见,官僚之间的团结合作是惠及百姓、官僚和君主的大事。

需要指出的是,合作并非一味趋炎附势、媚权贪安。当初,文武朝官都趋附杨国忠,"争求富贵,惟九龄未尝及门,杨甚衔之"。张九龄与有见识者议曰:"今时之朝彦,皆是向火乞儿,一旦火尽灰冷,暖气何在?当冻尸裂肤,弃骨于沟壑中,祸不远矣。"果然,因安禄山之乱,附炎杨国忠者皆受牵连,"罪累族灭,不可胜数"。① 张九龄以"向火言附炎",颇为深刻。

四、君、相权力关系的基本法则

君主作为最高统治者必须有最直接的推行政令的助手,否则就真的成了"孤家寡人"。宰相辅佐君王必然染指最高权力,进而可能危及最高统治者的地位和权威。君权与相权的关系集中反映了君主与百官的权力分配关系和君权至高无上的属性。一般说来,处理君权与相权关系的一般法则适用于君主与百官关系。中国古代思想家和政治家对这一问题的主要思路表现在如下几个方面。

(一)最高统治者与重要辅臣有君臣之别

中国古代政治统治重礼治,礼治重等级,等级重尊卑,因而讲究"君臣大义"的政治制度等级分明,尊卑有序,集中体现为君、臣、民

---

① 王仁裕等撰,丁如明辑校:《开元天宝遗事十种》,上海古籍出版社1985年版,第89页。

的政治地位与政治权力有明显差异。孔子主张"君君、臣臣、父父、子子",他把政治角色分为天子、诸侯、大夫、家臣、庶民五大类,明确规定其政治权力和政治义务,严禁僭越擅权。《孝经》的"五等之孝"也是这类思想的经典依据。《周礼·考工记》称君主是"坐而论道"者,官僚是"作而行之"者,工、商、农、妇各尽其力以供奉国家。这个基本思路是儒家所共有的。

官僚虽然属于掌权者,却与庶民同属于"臣""臣民"的范畴。《礼记·乐记》:"天尊地卑,君臣定矣。卑高以陈,贵贱位矣。"天是君主的喻体,地是臣民的喻体,君臣之间的尊卑关系犹如天地悬隔。这个定位方式适用于君主与宰辅之臣、封疆大吏。这就是说,最高统治者与重要辅臣有君臣之别。

依据君臣之别设定政权机构,必然形成这样一种局面:国家政权中只有执行王命的行政机构,没有制衡王权的政治机构。宰相及以下都是帝王的臣子仆从,他们必须称臣于天子,服从于王命,尽心于所事。尽管也有"以道事君""争臣"之类的臣道规范,却并不意味着臣下可以违背君臣关系的基本规范。君臣之别集中体现为臣之权从属于君之权,官僚的权力是从君主的权力中派生出来的。

(二)重要辅臣是君主的辅佐者

在中国古代,宰相等重要辅臣定位为君主的辅佐者。《论语·季氏》:"危而不持,颠而不扶,则将焉用彼相矣。"相即辅佐者、襄助者,他是权力者的助手,必须尽忠于主人,为其扶危救困。同时,经典中也有一些注重"贰"的思想材料,例如,《春秋左传正义·襄公十四年》"有君而为之贰,使师保之,勿使过度"。这类思想强调辅臣的重要作用,要求君主重视、信任重要辅臣,而这里所谓的"贰"指股肱之臣,辅王佐政,并不意味最高权力二元化。

在钦定经典及其注疏中,主张最高统治者必须重视宰辅之臣的作用，一再强调君主不能"独理""独治"，如《尚书正义·尧典》"圣不必独理，必须贤辅"；《毛诗正义·大雅·公刘》"君虽有德，不能独治"；《尚书正义·召诰》"王者不独治，必当以臣助之"；《尚书正义·皋陶谟》"万几事多，不可独治，当立官以佐己"。在中国古代，这类思想属于共识。

与此同时，钦定经典及其注疏将百官贤臣明确定位于君主的辅佐者。《尚书·周官》有"兹惟三公，论道经邦，燮理阴阳"等一大段关于百官职责的论述，孔颖达在《尚书正义·周官》中指出：百官职责都是辅佐天子，各任其职分，其中"燮理阴阳""寅亮天地"的宰辅之臣的职责是"教道天子，辅相天子"。这类辅臣又称"副贰"，即《毛诗正义·大雅·荡》所言"副贰王者，则三公也"。

钦定儒家经典及其注疏以主辅关系作为规范君主与宰辅关系的基本原则，虽然不乏重视宰辅、贤臣的作用的思想，却明确规定唯有最高统治者有权总揽军国大政并选择、任免、奖惩宰辅之臣。因此，无论将宰辅制度设立得如何周详，赋予宰辅之臣多大的权力，依然不可能从君主政体的大框架中走出来。

（三）重要辅臣由最高统治者任免

儒家经典一再强调，重要辅臣的权力是从君主的权力中派生出来的。这一点不仅体现在宰辅之臣和封疆大吏的职务是君主设置的，而且集中体现在重要辅臣的任免权直接掌握在君主手中，即《尚书·说命》的"爰立作相，王置诸其左右"，《周礼·天官》的"（王）乃立天官冢宰，使帅其属而掌邦治，以佐王均邦国，治官之属"等。

钦定经典注疏阐释《尚书·周官》等，解析"周家设官分职用人之法"，肯定最高统治者用诏旨形式宣布"立官之意"以"号令群臣"的做法，将设官、分职、选贤、任人之权归属于最高统治者。在《尚书·皋陶谟》等诸多篇章的注疏中，也反复强调最高统治者掌握"官人"之权、善用"择人"之权的重要性,主张"明其九德所有之常,以此择人而官之"。

设官、分职、用人之权皆由最高统治者独掌,这就意味着宰辅之臣、封疆大吏及群臣百官的行政权力都是由君权派生出来的,他们的权力都必须听命于、服务于、附属于最高统治者的权力。

(四)最高统治者的权力支配重要辅臣的权力

《尚书·洪范》以岁、月、日为喻体,论说王、卿士、师尹的权力关系,其文曰:"王省惟岁,卿士惟月,师尹惟日。岁月日时无易,百谷用成,乂用明,俊民用章,家用平康。日月岁时既易,百谷用不成,乂用昏不明,俊民用微,家用不宁。"钦定经典注疏认为,这段文字的意旨是:"无不兼总群吏"的王犹如岁,"分居列位"的卿士犹如月,"各治其职"的"众正官之长"犹如日。如果"君秉君道,臣行臣事",君臣各守其位,各掌其权,则政治清明,国家安宁。如果"君失其柄权,臣各专恣",权力关系紊乱,就会导致"百谷用此而不成,岁饥馑也。其治用此昏暗而不明,政事乱也。俊民用此而卑微,皆隐遁也。国家用此而不安泰,时世乱也"。①

最高统治者必须掌握总领群臣的权力,朝廷必须保持君为主而臣为辅的权力关系,群臣必须服从最高统治者的指令,只有切实维护这种权力关系才能保持政治稳定。这就是说,在权力运作过程中,必须确保最高统治者的权力支配重要辅臣的权力。在这一思想的指导下,势必做出相应的制度上的权力配置。

(五)必须从制度上限制重要辅臣的权力

钦定儒家经典及其注疏主张必须从制度上合理配置最高权力与次

---

① 阮元校刻:《十三经注疏》,中华书局1980年版,第408页。

一级权力，其基本原则是强干弱枝，大本小末。《左传》桓公二年曰："国家之立也，本大而末小，是以能固。"董仲舒总括《春秋》"微言大义"的十项条目，谓之"十指"，其中一条就是"强干弱枝，大本小末"①。《白虎通》用"强干弱枝"解释一系列"尊君卑臣"的做法。孔颖达在《春秋左传正义·桓公二年》中也有"强干弱枝"的主张。强干弱枝是一种设定君臣权力关系的思想命题，即君为本而臣为末，君为干而臣为枝，因而在制度上必须保证最高统治者的权力压倒宰辅之臣和封疆大吏的权力，以维护中央政府和最高统治者的无上权威。

"强干弱枝，大本小末"适用于规范一切君臣关系，并侧重规范中央与地方的权力关系。《左传》昭公十一年载："末大必折，尾大不掉，君所知也。"孔颖达在《春秋左传正义》昭公十一年疏："天子之建诸侯，欲令蕃屏王室。诸侯之有城邑，欲令指挥从己，不得使下邑制国都，故大城为国害也。'末大必折'，以树方喻也。'尾大不掉'，以畜兽喻也。"无论天子与诸侯、诸侯与卿士，在各种与权力相关的制度设置上都必须保证上对下有效地行使支配权。钦定经典注疏还将处理本末关系视为各种礼乐制度的一般法则，即《礼记正义·乐记》的"礼乐各有根本，本贵而末贱。君子能辨其本末，可以有制于天下"。这就将"本贵而末贱"列为等级制度的一般规定性，将其适用范围推广到一切上下之间的权力关系。

钦定儒家经典及其注疏依据本末关系设置制度、分配权力、规范上下的思想符合一般性的政治法则，其中的一些思路具有普遍意义。但是，这一政治法则与"君臣道合"的结合，必然推出中央集权的君主制度，即国家权力集中于中央政府，中央权力集中于最高统治者。对此，李石一语中的，他向唐文宗言："宰相上弼圣政，下理群司。若忠正无私，宗社所祐，纵逢盗贼，兵不能伤；若事涉隐欺，心怀矫妄，

---

① 《春秋繁露·十指》。

虽有防卫，鬼得而诛。"① 宰相身系重任，佐助天子，抚育天下，举止行为关乎百姓福祉，但是如果不忠心事君，终将被诛。因为，宰相权力再大，根本上还是君主的辅臣，必须坚决维护君权的至高无上性，服务于中央集权的君主制度。

---

① 《旧唐书》卷一百七十二《李石传》，中华书局1975年版，第4484页。

第七章 "与天子共治天下"：刺史县令行政实践与思想认知

在"皇权不下县"的权力组织网络和治理格局中，宰辅是政令的主要制定者，是"治国之官"。而政令能否得以执行、执行的程度如何，在很大程度上系于刺史县令群体。因为，作为"亲民之官"，刺史县令群体的价值理念、工作热情、处事能力、道德观念、心理特点、政治行为等是影响国家治理绩效的重要因素。那么，唐代君臣对刺史县令的职位和群体有何基本政治定位和政治认识，刺史县令在政治实践中的价值理性和实用理性是什么，社会又是如何评价他们的，这是我们接下来探讨的重点，从中透视"设官为民"和"君臣道合"等基本理论的具体落实情况是我们的深层关怀。

第一节 唐代有关刺史县令的基本议题

围绕刺史县令的相关问题很多，在这里，我们不是讨论其全部，而是侧重于这一时期在朝堂之上或实践之中，君臣经常讨论的一些话题。概括起来，主要涉及：有关刺史县令的基本职掌、理论上对刺史县令政治地位的基本认识、在现实中影响其发挥政治功能的主要因素、解决现实问题的基本思路对策等方面。

一、刺史县令的设置渊源与基本职掌

（一）设置渊源

刺史本不是行政官，起初是为监察地方而设的。最初，秦朝设御史任监察之职，汉初省，汉文帝以御史多失职，命丞相另派人员出刺各地，不常置。汉武帝元封五年（前106），废除秦朝以来的监察御史，把全国分为十三部（州），各置部刺史一人，后来通称刺史。刺史巡行郡县，以"六条"问事，刺举所部官吏非法之事，故名。刺史作为六百石的低级官，监察二千石的地方高官。刺史制度在西汉中后期得到进一步发展，对维护皇权，澄清吏治，促使昭宣中兴局面的形成起着积极的作用。王莽称帝时期，刺史改称州牧，职权进一步扩大，由监察官变为地方军事行政长官。隋朝伊始，地方行政制度沿袭州、郡、县三级制。隋文帝罢郡为州，置刺史，以州统辖县，实现州、县二级制。隋炀帝又改州为郡，设郡守，实行郡县二级制。同时，为了加强对地方的控制，尝于司隶台下置刺史十四人，巡察各郡。另外，隋还将地方用人权收归中央，规定各州（郡）不得自行辟除僚属，九品以上的州县官，均由中央任免。

隋文帝对于治民有方、政绩突出的县令给予嘉奖，这由新丰县令房恭懿所获殊荣可窥一斑。新丰县令房恭懿，政绩位列三辅之首。隋文帝赐之以粟帛。在诸位县令朝拜谒见君主之时，隋文帝见到房恭懿，亲自叫到自己床前，向他询问"治民之术"。后来，房恭懿升任德州司马。隋文帝对诸州朝集使说："房恭懿志存体国，爱养我民，此乃上天宗庙之所祐。朕若置而不赏，上天宗庙必当责我。卿等宜师范之。"于是又提拔他为海州刺史，"由是州县吏多称职，百姓富庶"。[①]

唐朝初期沿袭隋朝地方两级行政区划，地方行政区划实行州

[①]《资治通鉴》卷一百七十五，中华书局1956年版，第5448页。

(郡)、县两级制。州郡的设置前后变化大致是，大业三年(607)，改州为郡；武德元年(618)六月十九日，"改郡为州，置刺史、别驾、治中各一人"；天宝元年(742)正月二十日，"改州为郡，改刺史为太守"；至德元载(756)十二月十五日，"又改郡为州，太守为刺史"。[①]唐大部分时间为州制，全盛时有358州。贞观十年(636)，唐太宗分天下为十道，派遣黜陟使或观风使分巡。十道是依据山川地理形势划分的，是监察区，还算不上一级行政区。开元二十一年(733)，唐玄宗改十道为十五道，置采访使、观察使常驻，道开始向行政区转变。安史之乱爆发后，唐王朝不但失去边疆许多领土，中央政府的力量也大为削弱，藩镇割据使中央政府失去对地方的控制，虽然中央多次企图改变藩镇割据的局面，总是收效不大，"迄唐亡百余年，卒不为王土"。藩镇总是千方百计地取得朝廷的任命，尊奉唐朝正朔，但又总是自谋私利自图发展，自行其是，应该算是一种特殊的政治态势和特殊的地方管理形式。[②]

战国时期，各国皆有县的设置。秦统一中国后，在全国确立郡县制，县隶属于郡。唐朝伊始，就把全国疆域划分为一千五百多个县级单位[③]，不论县的大小等级，统一把县的最高长官称为"县令"，取消了秦汉以来"万户以上为令，不及万户者为长"的令长制。赖瑞和《唐代中层文官》(中华书局，2011年)，专列一章讨论唐代的县令，探讨了唐县的等级和县官地位的关系、县令的三大类型、唐后期地方长官自署的"摄"县令等重要内容。

---

① 王溥：《唐会要》卷六十八《刺史上》，上海古籍出版社1991年版，第1416页。
② 参见韦庆远、柏桦：《中国官制史》，东方出版中心2001年版，第297页。
③ 韦庆远、柏桦认为，唐朝全盛时有1573县，参见韦庆远、柏桦：《中国官制史》，东方出版中心2001年版，第306页。

（二）基本职掌

《唐六典》概括了刺史的职掌，曰：

> 京兆、河南、太原牧及都督、刺史掌清肃邦畿，考核官吏，宣布德化，抚和齐人，劝课农桑，敦谕五教。每岁一巡属县，观风俗，问百姓，录囚徒，恤鳏寡，阅丁口，务知百姓之疾苦。部内有笃学异能闻于乡闾者，举而进之；有不孝悌，悖礼乱常，不率法令者，纠而绳之。其吏在官公廉正己清直守节者，必察之；其贪秽谄谀求名徇私者，亦谨而察之，皆附于考课，以为褒贬。若善恶殊尤者，随即奏闻。若狱讼之枉疑，兵甲之征遣，兴造之便宜，符瑞之尤异，亦以上闻。其常则申于尚书省而已。若孝子顺孙，义夫节妇，志行闻于乡闾者，亦随实申奏，表其门闾；若精诚感通，则加优赏。其孝悌力田者，考使集日，具以名闻。其所部有须改更，得以便宜从事。若亲王典州及边州都督、刺史不可离州局者，应巡属县，皆委上佐行焉。①

由上可见，刺史的主要职责有：其一，宣扬德化，观察风俗。对有悖伦常礼法之徒绳之以法。对孝子顺孙，义夫节妇，志行闻于乡闾者，要如实禀奏，加以彰表。第二，考课官吏，举荐人才。就考课而言，对为官"公廉正己清直守节者"和"贪秽谄谀求名徇私者"都要明察，计入考课，"以为褒贬"。对于那些善恶特别突出的，要立即上奏。就举荐人才而言，对"孝悌力田者"，"具以名闻"。其三，每年一次巡视所管辖的属县。其中，风俗教化、百姓生活、人口多少、鳏寡体恤、囚徒冤屈、野才遗贤等，都在所巡之列。可以说，无所不包，

---

① 李林甫等撰，陈仲夫点校：《唐六典》卷三十《三府督护州县官吏》，中华书局1992年版，第747页。

无所不能。只要他想管，下文所论县令的职权，刺史都可以行使。

县令乃"亲民要职"，具有"百姓衣食父母"之称。《唐六典·三府督护州县官吏》曰："京畿及天下诸县令之职，皆掌导扬风化，抚字黎氓，敦四人之业，崇五土之利，养鳏寡，恤孤穷，审察冤屈，躬亲狱讼，务知百姓之疾苦。所管之户，量其资产，类其强弱，定为九等。其户皆三年一定，以入籍帐。"①《新唐书·百官志》曰："县令掌导风化、察冤滞、听狱讼。凡民田收授，县令给之。每岁季冬，行乡饮酒礼。籍帐、传驿、仓库、盗贼、堤道，虽有专官，皆通知。"概括来看，唐代县令的基本职掌权限，主要有以下几点：

第一，政治教育职能：教化百姓，敦厚风俗。"古之王者莫不以教化为大务，立大学以教于国，设庠序以化于邑。教化已明，习俗已成，天下当无一人之狱矣。"②而教育驯化百姓的任务，主要由地方县令承担。宣扬德化，广扬孝悌之道，巡查表彰孝义典型，体恤鳏寡孤独，敬老尚老等，是官吏的重要职责之一。

第二，经济管理职能：劝课农桑，发展生产。农业作为中国古代最基本的产业，既关系百姓衣食所需，又是国家稳固之本。唐代对县令最核心的职责规定就是让其劝耕农桑，体恤百姓。如天宝十三载（754）六月，唐玄宗召见吏部新授县令，曰："唐虞之理，命以子男，周汉建官，委以令宰。朕稽古前哲，寤寐全才，委之铨衡，慎择铜墨。至于上敷朝政，下字淳人，亲其农桑，均其力役，使茕嫠者视之犹父母，俾匮乏者赖之以安全。然后八使类能，六条举最，擢以含香粉署，奖以秋简霜台。是乃立身效官，移忠入仕，荣家报国，岂不美欤！"③另外，唐代实行均田制，土地的具体收授，均以县令的名义进行。

---

① 李林甫等撰，陈仲夫点校：《唐六典》卷三十《三府督护州县官吏》，中华书局1992年版，第753页。
② 《汉书》卷二十二《礼乐志》，中华书局1975年版，第1032页。
③ 王钦若等编：《册府元龟》卷一五八《帝王部·诫励第三》，中华书局1960年版，第1910页。

第三，司法审判职能：听讼治狱，维护治安。中国古代，县官既是一方的最高民政长官，又是一方的最高司法长官。唐代县级行政中没有独立的司法审判机构设置，辖区之内的刑事案件、民事案件等，都由县令裁断。明定是非，剖析曲直，惩恶扬善，肃清不法，是唐代县令的重要职责所系。

第四，社会管理职能：编定户籍，征纳赋税。户口的管理涉及国家的赋税等重大问题，历代王朝都非常重视。隋朝曾经"大索貌阅"，在全国开展大规模的人口普查。唐政府规定："州县岁上户口登耗，采访使复实之，刺史、县令以为课最。"① 可见，及时清查户口，严格户籍管理，按期如数缴纳赋税，是唐代考课刺史、县令的最重要指标。

二、"郡县治，天下安"：刺史、县令的政治地位认同

唐朝君臣对刺史、县令地位重要性的认识是非常深刻的。比如，唐太宗常常思虑天下百姓，甚至于夜半不寐。他认为："为朕养民者，唯在都督、刺史。"还把他们的名字书写在屏风之上，坐卧都留心观看，得知他们的善恶事迹，均注在他们名下，以备升迁或降职时参考。他还意识到"县令尤为亲民，不可不择"②，下令内外五品以上官员，各自荐举能胜任县令职位的人，呈报上来。唐玄宗也认识到，"抚字之道，在于县令"，"亲民之官，莫过于县令"。③ 刺史县令的重要性获得普遍认同。魏徵谏唐太宗应以诚信御天下，谏议"陛下所与共治天下者在于守宰，居常简阅，咸以委之"。唐太宗欣然采纳，曰："向者朕以卿固执，疑卿不达政事，今卿论国家大体，诚尽其精要。夫号令不

---

① 《新唐书》卷五十一《食货志》，中华书局1975年版，第1345页。
② 《资治通鉴》卷一百九十三，太宗贞观二年（628）条，中华书局1956年版，第6061页。
③ 王溥：《唐会要》卷六十九《县令》，上海古籍出版社1991年版，第1440页。

信,则民不知所从,天下何由而治乎?朕过深矣!"①

陈子昂对刺史县令重要性的分析非常深刻,很有代表性。首先,他把刺史、县令的重要性与宰相的地位相提并论。他说:"宰相,陛下之腹心;刺史、县令,陛下之手足;未有无腹心手足而能独理者也。"②宰相作为百官之长,其地位的重要性,是不言而喻的。刺史、县令,由于其官阶低,任职地方远离权力中枢,以至于其重要性往往被君臣所忽视。陈子昂以腹心喻宰相,以手足喻刺史县令,强调君主既离不开腹心也离不开手足。

其次,陈子昂认为,"刺史、县令,政教之首"。君主要德被天下,广泽四方,必须依靠刺史、县令宣传和教化。"不得其人,则委弃有司,挂墙屋耳,百姓安得知之?"教化天下,是君主的政治职责所系,而刺史县令是这一职责的真正落实者,是政治社会化的中坚力量。

最后,陈子昂指出国家兴衰,最终系于刺史县令。天下危机祸福系于百姓,百姓生活安定则乐其生,生活不安定则轻其死,轻其死则什么事都能干得出来,天下由是而乱。而百姓安或不安,关键在于刺史县令。"一州得才刺史,十万户赖其福;得不才刺史,十万户受其困。国家兴衰,在此职也。"隋炀帝就是不知天下危机,轻信贪佞之臣,终至灭亡的。而唐朝当时对刺史县令的任用也令人堪忧,"今吏部调县令如补一尉,但计资考,不求贤良。有如不次用人,则天下嚣然相谤矣,狃于常而不变也。故庸人皆任县令,教化之陵迟,顾不甚哉!"③

早在汉代,汉宣帝对良吏的重要性就有深刻的认识,曰:"使政平讼息,民无愁叹,与我共理,其惟良二千石乎!"因此,汉代任命官吏,"重外轻内,郎官出宰百里,郡守入作三公"。隋朝迅速走向灭亡,

---

① 《资治通鉴》卷一百九十二,高祖武德九年(626)条,中华书局1956年版,第602页。
② 《资治通鉴》卷二百三,则天后垂拱元年(685)条,中华书局1956年版,第6436页。
③ 《新唐书》卷一百七《陈子昂传》,中华书局1975年版,第4067—4077页。

自然有很多原因,其中,重要的一个方面就是"方岳无廉吏",以至于"跨州连郡,莫非豺虎之流;佩紫怀黄,悉奋爪牙之毒",最后是"土崩不救,旋踵而亡"。唐太宗安定天下后,注重治理,"唯思稼穑之艰,不以珠玑为宝,以是人知耻格,俗尚贞修,太平之基,率由兹道"。①天下要治理得当,百姓要得以安宁,刺史县令责任重大。

三、影响刺史县令施政理民的"深层次结构"

从理论上讲,刺史县令肩负地方治理重任,但是,在唐代的现实政治运作过程中,刺史县令往往不能有效地行使其政治职能,难以尽职尽责,出现管理上的弱化。究其原因,刺史县令行使职权不善的"深层次结构"主要有以下几个方面:

原因之一:重内官、轻外职。

唐朝存在着官员不愿意担任刺史县令等地方官的现象。②"上虽欲重都督、刺史,选京官才望者为之,然当时士大夫犹轻外任。"开元四年(716)二月,扬州采访使班景倩入为大理少卿,过大梁,若水为之饯行,"立望其行尘,久之乃返,谓官属曰:'班生此行,何异登仙!'"③可见,就连倪若水这样一位很有地方政绩的良吏,都将由地方调入中央任职视同"登仙",艳羡不已,当时官员重内官轻外职的心态由此可窥一斑。

长安四年(704),武则天与宰臣议州县官吏,对当时州县用非其人的情况表示担忧,纳言李峤、夏官尚书唐休璟等人奏称,当时朝廷

---

① 《旧唐书》卷一百八十五上《良吏传上》,中华书局 1975 年版,第 4781—4782 页。
② 参见李燕捷:《从内外官迁转规律看唐代内外官之轻重》,载《祝贺胡如雷教授七十寿辰中国古史论丛》,河北教育出版社 1995 年版;刘海峰:《唐代俸料钱与内外官轻重的变化》,《厦门大学学报》1985 年第 2 期;张卫东:《唐代官员不愿外任刺史原因新探》,《江汉论坛》2009 年第 3 期等文。
③ 《资治通鉴》卷二百一十一,中华书局 1956 年版,第 6716 页。

在任用地方官吏方面存在着"重内官，轻外职"的问题，外任官员多是贬谪之人，他们到任之后败坏了地方风俗。①主张"于台阁寺监，妙简贤良，分典大州，共康庶绩"。他们立论依据就是"当今要务，莫过富国安人。富国安人之方，在择刺史"。②武则天赞同他们的主张，马上问派谁去合适。兵部尚书、同中书门下三品韦嗣立主动请缨，率先检校汴州刺史，御史大夫杨再思等十八人随后补任外职。"其后政迹可称者，唯常州刺史薛谦光、徐州刺史司马锽而已。"③

原因之二：由武夫担任刺史、县令。

贞观十一年（637），马周就朝廷在选任刺史、县令方面存在的问题上疏唐太宗。疏曰：

> 临天下者，以人为本。欲令百姓安乐，唯在刺史、县令。县令既众，不能皆贤，若每州得良刺史，则合境苏息。天下刺史悉称圣意，则陛下端拱岩廊之上，百姓不虑不安。自古郡守、县令，皆妙选贤德，欲有擢升宰相，必先试以临人，或从二千石入为丞相。今朝廷独重内官，县令、刺史，颇轻其选。刺史多是武夫勋人，或京官不称职，方始外出。而折冲果毅之内，身材强者，先入为中郎将，其次始补州任。边远之处，用人更轻，其材堪宰位，以德行见称擢者，十不能一。所以百姓未安，殆由于此。④

---

① 学术界对唐代贬谪官吏败坏了地方风俗有不同看法。日本辻正博先生《唐代贬官考》（《东方学报》1991[63]）将地方政治的败坏归结于贬谪官吏；严耕望《唐史研究丛稿》（香港新亚研究所，1969年）认为贬谪官吏中的上佐是闲职，在地方上无所谓发挥作用；李方《唐代西域的贬抑官吏》（《新疆大学学报》[哲学·人文社科版]2007年第6期）认为，唐代贬谪到西域的官员多是政治斗争的牺牲品，他们具有良好的政治文化素养和治国安邦的才能。
② 《旧唐书》卷八十八《韦思谦传》，中华书局1975年版，第2869页。
③ 《资治通鉴》卷二百七，中华书局1956年版，第6570页。
④ 《旧唐书》卷七十四《马周传》，中华书局1975年版，第2613—2614页。

马周认为，君临天下，应该以人为本，自古以来，国家兴亡，不在于蓄积多少，而在于百姓苦乐。"欲令百姓安乐，唯在刺史、县令。"自古选任郡守、县令，都要考虑其贤德，如果"天下刺史悉称圣意，则陛下端拱岩廊之上，百姓不虑不安"。而现实中存在的问题是，"今朝廷独重内官，县令、刺史，颇轻其选。刺史多是武夫勋人，或京官不称职，方始外出。而折冲果毅之内，身材强者，先入为中郎将，其次始补州任。边远之处，用人更轻，其材堪宰位，以德行见称擢者，十不能一。所以百姓未安，殆由于此"。唐太宗"称善久之"，对侍臣曰："刺史，朕当自选；县令，宜诏京官五品已上各举一人。"①

原因之三：由京官中政治斗争的失败者、犯了过错的、声望差的或者年龄大无业绩的担任刺史、县令。

京官贬职外任刺史县令是唐代的一个典型现象。如神龙二年（706），"武三思以敬晖、桓彦范、袁恕己尚在京师，忌之，乙卯，出为滑、洺、豫三州刺史"。御史大夫李承嘉依附武三思，曾经在朝堂之上诋毁尹思贞。尹思贞反击曰："公附会奸臣，将图不轨，先除忠臣邪！"李承嘉非常恼怒，弹劾尹思贞，贬其为青州刺史。当时，武三思憎恶宋璟，于是让宋璟检校贝州刺史。②

再比如，韦思谦本为监察御史，因弹劾中书令褚遂良而遭报复，"罢为同州刺史"，后来褚遂良位至宰相，"出思谦清水令"。③裴潾任起居舍人，因上疏忤旨，"帝怒，贬江陵令"④。韩愈"操行坚正，鲠言无所忌。调四门博士，迁监察御史"，后来由于上疏"极论宫市"，惹怒唐德宗，"贬阳山令"⑤。我们应该看到，一些贬官因长期任职中央部

---

① 《资治通鉴》卷一百九十五，中华书局1956年版，第6132—6133页。
② 《资治通鉴》卷二百八，中华书局1956年版，第6597、6602—6603页。
③ 《新唐书》卷一百一十六《韦思谦传》，中华书局1975年版，第4228页。
④ 《新唐书》卷一百一十八《裴潾传》，中华书局1975年版，第4288页。
⑤ 《新唐书》卷一百七十六《韩愈传》，中华书局1975年版，第5255页。

门，具有较高的理政经验，不乏在地方勤政有为者。但是，唐代"重内官，轻外职"的社会风气，使这些人难免心理失衡，总是试图寻找机会利用关系重返中央。

景龙三年（709），韦嗣立奏议当时在选任刺史、县令方面存在的问题。他说："刺史、县令，理人之首。近年已来，不存简择。"往往是"京官有犯及声望下者，方遣牧州；吏部选人，暮年无手笔者，方拟县令"。上下都知道担任刺史、县令之人是京官中犯了过错的、声望差的或者年龄大无业绩的，其表率作用也就无从谈起。他认为："牧宰得人，天下大理，万姓欣欣然，岂非太平乐事哉！"他奏请皇帝下制明确规定"使有司改换简择，天下刺史、县令，皆取才能有称望者充。自今已往，应有迁除诸曹侍郎、两省、两台及五品已上清望官，先于刺史、县令中选用"。① 遗憾的是，唐中宗未采纳其言。

神龙元年（705）正月，举人赵冬曦上疏言称，古代选任刺史，"皆出于台郎御史，以为荣迁"，因为当时视刺史为亲民之职，人命所系，所以"贵其位而重其人"。现在则不然，"京职之不称者，乃左为外任；大邑之负累者，乃降为小邑；近官之不能者，乃迁为远官"。官僚心中都贵内贱外，重近弃远，如此，怎么能够治理好地方呢？"官得其实，而天下治矣。"② 率土之滨，莫非王臣，食君之禄，就应该分君之忧，担君之所委任，无论任职京城还是地方都应该孜孜以求。

原因之四：由年幼的皇子担任刺史。

唐太宗时，年幼的皇子多担任都督、刺史。褚遂良上疏认为这种做法不妥，他说："刺史郡帅，民仰以安。得一善人，部内苏息；遇一不善，合州劳弊。是以人君爱恤百姓，常为择贤。或称河润九里，京师蒙福；或人兴歌咏，生为立祠。"刺史郡帅关乎百姓安危，代表君主

---

① 《旧唐书》卷八十八《韦思谦传》，中华书局1975年版，第2871—2872页。
② 王溥：《唐会要》卷六十八《刺史上》，上海古籍出版社1991年版，第1418页。

爱民之心、恤民之情。他主张年幼的皇子还不能承担治民重任的，应该留在京师，教习经学。"一则畏天之威，不敢犯禁；二则观见朝仪，自然成立。因此积习，自知为人。审堪临州，然后遣出。"唐太宗采纳了他的奏议。[1]

原因之五：任期过短。

任期制是政府管理官员的一项重要制度。官员任期科学、合理，不仅有利于调动官员积极性，更好地履行相应的政治职责，也利于对官员政绩进行考核评定，以资升迁黜陟。史学界对唐代刺史、县令的任期进行了一定的研究，有学者指出，"唐代刺史的任期，就总体情形来看，绝大多数州郡是符合制度规定的，某些重要州府，无论是在唐前期还是唐后期，普遍存在任期偏短的问题，这也是朝廷屡下诏书纠正的问题"[2]。"综观唐朝二百九十年，县令的任期并不是一成不变的，不同时期统治者根据各自的实际情况，对县令的任期规定各有不同。……他们的实际任期会因人因时呈现动态变化。""县令任期断狱制度所规定的现象在唐代前后期都存在，历朝统治者将其视为弊政之一。"[3]

按唐制，刺史的任期为三年或四年，县令任期四年或五年。唐宣宗大中元年（847），大赦，改元，制曰："守宰亲人，职当抚字，三载考绩，著在格言。贞元年中，屡下明诏，县令五考，方得改移。近者因循，都不遵守，诸州或得三考，畿府罕及二年，以此字人，若为成政？道涂郡吏有迎送之劳，乡里庶民无苏息之望。自今须满三十六个月，永为常式。"[4] 贞元九年（793）七月制云："县令以四考为限，无

---

[1] 《旧唐书》卷八十《褚遂良传》，中华书局1975年版，第2730—2731页。
[2] 张卫东：《唐代刺史的任期与特点》，《中州学刊》2007年第4期。
[3] 张玉兴：《唐代县官与地方社会研究》，天津古籍出版社2009年版，第21、22页。
[4] 《旧唐书》卷十八下《宣宗纪》，中华书局1975年版，第616—617页。

替者宜至五考。"① 即县令一届任期为四年，而暂时无替代者可酌情延至五年。但是，很多时候，这一制度没有真正被遵行，往往是任期过短，更换频繁。尤其是在武则天之后，关于刺史县令任期问题的讨论增多，反映了这一问题的日趋突出。

天授二年（691），获嘉县主簿刘知幾上疏，其文曰：

> 臣闻汉宣帝云："与我共治天下，其良二千石乎！"二千石者，今之刺史也。移风易俗，其寄不轻。求瘼字民，佥属斯在。然则历观两汉已降，迄乎魏、晋之年，方伯岳牧，临州按郡，或十年不易，或一纪仍留，莫不尽其化民之方，责以治人之术。既而日就月将，风加草靡，故能化行千里，恩渐百城。今之牧伯，有异于是，倏来忽往，蓬转萍流，近则累月仍迁，远则逾年必徙。将厅事为逆旅，以下车为传舍。或云来岁入朝，必应改职；或道今兹会计，必是移藩。既怀苟且之谋，何假循良之绩。用使百城千邑，无闻廉、杜之歌。万国九州，罕见赵、张之政。臣望自今已后，刺史非三岁已上，不可迁官。仍以明察功过，精甄赏罚，冀宏共治之风，以赞垂衣之化。②

刘知幾认为，刺史的地位非常重要，旨在与君主共治天下。汉代以来，魏晋时期，刺史往往十年不换，教化百姓，治理社会，造福一方。当今，刺史之任，短到几个月，长不过一年，就频繁更换。以至于，刺史视赴任为旅途暂歇，心思根本不在所任之职，只是苟且混日子等待再启程赴任他职而已，政绩当然也就无从谈起。他建言，刺史必须满三年以上，才可以迁官；同时，还要考察他在任期间的施政行为，赏

---

① 王溥：《唐会要》卷八一《考上》，上海古籍出版社1991年版，第1782页。
② 王溥：《唐会要》卷六十八《刺史上》，上海古籍出版社1991年版，第1417—1418页。

功罚过，真正弘扬"共治之风"。

景龙中，右御史台中丞卢怀慎上疏论时政得失，指出当时刺史、县令等地方官在任期考课升迁方面存在着问题，曰：

> 臣窃见比来州牧、上佐及两畿县令，下车布政，罕终四考。在任多者一二年，少者三五月，遽即迁除，不论课最。或有历时未改，便倾耳而听，企踵而望，争求冒进，不顾廉耻。亦何暇为陛下宣风布化，求瘼恤人哉！礼义未能兴行，风俗未能齐一，户口所以流散，仓库所以空虚，百姓凋弊，日更滋甚，职为此也。何则？人知吏之不久，则不从其教；吏知迁之不遥，又不尽其力，偷安爵禄，但养资望。陛下虽勤劳之怀，宵衣旰食，然侥幸路启，上下相蒙，共为苟且而已，宁尽至公乎？此国之病也。昔贾谊所谓蹠盭之病，乃小小者耳。此弊久而不革，臣恐为膏肓，虽和、缓不能疗，岂蹠盭而已哉！①

卢怀慎认为，刺史县令任期太短，多不过一两年，少才仅仅三五个月，频繁更换，根本不考虑在任的政绩如何，为害甚多。一方面，百姓知道其不久就会离任，不听从他的教化；另一方面他们自己知道不久就要调离，也不尽力尽责，只谋求一个资历声望，为将来升迁备用。如此一来，刺史县令有其名难有其实，多不作为。这是整个国家的病症所在，后患无穷。

针对刺史、县令任期过短的问题，孙樵在《书褒城驿壁》中有特别形象的记载。他借老农之口说："今朝廷命官，既已轻任刺史、县令，而又促数于更易。且刺史县令，远者三岁一更，近者一二岁再更。故州县之政，苟有不利于民，可以出意革去其甚者，在刺史曰：'明日

---

① 《旧唐书》卷九十八《卢怀慎传》，中华书局1975年版，第3065页。

我即去，何用如此。'在县令亦曰：'明日我将去，何用如此。'当愁醉酗，当饥饱鲜。囊帛椟金，笑与秩终。"孙樵认为，州县长官视其任为驿站，寻机尽快升任，不关心辖区内百姓疾苦，只是以酒肉度日，耽于纸醉金迷，任凭豪强奸吏欺行霸市，横行乡里，而无所作为。久而久之，"如此而欲望生民不困，财力不竭，户口不破，垦田不寡，难哉！"[①]孙樵所言指出了刺史县令以所任为跳板而不致力于政事的为官心态和为官行为，正是百姓生活穷困潦倒、流亡无依的根源。

此外，毕竟刺史、县令人数众多，其中有些人不称职，也是在所难免的。比如，开元三年（717），有人上疏进言，按察使徒然烦扰公私，请求精简刺史、县令，停罢按察使。唐玄宗命尚书省讨论此事。姚崇认为，"今止择十使，犹患未尽得人，况天下三百余州，县多数倍，安得刺史、县令皆称其职乎！"[②]于是，精简刺史、县令之事不再提及。由上可见，影响刺史县令施政理民的"深层次结构"有很多具体表现，但究其实质是官僚群体为追求自身利益最大化而进行的博弈。

四、使"父母官"真正成为"父母官"：若干典型思路

唐代君臣既看到了刺史县令的任用在现实中存在很多复杂的问题，也认识到刺史县令不容忽视的重要政治地位和功能。基于此，官僚们纷纷提出对策建议。

其一，选举要慎重，选举刺史、县令则要慎之又慎，依凭真才实能。

垂拱元年（685），陈子昂上疏，以为："朝廷遣使巡察四方，不可任非其人，及刺史、县令，不可不择。比年百姓疲于军旅，不可不安。"如果选举择人不当，"则黜陟不明，刑罚不中，朋党者进，贞直

[①] 《全唐文》卷七九五《孙樵·书褒城驿壁》，中华书局1983年版，第8336页。
[②] 《资治通鉴》卷二百一十一，中华书局1956年版，第6714页。

者退；徒使百姓修饰道路，送往迎来，无所益也。谚曰：'欲知其人，观其所使。'不可不慎也"。①

朝廷多次下令，强调举荐刺史县令必须坚持才能原则。如大和七年（833）七月，中书门下上奏，强调对各州刺史的擢升必须根据在任的政绩如何，而且判定其政绩不能依据其个人所述，应该专门派官僚予以核实。"如有兴利除害，惠及生民，廉洁奉公，肃清风教者，各具事实，申本道观察使检勘得实，具以事条录奏，不得少为文饰，其荐状仍与观察使判官联署。""如事不可称者，不在荐限。"如果授官之后，访察所知与事实不相吻合，"观察、判官、分巡院官及知州上佐等，并停见任，一二年不得叙用"。②敕旨依奏。贞元四年（788）正月敕文称："户口增加，刺史加阶，县令减选，优与处分。诸色中有清白政术，堪任刺史、县令者，常参官各举所知，朕当亲自策试。"③元和二年（807）正月敕令："江淮大县，每岁据阙，委三省御史台诸司长官、节度观察使。各举堪任县令。不限选数，并许赴集。台司省官及刺史、赤县令有阙，先于县令中拣择，如有能否，与元举人同赏罚。"④

当然，百官举荐亲属为刺史县令，也要遵循才能标准。如开元二十九年（741）正月十五日，朝廷下令百官在自己亲属之中，举荐堪任牧宰之人，为此下制曰："昔祁奚之举祁午，谢安之举谢元，宁限嫌疑，致有拘忌。其内外官有亲伯叔及兄弟子侄中，有材术异能，通闲政治，据资历可任刺史县令者，各以名闻。"⑤

---

① 《资治通鉴》卷二百三，中华书局1956年版，第6436页。
② 王溥：《唐会要》卷六十八《刺史上》，上海古籍出版社1991年版，第1426页。
③ 王溥：《唐会要》卷六十九《县令》，上海古籍出版社1991年版，第1442页。
④ 王溥：《唐会要》卷六十九《县令》，上海古籍出版社1991年版，第1442页。
⑤ 王溥：《唐会要》卷六十八《刺史上》，上海古籍出版社1991年版，第1422页。

其二，从诸司员外郎中选任刺史县令。

卢怀慎的上疏在陈述刺史县令任期过短问题的同时，还提出从诸司员外郎中选任刺史县令的主张。其文曰：

> 臣窃见员外官中，或簪裾雅望，或台阁旧人，或明习宪章，或谙闲政要，皆一时之良干也。多不司案牍，空尸禄俸，滞其才而不申其用，尊其位而不尽其力。周称多士，汉曰得人，岂其然欤？必有异于此矣。臣望请诸司员外官有才能器识、众共闻知，堪为州牧县宰及上佐者，并请迁擢，使宣力四方，申其智效。有老病及不堪理务者，咸从废省，使贤不肖较然殊贯。此济时之切务也，安可谓行之艰哉？①

卢怀慎看到当时员外官中的很多人都是精明能干之人，但是却没有机会施展才能。因此他建议把诸司员外郎中才能器量胆识闻名者，任用为州县长官或佐僚，使其能够真正发挥他们的政治才能，把年龄过大身体有病而不能担任实务的，全部罢免省去。

其三，将任期规定为三年以上，避免因过短而难有作为。

如前文所言，刘知幾主张刺史任期不满三年，不得升迁。卢怀慎也主张："诸州都督、刺史、上佐及两畿县令等，在任未经四考已上，不许迁除。察其课效尤异者，或锡以车裘，或就加禄秩，或降使临问，并玺书慰勉。若公卿有阙，则擢以劝能。其政绩无闻及犯贪暴者，免归田里。以明圣朝赏罚之信，则万方之人，一变于道矣。致此之美，革彼之弊，易于反掌，陛下何惜而不行哉！"②

朝廷先后多次下令，一再重申刺史县令的任期问题。例如，宝应

---

① 《旧唐书》卷九十八《卢怀慎传》，中华书局1975年版，第3066—3067页。
② 《旧唐书》卷九十八《卢怀慎传》，中华书局1975年版，第3065—3067页。

二年（763）七月十一日敕文："自今已后，改转刺史，三年为限，县令四年为限。"贞元元年（785）十一月十一日敕文："自今已后，刺史县令，未经三考，不得改移。"① 唐宪宗时，"宰相李吉甫定考迁之格，诸州刺史……皆五考"②。宝历元年（825）正月七日敕文："刺史、县令，若无犯，非满三年，不得替。如治行尤异，但议就加奖。其有才宜他职，灼然章著者，中书门下，先具事由，及授上年月日，奏听进止。满岁迁代，无阙失者，即与进改。"③ 强调刺史县令的任期不得低于三年，将有利于刺史县令安心地方政事，致力于地方治理。

其四，规定刺史县令的赴任期限，不可故意拖延。

很多官僚都不愿意外任，被任命为刺史后，往往借故拖延滞留，迟迟不到任，有的甚至拖延半年以上才上任，这为地方治理带来不利。唐代君臣认识到这一问题的严重性，一再强调赴任的期限规定。

太和五年（831）五月，御史台奏称，"应诸州刺史谢官后，限发赴任日"。按照以前敕例规定，刺史谢官后，无论路途远近，"皆限十日内发"。其理论依据是："刺史治民之官，分陛下忧，受命之后，固宜速行。"而现实中往往有刺史"或以道途稍遥，私室贫乏，限内不能办集事宜，须假故淹留。虚悬促期，多不遵守"。现在他们提出根据所任距离远近，规定不同的上任期限。具体标准是："应去京一千里内者，限十日；二千里内者，限十五日；三千里内，限二十日；三千里以外者，限二十五日。"具体情况具体对待，使得那些意欲钻空子的官僚无机可乘。如果有故意寻找借口逗留不去上任者，"当时奏闻，量加惩责"。不过，"其贬授刺史，即请准旧例发遣，不依此限"。④ 皇帝敕

---

① 王溥：《唐会要》卷六十九《刺史下·都督刺史已下杂录》，上海古籍出版社1991年版，第1436页。
② 《新唐书》卷四十五《选举制下》，中华书局1975年版，第1177—1178页。
③ 王溥：《唐会要》卷六十八《刺史上》，上海古籍出版社1991年版，第1423—1424页。
④ 王溥：《唐会要》卷六十八《刺史上》，上海古籍出版社1991年版，第1425—1426页。

旨同意采纳这一建议。

会昌四年（844）八月，中书门下奏称，有的刺史在接到任命后达半年之久都没有上任，"或称敕牒不到，或作故滞留。刺史未到前，知州官事，惟务因循，不急于治。百姓受弊，莫不由兹"。这些刺史找出各种借口不去上任，致使基本工作无法正常运转，只是因循而已，最终受害的是百姓。因此建议：

> 自今已后，敕到南省，限两日内牒本道，便令进奏院递去。到本道后，委观察使勾当。去任一千里内，限十日进发；二千里已上，限十五日；三千里已上，限二十日。仍并勒取便进发，不得托以事故，别取他路经过。刺史于先，三十个月为限，向后并望以任后计日。如有前刺史诸道居住，未赴阙廷者，各委观察使，每季具管内有无申台，或忧制及疾废者，并须一一具言。台司待诸处报，都申中书门下。所冀人皆守法，朝免遗才。①

唐武宗准奏。

其五，对刺史县令的治罪当从轻发落。

开元二十四年（736）五月，夷州刺史杨浚犯赃，玄宗诏令杖六十，配流古州。尚书左丞相裴耀卿上疏谏曰：

> 臣以为刺史、县令，与诸吏稍别，人之父母，风化所瞻，一为本部长官，即合终身致敬。决杖者，五刑之末，只施于抶扑徒隶之间，官荫稍高，即免鞭挞。令决杖赎死，诚则已优，解体受笞，事颇为辱。法至于死，天下共之，刑至于辱，或有所耻。况本州刺史，百姓所崇，一朝对其人吏，背脊加杖，屈挫拘执，人或哀怜，

---

① 王溥：《唐会要》卷六十九《刺史下》，上海古籍出版社1991年版，第1431页。

忘其免死之恩，且有伤心之痛，恐非敬官长劝风俗之意。①

裴耀卿认为刺史县令作为地方长官，为民父母，是地方教化的风向标，应该一生受到百姓尊敬，而且杨浚深受百姓爱戴，如果对他用刑过重，将不利于引导百姓尊敬长官敦化风俗。而且，当时正值酷暑炎热，如果杨浚因承受不住杖刑而死，恐怕有悖君主的体恤臣下之情。以前盛夏行杖刑多致死，秋冬以后，方能保全。他主张"凡刺史、县令于本部决杖及夏暑生长之时，所定杖刑，并乞停减。即副陛下好生之德，于死者皆有再生之恩"②。

不过，也有例外，如天宝十一载（752）十二月，敕曰："牧宰字人，所寄尤重。至于禄料，颇亦优丰。自宜饬躬励节，以肃官吏。如闻或犯赃私，深紊纲纪。今后刺史犯赃，宜加例程一等。"③

其六，选官强调担任刺史、县令的经历。

一方面，有刺史县令经历者先补官缺。在唐朝的敕令中经常强调这一点。例如，开元八年（720）六月二十八日敕："自今已后，诸司清望官阙，先于牧守内精择。都督刺史等要人，兼向京官简授。其台郎下除改，亦于上佐、县令中通取。即宜铨择，以副朕怀。"开元十二年（724）六月二十四日敕："自今已后，三省侍郎有缺，先求曾任刺史者。郎官缺，先求曾任县令者。"开元十九年（731）七月十四日敕："岭南及黔府管内诸州并蕃州，检校及摄刺史，皆录奏，待敕到然后准式。其岭南、黔府蕃州等刺史在任，不得辄请宿卫。"④

另一方面，谏议大夫、给事中、中书舍人等担重任之官需有担任刺史、县令的经历，才可被任用。唐宣宗大中元年（847）春正月，大

---

① 《旧唐书》卷九十八《裴耀卿传》，中华书局1975年版，第3082页。
② 《旧唐书》卷九十八《裴耀卿传》，中华书局1975年版，第3082页。
③ 王溥：《唐会要》卷六十八《刺史上》，上海古籍出版社1991年版，第1421页。
④ 王溥：《唐会要》卷六十八《刺史上》，上海古籍出版社1991年版，第1420页。

赦，改元，制条曰："古者郎官出宰，卿相治郡"，都是"重亲人之官，急为政之本"。亲人之官即直接治民的官僚，他们正因为了解百姓艰难困苦，通晓天下利病，所以可以担当皇帝赋予的重任。但是，现在这个传统逐渐被破坏了，我们要重新拾起。"今后谏议大夫、给事中、中书舍人未曾任刺史、县令，或在任有赃累者，宰臣不得拟议。"[①] 可见，古代设官在委以重任时，非常重视其人的基层工作经验。"是否担任过县令、刺史，有没有地方政务实践，逐步成为选拔三省、御史台高级官员的先决条件，即所谓'凡官不历州县者不拟台省'。"[②]

角色决定行为。从政治责任的角度来衡量，中央官员的基本职责在于协助皇帝制定所辖领域内的基本政策，并督促刺史、县令坚决执行，保持对皇帝的绝对忠诚。刺史、县令的主要责任是负责落实相关政策，安民养民。在官民关系中，他们是官僚阶层中的直接亲民者，即所谓"父母官"；在官僚体系内部，他们又是被监督者。他们尽管权势不算显赫，但他们又拥有极大的职权，其治下之人也往往仰其鼻息。对上，他们要听命于君主和上级官吏，对下，他们要负责对民众进行经济管理、政治教化、司法审判、社会管理等，可以说其辖区之内的一切事务无不归其管理。他们在地方的治理如何，直接关乎百姓现实利益，因而也就关乎民心相背和社会安危的大局。孙樵对刺史县令的地位认识非常到位，他说："与天子共治天下者，刺史、县令而已。以其耳目接于民，而政令速于行也。"[③] "与天子共治天下"无疑是对刺史县令地位和重要性的高度概括和深刻提炼。

[①] 《旧唐书》卷十八下《宣宗本纪》，中华书局1975年版，第616—617页。
[②] 吴宗国主编：《盛唐政治制度研究》，上海辞书出版社2003年版，绪论，第6页。
[③] 《全唐文》卷七九五《孙樵·书褒城驿壁》，中华书局1983年版，第8336页。

第二节　良吏施政的理念解读：以《旧唐书·良吏传》为例

吏治分为制度和操作两个层面。制度规定是"静态的"，各级官员的政治操作是"动态的"，只有通过对"动态的"政治实践进行考察，才能更准确深入地把握政治思想的现实面貌。基于此，我们以《旧唐书·良吏传》为例，通过对这些良吏的执政实践和典型事迹的分析，借以从中透视他们的执政思想和为官理念。需要指出的是，终唐一代，政绩显著的刺史、县令绝不仅限于《旧唐书·良吏传》所载，其他很多人因为官历多职而另外立传，如张说曾任相州、岳州等刺史，李德裕曾任滁州刺史，白居易曾先后担任多处刺史。可以说，围绕刺史县令的行政实践为题，探讨其政治思想，是一个非常有意义的课题，本节只是进行一个初步尝试。

在思想史研究方法的创新上，张荣明教授提出，"思想范畴史研究采用归纳的方法，对既定的对象资料作全面的研读和逻辑分析，然后得出结论"[①]。接下来，笔者将《旧唐书·良吏传》所载良吏就其入仕途径、主要任职经历、施政特点以及朝野评价等进行归纳列表。然后，从中分析为官的价值取向和责任担当。毕竟，史书所载乃其典型政绩，代表着当时社会的主流认知和评价标准。

表 7.1 《旧唐书·良吏传》概览

姓名	入仕方式	主要任职	施政特点	朝野评价
韦仁寿	归附授官	南宁州都督	镇抚南宁，"承制置八州十七县，授其豪帅为牧宰，法令清肃，人怀欢悦"	

[①] 张荣明：《范畴史：中国思想史方法的探索》，载刘泽华、张分田主编：《思想的门径——中国政治思想史研究方法论》，天津古籍出版社 2006 年版，第 126 页。

续表

姓　名	入仕方式	主要任职	施政特点	朝野评价
陈君宾	归附授官	武德初，邢州刺史；贞观元年，邓州刺史	赈灾安抚百姓	唐太宗下诏肯定其与君分忧
张允济		大业年间，武阳县令；贞观初，幽州刺史	"以德教训下"	"百姓怀之"
李桐客		贞观初，通州、巴州刺史	"所在清平流誉"	"百姓呼为慈父"
李素立		武德年间，监察御史；贞观年间，瀚海都护，转绵州刺史；永徽初，蒲州刺史	为官依法而行、不取百姓财物	"特为废朝一日，谥曰平"
薛大鼎		贞观、永徽之际，沧州刺史	修治无棣渠，造福百姓	"美哉薛公德滂被""铛脚刺史"
贾敦颐		贞观年间，沧州刺史、瀛洲刺史；永徽五年，洛州刺史	"在职清洁"，修复堤堰、避免水患	百姓为他们兄弟二人立"棠棣碑"
贾敦实（附）		贞观中为饶阳令；咸亨元年，转洛州长史	"政化清静，老幼怀之"	
李君球		高宗时，兴州刺史、扬州大都督府长史	"政尚严肃，人吏惮之，盗贼屏迹"	"高宗频降书劳勉"
崔知温		兰州刺史	智演空城计卫民；不赶尽杀绝，善待败军降卒；不谋私利	
高智周	进士	费县县令、寿州刺史	"政存宽惠、百姓安之"、重视教育	"人吏刊石以颂之"
田仁会	制举	永徽二年，授平州刺史，期满任郢州刺史	"劝学务农，称为善政"、曝身为百姓求雨	百姓歌曰："但愿常在不患贫"
韦机		显庆中，檀州刺史	"敦劝生徒，创立孔子庙，图七十二子及自古贤达，皆为之赞述"	高宗以之为能，拜司农少卿
权怀恩	门荫	高宗时，任万年令；后历庆、莱、卫、邢四州刺史，洛州长史，宋州刺史	"为政清肃，令行禁止"；"所历皆以威名御下，人吏重足而立"	
冯元常	明经	武则天时，贬任陇州刺史，改眉州刺史，又转广州都督	"清鉴有理识"，虽有政绩，但不得赏识	为酷吏周兴所构陷，下狱而死

续表

姓　名	入仕方式	主要任职	施政特点	朝野评价
蒋俨	荐举	高宗时，会州刺史、蒲州刺史	"令行禁止"	称为良牧
王方翼		永徽中，安定令；五迁肃州刺史	抵御贼寇、赈灾救济	州人为立碑颂美
薛季昶		则天初，监察御史；定州刺史、雍州长史；魏、陕二州刺史；长安末，为洛州长史	恩威并用，严格治吏，旌表孝行，"所在皆以严肃为政"	
裴怀古		长寿中，累转监察御史；桂州都督；复历相州刺史、并州大都督府长史；神龙中，并州长史	"慎守平典""宁守忠以就死，不毁节以求生""忠信"	"吏人闻怀古还，老幼相携，郊野欢迎"
张知謇	明经	天授后历任房、和、舒、延、德、定、稷、晋、洺、宣、贝十一州刺史	"清介自守""性亮直""所莅有威严，人不敢犯"	
杨元琰		初为平棘令；历蕲、蒲、晋、魏、宣、许六州刺史，凉、梁二都督，荆府长史	"号为善政""九度清白升进"	累降玺书褒美
倪若水		开元初，历迁中书舍人、尚书右丞，出为汴州刺史	"政尚清静，人吏安之"；"增修孔子庙堂及州县学舍，劝励生徒，儒教甚盛"；以民为本、上疏直言	赐物四十段，拜户部侍郎
李浚		睿宗时，麟州刺史；开元初，润州刺史、江东按察使，虢、潞二州刺史，益州长史、剑南节度使，摄御史大夫	"所历皆以诚信待物，称为良吏"	谥曰"成"
阳峤	应八科举	尚书右丞、魏州刺史、兖州都督、荆州长史，本道按察使	"奏修先圣庙及讲堂""所在以清白闻""友悌"	谥曰"敬"
宋庆礼	明经	卫县尉，开元中，贝州刺史御史中丞，兼检校营州都督	在营州开屯田、招辑商胡，立店肆，使仓廪实，百姓殷；"为政清严，而勤于听理，所历之处，人吏不敢犯。然好兴功役，多所改更"	赠工部尚书，先谥曰"专"，又改谥曰"敬"

续表

姓 名	入仕方式	主要任职	施政特点	朝野评价
姜师度	明经	神龙初，易州刺史、兼御史中丞，为河北道监察兼支度营田使；开元初，陕州刺史	"勤于为政，又有巧思，颇知沟洫之利""州西太原仓控两京水陆二运，常自车载米至于河际，然后登舟。师度遂凿地道，自上注之，便至水次，所省万计"	时称："姜师度一心穿地"
强循		大理卿	"以吏干知名"	
潘好礼	明经	上蔡令、监察御史；开元三年，邠王府长史；豫州刺史	"为政孜孜，而繁于细事，人吏虽惮其清严，亦厌其苛察"	"好礼常自以直道，不附于人……议者亦嫌其邀名"
杨茂谦	制举	左拾遗、临洺令	"有政理之声""以清白闻"	"擢为秘书郎"
杨玚		麟游令、殿中侍御史	"所论为人冤抑，不知计位高卑"	谥曰"贞"
崔隐甫		开元初，迁洛阳令；华州刺史、太原尹、河南尹	"理有威名""在职强正,无所回避"	"人吏刊石颂其美政"
李尚隐	明经	下邽主簿、为左台监察御史；伊阙令、定州司马、京兆尹、蒲、华二州刺史	"性率刚直，言无所隐，处事明断。其御下，豁如也。又详练故事，近年制敕，皆暗记之"	"所在称为良吏"
吕諲	进士	天宝初，宁陵尉；虞部员外郎、侍御史、同中书门下平章事；袁州长史	"性谨守，勤于吏职"，在地方"以善政闻"，"理江陵三年，号为良守"	江陵将吏为之立祠宇
萧定	门荫	陕州参军、金城丞，秘书少监、兼袁州刺史，历信、湖、宋、睦、润五州刺史	"以吏事清干闻""所莅有政声""勤农桑，均赋税，逋亡归复，户口增加"	牧守课绩，排名第一
蒋沇	孝廉授官	洛阳尉、监察御史；乾元后，授陆浑、鄠屋、咸阳、高陵四县令	"处事平允，剖断精当""竭心绥抚，所至安辑""清而严干""廉洁守道"	"以干局吏事擅能名于天宝中"
薛珏	门荫	懿德太子庙令、渭南尉、昭德令、楚州刺史、硖州刺史、陈州刺史、汴州刺史	"奏课第一""以清名尤异闻""求良吏不可兼责以文学，宜以圣君爱人之本为心"	"县人请立碑纪政，珏固让不受"

续表

姓　名	入仕方式	主要任职	施政特点	朝野评价
李惠登	归顺授官	贞元初，隋州刺史、兼御史中丞	面对随州残破，"率心为政，皆与理顺"，兴利除弊，"二十年间，田畴辟，户口加"	"诸州奏吏入其境，无不歌谣其能"
任迪简	进士	天德军使李景略判官、丰州刺史、天德军使、汝州刺史、行军司马	"性重厚"；与将士同甘共苦，"以粝食与士同之，身居戟门下凡周月"	"军吏感之"
范传正	进士，又博学宏辞及书判	歙州刺史、湖州刺史	"历三郡，以政事修理闻""颇содет奢侈，厚心财货问遗权贵，视公蓄如私藏"	"宪宗闻其里第过侈，薄之"
袁滋	荐举	校书郎；尚书右丞，知吏部选事；华州刺史、兼御史中丞、潼关防御使、镇国军使	"以宽易清简为政""以慈惠为本，人甚爱之。然百姓有过犯者，皆纵而不理。擒盗辄舍，或以物偿之"	
薛苹	以吏事进	长安令、虢州刺史、湖南观察使、浙江东道观察使、浙江西道观察使	"廉风俗，守法度，人甚安之""理身俭薄"	
阎济美	进士	自婺州刺史为福建观察使，复为润州刺史、浙西观察使	"累历台省，有长者之誉""以简淡为理"	

注：列表所统计的良吏包括《旧唐书·良吏传》正传所涉及的良吏41位以及附传所涉及的良吏一位即贾敦实，共计42位，排名以《旧唐书·良吏传》所列先后为序。

一、"以民为本"：良吏施政的核心理念

《旧唐书·良吏传》所载42位良吏，其入仕方式是多样的，既有进士、明经、制举等科举取士，又有门荫授官，还有荐举为官，等等。通过他们为官的具体行为，我们可以发现，"以民为本"是良吏施政的核心理念。

所谓"良吏"，简言之，即忠心事君、为国抚民的好官。王充《论衡·程材》曰："称良吏曰忠，忠之所以为效，非簿书也。""良吏"亦

称"循吏",《史记·循吏列传》索隐:"案:谓本法循理之吏也。"《汉书·循吏传》师古注:"循,顺也,上顺公法,下顺人情也。"《新唐书》即作《循吏传》,其中所涉及的人物除少数几人外,其他都与《旧唐书·良吏传》所述相同。

良吏是治国理民的行动者,他们的所作所为往往是天下风尚所向,体现了设官的基本原理和为官的基本原则和技巧。从《旧唐书·良吏传》所载42位良吏的典型事迹来看,其行为绝大多数与百姓生活息息相关,涉及经济生产、文化教育、社会管理等方方面面。可见,"以民为本"是他们施政的核心理念。归纳起来,他们的治民方略主要体现为如下几个方面:

其一,劝课农桑,发展生产。"民以食为天""国以民为本",重农是历代王朝的一贯政策,良吏往往积极落实之。如田仁会于永徽二年,任平州刺史,"劝学务农,称为善政"[1]。他到任后,大力提倡发展农桑,兴办学校,发展文化,史称其政绩显著。任满改任郢州刺史,适逢天旱,田仁会便曝身于烈日之下祈祷苍天,希望天降甘霖。结果,巧遇降雨,郢州当年庄稼丰收。

开元五年(717),奚、契丹等归附,唐玄宗意图恢复营州等旧城,侍中宋璟反对,只有宋庆礼大为赞同。于是,玄宗诏令宋庆礼及太子詹事姜师度、左骁卫将军邵宏等人充使,在柳城重筑营州城。不久又任宋庆礼为御史中丞、兼检校营州都督。宋果然不负所望,"开屯田八十余所,追拔幽州及渔阳、淄青等户,并招辑商胡,为立店肆。数年间,营州仓廪颇实,居人渐殷"[2]。

贞元初年,原李希烈部下隋州守卫李惠登举州归顺,被授以隋州刺史、兼御史中丞。隋州由于遭战乱之苦,残破不堪,"野旷无人"。

---

[1] 《旧唐书》卷一百八十五上《良吏传上》,中华书局1975年版,第4793页。
[2] 《旧唐书》卷一百八十五下《良吏传下》,中华书局1975年版,第4814页。

李惠登"朴素不知学,居官无拔萃,率心为政,皆与理顺。利人者因行之,病人者因去之,二十年间,田畴辟,户口加。诸州奏吏入其境,无不歌谣其能"①。

其二,赈灾救济,安抚流亡。如陈君宾赈灾安抚百姓。陈君宾,曾在武德初年任邢州刺史,贞观元年转任邓州刺史。当时正值"州邑丧乱之后,百姓流离",陈君宾上任不久,一方面招抚流亡,很快百姓"皆来复业"。另一方面,躬身稼穑。第二年,天下各州都遭遇霜涝灾害,只有陈君宾所辖免受灾害之苦,"当年多有储积,蒲、虞等州户口,尽入其境逐食"②。

危机时刻是挑战官员政治智慧的关键时刻,身为地方长官,若能化险为夷、安定百姓,既能荣膺朝廷嘉奖,也会获得百姓爱戴。崔知温就是这方面的典型。他的事迹可以概括为四点:(1)迁徙安民。崔知温任灵州都督府司马时,州界上有吐谷浑、斛薛部落一万多帐幕的人马,屡次侵扰掳掠当地的居民,致使百姓只好废弃农业,练习骑射来防备侵犯。为此,崔知温上书迁徙灵州受侵扰的百姓到黄河以北。前后共计上书十五次,皇上终于采纳了他的意见,于是当地百姓才得以安心从事耕种收获。(2)智演空城计卫民。崔知温第四次迁官任兰州刺史,碰上党项族三万多人来侵犯州城,城内精壮士兵较少,众人十分害怕,不知如何是好。崔知温让人打开城门以迎贼寇,贼兵恐怕有埋伏,不敢贸然进城。不久权善才将军率领大军前来救援,大败党项贼兵。(3)不赶尽杀绝,善待败军降卒。对降兵,权善才想全部坑杀绝后患,崔知温不同意,他认为,不进击已溃逃的军队,这是古人善战的举动。杀戮到没有活人留存,那祸害将延及子孙后代。加上这儿溪谷深邃高峻,草木幽深繁茂,万一发生变故,将后悔莫及!(4)

---

① 《旧唐书》卷一百八十五下《良吏传下》,中华书局1975年版,第4828页。
② 《旧唐书》卷一百八十五上《良吏传上》,中华书局1975年版,第4783页。

从公事出发论安危，不图谋私利。将军权善才想分出五百名投降的人给知温，知温说道："向论安危之策，乃公事也，岂图私利哉！"[①]坚决推辞不接受。党项人被打散的剩余兵士因此都来投降归附知温。崔知温累迁尚书左丞，转黄门侍郎、同中书门下三品，兼修国史。永隆二年（681）七月，迁中书令。

再如王方翼，"永徽中累授安定令。诛大姓皇甫氏，盗贼止息，号为善政。五迁肃州刺史。时州城荒毁，又无壕堑，数为寇贼所乘。方翼发卒浚筑，引多乐水环城为壕。又出私财造水碾硙，税其利以养饥馁，宅侧起舍十余行以居之。属蝗俭，诸州贫人死于道路，而肃州全活者甚众，州人为立碑颂美"[②]。

其三，除水害、兴水利。农业社会，水利建设既事关百姓生命安危，也事关百姓财产安危，是经济发展的重要保障。魏特夫《东方专制主义》一书认为，东方国家往往起源于居住于大河流域的农业民族，灌溉是其生命线，需要组织和强力的控制，所以，东方国家往往是专制主义的。因此，治水成为州县官的重要职责之一。如贞观、永徽之际，薛大鼎任沧州刺史，他致力于修治无棣渠，造福百姓，使东海的鱼盐之利得以转输沧州境内及其他地区。如此一来，大大繁荣了沧州地区的经济，富裕了人民的生活；同时还便利了沧州地区的交通，沧州地区很快展现了新的面貌。此外，"大鼎又以州界卑下，遂决长芦及漳、衡等三河，分泄夏潦，境内无复水害"。当时与瀛州刺史贾敦颐、曹州刺史郑德本，俱有美政，河北称颂为"铛脚刺史"。[③]再如，贞观二十三年（649），贾敦颐任瀛洲刺史，"州界溥沱河及滱水，每岁泛溢，漂流居人"，贾敦颐修复堤堰，从此不再有水患。[④]

[①]《旧唐书》卷一百八十五上《良吏传上》，中华书局1975年版，第4791页。
[②]《旧唐书》卷一百八十五上《良吏传上》，中华书局1975年版，第4802页。
[③]《旧唐书》卷一百八十五上《良吏传上》，中华书局1975年版，第4788页。
[④]《旧唐书》卷一百八十五上《良吏传上》，中华书局1975年版，第4788页。

尤其善于兴修水利的州县官当属姜师度，史称他"勤于为政，又有巧思，颇知沟洫之利"。神龙初，姜师度迁易州刺史、兼御史中丞，为河北道监察兼支度营田使。"始于蓟门之北，涨水为沟，以备奚、契丹之寇。又约魏武旧渠，傍海穿漕，号为平虏渠，以避海艰，粮运者至今利焉"。开元初，姜迁任陕州刺史。当时，太原仓控制着长安、洛阳两都城的粮食运输，有水运和陆运两条线路，"常自仓车载米至河际，然后登舟"。姜师度"遂凿地道，自上注之，便至水次，所省万计"。

开元六年（718），姜师度任河中尹，"安邑盐池渐涸，师度发卒开拓，疏决水道，置为盐屯，公私大收其利"。他迁任同州刺史后，"又于朝邑、河西二县界，就古通灵陂，择地引洛水及堰黄河灌之，以种稻田，凡二千余顷，内置屯十余所，收获万计"。朝廷也因此赐他金紫光禄大夫。终其一生，姜师度非常好用沟洫之利，所任之处，必会发动群众穿凿引水，虽然也有不利之处，但大多还是成功的。同时代的太史令傅孝忠善于占卜星象，于是，社会传曰："傅孝忠两眼看天，姜师度一心穿地。"①

其四，重视发展教育。辅助天子通过教育来教化百姓，将官方所推崇的政治价值和道德理念贯彻落实到社会之中，是每一个臣子的分内之事，也是皇帝考核其功绩，决定其升迁的重要依据之一。典型的如高智周任寿州刺史时，"政存宽惠，百姓安之。每行部，必先召学官。见诸生，试其讲诵，访以经义及时政得失，然后问及垦田狱讼之事"②。后来高智周升任黄门侍郎、同中书门下三品，兼修国史。

传播儒学敦行教化是韦机为官的突出表现。显庆中，韦机为檀州刺史。当时，边州素无学校，韦机"敦劝生徒，创立孔子庙，图七十二子及自古贤达，皆为之赞述"。后来，契苾何力征讨高丽，大军

---

① 《旧唐书》卷一百八十五下《良吏传下》，中华书局1975年版，第4816—4817页。
② 《旧唐书》卷一百八十五上《良吏传上》，中华书局1975年版，第4792页。

行至檀州,适逢滦河涨潮,大军无法前行,韦机"供其资粮,数日不乏"。①唐高宗以之为能,拜司农少卿,兼知东都营田,甚见委遇。

此外,汴州刺史倪若水,当任之后,"增修孔子庙堂及州县学舍,劝励生徒,儒教甚盛,河、汴间称咏不已"②。阳峤在学司,"奏修先圣庙及讲堂,因建碑前庭,以纪崇儒之事","时人以为称职"。③

其五,德化百姓,公正执法。张允济,隋大业年间任武阳县令,"以德教训下,百姓怀之"。其人善于断案,最为典型的一个故事是"蒙面讨牛"。当时,与武阳县相邻的元武县有一起民事纠纷,有一人以牸牛养在妻子娘家八九年,等到想要回来时,妻子娘家不给硬说牛是自家的,双方对簿公堂,县司久久不能裁决。这个人慕名到武阳县求张允济公断,张允济巧施一计。"遂令左右缚牛主,以衫蒙其头,将诣妻家村中,云捕盗牛贼,召村中牛悉集,各问所从来处。妻家不知其故,恐被连及,指其所诉牛曰:'此是女婿家牛也,非我所知。'允济遂发蒙,谓妻家人曰:'此即女婿,可以牛归之。'妻家叩头服罪。元武县司闻之,皆大惭。"④其在任期间,武阳县境内,路不拾遗。铨选考核时,他因政绩特别优秀,而迁任高阳郡丞。当时高阳郡缺太守,他独自统管郡中事务,官吏百姓对他是既畏惧又悦服。后来,王须拔进攻高阳,粮食缺乏,属吏以槐树叶藁草秆充饥,也没有背叛的。贞观初年,张允济迁任刑部侍郎,封武城县男,后又出任幽州刺史。

再如,薛苹,"少以吏事进,累官至长安令,拜虢州刺史",因考课优异而擢升为湖南观察使,又迁浙江东道观察使,以理行迁浙江西

---

① 《旧唐书》卷一百八十五上《良吏传上》,中华书局 1975 年版,第 4795 页。
② 《旧唐书》卷一百八十五下《良吏传下》,中华书局 1975 年版,第 4811 页。
③ 《旧唐书》卷一百八十五下《良吏传下》,中华书局 1975 年版,第 4813 页。
④ 《旧唐书》卷一百八十五上《良吏传上》,中华书局 1975 年版,第 4784 页。

道观察使。他为官的典型风格就是"廉风俗，守法度，人甚安之"①。

其六，上疏直言，为民请命。作为地方官，较之君主和中央官，更了解民意，体察民情。因此，在很多时候，一些良吏，敢于直言谏阻君主的一些扰民之策，为民请命。兹举几例。

龙朔三年（663），唐高宗将要征伐高丽，李君球上疏谏阻，认为讨伐高丽是"疲中国之人，倾府库之实，使男子不得耕耘，女子不得蚕织"！君主为人父母，应该怀恻隐之心，不贪无用之地。如果高丽被灭亡，不得不发兵镇守，少发则兵威不足，多发则人心不安，"是乃疲于转戍，万姓无聊生也"。"万姓无聊，即天下败矣！天下既败，陛下何以自安？"因此，"征之不如不征，灭之不如不灭"。②可惜，高宗未予采纳。

李素立为监察御史时，谏阻唐高祖不可背离法制而滥杀。时有犯法不至死者，高祖特命杀之，素立谏曰："三尺之法，与天下共之，法一动摇，则人无所措手足。陛下甫创鸿业，遐荒尚阻，奈何辇毂之下，便弃刑书？臣忝法司，不敢奉旨。"唐高祖听从他的谏议，"自是屡承恩顾"。③

唐中宗时，韦庶人上表请以年龄二十二岁为丁男限。后来韦氏败，省司举征租调。时任麟游令的杨玚曰："韦庶人临朝当国，制书非一，或进阶卿士，或赦宥罪人，何独于已役中男，重征丁课，恐非保人之术。"④省司遂依玚所执，一切免之。杨玚因此闻名天下，擢拜殿中侍御史。

开元四年（716），唐玄宗命宦官往江南捕捉奇禽异鸟。当捕鸟使者路经汴州（今河南开封县）时，倪若水得知，遂上表谏阻，曰："方今九夏时忙，三农作苦，田夫拥耒，蚕妇持桑。而以此时采捕奇禽异

---

① 《旧唐书》卷一百八十五下《良吏传下》，中华书局1975年版，第4832页。
② 《旧唐书》卷一百八十五上《良吏传上》，中华书局1975年版，第4790页。
③ 《旧唐书》卷一百八十五上《良吏传上》，中华书局1975年版，第4786页。
④ 《旧唐书》卷一百八十五下《良吏传下》，中华书局1975年版，第4819页。

鸟，供园池之玩，远自江、岭，达于京师，水备舟船，陆倦担负，饭之以鱼肉，间之以稻粱。道路观者，岂不以陛下贱人贵鸟也！"[1]唐玄宗采纳其言。

二、治吏的典型特点："政尚严肃""令行禁止"

州县官作为地方一级长官，不仅要"养民"，还要"治吏"，即加强对官僚队伍的管理。吏为"官民交接之枢纽"，与官任的流动性、轮代制相比，吏任具有常任性、封建性、世袭性等特点。"对官民交接枢纽之地的控制好坏与否，直接关系到官僚体制的运行及社会的稳定。"[2]因此，如何管理约束好其所辖吏员僚属，是刺史县令的重要职责。因严格治吏而跻身于《良吏传》的刺史县令主要有以下几位：

其一，李君球尚"严肃"。唐高宗时，李君球先后任兴州刺史、扬州大都督府长史等，"政尚严肃，人吏惮之，盗贼屏迹，高宗频降书劳勉"[3]。

其二，权怀恩"为政清肃"，"以威名御下"。"权怀恩初以荫授太子洗马。咸亨初，累转尚乘奉御，袭爵卢国公。时有奉乘安毕罗善于调马，甚为高宗所宠。怀恩奏事，恰逢毕罗在帝左右嬉戏无礼，权怀恩退而杖之四十。高宗知而嗟赏之，谓侍臣曰：'怀恩乃能不避强御，真良吏也。'即日拜万年令。""为政清肃，令行禁止，前后京县令无及之者。后历庆、莱、卫、邢四州刺史，洛州长史。""所历皆以威名御下，人吏重足而立。""俄出为宋州刺史。时汴州刺史杨德干亦以严肃与怀恩齐名。至是怀恩路由汴州，德干送之出郊，怀恩见新桥中途

---

[1]《旧唐书》卷一百八十五下《良吏传下》，中华书局1975年版，第4812页。
[2] 参见宁欣：《"官民交接之枢纽"——以吏为中心的考察》，载《唐史识见录》，商务印书馆2009年版，第138—149页。
[3]《旧唐书》卷一百八十五上《良吏传上》，中华书局1975年版，第4790页。

立木以禁车过者，谓德干曰：'一言处分岂不得，何用此为？'德干大惭，时议以为不如怀恩也。"①

其三，蒋俨"令行禁止"。蒋俨"以善政为巡察使刘祥道所荐，擢为会州刺史。再迁殿中少监，数陈意见，高宗每优纳之。再转蒲州刺史。蒲州户口殷剧，前后刺史，多不称职。俨下车未几，令行禁止，称为良牧"②。

其四，薛季昶恩威并用，严格治吏。则天初，薛季昶拜监察御史。"频按制狱称旨，累迁御史中丞。"万岁通天元年（696），夏官郎中侯味虚率兵讨伐契丹不利，奏言："贼徒炽盛，常有蛇虎导其军"。武则天任薛季昶为河北道按察使，按验其状。薛季昶"先驰至军，斩味虚以闻"。另外，藁城尉吴泽，"贪虐纵横，尝射杀驿使，截百姓子女发以为髢，州将不能制，甚为人吏所患"。薛季昶又杖杀之。"由是威震远近，州县望风慑惧。然后布以恩信，旌扬善吏。"季昶上奏汴州孝女李氏之孝行，"有制特表门闾，赐以粟帛"。"久视元年，季昶自定州刺史入为雍州长史，威名甚著，前后京尹，无及之者。俄迁文昌左丞，历魏、陕二州刺史。长安末，为洛州长史，所在皆以严肃为政。"③

其五，宋庆礼"为政清严，而勤于听理，所历之处，人吏不敢犯"。"然好兴功役，多所改更。尝于边险置阱立枪，以邀贼路，议者颇嗤其不切事也。七年卒，赠工部尚书。"④

其六，潘好礼"清严"。豫州刺史潘好礼，"为政孜孜，而繁于细事，人吏虽惮其清严，亦厌其苛察"。其子请归乡预明经举，好礼谓曰："国法须平，汝若经业未精，则不可妄求也。"乃亲自测试其子水平。其子经义未通，潘好礼大怒，召集州僚"笞而枷之，立于州门以

---

① 《旧唐书》卷一百八十五上《良吏传上》，中华书局1975年版，第4798页。
② 《旧唐书》卷一百八十五上《良吏传上》，中华书局1975年版，第4801页。
③ 《旧唐书》卷一百八十五上《良吏传上》，中华书局1975年版，第4804页。
④ 《旧唐书》卷一百八十五上《良吏传上》，中华书局1975年版，第4815页。

徇于众"。终其一生，潘好礼正直行事，不依附任何人，衣食俭朴，形骸土木，"议者亦嫌其邀名"。①

当然，需要指出的是，"严肃"并非是仅仅局限于治吏，对待百姓也同样适用。君威臣惧，官威民惧。恩威需要并用，刚柔需要相济。官僚往往运用亲民和威民两手，使民敬其德而遵其制，畏其威而慎言行。

三、"清"是良吏的典型政治品格

以"清"来概括官吏的道德品格和政治规范，源远流长。久而久之，清官事迹广为传颂，清官甚至演化为一种浓郁的社会情结，典型的如后世的包拯、海瑞。那么，"清"究竟为何意？"清"在唐朝的时代内涵又是什么？

"清"，指水的澄澈，与"浊"相对。《说文·水部》："清，澂水之貌。从水，青声。"主要含义有：（1）清洁、纯洁。《论语·公冶长》曰："子曰清矣。"皇侃疏："清，清洁也。"《史记·孔子世家》："行中清。"裴骃《集解》引马融曰："清，纯洁也。"（2）无垢秽。《楚辞·九辩》曰："天高而气清。"朱熹集注："清，无垢秽也。"《释名·释言语》："清，青也，去浊远秽，色如青也。"（3）清静。《后汉书·张衡传》："号冯夷俾清津兮。"李贤注："清，静也。"《礼记·孔子闲居》："清明在躬。"孔颖达疏："清，谓清静。"（4）清明。《诗经·周颂·维清》："维清缉熙。"朱熹集传："清，清明也。"（5）"清白"，即贞正。

接下来，我们通过统计"清"在《旧唐书·良吏传》中的具体特征和出现的频次即分布样态来解读唐代对"清"的基本认识。

---

① 《旧唐书》卷一百八十五上《良吏传上》，中华书局 1975 年版，第 4818 页。

表 7.2 "清"在《旧唐书·良吏传》中出现的次数统计表

	总出现数	具体特征	频数	典型官员
清	19	清肃	2	韦仁寿、权怀恩
		清平	1	李桐客
		清洁	1	贾敦颐
		清静	2	贾敦实、倪若水
		清鉴	1	冯元常
		清介	1	张知謇
		清白	3	杨元琰、阳峤、杨茂谦
		清严	2	宋庆礼、潘好礼
		清干	1	萧定
		清而严干	1	蒋沇
		清政	1	蒋沇
		清名	1	薛珏
		廉清	1	薛珏
		清简	1	袁滋

注：具体特征是根据该词在《旧唐书·良吏传》出现的先后排序。

由上表可知，"清"在《旧唐书·良吏传》中共计出现19次，表现为14个具体特征，涉及良吏17人。可以看出，"清"是绝大多数良吏的政治品格，具体而言，"清"的主要内涵可以概括为以下几个方面。

（一）清自身：不谋私、不贪腐、洁身自好、享誉民间

主要有"清洁""清白""清介""清名""廉清"等词汇。如沧州刺史贾敦颐，"在职清洁"，出行简朴，"每入朝，尽室而行，唯弊车一乘，羸马数匹；羁勒有阙，以绳为之，见者不知其刺史也"①。

杨元琰初为平棘令，"号为善政"。武则天载初年，累迁安南副都

---

① 《旧唐书》卷一百八十五上《良吏传上》，中华书局1975年版，第4788页。

护，又历蕲、蒲、晋、魏、宣、许六州刺史，凉、梁二都督，荆府长史。前后"九度清白升进"①，朝廷多次下玺书褒扬其美德。

唐睿宗时，阳峤历任魏州刺史、兖州都督、荆州长史、本道按察使等职，"所在以清白闻"②。

杨茂谦制举得中后，拜左拾遗，出为临洺令。当时在洺州辖内，杨茂谦与清漳令冯元淑、肥乡令韦景骏"皆有政理之声"。杨茂谦"以清白闻"③，擢升为秘书郎。当时窦怀贞为相，屡次向皇帝举荐他，他得以迁任大理正、御史中丞等职。

张知謇，幼年励志读书，以明经擢第，"仪质瑰伟，眉目疏朗，晓于玄理，清介自守，故当时名公争引荐之，递历畿赤"④。天授后，张知謇先后历任房、和、舒、延、德、定、稷、晋、洺、宣、贝等十一州刺史，非常威严，百姓不敢触犯法令。

（二）与民休息、爱惜民力

主要有"清静""清平""清简"等词汇。贾敦实和倪若水都是"清静"不扰民的典型。贾敦实，贞观中为饶阳令，"政化清静，老幼怀之"。咸亨元年（670），累转洛州长史，甚有惠政。当时的洛阳令杨德干杖杀吏员，以立威名，贾敦实曰："政在养人，义须存抚，伤生过多，虽能亦不足贵也。"他经常抑止杨德干滥杀，杨德干有所收敛。⑤

尤为值得提及的是"慈父刺史"李桐客仅凭"清"而位良吏之列。贞观初年，李桐客先后任通州、巴州刺史，"所在清平流誉，百姓呼为慈父"⑥。

---

① 《旧唐书》卷一百八十五下《良吏传下》，中华书局1975年版，第4810页。
② 《旧唐书》卷一百八十五下《良吏传下》，中华书局1975年版，第4813页。
③ 《旧唐书》卷一百八十五下《良吏传下》，中华书局1975年版，第4819页。
④ 《旧唐书》卷一百八十五下《良吏传下》，中华书局1975年版，第4809页。
⑤ 《旧唐书》卷一百八十五上《良吏传上》，中华书局1975年版，第4788—4789页。
⑥ 《旧唐书》卷一百八十五上《良吏传上》，中华书局1975年版，第4785页。

华州刺史袁滋,"以宽易清简为政",凡是流亡到其所辖境内的百姓,都可以获得一块土地以建造房屋居住,"名其居曰义合里"。施政"专以慈惠为本",甚受百姓爱戴。百姓犯有过错,都放纵而不理会。擒获盗贼也都释放,或者以物品偿之。后来,袁滋征拜金吾卫大将军,赴任之际,百姓恋恋不舍,"耆耋鳏寡遮道不得进"。杨于陵接任华州,对百姓宣布:"于陵不敢易袁公之政。"①

无论是在百官的执政实践还是在君臣的朝堂议政中,"静"都是尤为突出的一个词语,这体现了唐朝君臣强调无为而治,主张清静自化。据《贞观政要》《旧唐书·后妃传》记载,唐太宗君臣主张"为政之本,贵在无为"。他们把君主无为奉为最高的德治典范。落实到治民方略上,就是"静"。静的关键是"君能清静""俭以息民",即君主顺应自然规律,节制个人欲望,尽量减少对生产的干扰和对民众的赋敛。唐太宗行清静之化,推行与民休息的政策,实现了"贞观之治"。唐玄宗即位之后,也实现简政轻刑,与民休息的政策,赢来开元盛世。

(三)明察善断、严刑峻法、强悍能干

主要有"清肃""清严""清干""清而严干"等词汇。如前所述,权怀恩、宋庆礼、潘好礼、蒋沇等人,严肃治吏、令行禁止,都是这方面的典型,兹不赘述,下面仅举一例。唐高祖以韦仁寿"素有能名",令检校南宁州都督,镇抚南宁。韦仁寿不负所望,"承制置八州十七县,授其豪帅为牧宰,法令清肃,人怀欢悦"。将要功成还朝之时,酋长号泣曰:"天子遣公镇抚南宁,何得便去?"韦仁寿"以城池未立为辞",各位酋长于是一起合作修筑城池,很快就竣工了。韦仁寿又曰:"吾奉诏但令巡抚,不敢擅住。"② 及将归,南宁地区的父老乡亲

---

① 《旧唐书》卷一百八十五下《良吏传下》,中华书局1975年版,第4831页。
② 《旧唐书》卷一百八十五上《良吏传上》,中华书局1975年版,第4782—4783页。

各挥泪相送。并派遣他们的子弟随从入朝，贡纳当地的土特产，唐高祖大悦。韦仁寿又请求徙居南宁，带兵镇守。

(四) 执政惠民

设官旨在兴利除弊、为民谋利，做到这些也是良吏的更高层次，必将获得朝野认可。兹举三例。其一，官方考课第一的萧定。萧定门荫入仕，封授陕州参军、金城丞，"以吏事清干闻。"给事中裴遵庆奏为选补黜陟使判官，后改为万年主簿，累迁侍御史、考功员外郎、左右司二郎中。为元载所挤，出为秘书少监，兼袁州刺史，历任信、湖、宋、睦、润五州刺史，"所莅有政声"。大历中，考天下牧守课绩，唯有萧定与常州刺史萧复、豪州刺史张镒为理行第一。"其勤农桑，均赋税，逋亡归复，户口增加，定又冠焉。"① 后来，萧定迁户部侍郎、太常卿。

其二，为上层名流所知的蒋沇。蒋沇，以孝廉授官，授洛阳尉、监察御史，"以干局吏事擅能名于天宝中"。"处事平允，剖断精当"被视为"群僚楷式"。乾元后，任陆浑、盩厔、咸阳、高陵四县令。时值战乱之际，满目疮痍，蒋沇"竭心绥抚，所至安辑"。郭子仪统帅大军经过其县，必定告诫将士，曰："蒋沇令清而严干，供亿故当有素，士众得蔬饭见馈则足，无挠清政。"②

其三，受百姓爱戴的薛珏。薛珏以门荫授懿德太子庙令，累授干陵台令，不久，拜试太子中允，兼渭南尉，"奏课第一"。"复以清名尤异闻"，迁昭德令，"县人请立碑纪政，珏固让不受"。③ 后来迁楚州刺史等职。

通过以上统计，我们还发现全文没有检索到"清廉"一词。检索

---

① 《旧唐书》卷一百八十五下《良吏传下》，中华书局 1975 年版，第 4826 页。
② 《旧唐书》卷一百八十五下《良吏传下》，中华书局 1975 年版，第 4826 页。
③ 《旧唐书》卷一百八十五下《良吏传下》，中华书局 1975 年版，第 4827 页。

"廉"一词,主要有如下几处:(1)"廉吏"。在分析隋朝覆亡的原因时,曰:"是时朝廷无正人,方岳无廉吏。跨州连郡,莫非豺虎之流;佩紫怀黄,悉奋爪牙之毒。以至土崩不救,旋踵而亡。"①(2)"廉洁"。《良吏传》在分析蒋沇久久不得提拔重用的原因时,指出当时元载把持政权,"廉洁守道者多不更职"。(3)"廉清"。《良吏传》在讲到薛珏时称:"建中初,上分命使臣黜陟官吏,使淮南李承以珏楚州之去烦政简,使山南赵赞以珏硖州之廉清,使河南卢翰以珏之肃物,皆以陟状闻,加中散大夫,赐紫。"(4)"廉风俗"。《良吏传》曰:"薛苹,河东宝鼎人也。少以吏事进,累官至长安令,拜虢州刺史。朝廷以尤课擢为湖南观察使,又迁浙江东道观察使,以理行迁浙江西道观察使。廉风俗,守法度,人甚安之。理身俭薄,尝衣一绿袍,十余年不易,因加赐朱绂,然后解去。"

也有些官吏虽然没有以"清""廉"之词句来论述,但其行为明显体现出"清"和"廉"的思想内涵。如高智周任费县县令,与县丞、县尉均分俸禄,吏民传颂。贞观年间,李素立担任瀚海都护,遣使招抚阙泥孰别部,解除了边患,深受人民的爱戴。"夷人感其惠,率马牛以馈素立,素立唯受其酒一杯,余悉还之。"后来,转任绵州刺史。永徽初,迁蒲州刺史,及将之任,所余粮储及什物,皆令州司收之,唯赍己之书籍而去。上任的路上病故,唐高宗"特为废朝一日,谥曰平"。②

通过前面的分析我们可以看出,"清"并非单纯是官僚在道德层面的自我约束,还指官僚应该有爱民惠民的具体政治作为,以及为政严肃、依法治理的风格特点。因此,"清"是和洁身自好、积极有为、严厉执法等相统一的。

---

① 《旧唐书》卷一百八十五上《良吏传上》,中华书局 1975 年版,第 4782 页。
② 《旧唐书》卷一百八十五上《良吏传上》,中华书局 1975 年版,第 4786 页。

四、朝野褒颂：对良吏施政的评价

（一）政府方面的认可

一般而言，朝廷主要通过考课定级、擢升激励、下诏肯定、赐物奖励、敕封谥号等方式肯定良吏的政绩。

如萧定在牧守课绩中，排名第一。杨茂谦"以清白闻，擢为秘书郎"①。李素立，为官依法而行、不取百姓财物，待他死后，朝廷特为他"废朝一日，谥曰平"。李浚谥曰"成"；阳峤谥曰"敬"；宋庆礼，先谥曰"专"，后来又改谥曰"敬"。

当初，倪若水上疏请停捕鸟，避免扰民，唐玄宗阅过奏章之后，亲自写诏肯定倪若水的意见，曰："卿具奏其事，辞诚忠恳，深称朕意。卿达识周材，义方敬直，故辍纲辖之重，委以方面之权。果能闲邪存诚，守节弥固，骨鲠忠烈，遇事无隐。"②随后停止捕鸟，放回所捕珍禽，赐物四十段以嘉奖他骨鲠直言的精神，召其入朝，提升为户部侍郎。开元七年（719），复授官尚书右丞。

唐太宗下诏慰劳陈君宾之功。诏书先从"君养民"的为君之道讲起，面对天下离乱、生灵涂炭，太宗常常"日昃忘食，未明求衣，晓夜孜孜，惟以安养为虑"；面对自然灾害，太宗"抚躬责己，自惭德薄"，"倾竭仓廪，普加赈恤"；同时，"分命庶僚，尽心匡救"。这是典型的"民惟邦本，本固邦宁"的思想。接下来，诏书对陈君宾的为官行为给予高度赞誉。曰：

> 比闻刺史以下及百姓等并识朕怀，逐粮户到，递相安养，回还之日，各有赢粮。乃别赉布帛，以申赠遗，如此用意，嘉叹良

---

① 《旧唐书》卷一百八十五下《良吏传下》，中华书局1975年版，第4819页。
② 《旧唐书》卷一百八十五下《良吏传下》，中华书局1975年版，第4812页。

深。一则知水旱无常，彼此递相拯赡，不虑凶年。二则知礼让兴行，轻财重义，四海士庶，皆为兄弟。变浇薄之风，敦仁慈之俗，政化如此，朕复何忧。其安置客口，官人支配得所，并令考司录为功最。养户百姓，不吝财帛，已敕主者免今年调物。宜知此意，善相劝勉。①

由诏书可见，陈君宾坚持两手抓，一手抓生产，储备物质，抵御灾害；一手抓思想，移风易俗，提倡仁慈。唐太宗认为其行为是典型的为官"养民"行为，也是对君主所思所想的积极落实。随后，陈君宾入为太府少卿，转少府少监。此可谓君臣共同担当政治责任的一个有力例证。

（二）社会层面的反响

百姓对良吏的拥戴，会通过各种方式加以表达。

其一，编绰号或歌谣传颂。如李桐客被百姓称为"慈父"；沧州刺史薛大鼎被誉为"铛脚刺史"，沧州人民深受其惠，为之歌曰："新河得通舟楫利，直达沧海鱼盐至。昔日徒行今骋驷，美哉薛公德滂被"②；鄜州刺史田仁会，甚受百姓爱戴，百姓以他的事迹为题，歌曰："父母育我田使君，精诚为人上天闻。田中致雨山出云，仓廪既实礼义申。但愿常在不患贫"③。

其二，立碑纪念。如贾敦颐为洛州刺史时，"百姓树碑于大市通衢"；后来其弟贾敦实任洛州长史，去职之后，百姓再次刻石颂扬其美，"立于兄之碑侧"，时人号为"棠棣碑"。④肃州刺史王方翼，赈灾有方，州人立碑称颂。崔隐甫，开元初迁洛阳令，"理有威名"，开元

---

① 《旧唐书》卷一百八十五上《良吏传上》，中华书局1975年版，第4783—4784页。
② 《旧唐书》卷一百八十五上《良吏传上》，中华书局1975年版，第4788页。
③ 《旧唐书》卷一百八十五上《良吏传上》，中华书局1975年版，第4793页。
④ 《旧唐书》卷一百八十五上《良吏传上》，中华书局1975年版，第4788—4789页。

九年（721），自华州刺史转太原尹，"人吏刊石颂其美政"[①]。

其三，夹道迎送。如裴怀古"慎守平典"，先后任相州刺史、并州大都督府长史，"所在为人吏所慕"。神龙中，迁左羽林大将军，尚未上任，复授并州长史。"吏人闻怀古还，老幼相携，郊野欢迎。"当时，崔宣道代裴怀古任职，"下车而罢，出郊以候怀古"。裴怀古"恐伤宣道之意，命官吏驱逐出迎之人，而百姓奔赴愈众，其为人所思如此"。[②] 后来，他转任幽州都督，征为左威卫大将军。

当然，有能力有作为而不被赏识郁郁不得志的官吏也不乏其人，冯元常就是一例。冯元常举明经，唐高宗时，累迁监察御史，为剑南道巡察使，兴利除害；永淳中，为尚书左丞，"清鉴有理识"，甚为高宗之所赏。冯曾经密奏"中宫权重，宜稍抑损"，高宗虽然不能采纳，但认为其言之在理。武则天比较憎恶他，后来贬任陇州刺史，中途改授眉州刺史，又转广州都督。在任虽有政绩，但不被认可，后来为酷吏周兴所构陷，下狱而死。

应该说，透过宰辅和刺史县令两个群体的行政实践，我们可以读出很多中国古代官僚的信息。无论是"上弼圣政，下理群司"的宰相，还是"与天子共治天下"的刺史县令，大都在政治实践中竭力展示着自己的才华和智慧，彰显着自己的个性和特色，践行着"设官为民""君臣道合"的基本政治理论。他们既要对君负责，又要为民谋利，同时关注自身的得失。多方的利益诉求，带来了多种角色期望，这些期望叠加在一起，使官僚阶层经常处于矛盾交织之中和选择困境之下，使他们经常在理想和现实的双向冲突中、在理念与实践的张力中寻求平衡。

[①] 《旧唐书》卷一百八十五下《良吏传下》，中华书局1975年版，第4821页。
[②] 《旧唐书》卷一百八十五下《良吏传下》，中华书局1975年版，第4808—4809页。

第八章　有关中国古代官论的若干思考

　　唐代官论是中国古代官僚政治理论体系发展中的一个重要节点，鲜明地体现了中国古代政治思想的传承与发展、时间与空间、阶级性与时代性、特殊性与普遍性的统一。它不仅是中国古代君主专制制度的空前完善，并且垂范后世，对中国历史，也对东亚历史乃至世界历史影响深远。本章的主要任务是从唐代官僚政治理论的基本特征和具有普遍意义的基本思路出发，对中国古代官论的思维特点、本质属性、历史价值、现实意义等做出基本判断。

第一节　中国古代官论的特点

　　超越特定的时间和空间探讨问题，容易得到孤立和静止的结论。只有在具体的历史情境中，才有可能找到打开历史迷宫的"钥匙"。如果我们有意识抛弃一些人为的主观价值预设和个人主观偏好，以基本史实为基础，可以抽象和总结出中国古代官僚政治理论的一些鲜明特点。

一、"设官为民"与"设官为君"的统一是中国古代政治思想的核心要素

　　从一般意义上讲，无论是官僚组织的设置还是官僚的个体行为，

都受制于相应的制度安排、激励机制、监督体制和政治规范。那么，制约官僚的制度安排、激励机制、监督体制和政治规范又是如何形成的呢？影响制度安排的因素很多，如果看不到这一点，容易简单化。但是，在影响制度安排的诸多因素中，也必然有几种主导性的因素。忽视这一点，往往抓不住重点。毫无疑问，大众心态、社会思潮、主流价值观、精英意识、传统的符号和话语系统等思想层面的因素都是非常重要的。其中，至为重要的是与制度安排相匹配的基本理论结构。

从思想层面看，除无君论者外，这种理论认识无论在著名思想家的论述中，还是在统治者的思想体系中，都具有普遍意义；从制度层面看，无论是最基本的国家结构形式、国家管理形式，还是选官、任官和制官等主要制度安排，都是以这个理论结构为指导思想构建而成的；在社会意识层面，"设官为民"和"君臣道合"是官僚和大众最基本的价值取向和评价体系。

在具体政治实践中，官僚的思想和行为又体现着为君分忧和为民做事的统一。他们作为代理人既要对君负责，作为代言人又要对民负责，作为代表人还要维护和追求自己的利益。君主既予以权力，又予以制约；百姓既予以期望，也予以限度。他们既要揣摩君主的喜乐好恶，又要体恤百姓的稼穑之苦，还要考虑自己的升迁荣辱，需要上下安抚、左右逢源。以至于整个官僚阶层在政治实践中既遵循着既定的轨道，又不时地搞点"小动作"；既有自己的特殊利益，又不能完全脱离道之规定和规范。总之，他们既要为民，又要为君，充满了内在的紧张。当"为民"与"为君"冲突时，"设官为君"往往变得更有效力和现实性。因为，在君主专制制度之下，"治权在君"是最基本的政治法则。官僚作为君主的辅佐者，依附于君权，他们的首要任务是维护君权。所以，"立君为民""设官为民"往往容易虚化，而"设官为君"是落到实处的。"设官为民"与"设官为君"的统一，既是一个组合命题，又是一个文化范式，还是中国古代政治思想的核心要素之一。

因此，中国古代官论的思维特点可以概括为"一体两面"。即在"设官为民"与"设官为君"这个统一体中，"设官为君"是主要方面。具体而言，在官论的终极解释上以"设官为民"与"设官为君"为基本结构，在君臣关系模式理论上以"君臣道合"与"君臣道别"为基本结构。但是，当二者发生取舍冲突时，"为民"往往服务于"为君"，"道合"往往让位于"道别"，凸显君权的尊崇性成为最高行为规范。因此，这种政治理论的本质属性是君主专制理论。

二、"为臣极难"：君主专制下官僚的现实境遇

"设官为民"与"设官为君"的统一是中国古代官僚制度的典型特色。该理论体系的"一体两面"性直接导致官僚无论在理论选择上还是在现实取舍中经常处于两难境地。

自孔子以来，人们论及为君为臣，常常认为，"为君难，为臣不易"。一言而兴邦，一言而丧邦，邦之兴丧系于君主，君主从谏而兴，拒谏而亡。贞观六年（632），太宗以中书侍郎杜正伦、御史大夫韦挺、秘书少监虞世南、著作郎姚思廉等上封事称旨，为之设宴，谓之曰："朕历观自古人臣立忠之事，若值明王，便得尽诚规谏，至如龙逢、比干，竟不免孥戮。为君不易，为臣极难。我又闻龙可扰而驯，然喉下有逆鳞，触之则杀人。人主亦有逆鳞，卿等遂不避犯触，各进封事。常能如此，朕岂虑有危亡哉！我思卿等此意，岂能暂忘，故聊设宴乐也。"①"伴君如伴虎"，终日里与虎相伴，不知何日何时何因何由便会被吞噬，其难不言而喻，接下来，仅举两例。

---

① 《旧唐书》卷七十《杜正伦传》，中华书局 1975 年版，第 2542 页。

其一，陛下导之使言，臣所以敢谏：魏徵等谏臣之难。唐太宗和魏徵，一个是著名的纳谏皇帝，一个是著名的谏诤之臣。当时的敢谏之臣不止魏徵一人，而是一个群体。之所以在唐太宗朝形成一种良好的进谏之风，关键是唐太宗的积极导谏，自觉发挥政治主导作用，以各种方式倡导、引导、诱导群臣献策进言，竭忠尽智。魏徵之言道出了谏臣之难："陛下导之使言，臣所以敢谏，若陛下不受臣谏，岂敢数犯龙鳞？"[①] 而且即便是唐太宗，也是多次龙颜大怒，甚至对长孙皇后说"会须杀此田舍翁"，幸亏长孙皇后晓以大义，劝阻了下来。谏臣之难由此可窥一斑。

其二，"不遇明圣，必及于难"：萧瑀等"骨鲠之臣"的险难。骨鲠之臣，即刚正忠直的官僚。语出《史记·刺客列传》，其文曰："方今吴外困于楚，而内空无骨鲠之臣，是无如我何！"骨鲠之臣由于常常不畏强权、不计得失、直行鲠言、无所忌惮，往往得罪同僚，惹怒君王，壮志难酬，郁郁而终。萧瑀可谓唐代骨鲠之臣的典型。

萧瑀，后梁明帝萧岿之子，"幼以孝行闻"，"聚学属文，端正鲠亮"。隋炀帝朝，萧瑀因身为隋炀帝萧皇后的亲弟弟，备受重用，年纪轻轻就官至银青光禄大夫，参决要务。但是，萧瑀为人骨鲠正直，他屡次"以言忤旨"，后来逐渐遭到隋炀帝疏远排斥。特别是萧瑀谏言炀帝应该舍高丽而防突厥，引起杨广震怒，被贬为河池郡守。

唐高祖李渊非常器重萧瑀，刚刚进京定位，就"遣书招之"，授光禄大夫，封宋国公，拜民部尚书。之所以如此，一方面因为萧瑀是独孤家族的女婿，另一方面因为萧瑀为人正直。唐朝草创，以萧瑀最熟识国典朝仪，他又孜孜自勉，留心政事，故而深得李渊信任。

唐太宗曾经对房玄龄曰："萧瑀大业之日，进谏隋主，出为河池郡守。应遭割心之祸，翻见太平之日，北叟失马，事亦难常。"唐太宗还

[①]《旧唐书》卷七十一《魏徵传》，中华书局1975年版，第2549页。

回忆起他当秦王时恐惧畏祸，萧瑀在李渊面前公正持平为自己讲好话的旧事。他高度评价萧瑀的为人，说他"不可以厚利诱之，不可以刑戮惧之，真社稷臣也"。并赐萧瑀诗曰："疾风知劲草，版荡识诚臣。"又谓瑀曰："卿之守道耿介，古人无以过也。然而善恶太明，亦有时而失。"魏徵对曰："臣有逆众以执法，明主恕之以忠；臣有孤特以执节，明主恕之以劲。昔闻其言，今睹其实，萧瑀不遇明圣，必及于难！"①

历史确实如此，自比干痛陈弊政惹怒纣王被剖心取肝以降，多少刚正忠直之士被冤杀，成为帝制下的牺牲品。就是唐太宗这样的善于纳谏之君，尽管认识到萧瑀的忠厚耿直，也难以容忍他善恶太过分明的个性，最后还是弃之不用。更有甚者，在萧瑀死后，太宗认为萧瑀性多猜疑，刚忌太过，最后谥曰"贞褊公"。由此可见，逆龙鳞、触犯皇帝尊严，轻者被贬抑，重者被戕害，险难重重。

通观整个官僚群体，可以看到：清官难、贪官也难，忠臣难、奸臣也难，小官难、大官也难，伴君难、治民也难，有为难。究其原因，有以下几个方面。

第一，一朝天子一朝臣，与君权的依附性导致了臣僚地位的不确定性。君权是至上的，但是君主却不断更易。臣僚与君主是典型的依附关系。新君登基掌权，意味着新的一批臣僚得势，也意味着另一批臣僚的失势、沦为阶下囚甚或丧命灭门等。如吴起伏尸而死，商鞅车裂而亡，张仪默默而终。即使是同一位君主，其好恶取舍又是变化不定的，臣僚们得宠则升，失宠则贬，命运可能瞬间发生逆转。来俊臣"请君入瓮"，使酷吏周兴惶恐叩头伏罪就是典型一例。

第二，权力争斗的残酷性导致官僚保位保命难。官场如战场，时刻都是惊心动魄的较量。居高位者，如宰辅重臣，尽管权倾一时，但政敌的争夺倾陷，致使失势往往是朝夕之间的事，昨日或许艳阳高照

---

① 《旧唐书》卷六十三《萧瑀传》，中华书局1975年版，第2402页。

一呼百诺,明天抑或风云突变沦为阶下囚甚至九族遭诛。居下位者,如州县官,尽管对百姓可以颐指气使,横行乡里,也可以逍遥一时,但对上要处处小心,迎来送往稍有疏忽,也许就丢了乌纱帽。如果卷入朝中斗争的漩涡,不知何时就丢了身家性命。每朝每代,官僚派系之间的斗争都是汹涌跌宕,杀机四伏。第六章所述群相之间的斗争可兹佐证。因此,官僚之间相交很难,如白居易《赠元稹》曰:"自我从宦游,七年在长安。所得惟元君,乃知定交难。"[①]

第三,政治生活的复杂性和问题的多样性对官僚是严峻的挑战。为官者既要有位,又要有为。对政治秩序进行维护、对经济生活进行管理、对精神文化进行供给以及对社会进行治理等,都是官僚要承担的基本政治职责。其中,既有常态下的百姓生活,也有社会暴乱等突发性事件;既有街头里巷的琐事,也有官民之间的冲突,还有长治久安的大局,等等。面对复杂的社会现实问题,只会逢迎拍马不行;只会阳春白雪式地写诗作赋不行;甚或廉而无能也是不行的。

第四,扑朔迷离的价值判断,导致官僚清浊贤愚忠奸一时难辨,需要经过时间的考验。高处不胜寒,贤臣能吏也未必会被君主和社会及时接受,很多时候是忠奸难辨,是非不明,往往需要时间来荡涤英雄。白居易曾作《放言五首》,表达了对"识人难"和人才"难被识"的看法。文中写道:"朝真暮伪何人辨,古往今来底事无";"世途倚伏都无定,尘网牵缠卒未休。祸福回还车转毂,荣枯反覆手藏钩";"试玉要烧三日满,辨材须待七年期。周公恐惧流言后,王莽谦恭未篡时。向使当初身便死,一生真伪复谁知"。[②]

一言以蔽之,在君主专制制度之下,为官之所以如此之难,还是

[①] 白居易撰,朱金城笺校:《白居易集笺校》卷一《讽谕·赠元稹》,上海古籍出版社1988年版,第20页。

[②] 白居易撰,朱金城笺校:《白居易集笺校》卷十五《律诗·放言五首》,上海古籍出版社1988年版,第953页。

为官僚所设定的基本政治理论体系"一体两面"的根本缺陷所导致的。

三、"臣宜安静"和"过则归己"：君主专制下为官的实践心得

为官难，那么如何为官？在官僚的议政、时论、文集等文献中，集中论述或重点涉及为官之道的内容很多。他们大多结合鲜活的政治生活和切实的政治实践概括出自己的为官心得。这些来自实践的理论，集中体现了官僚群体的政治卓识。下面仅举几例。

其一，"君宜转动，臣宜安静"。唐太宗驾崩后，张行成与高季辅侍奉唐高宗在太极殿梓宫前即位。当时，晋州发生连续地震，高宗就此事问张行成。张行成对曰："天，阳也；地，阴也。阳，君象；阴，臣象。君宜转动，臣宜安静。今晋州地动，弥旬不休。虽天道玄邈，窥算不测；而人事较量，昭然作戒。恐女谒用事，大臣阴谋，修德禳灾，在于陛下。且陛下本封晋也，今地震晋州，下有征应，岂徒然耳。伏愿深思远虑，以杜未萌。"①

相关的思路有很多不同的表达方式。唐高宗朝，令狐德棻曰："古者为政，清其心，简其事，以此为本。当今天下无虞，年谷丰稔，薄赋敛，少征役，此乃合于古道。为政之要道，莫过于此。"再如，陆象先就是一个力行为官清心简事的典型，曾经对人说："天下本自无事，只是庸人扰之，始为繁耳。但当静之于源，则亦何忧不简。"他前后为刺史，"其政如一，人吏咸怀思之"。②

其二，模棱两可是为官处事的一种风格。如，苏味道在武则天时居相位数年，苟合取容，处事依违两可，没有什么独创。"味道善敷奏，多识台阁故事，然而前后居相位数载，竟不能有所发明，但脂韦

---

① 《旧唐书》卷七十八《张行成传》，中华书局 1975 年版，第 2705 页。
② 《旧唐书》卷八十八《陆元方传》，中华书局 1975 年版，第 2876—2877 页。

其间,苟度取容而已。尝谓人曰'处事不欲决断明白,若有错误,必贻咎谴,但模棱以持两端可矣。'时人由是号为'苏模棱'。"①

其三,唯君主好恶是保全自己的一种策略。杨再思为相十几年,其全身之道就是惟君主好恶是上。对他做官的经验和特点,史书如是载:

> 居宰相十余年,阿匼取容,无所荐达。人主所不喜,毁之;所善,誉之。畏慎足恭,未尝忤物。或曰:"公位尊,何自屈折?"答曰:"世路孔艰,直者先祸。不尔,岂全吾躯?"于时水浐,闭坊门以禳。再思入朝,有车陷于汙,叱牛不前,恚曰:"痴宰相不能和阴阳,而闭坊门,遣我艰于行!"再思遣吏谓曰:"汝牛自弱,不得独责宰相。"②

以君主的好恶取舍作为自己行为取舍的标准,投其所好。这在君尊臣卑、取夺由君主掌控的政治规则中,不啻为一种保全自己的权宜之策。

其四,君臣一体,为臣要扬君之德。君主臣辅的典型政治模式下,君主处于主导地位,臣僚处于辅佐、补充地位。为臣之道除了安静、无为之外,还要在危难时刻挺身而出,承担责任。比如,臣僚对政治失误就责无旁贷。

武则天朝,司门员外郎房先敏因罪被贬卫州司马,自感委屈,到宰相那里陈诉冤情。内史骞味道曰:"此乃皇太后处分也。"刘祎之对房先敏曰:"缘坐改官,例从臣下奏请。"武则天闻知此事,以骞味道"善则归己,过则推君",贬为青州刺史。以刘祎之"推善于君,引过在己",加授太中大夫,赐物百段、细马一匹。武则天因此对侍臣说:"夫为臣之体,在扬君之德,君德发扬,岂非臣下之美事?且君为元

---

① 《旧唐书》卷九十四《苏味道传》,中华书局 1975 年版,第 2991 页。
② 《新唐书》卷一百九《杨再思传》,中华书局 1975 年版,第 4098 页。

首,臣作股肱,情同休戚,义均一体。未闻以手足之疾移于腹背,而得一体安者。味道不存忠赤,已从屏退。祎之竭忠奉上,情甚可嘉。"纳言王德真对曰:"昔戴至德每有善事,必推于君。"武则天曰:"先朝每称至德能有此事,逮其终殁,有制褒崇。为臣之道,岂过斯行,传名万代,可不善欤!"①可见,君为元首,臣为股肱,休戚与共,情同一体,为臣之道在于扬君之德,忠诚奉上,主动承担政治责任,正所谓"君无罪而臣有罪"。

无论是为官的实践心得还是其现实境遇,都是值得我们进一步展开探讨的命题。由以上官僚的为官心得可以看出,尊君是不变的法则,这也再次证明了"设官为君"思想的现实性和普遍性。

第二节 中国古代官论的历史价值

中华帝制的统治思想属于专制主义范畴,但同时也包含着很多调整和规范专制制度的基本成分,对创造辉煌灿烂的政治文明发挥了不可替代的作用。

一、国家能力强弱和王朝盛衰的关键:官僚的历史作用解读

谈及传统社会的政治治理模式,君主专制是个耳熟能详的历史概念,也是传统政治的一个基本特征。有关这一治理模式的研究得到了国内外学者的普遍关注和认可,甚至固化为一种思维方式,以至于许多人一谈到中国传统社会就简单地套上"君主专制"而鞭挞之。需要注意的是,君主专制是传统政治治理模式的一个基本特征,但不是全

---

① 《旧唐书》卷八十七《刘祎之传》,中华书局1975年版,第2847页。

部。正如自然界的天气变化，不乏风雨雷鸣电闪，但更有清晨东方朝霞的柔美、正午艳阳的绚丽明媚以及傍晚夕照的安详。君主专制只是政权组织形式的一个方面，除此之外，尚有大量丰富的机制和内涵值得我们去探究。将复杂的政治治理模式，简单地等同和归纳为君主专制本身就不是一种负责任的研究态度。

从某种意义上讲，传统社会各王朝之间的政治分野，不在于它们的政府形式的差异，而在于其"国家能力"强弱的区别。在一个人口众多、幅员辽阔、发展不平衡的多民族国家中，没有强大的国家能力做保障，皇帝的权威和政府的决策只能是一纸空文。国家能力的强大与否，与是否实行君主专制没有必然的联系。君主专制下的政府，可能是强大，也可能软弱无力。因此，在对传统社会政治治理模式的研究中，不能仅仅将注意力集中在政权组织形式究竟是专制抑或民主上，而要深入传统政治治理模式的内部，对其复杂机制进行深化、细化和具体化的理解，把传统政治治理模式的特殊经验提炼出来。

国家能力难以自发地形成，它需要"皇权"运用自身的权威，构建行之有效的政治架构，规范政治运作过程，创设系统化的法律体系。其中，最为关键的是要处理好两个基本关系：一是政府与社会的关系；二是政府内部的关系，主要体现为君臣关系。马克思在说到法国中世纪的特点时，曾说过这样一句话："行政权力支配社会"。刘泽华先生把"行政权力"变成"王权"二字，认为，中国传统社会的最大特点概括为"王权支配社会"。与"王权"意义相同的还有"君权""皇权""封建君主专制"等等。[①] 这个概括为我们认识中国传统社会起了提纲挈领的指导作用。王权对社会的支配是通过若干中间环节、桥梁和纽带进行的。其中，官僚阶层是最为重要的一环。基于此，在长期的理论探索和政治实践中，欲"治民"先要"治官"，成为提升国家能

---

① 刘泽华：《中国的王权主义》，上海人民出版社2000年版，引言，第1页。

力、治国理政的一个"铁律"。各级官僚肩负着统治和管理国家的职责，他们的政治行为，直接关系着中央决策中枢所制定的各项政令法度能否正确执行，关系到官民关系的和谐程度，进而关系到国家的治乱兴衰。

就官僚之于国家能力的作用而言，至少表现在如下三个方面：

第一，是政策执行力强弱之关键和政治康泰之保证。在一定意义上，"官"就意味着权力，官僚的角色责任其实就是一种权力责任。《左传》桓公二年曰："国家之败，由官邪也。"《礼记·礼运》曰："大臣法，小臣廉，官职相序，君臣相正，国之福也。"官僚阶层作为君主的代理人和民众的代言人，他们负责管理政治、经济、文化等各种社会事务，他们制定和贯彻执行各项方针、政策，这些都关系着国家和社会的前途和命运。总之，官僚阶层的积极有为是国家政治康泰的基本保障。

第二，是国家形象之缩影和民心向背之杠杆。君主贵为政治实体的最高权力者，但在政治过程中，君主权力暨国家权力的运行都是通过其代理人——官僚的具体政治行为得以实现的。因此，官僚阶层是国家形象的直接体现者和代表，官僚的作风和形象直接关系到民众对国家和政府的认识、评价和信任。

官僚每天都在展示自己的品格和形象，并引起一定的民间反应。民众看官僚，与官方的考核与评价不同，用的是一种世俗的眼光，有着普通人的喜怒好恶。因而，作为民众的代言人，纯粹为了形象而正襟危坐、庄严持重，给人神秘的感觉，不是代表国家形象和赢得民心的最佳方式，只会令百姓望而生畏。只有内在道德情操的气质性外化，内在政治品格自然而然的外现，才更能得到人民由衷的拥戴和尊敬。其中，信法爱民是塑造官僚人格魅力的重要基石，也是树立社会威望的前提条件。公正廉洁是官僚真正能够不徇私、不唯上、不贪财、替民做主、为民"代言"的可能条件。勤政务实是官僚兴民利、除民害，造福一方的必要条件。"得民心者得天下。"每一个好官身上,体现的一个共同的品质,就是值得人民群众的信赖。

第三,是社会道德建设之引领和行为之导向。社会道德建设有一个逐步提升和完善的过程,有一个从孕育培养、传播到广泛接受并自觉实践的过程,积久成习,才能内化为一种自然而然的精神气质、思维习惯与行为方式。其中,官员的道德品格建设是整个社会道德建设成败的关键。"官德毁而民德降。"官僚阶层道德素质对整个社会的理想信仰、道德风尚、价值观念的形成具有相当的示范性和影响力。长久以来,中国对官僚阶层的道德建设是非常重视的。总之,道德品格是一种思想作风、一种人格力量,其养成是一个长期的过程,其影响也是深远的。

为了提升国家能力,官僚阶层需要更好地行使政治职能,为此掌握足够的行政技能和娴熟的行政技巧。由于他们的技巧越来越娴熟,因而他们获得的利益也越来越持续、越来越多,他们也越来越懂得如何更好地维护自己这个阶层的利益。就这样,他们慢慢形成一个强大的官僚集团。国家的权力运行、体制安排、政策制定等,也最终逐渐变成最符合官僚集团的特殊利益的安排。同时,基于不同的利益,官僚集团内部还往往分化出很多不同的小官僚集团,官僚的很大一部分精力要用来对付来自其他官僚集团的挑战和冲击。对既定模式的竭力维护和对新挑战的竭力打压,使得国家发展的活力越来越被抑制。

二、思想的引领和政治的调节:官论的价值分析

作为政治权力的实际操作者,官员是否具有为官所需要的基本政治素质,通晓为官的基本政治原理,对提升国家能力、实现王权支配社会等具有至关重要的意义。正是因为这一点,一方面,自古以来各种思想流派和政治家都有限制约束官僚权力、规范官僚行为的精辟阐

述。其中，"设官为民""君臣道合"等设官的基本政治理念，以及在职业道德、行为模式、施政能力等方面为官僚阶层量身定制的基本政治规范等，都是其中的精彩部分。另一方面，有作为的官僚在遵循既有的政治模式的情况下，也不断地通过挑战现状和为解决现实重大问题努力创设出一种新的社会和政治秩序。他们在观念世界和行动世界中两面出击，这些人既负责创设出某种政治理念，又负责表达这种象征性的主题。

政治实践的创新、政治制度的完善、政府过程的优化与王朝的兴盛，都离不开政治思想的引领。政治实践和政治认知相互激荡，持续的实践迸发出新的认知，新的认知又反过来推进实践。源源不断的认知经过积累和沉淀，升华出一系列的政治理论，逐步勾勒出一幅理想政治模式蓝图。这幅蓝图令无数仁人志士心向往之，并前赴后继付出不竭的努力。

就中国古代的政治思想与政治实践的互动过程而言，至少有这样几个基本要素：第一，问题是风向标。现实政治运作中凸显出来的各种重大问题，往往推动理论和实践不得不有所变化和发展。第二，思潮是扳道工。社会各阶层对某些问题的广泛关注和反复论证，形成对社会辐射面广和影响力深的社会思潮。思潮影响政治运行的路径选择。凯恩斯指出，真正对一个社会产生好与坏影响的，不是既得利益，而是思潮或思想。政治制度本身的存在及其基本职能的实现，不仅仅依靠其本身所掌握的物质力量和暴力手段，同时还需要社会成员的普遍认同。第三，君主是推动力。政治是经济和社会的主导，中国古代可以说是典型的"政治驱动型"社会。而在政治驱动过程中，君主是最高权威，是对政治进行管理和运作的最终决定力量。君主的首要目标是政治稳定，"本固邦宁"，其中，"邦宁"是其果，"本固"是其因。为了"邦宁"，君主关注社会突出问题，借鉴社会思潮的是非评判，加强对官僚制度的管理，积极进行政策调整；等等。第四，官僚是践行者。官僚是君主意志的落实者，他们往往结合实践，进行调整。

因此，中国古代官论至少有这样两个特点。一是实践性和理想性的二重性特点。它博大精深、内容丰富，具有完善的理论体系。不过，有的应用到实践中去，发挥指导作用，有的则仅仅停留在思想家或政治家的思想认识层面或者被部分地选择性执行。二是动态性与稳定性的有机统一。政治实践精彩纷呈，灵活多变，检验并创新了理论。因此，这套理论和实践也不是一成不变的，在保持基本内核稳定的同时也随着实践和理论的发展而不断发展完善。

换言之，以"设官为民"和"设官为君"为核心的中国古代官论，可谓是一套通用的符号系统。正是借助这一套符号系统，使各群体之间达成共识，进而成为构筑政治制度、缔造国家的重要根基之一。一方面，它能够给统治者以追求的目标，从而使其不断调整自己的政治实践，使其统治更加富于弹性和生命力。另一方面，它也给被统治者以理想和希望，从而能够在很大程度上认同现有的政治秩序，对未必如意的现实有足够的耐心。可以说，这套官论是一个遥远的梦想，因为现实从未曾完全吻合它的理想设计；但是，它又更是一种无时无刻不与现实交织融汇的存在和若即若离的希望。

理论与实践的博弈，思想与社会的互动，理想与现实的交锋，丰富了中国传统政治智慧，使中国古代的政治具有很强的自我调节性，从而增强了其生命力，推动了中国古代政治的发展，保持了中华文明的延续性。

三、政治文明成长与转型的核心要素：政治思想的历史定位

现实政治实践是理论创新的源泉，也是判断理论是否适用的基本标准。政治理论自身无所谓重要还是不重要，一个重要的理论一定是解释了一个重大的政治现象、政治过程和政治关系。

人类文明的核心是政治文明。文明演化的关键是政治文明的演化。

政治文明的核心是政治制度和政治思想。政治思想有超越时代性和阶级性的一面，有"公约数"和普适性的共同规则。但是，政治思想也有其时代性和阶级性的一面，不能超越时间和空间孤立地谈论政治思想。中国古代的官论或许是世界上最为复杂的一种官僚理论体系。对待复杂的问题不能采取简单化的思维和方法。当前，认识包括官论在内的古代政治思想，需要防止两个极端。一是，简单用西方的政治理论和政治概念来解读中国的传统。二是，简单用中国古代的政治理论和政治概念来"剪裁"中国今天蔚为壮观的政治实践。我们应该理性地认识到，与帝制相匹配的那一套以儒学为主体的思想体系在民主共和的时代已经变得格格不入了。客观的态度是既要实事求是地认可古代政治理论在中国历史上的功能和作用，又要根据时代的变迁、社会的转型和政治的现实境况，进行新的理论创造。即用实践检验理论，而非用既定的理论去机械地解读现实。

政治思想的变革和政治制度的变革未必完全同步。政治思想引领政治变革，或者政治思想"被动地"跟上鲜活的政治实践都是正常的。然而，从长远来看，任何一个大国、一个稳定的政治治理模式、一个文明的崛起和延续，一定要以一个有辐射力和解释力的政治思想为基础，一定要有一套符合世情、国情、民情的成熟的制度作为保障。换言之，政治思想与政治制度最终要统一起来。昔日伟大的政治思想和政治制度，曾经发出它最耀眼的光辉，但不能承担今天新形势下的新任务。在一个政治制度已经发生根本变革的时代，尽管政治思想暂时不一定完全随之而变，但是旧的政治思想在逐渐褪去，而且必将完全褪去，新的政治思想必将完全取而代之，拥抱新的政治制度。正如包括官论在内的古代政治思想有其起源、成长和转型的内在逻辑那样，在民主共和的时代，中国未来政治思想产生的根基必定是在社会转型中产生，必定是回应时代所面临的基本关系和中国自身特殊问题的产物。

第三节　中国古代官论的现代意义

从某种意义上讲，中华文明是人类历史上唯一一个延续下来的大国文明，也是唯一一个曾经衰落又重新崛起的大国文明。一个文明和共同体的长期存在一定有维持它力量的机制。有关官僚政治理论是中华文明的核心要素之一。我们强调官论的时代性、阶级性及其与帝制的匹配性，但同时也认为，古代官论中有一些一以贯之的合理成分。尽管社会在进步，时代在发展，但是我们不能简单低估先民所创造的政治智慧，更不可轻易否定其现实意义。

一、"设官为民"具有普遍意义

古代官论中的"设官为民"思想及其理论体系非常精彩。"设官为君"是与君主专制制度相匹配的，而"设官为民"却具有普遍意义。在如何为民、为民做哪些事情、做到何种程度上，不同统治集团、不同执政者有着不同的理解和实践。然而，为民的理念是一个被普遍接受的政治命题和治国理政的基本法则。

人是天生的"政治动物"。人类政治生活的一个伟大之处就是创造了国家和政府。国家是一个可怕的"利维坦"，但也为人类带来了无数的福祉，满足了一些普遍的需求。比如，在促进民族整合、维护安全和秩序、提供正义、保护弱者等方面发挥着任何社会组织和团体都不可替代的功能。

官僚是政治权力的实际操作者，因此，如何使官僚能够切实发挥上述功能，进而建立一个有效和有为的政府是政府治理的核心。中国古代官论在治民邦政、经纬国家方面形成了一个逻辑自洽、论证有力、层次丰富的体系。这对建立一个为民负责的政府，进而落实"权为民所用、情为民所系、利为民所谋"等现代治国执政理念，具有普遍的指导性。纵观历史，横察现世，设官为民是一条永不过时的政治法则。

二、官僚设置的主要原理具有借鉴价值

中华五千年的文明史，同时也是一部探索如何选官、用官、治官的历史。相应地，执政者、思想家围绕如何对官僚进行适度的激励、合理的监督和顺畅的协调进行了诸多理论层面的创新。其中，一些官僚设置的原理对今天进一步完善公务员制度，选拔好、任用好、管理好公务员队伍，有非常重要的借鉴价值。

第一，省官原则提醒我们，要把公务员队伍保持在一个合理的规模上。公务员队伍并不是越小越好，但太庞大肯定不行，容易形成"食之者众、生之者寡"的局面，加大民众的负担。

第二，任贤使能、科举取士的制度设计原则，有利于打破社会"屏蔽制度"，给社会各阶层的精英提供一个向上流动的空间和渠道，进而为构建广纳群贤、人尽其才、能上能下、充满活力的用人机制奠定基础。

第三，中国古代在官员的选拔方面形成了德才相辅的选任原则。合理借鉴这一原则，有利于建立德才兼备的干部队伍。因为，有德无才是"废品"，有才无德是"危险品"，德才兼备是为民服务的必备条件。

三、政治道德建设的现代启示

中国古代对官僚政治道德的培养与塑造强调以教化为先，德法并重。在今天，借鉴上述思路，能够在一定程度上培养官员重义轻利、廉洁奉公的高尚人格，改善官吏的气质，对于用道德理性来驾驭各种物欲有所帮助。

官德对国家政治稳定、王朝兴衰和民德民风等都有重大影响。古代的官论普遍强调官僚要忠于国家、勤政爱民、清正廉洁。这些优秀的品格是任何时代的官员都需要具备的。尤其是，在当前中国的社会转型进入"深水区"的大背景下，如何培养一支忠于国家、心系百姓、勤政务实、清正廉洁、有团队意识的官员队伍，是十分重要的战略问题。

政治理论和政治制度无所谓好坏，只有合适不合适的问题。古代的官论总体上是服务于专制主义的。然而，不能盲目、武断指责包括古代官论在内的政治制度的野蛮，这不仅讲不通，也是对历史的亵渎。任何一个稳定的政治共同体都存在其特定的问题。在正视问题的基础上，我们要特别认识到，推动文明和政治进步的有效举措绝不能靠自我矮化、自我否定和自我丑化，而是要秉持一种平和、建设性的心态，从多个角度认识自己的历史传统，解读自己的政治理论和政治制度等。

"伟大的历史进程呼唤伟大的中国历史理论。"[①] 中国五千年的文明，凝结了各民族、各阶层的智慧，有很多跨越时空的思考，政治思维也有其独到和精致之处。无论对历史还是对现实，简单地批判抑或"唱赞歌"都是一种简单化的思维方式。学术研究既要看到成绩，避免虚无主义和妄自菲薄，又要认清问题，避免夜郎自大和故步自封。科学的态度是在掌握大量历史材料事实的基础上，对中国古代政治思想进行具体分析和理性认识，深入挖掘蕴含其中的中华优秀传统文化，结合时代要求继承创新，让中华文化展现出永久魅力和时代风采。

[①] 张分田：《伟大的历史进程呼唤伟大的中国历史理论》，《史学月刊》2016 年第 4 期。

参考文献

一、古代文献

1. 白居易撰，朱金城笺校：《白居易集笺校》，上海古籍出版社 1988 年版。

2. 班固：《汉书》，中华书局 1962 年版。

3. 班固撰，陈立注：《白虎通疏证》，中华书局 1994 年版。

4. 曹月堂：《评注阅微草堂笔记选》，宝文堂书店 1988 年版。

5. 陈奇猷校释：《吕氏春秋新校释》，上海古籍出版社 2002 年版。

6. 陈寿：《三国志》，中华书局 1959 年版。

7. 程树德撰，程俊英、蒋见元点校：《论语集释》，中华书局 1990 年版。

8. 戴德撰，王聘珍注：《大戴礼记解诂》，中华书局 1983 年版。

9. 道宣：《广弘明集》，大正新修大藏经，第 52 册。

10. 董诰等辑：《全唐文》，中华书局 1983 年版。

11. 董仲舒撰，苏舆论注：《春秋繁露义证》，中华书局 1992 年版。

12. 杜牧著，陈允吉校点：《杜牧全集》，上海古籍出版社 1997 年版。

13. 杜佑：《通典》，中华书局 1988 年版。

14. 范晔：《后汉书》，中华书局 1965 年版。

15. 范镇、宋敏求：《东斋记事 春明退朝录》，中华书局 1980 年版。

16. 房玄龄：《晋书》，中华书局 1974 年版。

17. 封演：《封氏闻见记校注》，中华书局 2005 年版。

18. 高明：《老子帛书校注》，中华书局 1996 年版。

19. 葛洪撰，杨明照校笺：《抱朴子外篇校笺》，中华书局 1997 年版。

20. 顾炎武撰，黄汝成集释：《日知录集释》，上海古籍出版社 1985 年版。

21. 韩婴撰，许维遹注：《韩诗外传集释》，中华书局 2005 年版。

22. 韩愈撰，马其昶注：《韩昌黎文集校注》，上海古籍出版社 1998 年版。

23. 何宁：《淮南子集释》，中华书局 1998 年版。

24. 黄淮、杨士奇编：《历代名臣奏议》，上海古籍出版社 1989 年版。

25. 黄宗羲：《黄宗羲全集》，浙江古籍出版社 1985 年版。

26. 贾谊撰，阎振益、钟夏校注：《新书校注》，中华书局 2000 年版。

27. 蒋礼鸿：《商君书锥指》，中华书局 1986 年版。

28. 焦循撰，沈文倬点校：《孟子正义》，中华书局 1987 年版。

29. 黎翔凤撰，梁运华整理：《管子校注》，中华书局 2004 年版。

30. 李翱：《李文公集》，上海书店 1989 年影印版。

31. 李百药：《北齐书》，中华书局 1997 年版。

32. 李昉：《太平广记》，中华书局 1961 年版。

33. 李昉等编：《文苑英华》，中华书局 1966 年版。

34. 李林甫等撰，陈仲夫点校：《唐六典》，中华书局 1992 年版。

35. 李肇：《唐国史补》，上海古籍出版社 1979 年版。

36. 令狐德棻：《周书》，中华书局 1971 年版。

37. 刘肃：《大唐新语》，中华书局 1984 年版。

38. 刘悚撰，程毅中点校：《隋唐嘉话》，中华书局 1979 年版。

39. 刘文典撰，冯逸、乔华点校：《淮南鸿烈集解》，中华书局 1997 年版。

40. 刘向：《说苑》，中华书局 1989 年版。

41. 刘向撰，赵仲邑注：《新序详注》，中华书局 1997 年版。

42. 刘昫：《旧唐书》，中华书局 1975 年版。

43. 柳宗元：《柳河东全集》，中国书店 1991 年版。

44. 陆贾撰，王利器注：《新语校注》，中华书局 1986 年版。

45. 陆九渊：《陆九渊集》，中华书局 1980 年版。

46. 陆贽撰，刘泽民校点：《陆宣公集》，浙江古籍出版社 1988 年版。

47. 罗元贞点校：《武则天集》，山西人民出版社 1987 年版。

48. 马端临：《文献通考》，中华书局 1986 年版。

49. 马非百：《管子轻重篇新诠》，中华书局 1979 年版。

50. 欧阳修等：《新唐书》，中华书局 1975 年版。

51. 欧阳询：《艺文类聚》，上海古籍出版社 1965 年版。

52. 彭定求等修订：《全唐诗》，中华书局 1999 年版。

53. 皮日休著，萧涤非、郑庆笃整理：《皮子文薮》，上海古籍出版社 1981 年版。

54. 钱易：《南部新书》，中华书局 1980 年版。

55. 阮元校刻：《十三经注疏》，中华书局 1980 年版。

56. 司马光：《资治通鉴》，中华书局 1956 年版。

57. 司马迁：《史记》，中华书局 1959 年版。

58. 宋濂：《元史》，中华书局 1976 年版。

59. 宋敏求编：《唐大诏令集》，学林出版社 1992 年版。

60. 苏轼撰，傅成、穆俦点校：《苏轼全集》，上海古籍出版社 2000 年版。

61. 孙逢吉：《职官分纪》，中华书局 1988 年版。

62. 孙武撰，曹操注，郭化若今译：《孙子兵法》，上海古籍出版社 2006 年版。

63. 孙诒让撰，孙啟治点校：《墨子閒诂》，中华书局 2001 年版。

64. 谭戒甫:《墨辩发微》,《新编诸子集成》本,中华书局 1964 年版。

65. 脱脱:《金史》,中华书局 1975 年版。

66. 王弼注,楼宇烈校释:《老子道德经校释》,中华书局 2008 年版。

67. 王充:《论衡》,上海人民出版社 1974 年版。

68. 王定宝:《唐摭言》,上海古籍出版社 1978 年版。

69. 王夫之:《读通鉴论》,中华书局 1975 年版。

70. 王符撰,汪继培注:《潜夫论笺校正》,中华书局 1985 年版。

71. 王卡点校:《老子道德经河上公章句》,中华书局 1993 年版。

72. 王利器:《文子疏义》,中华书局 2009 年版。

73. 王利器校注:《盐铁论校注》,中华书局 1992 年版。

74. 王溥:《唐会要》,上海古籍出版社 1991 年版。

75. 王钦若:《太平御览》,中华书局 1960 年版。

76. 王钦若等编:《册府元龟》,中华书局 1960 年版。

77. 王仁裕等撰,丁如明辑校:《开元天宝遗事十种》,上海古籍出版社 1985 年版。

78. 王先谦:《庄子集解》,中华书局 2006 年版。

79. 王先谦撰,沈啸寰、王星贤点校:《荀子集解》,中华书局 1988 年版。

80. 王先慎撰,钟哲点校:《韩非子集解》,中华书局 1998 年版。

81. 王应麟:《玉海》,上海古籍出版社 1992 年版。

82. 魏收:《魏书》,中华书局 1974 年版。

83. 魏徵等:《隋书》,中华书局 1973 年版。

84. 温大雅:《大唐创业起居注》,上海古籍出版社 1983 年版。

85. 吴钢:《全唐文补遗》第 1—7 辑,三秦出版社 1994—2000 年版。

86. 吴兢撰,谢保成集校:《贞观政要集校》,中华书局 2003 年版。

87. 吴毓江撰,孙启治点校:《墨子校注》,中华书局 1993 年版。

88. 吴云、冀宇校注:《唐太宗集》,陕西人民出版社 1986 年版。

89. 萧统编,李善注:《文选》,上海古籍出版社 1986 年版。

90. 徐坚:《初学记》,中华书局 2004 年版。

91. 许维遹撰,梁运华整理:《吕氏春秋集释》,中华书局 2009 年版。

92. 薛居正:《旧五代史》,中华书局 1976 年版。

93. 严可均辑:《全上古三代秦汉六朝文》,上海古籍出版社 2009 年版。

94. 严遵:《道德指归》,商务印书馆 1939 年版。

95. 扬雄撰,司马光集注,刘韶军点校:《太玄集注》,中华书局 1998 年版。

96. 扬雄撰,汪荣宝注:《法言义疏》,中华书局 1996 年版。

97. 扬雄撰,张震泽注:《扬雄集校注》,上海古籍出版社 1993 年版。

98. 杨伯峻:《列子集释》,中华书局 1997 年版。

99. 叶梦得:《石林燕语》,中华书局 1984 年版。

100. 叶适:《习学记言》,上海古籍出版社 1992 年版。

101. 虞世南:《北堂书钞》,天津古籍出版社 1988 年版。

102. 元稹著,冀勤点校:《元稹集》,中华书局 1982 年版。

103. 张之洞:《劝学篇》,广西师范大学出版社 2008 年版。

104. 张鷟撰,赵守俨点校:《朝野佥载》,中华书局 1979 年版。

105. 长孙无忌撰,刘俊文点校:《唐律疏议》,法律出版社 1999 年版。

106. 赵鹏飞:《春秋经筌》,景印文渊阁四库全书本。

107. 郑樵:《通志》,中华书局 1987 年版。

108. 朱谦之:《老子校释》,中华书局 1984 年版。

109. 朱熹:《四书章句集注》,中华书局 1983 年版。

二、相关论著

110. 柏桦：《明清州县官群体》，天津人民出版社 2003 年版。

111. 蔡尚思：《中国传统思想总批判》，湖南人民出版社 1981 年版。

112. 蔡元培：《中国伦理学史》，商务印书馆 1999 年版。

113. 岑仲勉：《隋唐史》，中华书局 1982 年版。

114. 陈飞：《唐代试策考述》，中华书局 2002 年版。

115. 陈苏镇主编：《中国古代政治文化研究》，北京大学出版社 2009 年版。

116. 陈寅恪：《隋唐制度渊源略论稿》，上海古籍出版社 1982 年版。

117. 陈寅恪：《唐代政治史述论稿》，上海古籍出版社 1982 年版。

118. 陈仲安、王素：《汉唐职官制度研究》，中华书局 1993 年版。

119. 费孝通：《乡土中国·生育制度》，北京大学出版社 1999 年版。

120. 冯天瑜、何晓明、周积明：《中华文化史》，上海人民出版社 1990 年版。

121. 冯天瑜、杨华：《中国文化发展轨迹》，上海人民出版社 2000 年版。

122. 冯天瑜：《中华元典精神》，上海人民出版社 1994 年版。

123. 冯友兰：《中国哲学史新编》，人民出版社 1982 年版。

124. 傅绍良：《唐代谏议制度与文人》，中国社会科学出版社 2003 年版。

125. 葛荃：《立命与忠诚：士人政治精神的典型分析》，浙江人民出版社 2000 年版。

126. 葛荃：《权力宰制理性》，南开大学出版社 2003 年版。

127. 葛荃：《政德志》，上海人民出版社 1998 年版。

128. 葛兆光：《七世纪至十九世纪——中国的知识、思想与信仰》，复旦大学出版社 2000 年版。

129. 龚鹏程：《唐代思潮》，商务印书馆 2007 年版。

130. 顾平安：《政府发展论》，中国社会科学出版社 2005 年版。

131. 顾兆骏编著：《儒家伦理思想》，台湾正中书局 1981 年版。

132. 郭成伟主编：《官箴书点评与官箴文化研究》，中国法制出版社 2000 年版。

133. 郭培贵主编：《官德》，民主与建设出版社 2003 年版。

134. 郭齐家：《中国古代考试制度》，商务印书馆 1997 年版。

135. 何兆武等：《中国思想发展史》，中国青年出版社 1980 年版。

136. 侯外庐主编：《中国思想通史》，人民出版社 1957 年版。

137. 胡宝华：《唐代监察制度研究》，商务印书馆 2005 年版。

138. 胡如雷：《隋唐政治史论集》，河北教育出版社 1997 年版。

139. 胡适：《中国中古思想史长编》，华东师范大学出版社 1997 年版。

140. 胡叔宝：《西方政府论》，中国社会科学出版社 2005 年版。

141. 黄永年：《六至九世纪中国政治史》，上海书店出版社 2004 年版。

142. 黄永年：《唐史十二讲》，中华书局 2007 年版。

143. 季乃礼：《三纲六纪与社会整合——由〈白虎通〉看汉代社会人伦关系》，中国人民大学出版社 2004 年版。

144. 贾海涛：《北宋"儒术治国"政治研究》，齐鲁书社 2006 年版。

145. 姜军、孙镇平：《中国伦理化法律的思考》，华文出版社 1999 年版。

146. 金春峰：《汉代思想史》，中国社会科学出版社 1987 年版。

147. 金太军、王庆五：《中国传统政治文化新论》，社会科学文献出版社 2006 年版。

148. 赖瑞和：《唐代基层文官》，中华书局 2008 年版。

149. 赖瑞和：《唐代中层文官》，中华书局 2011 年版。

150. 雷家骥：《隋唐中央权力结构及其演进》，台北东大图书公司 1995 年版。

151. 李和中：《21 世纪国家公务员制度》，武汉大学出版社 2006 年版。

152. 李建华：《中国官德》，四川人民出版社 2000 年版。

153. 李锦绣：《唐代制度史略论稿》，中国政法大学出版社 1998 年版。

154. 李泽厚：《中国古代思想史论》，安徽文艺出版社 1994 年版。

155. 梁启超：《先秦政治思想史》，东方出版社 1996 年版。

156. 林存光、郭沂：《旷世大儒——孔子》，河北人民出版社 2000 年版。

157. 林存光：《耻：人之为人的底线》，红旗出版社 2000 年版。

158. 林存光：《历史上的孔子形象——政治与文化语境下的孔子和儒学》，齐鲁书社 2004 年版。

159. 林存光：《儒教中国的形成——早期儒学与中国政治文化的演进》，齐鲁书社 2003 年版。

160. 林尹：《中国学术思想大纲》，台湾商务印书馆 1981 年版。

161. 刘俊文：《敦煌吐鲁番唐代法制文书考释》，中华书局 1989 年版。

162. 刘俊文主编：《官箴书集成》，黄山书社 1997 年版。

163. 刘永佶：《中国官文化批判》，中国经济出版社 2000 年版。

164. 刘泽华、张分田等：《思想的门径——中国政治思想史研究方法论》，天津古籍出版社 2006 年版。

165. 刘泽华、张分田主编：《政治学说简明读本》，南开大学出版社 2001 年版。

166. 刘泽华：《洗耳斋文稿》，中华书局 2003 年版。

167. 刘泽华：《中国传统政治思维》，吉林教育出版社 1991 年版。

168. 刘泽华：《中国传统政治思想反思》，生活·读书·新知三联书店 1987 年版。

169. 刘泽华：《中国的王权主义》，上海人民出版社 2000 年版。

170. 刘泽华：《专制权力与中国社会》，吉林文史出版社 1988 年版。

171. 刘泽华主编：《中国传统政治哲学与社会整和》，中国社会科学出版社 2000 年版。

172. 刘泽华主编：《中国政治思想史》（三卷本），浙江人民出版社 1996 年版。

173. 刘志琴：《悠悠古今——刘志琴随笔》，广西人民出版社 1999 年版。

174. 龙太江：《论政治妥协——以价值为中心的分析》，华中科技大学出版社 2004 年版。

175. 吕思勉：《隋唐五代史》，上海古籍出版社 1984 年版。

176. 麻国庆：《家与中国社会结构》，文物出版社 1999 年版。

177. 马振铎等：《儒家文明》，中国社会科学出版社 1999 年版。

178. 毛汉光：《中国中古政治史论》，上海书店 2002 年版。

179. 毛泽东：《毛泽东选集》，人民出版社 1992 年版。

180. 宁欣：《唐代选官研究》，台北文津出版社 1995 年版。

181. 宁欣：《唐史识见录》，商务印书馆 2009 年版。

182. 钱大群：《唐律研究》，法律出版社 2000 年版。

183. 钱穆：《中国思想史》，台北学生书局 1985 年版。

184. 乔耀章：《政府理论》，苏州大学出版社 2003 年版。

185. 邱永明：《中国古代监察制度史》，上海人民出版社 2006 年版。

186. 瞿同祖：《清代地方政府》，范忠信等译，法律出版社 2003 年版。

187. 任继愈主编：《中国哲学发展史》，人民出版社 1994 年版。

188. 荣新江主编：《唐研究》（第一卷至第十七卷），北京大学出版社 1995—2011 年版。

189. 萨孟武：《中国社会政治史》，台北三民书局 1975 年版。

190. 沈善洪、王凤贤：《中国伦理学说史》，浙江人民出版社 1985 年版。

191. 施治生、刘欣如主编：《古代王权与专制主义》，中国社会科学出版社 1993 年版。

192. 孙国栋：《唐宋史论丛》，香港龙门书店 1980 年版。

193. 唐凯麟、张怀承：《成人与成圣——儒家伦理道德精粹》，湖南大学出版社 1999 年版。

194. 唐长孺：《山居存稿》，中华书局 1989 年版。

195. 唐长孺：《唐书兵志笺正》，科学出版社 1957 年版。

196. 唐长孺：《魏晋南北朝隋唐史三论》，武汉大学出版社 1993 年版。

197. 陶易编著：《唐代进士录》，安徽大学出版社 2010 年版。

198. 佟德君：《在民主与法治之间——西方政治文明的二元结构及其内在矛盾》，人民出版社 2006 年版。

199. 汪篯：《汉唐史论稿》，北京大学出版社 1992 年版。

200. 汪篯：《汪篯隋唐史论稿》，中国社会科学出版社 1981 年版。

201. 王殿卿、叶瑞昕等：《修身·立业·治国——中华德治思想录》，吉林人民出版社 2002 年版。

202. 王沪宁：《比较政治分析》，上海人民出版社 1987 年版。

203. 王沪宁：《当代中国村落家族文化》，上海人民出版社 1991 年版。

204. 王沪宁主编：《政治的逻辑——马克思主义政治学原理》，上海人民出版社 2004 年版。

205. 王吉林：《君相之间——唐代宰相与政治》，中国人民大学出版社 2007 年版。

206. 王立民：《唐律新探》（第四版），北京大学出版社 2010 年版。

207. 王浦劬主编：《政治学基础》，北京大学出版社 2000 年版。

208. 王素：《三省制略论》，齐鲁书社 1986 年版。

209. 王亚南：《中国官僚政治研究》，中国社会科学出版社 1981 年版。

210. 王永兴：《陈门问学丛稿》，江西人民出版社 1993 年版。

211. 王永兴：《唐勾检制研究》，上海古籍出版社 1991 年版。

212. 王仲荦：《北周六典》，中华书局 1979 年版。

213. 韦庆远、柏桦：《中国官制史》，东方出版中心 2001 年版。

214. 韦政通：《中国思想史》上，台湾水牛出版社 1980 年版。

215. 吴宗国：《盛唐政治制度研究》，上海辞书出版社 2003 年版。

216. 吴宗国：《隋唐五代简史》，福建人民出版社 1998 年版。

217. 吴宗国：《唐代科举制度研究》，北京大学出版社 2010 年版。

218. 吴宗国主编：《中国古代官僚政治制度研究》，北京大学出版社 2004 年版。

219. 萧公权：《中国政治思想史》，新星出版社 2005 年版。

220. 萧延中：《"天命"与"德性"——中国政治思想中的"正当性"问题》，中国人民大学出版社 2004 年版。

221. 萧延中：《中国政治思想的"语言"与"言语"》，中国文史出版社 2005 年版。

222. 徐邦友：《中国政府传统行政的逻辑》，中国经济出版社 2004 年版。

223. 严耕望：《唐仆尚丞郎表》，中华书局影印 1986 年版。

224. 严耕望：《唐史研究丛稿》，香港新亚研究院 1969 年版。

225. 阎步克：《察举制度变迁史稿》，辽宁大学出版社 1991 年版。

226. 阎步克：《从爵本位到官本位》，生活·读书·新知三联书店

2009年版。

227. 阎步克：《士大夫政治演生史稿》，北京大学出版社1996年版。

228. 燕继荣：《现代政治分析原理》，高等教育出版社2004年版。

229. 杨建祥：《中国古代官德研究》，上海古籍出版社2004年版。

230. 杨宪邦主编：《中国哲学通史》第二卷，中国人民大学出版社1988年版。

231. 杨阳：《王权的图腾化——政教合一与中国社会》，浙江人民出版社2000年版。

232. 杨幼炯：《中国政治思想史》，商务印书馆1998年版。

233. 杨志勇、孙昆鹏编撰：《官箴的智慧·为官的哲学》，中国长安出版社2005年版。

234. 杨志勇、孙昆鹏编撰：《官箴的智慧·做官先做人》，中国长安出版社2005年版。

235. 姚洋：《作为制度创新过程的经济改革》，格致出版社2008年版。

236. 易中天：《帝国的终结》，复旦大学出版社2007年版。

237. 尹奎友等评注：《中国古代家训四书》，山东友谊出版社1997年版。

238. 俞鹿年：《中国政治制度通史》第五卷，人民出版社1996年版。

239. 袁刚：《隋唐中枢体制的发展演变》，文津出版社1994年版。

240. 詹石窗主编：《身国共治——政治与中华传统文化》，厦门大学出版社2003年版。

241. 张分田、萧延中：《政治学志》，上海人民出版社1998年版。

242. 张分田：《民本思想与中国古代统治思想》，南开大学出版社2009年版。

243. 张分田：《秦始皇传》，人民出版社2003年版。

244. 张分田：《亦主亦奴——中国古代官僚的社会人格》，浙江人民出版社 2000 年版。

245. 张分田：《中国帝王观念——社会普遍意识中的"尊君—罪君"文化范式》，中国人民大学出版社 2004 年版。

246. 张锋：《中国古代官德论》，北京大学 2003 年博士学位论文。

247. 张国刚：《唐代藩镇研究》，湖南教育出版社 1987 年版。

248. 张国刚：《唐代官制》，三秦出版社 1987 年版。

249. 张国刚：《唐代政治制度研究论集》，台北文津出版社 1994 年版。

250. 张梦义、喻承久：《官德论》，武汉理工大学出版社 2006 年版。

251. 张秋升：《天人纠葛与历史运演——西汉儒家历史观的现代诠释》，齐鲁书社 2003 年版。

252. 张荣明：《大学名师讲课实录：中国思想与信仰讲演录》，广西师范大学出版社 2008 年版。

253. 张荣明：《权力的谎言——中国传统的政治宗教》，浙江人民出版社 2000 年版。

254. 张荣明：《信仰的考古：中国宗教思想史纲要》，南开大学出版社 2010 年版。

255. 张荣明：《殷周政治与宗教》，台北五南图书出版公司 1997 年版。

256. 张师伟：《民本的极限——黄宗羲政治思想新论》，中国人民大学出版社 2004 年版。

257. 张玉兴：《唐代县官与地方社会研究》，天津古籍出版社 2009 年版。

258. 赵克尧、许道勋：《唐太宗传》，人民出版社 1984 年版。

259. 赵秀玲：《中国乡里制度》，社会科学文献出版社 1998 年版。

260. 郑天挺、谭其骧主编：《中国历史大辞典》（隋唐五代史），上海辞书出版社 1995 年版。

261. 郑显文：《唐代律令制研究》，北京大学出版社 2004 年版。

262. 周一良：《魏晋南北朝史札记》，中华书局 1985 年版。

263. 朱光磊：《当代中国政府过程》，天津人民出版社 2008 年版。

264. 朱光磊：《政治学概要》，天津人民出版社 2001 年版。

265. 朱汉民：《忠孝道德与臣民文化——中国传统臣民文化论析》，河南人民出版社 1994 年版。

266. 朱日耀：《中国古代政治思想史》，吉林大学出版社 1988 年版。

267. 朱贻庭主编：《中国传统伦理思想史》，华东师范大学出版社 1994 年版。

268. 祝总斌：《两汉魏晋南北朝宰相制度研究》，中国社会科学出版社 1990 年版。

269. 邹纪孟：《学而优则仕》，中国文联出版社 2006 年版。

270. 阿尔蒙德等著，曹沛霖等译：《比较政治学：体系、过程和政策》，上海译文出版社 1987 年版。

271. 奥罗姆著，张华青、孙嘉明等译：《政治社会学》，上海人民出版社 1989 年版。

272. 布迪厄、华康德著，李猛、李康译：《实践与反思——反思社会学导引》，中央编译出版社 1998 年版。

273. 崔瑞德著，中国社会科学院历史研究所西方汉学研究课题组译：《剑桥中国隋唐史》，中国社会科学出版社 1990 年版。

274. 沟口雄三、小岛毅主编，孙歌等译：《中国的思维世界》，江苏人民出版社 2006 年版。

275. 沟口雄三著，索介然、龚颖译：《中国前近代思想的演变》，上海人民出版社 1997 年版。

276. 哈里斯著，李培茱、高地译：《文化人类学》，东方出版社 1988 年版。

277. 赫尔佐克著，赵蓉恒译：《古代的国家——起源和统治形式》，北京大学出版社 1998 年版。

278. 亨廷顿著，周瑞译：《失衡的承诺》，东方出版社 2005 年版。

279. 基辛著，甘华鸣等译：《文化·社会·个人》，辽宁人民出版社 1988 年版。

280. 加藤节著，唐士其译：《政治与人》，北京大学出版社 2003 年版。

281. 李约瑟著，汪受祺等译：《中国科学技术史》第二卷，上海古籍出版社 1990 年版。

282. 里普森著，刘晓等译：《政治学的重大问题——政治学导论》，华夏出版社 2001 年版。

283. 砺波护：《唐代的行政机构与官僚》，东京中央公论社 1998 年版。

284. 砺波护：《唐代政治社会史研究》，京都同朋舍 1986 年版。

285. 罗斯金著，林震等译：《政治科学》（第九版），中国人民大学出版社 2009 年版。

286. 马基雅维里著，潘汉典译：《君主论》，商务印书馆 1996 年版。

287. 马克思、恩格斯：《马克思恩格斯选集》，人民出版社 2012 年版。

288. 仁井田升著，栗劲、王占通等译：《唐令拾遗》，长春出版社 1989 年版。

289. 萨托利著，冯克利译：《民主新论》，东方出版社 1998 年版。

290. 唐斯著，郭小聪等译：《官僚制内幕》，中国人民大学出版社 2006 年版。

291. 韦伯著，洪天富译：《儒教与道教》，江苏人民出版社 1993 年版。

292. 韦伯著，阎克文译：《经济与社会》（第二卷），上海人民出版社 2010 年版。

293. 韦伯著，阎克文译：《经济与社会》（第一卷），上海人民出版社 2010 年版。

294. 希尔斯曼著，曹大鹏译：《美国是如何治理》，商务印书馆 1986 年版。

295. 谢茨施耐德著，任军锋译：《半主权的人民》，天津人民出版社 2000 年版。

296. 亚里士多德著，吴寿彭译：《政治学》，商务印书馆 1965 年版。

三、相关论文

297. 陈秀宏：《唐宋之际士阶层对专制政治的疏离与背叛——以科举制度的局限性为考察线索》，《辽宁大学学报》（哲学社会科学版）2009 年第 6 期。

298. 傅绍良：《唐诗中的"谏纸"、"谏书"、"谏草"与唐代谏议规范》，《陕西师范大学学报》（哲学社会科学版）2010 年第 1 期。

299. 胡宝华：《浅析唐代君主政治生态环境与制度文明》，《史学集刊》2015 年第 2 期。

300. 胡宝华：《从"君臣之义"到"君臣道合"——论唐宋时期君臣观念的发展》，《南开学报》2008 年第 3 期。

301. 胡宝华：《论中晚唐时期"直言极谏科"制举考试的政治意义——兼论中古社会士大夫的为臣理念》，载《中国思想与社会研究》（第一辑），中国社会科学出版社 2007 年版。

302. 李才远：《唐甄的"知人善任"说》，《西南师范大学学报》1989 年第 1 期。

303. 李全德：《晚唐五代时期中枢体制变化的特点及其渊源》，《中国人民大学学报》2005 年第 6 期。

304. 刘后滨：《敕后起请与唐代政务裁决机制》，《中国史研究》2001 年第 1 期。

305. 刘后滨：《廊庙之器如何造就——从唐代不历州县不拟台省的选官原则说起》，《光明日报》2005 年 12 月 20 日。

306. 刘后滨：《唐代中书门下体制下的三省机构与职权》，《历史研究》2001 年第 2 期。

307. 刘后滨：《唐后期使职行政体制的确立及其在唐宋制度变迁中的意义》，《中国人民大学学报》2005 年第 6 期。

308. 刘连安：《唐文宗"复贞观故事"修起居注辨析》，《南京社会科学》1995 年第 12 期。

309. 刘学林、王楠：《〈孝经〉思想论评》，《陕西师大学报》1993 年第 1 期。

310. 刘泽华、张分田：《开展统治思想与民间社会意识互动研究》，《天津社会科学》2004 年第 3 期。

311. 罗絮：《官为民役》，《领导科学》1990 年第 10 期。

312. 缪钺：《皮日休的事迹思想及其作品》，《四川大学学报》1955 年第 2 期。

313. 裴传永：《"箴"的流变与历代官箴书创作——兼及官箴书中的从政道德思想》，《理论学刊》1999 年第 2 期。

314. 平旭：《中国古代官德教育内容及其启示》，《中国行政管理》2007 年第 3 期。

315. 彭忠德：《古代官箴书中反腐倡廉浅析》，《晋阳学刊》1996 年第 1 期。

316. 任剑涛：《从大同到自由：百年中国政治致思主题的转变》，《开放时代》2001 年第 3 期。

317. 孙秀民：《中国古代治国理政经验论要》，《政治学研究》2007 年第 1 期。

318. 孙微:《论杜甫的君臣观》,《河北大学学报》(哲学社会科学版)2000年第6期。

319. 唐磊:《几被遗忘的思想者——孙越生》,《社会科学论坛》(学术评论卷)2009年第10期。

320. 王绍光:《建立一个强有力的民主国家——兼论"政权形式"与"国家能力"的区别》,《当代中国研究中心论文》1991年第4期。

321. 王孙盈政:《唐人宰相观念转变与宰相政务官化》,《北方论丛》2011年第1期。

322. 魏向东:《论唐玄宗时期的政事堂宰相独断制》,《中国史研究》1992年第4期。

323. 吴宗国:《进士科与唐朝的官僚世袭》,《中国史研究》1982年第1期。

324. 吴宗国:《进士科与唐代高级官吏的选拔》,《北京大学学报(哲学社会科学版)》1982年第1期。

325. 许殿才:《〈白虎通义〉中的国家学说》,《中国史研究》1997年第2期。

326. 许苏民:《一塌糊涂的泥塘里的光彩和锋芒——论皮日休的思想及其历史地位》,《江汉论坛》1987年第6期。

327. 杨西云:《从个人施政作风看唐玄宗统治由盛转衰》,《历史教学》1995年第12期。

328. 杨西云:《唐代科举与门荫制的消长关系》,《南开学报》1997年第1期。

329. 杨西云:《也谈武则天杀文武大臣》,《史学月刊》1996年第6期。

330. 杨西云:《再谈武则天杀裴炎》,《天津师范大学学报(社会科学版)》2001年第5期。

331. 尹益洙:《黄宗羲政治伦理思想研究》,《江苏社会科学》

2004年第2期。

332. 赵荣蔚：《论皮日休尊儒重道思想的时代内涵》，《南京大学学报》2000年第6期。

333. 张分田：《中国学术界一个集体性的重大历史事实误判》，《史学月刊》2016年第9期。

334. 张分田：《伟大的历史进程呼唤伟大的中国历史理论》，《史学月刊》2016年第4期。

335. 张分田：《"以法理天下"的君道理论与隋唐法制的政治特征》，《江西社会科学》2011年第4期。

336. 张分田：《论"立君为民"在民本思想体系中的理论地位》，《天津师范大学学报》（社会科学版）2005年第2期。

337. 张分田：《深化中国古代统治思想研究的几点思考》，《天津师范大学学报》（社会科学版）2007年第3期。

338. 张秋升：《中国古代史学的政治史传统》，《南开学报》2007年第3期。

339. 张荣明：《近百年中国思想史研究探索与反思》，《西北大学学报》（哲学社会科学版）2009年第3期。

340. 张荣明：《思想史研究的三个根本问题》，《湖南大学学报》（社会科学版）2010年第6期。

341. 张荣明：《历史真实与历史记忆》，《学术研究》2010年第4期。

342. 张荣明：《民间儒学与官方儒学》，《天津师范大学学报》（社会科学版）2012年第1期。

343. 张卫东：《唐代刺史的任期与特点》，《中州学刊》2007年第4期。

344. 张玉兴：《唐代县令任期变动问题研究》，《史学月刊》2007年第9期。

后　记

　　总有些爱与机缘，厚重亦特别，让你的人生变得与众不同。如今，对于步入不惑之年的我来说，多了很多对过往的回想和感念、对当下的珍惜和对未来的淡然。本书是我的博士学位论文，也是对我求学经历的一段总结，自然引起我对求学历程的种种美好回忆。

　　1999年春天的一个清晨，年少的我独自闯入南开园。洋溢在大中路上的勃勃生机令我心旷神怡；冒昧登门造访仰慕已久的刘泽华先生，让我心潮澎湃。这次拜访，不仅使我领略到刘先生一代大师的风范，也改变了我的人生命运：我有幸成为南开的学生，踏入政治思想史的殿堂。在接下来的十三年中，我和丈夫相继负笈南开，成为我人生中最宝贵的经历。南开"允公允能"的价值关怀和"日新月异"的进取精神，终生鼓励着我二人。初见先生时，先生问我家庭出身、为何选择政治思想史；最后见先生时，先生问我房贷压力如何、工作环境怎样。从学术研究到日常生活，先生都关怀备至，让我感觉眼前温厚惠慈之人，既有师者之风，亦有长者之谊。先生所言"在别人停止思考的地方继续思考"，敦促砥砺前行。2018年5月，先生在美国因病逝世，惊闻噩耗，万分悲痛，未曾想音容笑貌今犹在，谆谆教诲难再聆。感念先生，愿先生在天堂继续他的思考和批判。

　　每个人生命中总会遇到一些贵人，我的导师张分田先生就是我学术成长和人生发展中最重要的那位。在刘先生家初见张老师，我便心生敬意，后来成为张老师开门弟子，何其幸运！

张老师先后让我参与他主持的 2005 年国家社科基金重点项目"民本思想与中国古代统治思想关系研究"，2008 年国家社科基金项目"统治思想视野中的中国传统理想政治模式理论研究"等多项课题的研究，带我逐步进入学术的殿堂。在我攻读博士学位期间，刘泽华先生负责并总编的《中国政治思想通史》的隋唐卷由张老师承担，我和张鸿有幸加入，一起从事这项研究工作。张鸿是硕士期间睡在我下铺的姐妹，我俩一见如故，情同手足，志同道合，在生活上和学术上都相互帮扶，投机投缘，是我长期以来的学术合作者。我的博士论文《唐代官论研究》就是在追随导师从事隋唐政治思想史研究的过程中酝酿而成。适逢我怀孕生子，既要工作又要照顾孩子，分身乏术，导师和张鸿在我最困难的关头给予了我最大的帮助。该书从最初选题到具体操作，提纲一次次修改，思路一步步推进，都是在导师的指导下进行的，也与和张鸿的合作密切相关。

无论在生活中还是在学术上，张老师总是那么辩证、睿智、练达，总能够高屋建瓴、驾轻就熟、直指要害，其中太多智慧让我终生受用不尽。张老师给予我的指导，不单单是学术研究，更重要的是人生规划。每当我面临人生选择的岔路口，我总要先认真聆听恩师教诲，再做定夺。张老师的学术大视野、社会大关怀和人生大思路，总能为我拨云见日、驱除迷雾。张老师是我名副其实的人生导师！师母待我如女儿，给我慈母一样的温暖，亲手给我买布裁剪做成漂亮的连衣裙。上学时我常常去张老师家里蹭饭，毕业后每次回南开，吃住又都是在张老师家里。师母的厨艺真是叫绝，打卤面、炸酱面、三鲜馅、茴香猪肉馅、白菜羊肉馅等各种薄皮大馅纯手工水饺，红烧带鱼，炖羊肉，野菜团子，凉拌菜等各种美食，让我流连忘返，就是辛苦师母了！

感谢张荣明先生。1998 年春天，我给张荣明老师写信，就思想史学习中的困惑向他寻求解答。他的及时回复和殷切鼓励不仅令我欣喜，更坚定了我对南开的思慕和对思想史的向往。在课堂上，张荣明老师对史学理论和方法的引导，开阔了我的视野。张荣明老师治学的严谨、待人的谦和都让我获益良多。

感谢胡宝华先生，他的鼓励和支持给了我很多的动力，他的研究思路和方法也给我很多的启发。

"不怕慢，就怕断。"该书的写作过程也是接受挑战和磨炼的过程，挑战自己的怯意和惰性，磨炼自己的坚韧和执着。从而让自己淡定下来、坚持下去、化整为零、逐步推进。曾经，在那个炎热的暑假，我狠心把一岁的娃丢在家里，不惧重庆四十度的高温，从早到晚泡在办公室，两个月周而复始；秋季开学了，既要给学生上课，又要坚持写作，展开了教学、科研"两手抓"的百日大战；初稿完成后，我回到南开，两个月独居在张鸿的家中，修改定稿。"每一次都在徘徊孤单中坚强"，整理思绪再出发，继续坚定地走下去！

其间，朋友和家人的帮助伴我左右。感谢李晶，她为人的那种真诚、善良让我备受感动；她扎实的学术功底和端正的学术态度促我反省，少走了好多弯路。感谢侯德仁兄，他总是在紧要处，给我以建议和帮助，激发我继续坚持思考。感谢王贞，在那段日子里，我们一起加油、一起奋斗、一起切磋，她考虑问题周到，适时提醒甚或代劳，省去我很多烦扰。感谢我的爱人周振超，他的宽容和理解，是我能够完成该书的保障。工作上的各种事务需要处理，孩子闯进我的生活更是让我应接不暇。好多次下笔无措，好多次陷入焦虑状态，他总是与我一起探讨，帮我重新找到方向。

感谢西南政法大学，自 2007 年入职以来，我得到很多师友的关怀和帮助。入选"高校思想政治理论课教师 2017 年度影响力提名人物"，被评为重庆市高校中青年骨干教师、首届"西政好老师"，作为负责人获重庆市教学成果二等奖，主持教育部高校示范马克思主义学院和优秀教学科研团队建设项目，主持重庆市首批高校思想政治理论课教学科研示范团队建设项目。挥洒汗水，辛勤耕耘。我得到的比我想要的多，感恩拥有。感谢那么多领导、同事、同学和朋友的关怀和帮助。唯有用更多的真情、热情和激情去再接再厉、尽职尽责！

2018年1月，我以国家公派访问学者的身份来到美国达特茅斯学院，师从柯娇燕（Pamela Kyle Crossley）教授，进行为期一年的学术交流合作。1月29日，我聆听柯老师的第一节课就是唐朝的历史，此种巧合令我欣喜不已，人生的机缘真是耐人寻味。柯老师为学严谨，为人谦和，她对学术的无限热忱感染着我。不分假日不求回报，柯老师每周都为我们访学的几个人专门开设满语课，只求为学术的研究和文化的交流做出更多的贡献。

正如文中所论，理想和现实总是有那么一段距离，该书的写作也不无遗憾。几年来，忙着马克思主义理论与思想政治教育研究等各项工作，兴趣点逐步转向"中华民族共同体意识"的研究，一直无暇对本书做更多的修改。另外，写作过程中，先是大娃来到我身边；修改出版之际，二娃又不期而至。诚如吾师所言，"事业目标要天天想，但不是天天拼命"。更多的完善提升工作也只能留给后面的时间。

特别感谢本书的责任编辑魏雪平老师。

最后，再次感谢生命中的一切遇见！越努力越幸运，有梦想有担当，不惧不惊，且行且思。人生只此一次，只愿岁月静好，时光清浅，知足、感恩和奉献。

2018年12月美国达特茅斯学院